Giulio CAMILLO

ジュリオ・カミッロ——著

劇場のイデア

足達薫——訳

L'IDEA DEL THEATRO DELL'ECCELLEN. M. GIVLIO CAMILLO

ありな書房

劇場のイデア　目次

献　最も高名なメンドーサのドン・ディエーゴ・フルタード様へ　7
ジュリオ・カミッロ氏の劇場のイデア　11
饗　宴　23
洞　窟　41
ゴルゴンたち　67

パシパエ　83
タラーリ　93
プロメテウス　99
訳　註　109
ジュリオ・カミッロと記憶の劇場——その歴史的位置と構造　足達　薫　191
あとがき　356

L'IDEA
DEL THEATRO
DELL'ECCELLEN.
M. GIVLIO
CAMILLO

IN FIORENZA
M D L.

Translated by Kaoru ADACHI

劇場のイデア

献

最も高貴な教皇の大使にして[☆1]、
最も偉大な王チェーザレ[☆2]の相談役でもあられます、
最も高名なメンドーサのドン・ディエーゴ・フルタード様へ[☆3]

卓越していたにもかかわらず、それに見合うほど十分には称賛されることがなかったジュリオ・カミッロ氏が、この地上での生を去り、天における、より幸福な生へと旅だったのは、いまから数年前のことです[☆4]。そのころ、カミッロ氏はミラノに住み、デル・ヴァスト侯爵[☆5]から高く評価されていました。デル・ヴァスト侯爵は、カミッロ氏を招き、その名誉にふさわしく厚遇していました[☆6]。カミッロ氏は侯爵から、あの驚くべき劇場についてなにがしかを教授するように依頼され、わずか数日間で、その劇場を建てるためのイデア、あるいはさらに適切に述べれば構想案を口述し筆記させました[☆7]。このイデアは、そののちに立て続けに訪れた二人の死のあとで[☆8]、アントニオ・ケルッツィ・ダ・コッレ氏[☆9]の所有となり、さらに彼の手から、深い愛情とともに出版者たちに委ねられました。それがこの小さな冊子です。わたしは、ダ・コッレ氏から強くうながされ、この冊子を貴殿に謹んで献呈いたします。このようにしてこの冊子を公刊する仕事については、他人の行為について性急な判断をしたがる人たちはわたしを非難し、自分と無関係の人間の権威ある著作を盗む無謀者と呼ぶかもしれません。しかしながらわたしは、常日頃から万事において深い思慮と理性で判断する貴殿ならば、それらとは異なる判断、そしてもっと寛大な判断をしてくださると信じております。そして貴殿ならば、わたしが友人を喜ばせ、公益となることを願い、さらに貴殿の名声を讃えるためにおこなったこの仕事をめぐって、けっしてわたしを叱りはなさらないでしょうし、そればかりか、この冊子を白日の下にさらすことを決心した彼（ダ・コッレ）を称賛してもくださるでしょう。なぜなら、今ではもう、あの荘厳な建物の機構の全体像を知ることはできないからです。[☆10]この冊子は、あの荘厳な建物について、その記憶をいまだに有している人たちの伝承を通じてしか知らない人たちをも、賛意と驚異で満たすことでしょう。さらにこの冊子によって、人々は、カミッロ氏のこの小さな試案を通じて、彼が生前に約束していたことが確実なことであったと思い知ることになるのです。もちろん、ここに書かれている内容は、凡人の知性にとっては難解かもしれませんが、実現不可能ではありません。いやそれどころか、高い場所へ思考力を上昇させ、人間が上昇しえない高みへ到達しえたカミッロ氏の天与の才能にとっては、むしろ簡単なことであったとさえ言えましょう。さらに、これまでいかなる理由からかはわかりませんが、嫉妬のせいか、それとも無知のせいか、ジュリオ・カミッロ氏があまりに多くのことを約束したと吹聴してきた人々もまた、カミッロ氏がそうした約束を容易なことと考えていたのは、実際に彼がその約束を果たす準備をすでに調えていたからにほかならないと認識するにちがいありません。そして人々は、ヘラクレスが走った競技場の大きさを測定してヘラクレスの足の大きさを知り、その足の大きさからヘラクレスが他の人間たちよりもどれくらい背が高かったかを知ることができたピュタゴラスのように、[☆11]ようやく読まれうるものとなったこの小品、カミッロ氏が書き残させたすべてと考えられるこの小品から、豊富な議論と結論を導きだすことができるでしょう。そしてそれこそがおそらく、この類稀な宝を所有するにふさわしい存在として、生前の著者自身から認められていた著名な人々に世間の熱望を理解させ、この宝を出版することを決めさせた理由なのです。この小品によって、神のごときジュリオ・カミッロ氏の不滅の記憶に至高の栄光が与えられ、熱心な期待とともにまちわびていた世界全体に、彼が果たした貢献は完全なかたちでいきわたることでしょう。

この新しい仕事を貴殿に献呈することをわたしに決意させた情熱についてのいまひとつの釈明が残されています。この献呈はまずなによりも、これまで長年のあいだ、貴殿のかぎりない偉大さとこのうえない業績についてわたしが抱いてきた慎み深い愛情によってなされました。わたしの愛情は、普段はわがの胸中に存在し、慎ましい沈黙の下に隠されていますが、つい先日、貴殿の最も忠実な臣下の一人、最も誇らしい私の友人の一人、きわめて寛大で多くの徳をもつアルノルド・アルレニオ氏[☆12]がわたしにかけてくれた言葉に励まされ、わたしの胸の外へとでることになりました。アルレニオ氏は、この献呈が貴殿の気に入らないはずがないこと、いやそれどころか、最も博識で最も偉大な貴殿こそ、このように称賛に値する仕事を正しく評価するのにふさわしいこと、そしてこの献呈を喜んで受け入れてくださることをわたしに請けあってくれました。それゆえわたしは、わたしが知るかぎりの愛情、可能なかぎりの大きな愛情をこめて貴殿の手に慎んで口づけし、貴殿のすばらしい恩恵が私に与えられ、貴殿の幸福と偉大さがよりいっそう大きなものとなるように神にお祈りいたします。

一五五〇年四月一日　フィレンツェ
あなたの卑しき僕
ルドヴィコ・ドメニキ[☆13]

ジュリオ・カミッロ氏の劇場のイデア

最も古く、最も賢明な著述家たちは、神の秘密を暗い覆いで包み隠し、自分たちの著作の内部に封じる習慣をもっていた。こうすれば神の秘密は、(キリストが語るように)聞く耳をもつ者以外には、つまりこのうえなく神聖な神の秘儀を理解することを許された人々以外には、理解されなくなる。[☆1] メリッソスが語るように、世俗の霊魂の目は神性の発する光に耐えられない。[☆2] そのことはモーセが示した先例からも確証される。モーセは天使を媒介にして神と会話してから山から降りたが、もしそのとき彼が顔を布で隠していなかったならば、彼は民衆たちから直視されえなかったはずである。[☆3] さらにキリストの使徒たちは、変容したキリスト、つまり人間の身体という器からほぼ完全に抜けだし、高みにある神性の栄光にいまにも到達しようとするキリストを目撃したが、彼ら自身の弱さのため、キリストを直視することができず顔を下に伏せた。[☆4] さらに『黙示録』ではこう読むことができる。「天使を媒介にして、神の下僕であるヨハネに表徴が伝えられた」。[☆5] ここで注意しなければならないのは、神の下僕であったヨハネに対してさえ、神の真意は、表徴を伝えることと幻視の中でのみ開示されたということである。つまり、地上の軍隊においては敵に向かう兵士たちの士気を高めるため、将軍たちの声、喇叭、旗が用いられるのと同じように、神の軍隊においても、将軍の声の代理物として主なる神のことばがあり、預言者や伝道者たちのことばを運ぶ天使の喇叭、さらに幻視によって伝えられる表徴という旗が用いられる。これらはいずれも、表徴を伝えるか、解明はしない。これに加えて、ヘルメス・トリスメギストスが語っていることも挙げるべきである。[☆6] それによれば、神のことばは用意周到に準備され、充実しているが、もし世俗の者たちに与えられたならば毀されてしまう。[☆7] したがって、古代人たちがあらゆる神殿の扉の上部に描かれたり彫られたりしたスフィンクスを置いたのもゆえのないことではなかったのである。古代人たちはこの像によって、謎を用いる以外の方法で神に属する事物について公けに語ってはならないと警告していた。[☆8] 神は、これら以外にもいくつかの手段でこのことをわれわれに教えている。キリストのことばによれば、真珠は豚の餌にされてはならず、神聖な事物を犬に与えてもならない。[☆9] 加えてキリストは使徒たちと話しつつこう語る。「あなたがたには天国の秘儀が与えられているが、あなたがた以外の人々には秘密は比喩によって伝えられる。したがって彼らはその秘密に眼を向けても見ることができず、耳をすましても聞くことができない」[☆10]。さらに『エズラ記』第四書では、神はモーセを山に登らせてこう語る。「そしてわたし（神）は、はモーセを幾日も身近に引き留め、彼に多くの驚異を教えた。そしてわたしは語った。その秘密について、そしてそれを公のもとに明かす時期については隠す、と」[☆11]。さらにダヴィデは神に語りかけながらこう述べる。「わたしの目を開いてください、あなたの立法の驚嘆すべき力を見ることができるように」[☆12]。ここでダヴィデは、高い場所にある驚異を暴露してはならず、考察するだけにすべきであると警告している。[☆13]

神聖な事物は天上界（il sopraceleste mondo）に属し、その天上界は、それよりも下にあるすべての天層の塊（la massa di tutti i cieli〔後述される「天界」の構成要素〕）によって、われわれの地上界から遮られ、切り離されている。[☆14] そのため、われわれの言語は、暗示（cenni）とわたしが呼ぶものと似像（similitudini）を用いずに天上界について語ることはできない。すなわち、われわれにできるのは唯一、可視の事物を媒介にして、不可視の事物へと上昇することである。たしかに、かつて神はわれわれに、最も高い場所にある世界まで上昇し、そこで神の秘密を見るという恩寵を許したが、[☆15] そうだとしても、神の秘密を包み隠している蔽いをとり去ることが許されていると考えてはならない、とわたしは考える。なぜならば、その蔽いをとり去ってしまうと、われわれは二重の誤謬、つまり神の秘密を知るに値しない者に曝けだすこと、そして天使たちのことばにだけ許された主題をわれわれの低級なことばで扱うこと、これらを同時に犯してしまうことになるからである。福音書記者ヨハネはこの二重の支障を回避するため、真意を解明することなく、その幻視をありのままに記述するのみにした。[16] さすればわれわれも、われわれの論述においては、世俗化されてはならない事物の表徴を伝える媒体として、像（imagine / imagini）を用いることにしよう。神に属する事物を包み隠すこれらの覆いを厳守することが神にとってどれほど重要なことであるかは、神自身がモーセを「彼の忠実なる代理人」と呼んで認めているとおりである。[17] さらにカバラ主義者たちは、[18] エゼキエルを田舎の預言者と呼んでいるが、その理由は、エゼキエルはあたかも田舎者がそうするように、自分が見たすべての事物の真意を暴露してしまったからである。[19] さらにわたしは、カバラ主義者たちが、モーセの妹のマリアが疫病に冒された理由を、彼女が神性の秘密を隠す蔽いをとり去ったからだと考えていることについても口を閉ざさない。[20] さらにカバラ主義者たちは、アンモニオス（・サッカス）が汚らわしい惨めな死を遂げたのも、[21] これと同じ罪ゆえと考えている。[22]

聖なる事物を沈黙の中で保持し厳守するべきであるということについては、これで充分に語ったので、[23] 次にわれわれは、主の名とともに、われわれの劇場（theatro）についての説明へ進むことができる。

ソロモンは『箴言』第九章で、知恵が家を建て、七本の円柱をその土台にしたと語っている。[24] これらの円柱は、永劫に揺らがない永遠性の表徴であり、われわれはこれらの円柱を天上界にある七つのセフィロート（Saphiroth）として理解しなければならない。[25] 七つのセフィロートは、天界と地上界の構造を支える七つの尺度であり、それらの内部には天界と地上界に属するあらゆる事物のイデア（Idea）が含まれている。[26] われわれは、この数の内部に含まれないなんらかの事物をイメージ化することはできない。七は偶数と奇数によって構成されるため男女両性を具有しており、それゆえ完全な数なのである。ウェルギリウスが完全な幸福のことを「三重の、そして四重の幸福である」と歌っているのは、まさにこのことを語りたかったからである。[27] さらに、ヘルメス・トリスメギストスは『ピマンデル』において、世界の創造について語りながら、次のように問う。[28]「本性／自然（naturae）によって支配される原素／元素（elementa）はどこから生じたのか」。これに対してピマンデルはこう答える。「神の意志からである。神はその意志をことば（verbum）によって伝え、神の内部にあった美しい世界を凝視し、そこから模範を引きだし、その模範を自らの内部にあった各々の原素の種や生命の種と混ぜあわせることによって秩序を調えた。したがって、その秩序を支配する心性は神自身であり、神は男と女の両性を有しており、さらに生命と光に満ちている。次に神は、ことばを用いて、もうひとつの心性、つまり造物者に生命を与えた。この造物者は火と精気（spiritus）の神として発動した。そしてさらにこの造物者が七つの統括者を創造した。この七つの統括者は、感覚によって把握しうる世界の周囲を、あたかものように円のように回転している」[☆29]。神性がこれらの七つの尺度を自らの外部へと放出したのはたしかだが、これらの尺度がいまだ神性の深淵部に隠されながら保持されていることを伝える表徴もある。なぜなら、何かを有しない者が何かを与えることはできないからである[☆30]。イザヤは円柱を女に見立てており、彼はこう語っている。「七人の女が一人の男を相手に語りはじめる」[☆31]。イザヤが円柱を女に見立てた理由は、円柱がいわば受動的事物、つまり神によって神の外部に産出された事物であることを伝えるためである。

すなわち、すべてはそこ（キリスト）の内部に隠されている。そして、すべてはそこから表出される（トレンティーノ版の見出し）。

そしてパウロが語るように、神は「自分自身の強力なことばによって、すべての事物に活力を与える」[☆32]のだとすれば、あるいはまた他の箇所で語るように「個物は全体の内部に、全体は個物の内部にある」[☆33]のだとすれば、さらにコロサイの信徒たちに語っているように「神の子はわれわれが見ることができない神の姿であり、すべての事物が創造されるよりも先に生まれていた。なぜならば、天の事物も地上の事物も、見ることのできる事物も見ることのできない事物も、王座も主権も、支配も権威も、あらゆる事物が神の子の内部で創造されたからである。つまり、あらゆる事物は神の子によって、神の子のために創造された」[☆34]のだとすれば、神の住居以上に包容力のある場所を見つけることはできない。

もし古代の雄弁家たちが、毎日のように異なる演説を暗誦しなければならないため、それらの演説の構成要素をどこかに置いて覚えようとし、それらの要素が一時的なものであるという理由から、それらを一時的な場所に委ねることを選んだとすれば[☆35]、われわれのほうでは、あらゆる事物が演説によって装飾され、永遠性を与えられることによって、いわば永遠性を永遠に保持するようになることを望むのであるから、それらすべての事物を置くために永遠に保たれる場所を探そうとするのは正当なことである[☆36]。それゆえ、われわれは多大な努力の結果、唯一の秩序を、先に述べた七つの尺度に見いだした。この秩序は包容力に富み、濃密であり、鮮明であり、常に感覚を覚醒させ、記憶を刺激する[☆37]。しかし、これら七つの尺度は、預言者たちのみがかろうじて秘密裏に触れることができたものであり、われわれの知覚からははるかに遠く隔てられており、それらの直前に預言者ではない人物を立たせることは、自分ではつかみきれない事物にあつかましく手を差しだすことにほかならない。それゆえわれわれは、これらの尺度の代理物として、七つの惑星を用いることにしよう[☆38]。それらの惑星の本性／自然は俗人たちからもよく知られてもいるが、われわれは、これらの惑星を、そこから外部へと出ていくことができない限界としてではなく、賢者たちの知性の内部で常に天上界の七つの尺度を表象するものとして利用しよう。そして惑星よりも下にある事物、この地上界に属する事物について語るときには、これはあの惑星に属する、あれはまた別の惑星に属するといった具合に、それら七つの惑星に、そこに属する各事物の本性／自然を表象させよう。さらにこれと同じように、惑星について語るときには、各惑星に固有の徳力を与えた上位の原理（セフィロート）が、われわれの心性の内部に蘇ることになるであろう。

この偉大で比類のない秩序は、そこに委ねられた事物、言葉、技芸をわれわれのために常に保管する場所として機能し、あらゆる必要に応じて、われわれが他の場所を探すまでもなく、速やかに、それらについての知が伝達されるが、それればかりではない。この秩序は、真の叡智をその源泉にまでさかのぼってわれわれに与えもするのであり、つまりわれわれはこの秩序の中で、結果からではなく、原因から事物を認識することができるようになる。このことをさらにわかりやすく表現するために一例を挙げよう。もしわれわれが大きな森の中にいて、その全体像をさらに明確に見ようとしても、森の中に留まっていてはその望みはかなえられえない。なぜならば、どこを見廻しても、周りを囲む樹木がさらに遠くを見ることを妨げるからであり、われわれは森の小さな一部分しか見ることができない。だが、もしこの森のすぐそばに坂道があり、その先が高い丘へと通じていたならばどうであろうか。われわれが森を出てその坂を登れば、途中から森の多くの部分を把握することができ、丘の頂上に登れば森全体を把握することができる。この森はわれわれがいるこの地上界であり、坂道は天界であり、丘は天上界である。つまりわれわれがこの地上界に属する低い事物を明確に理解しようとするならば、ここよりも高い世界へと上昇して、そこから下方を眺めることが必要不可欠であり、そうすることでわれわれは、低い事物についてのより確固たる知覚を獲得することができるようになる。この理解の方法を、古代の異教の著述家たちがまったく知らなかったわけではなく、テュロスのマクシモスはホメロスを引用してこの方法を示唆しており、それによれば、ホメロスはオデュッセウスを高地に登らせ、そこから地上に住む者たちの慣習について省察させるのである。[☆39]さらにアリストテレスはこう書いている。もしわれわれが天界よりもさらに上にいるならば、われわれは日食と月食を、それらを発生させる原因それ自体から理解することができ、結果から原因へ逆行することなく理解することができる。[☆40]さらにキケロが『小スキピオの夢』で語るところによれば、小スキピオの祖父は、小スキピオを天界まで運び、そこから地上の事物を彼に目撃させる。[☆41]だが、キケロもアリストテレスもこれ以上のことを理解せず、天界までしか上昇しなかった。しかし、神から恩寵の光を授かったわれわれ（キリスト教徒）は、天界に留まって満足すべきではなく、むしろ思考力を用いて、われわれの霊魂がそこから地上へと降りてきた高み、そこへと回帰すべきあの高みまで上昇すべきであり、それこそが知ることと理解することへの真の道なのである。しかし、そうだとしても、われわれ自らの徳力によってその高みに到達しなければならないと考えたり、実際に到達できると考えたりする傲慢は避けなければならず、自惚れたモーセへの神の答えは、そうした態度への答えである。「あなたはわたしの背後を見るが、わたしの顔を見ることはない」[42]。これはつまり、あなた（モーセ）は事象の結果を見るだろうが、事象の原因を見ることはないということである。主は、その気になりさえすれば、モーセにさまざまな驚異を提示することも可能であったということであり、もしそうだとすればわれわれは、そのような恩寵にふさわしい存在へとわれわれを変えてくれるように主に祈らなければならない。その祈りがかなえられるのは、われわれが自分たちが有する事物をすべて捨て去り、自惚れを捨て、使徒たちにならって、「わたしが生きているのではなく、（キリストが）わたしの中に生きているのである」と語ることができるようになったときである。[43]

これまで述べてきたように、われわれの手順はきわめて合理的であり、まずわれわれは高い場所から低い場所を認識しなければならず、それゆえわれわれは、われわれの構造の中では、天界を模倣し、七という数を基盤的秩序として用いる。わたしは、すでに述べられた円柱に、またやはりすでに述べられた惑星に適用される数として、この七よりも完全で神聖な数はないと考えるのであり、これについて述べよう。最も秘密を知りぬいた神学者たち、つまりカバラ主義者たちが語るところによれば、モーセは七つのセフィロートを七回にわたって通過したが、（最上位から数えて第三のセフィロートである「神の知性」を意味する）ビナー（Bina）を超えることはできなかった。またカバラ主義者たちは、ビナーは人間の知性が引きあげられる限界であるとも語っている。ビナーに到達したモーセは、至高の王（第一のセフィロートであるケテル）および（第二のセフィロートであり、「最初の着想」を意味する）ホフマー（Chochma）と出会った。これについては、「彼らは顔を見合わせて語りあった」[44]と書かれているが、実際には、神は天使を媒介に用いずにはモーセに語りかけなかったということが[45]『使徒言行録』において書かれている。なぜならば「すべては父なる神から、わたし（キリスト）に任せられている。父以外に子を知る者はなく、子と、子が紹介しようと思う者以外には、父を知る者はいない」からである。[46]モーセが到達したビナーには、顔の君主と呼ばれる天使メタトロンの住まいがあり、[47]モーセはこのメタトロンと会話したのである。このように、モーセの天への上昇は、七回にわたって七つのセフィロートを通過することによってなされたのであり、その数を掛けあわせると四九となる。この四九は免罪の数であり、イエス・キリストも、われわれ人間が天界に上昇することを許すように父なる神に語りかけるとき、この数を意識していた。そのことは、われわれが主の祈りと呼ぶその演説は、マタイによって書かれたヘブライ語の文章では四九語で構成されていることからわかる。[☆48] それゆえわれわれは、このモーセの上昇の顰みに倣い、七つの惑星それぞれに七つの扉を与えることにするが、それらは階層ないし区画と呼んだほうがよいかもしれない。

この秩序をいわば秩序たらしめるためには、学び手を観客に見立てることによって容易になるので、われわれは、見せられるもの、われわれが好む呼び方をすれば劇場（theatro）を、七つの階梯によって区分し、七つの惑星という尺度によって代理された前述の七つの尺度すなわちセフィロートの前に学び手たちを立たせることにしよう。[☆49] 古代の劇場では、見せられるものに最も近い最も下の階層に最も名誉ある人々が座り、その上の階層にはそれほどは高貴ではない人々が順に座り、最上階層には職人が座るという秩序が設定されていた。こうすることによって、見せられるものに最も近い最も下の階層が最も高貴な人々のために割りあてられることになり、それは最も高貴な人々を見せられるものに最も近づけるためばかりではなく、職人たちの出す悪臭によって最も高貴な人々が苛まれなくするためでもあった。[☆50] それゆえわれわれも、世界創造の順序を踏襲しながら、最も単純な事物、つまり最も価値ある事物、他のなんらかの事物が創られる以前から神の意志によってすでに存在していたと想像することができる事物を、最下の第一の階層から順番に置いていこう。そして、ひとつの階層からその上の階層へと上昇しながら、創造物を順番に配置し、第七の階層、つまり最上の階層には、それぞれの惑星の原理によって支配されるすべての技芸と学問を置こう。しかし、こうした順序は、技芸と学問が卑しいという理由からではなく、その年齢に対応している。なぜならば、技芸と学問は人間によって最後に発見されたからである。

こうして第一の階層には七つの扉が見いだされるであろうが、それらの扉はすべて同じフォルマ（形相）ではない。なぜならば、第一の階層ではそれぞれの惑星が人間の姿によって表象され、それぞれの惑星によって表象された円柱の扉の上に描かれるが、太陽の円柱のみはそうならないからである。[☆51] どういうことかと言えば、太陽の円柱（の代理となる扉）はこの劇場全体のなかで最も高貴な場所であり、それゆえわれわれは、他の惑星とともにこの階層に描かれてよいと思われるかもしれないアポロンが、（第二の階層の基盤的イメージである）饗宴（convivio）にこの場所を譲ったほうがよいと考えるからである。この饗宴（の扉）には存在の広がりが描かれるが、それは神性の表徴を伝える像である。[☆52] それぞれの惑星の扉の下には、それぞれに対応する天上界の尺度すなわちセフィロートに属するあらゆる事物、惑星に属する事物、そしてその惑星について詩人たちが歌う物語に属する事物が、今からそれぞれについて詳しく述べていくとおりの方法によって、委ねられる。

☾

月の扉の下には、[☆53] 天上界の事物は（第一〇のセフィロートである）マルフート（Marcut）と（天使）ガブリエルがある。[☆54]
天界の事物は月、月の輝き、月の大きさ、そして月の遠さである。神話の事物はディアナ、ディアナの御旗、[☆55] ディアナの数である。[☆56]

☿

水星の扉の下には、天上界の事物は（第九のセフィロートである）イェソード（Iesod）と（天使の）ミカエルがある。
天界の事物はこの惑星（水星）である。
神話の事物は、神々の使者であるメルクリウス、および彼の持物である。

♀

金星の扉の下には、天上界の事物は（第八のセフィロートである）ホード（Hod）と（七番目のセフィロートである）ネツァハ（Nizach）であり、[57] さらに（天使の）ハニエルである。

天界の事物は惑星としての金星である。

神話の事物は女神ウェヌス、小さなクピド、ウェヌスの持物、そしてウェヌスとクピドの数である。[58]

○

第一の階層の第四の扉、つまり太陽の扉の下では、すでに述べられたようにアポロンでも太陽でもなく、饗宴が見いだされることになるが、饗宴については第二の階層を扱うときに述べよう。いずれにせよこちらの第四の扉でまず最初に見いだされるのは、存在の広がりであり、これは存在の広さと呼んだほうがよいかもしれない。これはピラミッドの形状であり、われわれこのピラミッドの頂上がそれ以上分割することができないひとつの点となっているとイメージ化する。そしてこのピラミッドは、関連物をともなわない神性と関連物をともなう神性、つまり父なる神、化肉以前および以後の神のことば、さらに聖霊の表徴を伝えるはずである。[59]
また、そこにはパーンの像も見いだされる。これは、その頭によって天上界の、下方を監視する金の角と口髭によって天上界からもたらされる影響力の、星々が記された皮膚によって天界を、さらに山羊の脚によって地上界の表徴を伝えるため、このパーンの像はこれら三つの世界の表徴を伝える。[60]
この扉の第三の場所には三人のパルカが表象される。三人のパルカは運命の表徴を伝える媒体であり、彼女たちは原因、始まり、事象、効果、結果の表徴を伝える。なお、これと同じ像は、パシパエの階層の扉の下部では、人間がなんらかの事象の原因となることの表徴を伝える。[61]
そして、メルクリウスの黄金の翼のついた靴、すなわちタラーリ（talari）の階層では、原因を与えることの表徴を伝える。[62]
この扉にはさらに第四の像があり、それは黄金の枝を生やした樹である。これについてウェルギリウスは、この黄金の枝がなければ地獄の王国を見るために赴くことはできないと書いている。☆[63]ここでこの像は、知性によってとらえられる事物の表徴を伝えるが、それらの事物は感覚ではとらえられず、われわれは能動的知性（intelletto agente）の光によってそれらが照らされた様子を想像して理解することしかできない。☆[64]さらにこれと同じ像は、ゴルゴンの階層では能動的知性の表徴を伝えるが、これについてはその場所で語ろう。

♂

火星の扉の下には、天上界の事物は（第五のセフィロートである）グヴィラー（Gabiarah）と（天使の）カマエルがある。

天界の事物は惑星としての火星、神話の事物は男神マルスとその持物である。

♃

木星の扉の下には、天上界の事物は（第四のセフィロートである）ヘセド（Chased）と（天使の）ザドキエルがある。

天界の事物は木星である。

神話の事物は男神ユピテルとその象徴物である。

♄

土星の扉の下には、天上界の事物は（第三のセフィロートである）ビナー（Bina）と（天使の）ザフキエルがある。

天界の事物は惑星としての土星である。

神話の事物は男神サトゥルヌスとその象徴物である。

これらの指示とともに劇場の第一階層が閉じられる。

饗宴

劇場の第二の階層の各扉には、それぞれ同じ像、饗宴（convivio）が描かれる。ホメロスは、オケアノスがすべての神々のための饗宴を開催したと歌っているが、[1]この至高の詩人は、この物語を歌いながら、そこに至高の秘儀を隠さずにはいなかった。それゆえわれわれは、神に許しを願いつつ、この秘儀についてなにがしかを語ることにしよう。

神の二つの産出

神によってなされた産出は二つある。ひとつは神性の本質の内部からなされた産出であり、もうひとつは神性の外部でなされた産出である。[2]神性の内部からなされた産出には起源がなく、いわば同質、あるいは等質であり、永遠であり、つまりは神のことばの産出である。この産出について、『エレミア書』はこう語る。「生成をもたらすわたし（神）が、胎を閉ざすことがあろうか[3]」。

「はじめに」、つまり「はじめに父なる神がいた」

さらにヨハネは、言葉が神と等質であることを述べるため、「はじめにことばがあった」と語り[4]、神こそが起源であることを証明するため、「ことばは神とともにあった」[5] ともつけくわえている。これに続けて、ヨハネは、等質であることを明確に認識させようとして、「父がわたしの内部にいて、わたしは父の内部にいる」、なぜならば「ことばが神である」からだともつけくわえている。[6]

カオス、世界霊魂、プロテウス

しかし、神性の外部でなされた産出は等質ではなく、それは「ことばのみによって」[7]、無から、瞬時にしてなされた。そのようにして産出されたものが、マテリア・プリマ（原初の素材／第一質料〔la materia prima〕）である。これはカオス（chaos）と呼ばれることもあるし、プラトン主義者たちからは世界霊魂（l'anima del mondo）と呼ばれ、詩人たちからはプロテウスと呼ばれている。[8]

天と地とはすなわち、天のためのマテリア（・プリマ）と地のためのマテリア（・プリマ）である

そして神は、このマテリア・プリマの内部から、天と地、そしてあらゆる事物をとりだしたのである。プラトンは『ティマイオス』の中で、マテリア・プリマは双子であったと考えている。[9] その理由は、わたしが思うところによれば、プラトンは例の箇所でモーセが述べたこと、すなわち「はじめに神は天と地とを創造した」という記述を読み、神は二つのマテリア・プリマ、つまり天のためのマテリア・プリマと、地のためのマテリア・プリマを創造したと考えたからである。[10] だが、ここでよく注意しなければならないのだが、もしわれわれこの一節におけるモーセの記述を単純に受容して、ここで神が創造した天と地を、形象化された天および地として理解しなければならないとすれば、神が二日目に空（Rachia）を創造したということが意味をなさなくなってしまう。[11] ちなみに、この空は、釈義者たちがこれまで述べてきたような空の中の青い部分（firmamento）ではなく、天層の塊（la massa de' cieli）のことである。[12] 加えて、神が地をこの世界に出現させた三日目からも意味がなくなってしまうであろう。しかし、絹の

衣服を着ることを願う人がいたとして、その人は織られていない絹の塊を目の前にして、これが自分の帽子であり、外套であり、靴であると語ることができるのと同じように、モーセはここで神が天と地を創造したと語りながら、のちに天と地を形成するはずの（マテリア・プリマの）塊のことを述べていたのである。

三重のマテリア・プリマ

さらにラモン・ルル（ライモンドゥス・ルルス）は、イングランドに滞在していたあいだに彼によって書かれ、彼自身は遺言と呼んでいた書物（libro）の中でこう証言している。すなわち、神はまずひとつのマテリア・プリマを創造し、それを三つに分割し、そのもっとも優れた部分で天使およびわれわれの霊魂を、その次に優れた部分で天界を、そして第三の部分でこの地上界を創造した。[☆13]

生成と消滅

マテリア・プリマは天層とこの地上界のいずれにも属し、つねに輪のように回転している。しかし、わたしはこの輪を、アリストテレスが常々書いていた生成と消滅の輪とは呼ばない。[☆14]なぜならば、ヘルメス・トリスメギストスがこれらの語彙を好まなかったからである。ヘルメス・トリスメギストスの言葉によれば、この輪は、表出と隠蔽の輪である。『ピマンデル』の第一二章でヘルメス・トリスメギストスはこう語っている。「しかし、このような語彙は人々を欺いてしまう。生命の創造は生成ではなく、むしろ潜在していた生命の膨張（explicatio）である。そして（生命の）変化は死ではなく隠蔽（occultatio）である。それゆえ、あらゆる事物は不死である[☆15]」。

ガモン

事物の生成についてさらに詳細に語るためにさしあたって必要なのは、ピュタゴラス主義者たちが数えあげた六つの起源（principii）である。ピュタゴラス主義者たちは、すべての事物はそれらを起源としてそこから発生すると考えていたのであり、それらをガモン（gamone）と呼んだ。つまり、太陽（Sol）、光（lux）、明り（lumen）、輝き（splendor）、熱（calor）、生成（generatio）である。[☆16] 彼らは、太陽によって父なる神を、光によって神の子を、明りによって天使の心性を、あるいは知性でとらえられる世界を、輝きによって世界霊魂を、あるいはわれわれがカオスと呼ぶものを、そして熱によって世界の精気を、霊魂の息を理解していた。[☆17] つまりガモンは実際にはこのようになる。

太陽（Sol）		父なる神（Deus Pater）
光（Lux）		神の子（Deus filius）
明り（Lumen）	↓	天使の心性（Mens angelica）、知性によってとらえられる世界（Mundus intelligibilis）
輝き（Splendor）		世界霊魂（Anima mundi）、カオス（Chaos）
熱（Calor）		世界の精気（Spiritus mundi）、霊魂の息（Flatus animae）
生成（Generatio）		

神の内部にあるイデア

しかし、ピュタゴラス主義者たちのこの区分において、注意しなければならないことがひとつある。それは、プロティノスのようなピュゴラス主義者たちがイデアを論じる場合、彼らはそれを神の内部に置くことを拒んでいたことである。なぜならば、神は最も単純だからであり、それゆえ彼らはイデアを天使の心性の内部に置いていた。[☆18] だが、彼らのこのような遠慮は過剰である。なぜならば、わたしがここで語っている天上界もまた神と同じように最も単純であり、太陽も同じように単純だからである。複雑なのは、その光と効果にすぎない。ディオニュシオス（・アレオパギテス）も、霊魂は単純であり、複雑なのはその作用であると述べている。[☆19] さらにこのことは、ペトラル力の次の詩によっても教示されている。

霊魂よ、数々の多様な事物を
見、聞き、読み、書き、話し、そして考えるおまえ。[☆20]

そしてわれわれ（キリスト教徒）も神の内部にイデアがあることを知っている。なぜならば、ヨハネがこう語っているからである。「ことばによらず生まれた事物はなにもなかった。ことばの内部に生命があった[☆21]」。

カオス

しかし、なぜ彼ら（ピュタゴラス主義者たち）が輝きの名によってカオスを指していたのか、その理由を知らずに先に進むべきではないであろう。われわれがここで思いださなければならないのはは、オルフェウスが、カオスは愛とともに、（神の）子宮の内部で、他のいかなる事物よりも先に誕生していた、と書いていることである。[☆22]愛はカオスを（神の）心性へと誘導する。神の心性の内部にはイデアが包まれている。そしてカオスは（神の）心性からフォルマを受容して自らに刻みつけ、イデアの美を帯び、それによって輝きを獲得する。[☆23]

ここで生成へと話を戻そう。ピュタゴラス主義者およびプラトン主義者は、熱を精気、つまり世界霊魂の息であると考える。[☆24]その息は、あらゆる事物の内部にあり、そこに隠蔽されている。そしてこの霊魂は、呼吸をくりかえしながら、その息を各事物の本性／自然の子宮の内部に受胎させる。このようにしてこの（世界）霊魂は、息を動きに結合させる。そしてこの（世界）霊魂は、大いなる（神の）愛と永遠の結合をとげたのち、再び息を外部に吐きだし、世界全体へといきわたらせる。しかし、この霊魂はその息をすべて吐きだしてなくしてしまうことはなく、ある種の周期によって再び吸収を始める。そしてこの霊魂は、世界の中に広がれば広がるほど、ますます多くの事物と融合していき、ほぼ絶え間なく発散し続けている精気を常に新鮮にしながら、外部へと送りだしている。

事物はいかにして生成するか

こうした見解を示した人々は卓越した才人たちであったが、彼らはキリストを理解していなかったのであり、事物の生成、いやむしろ表出ないし発芽と呼ぶべきものの真実はこうである。マテリア・プリマは世界のあらゆる部分にあり、水や土のようにそれぞれ異なる本性／自然を有する事物はその内部で縮みながら互いに分離している。[☆25] もしキリストの精気がこのマテリア・プリマに到達し、その内部に進入し、そこに隠れている（各事物の）香葉や花の種子を和解させ、発芽させることがなければ、それらの事物はひとつの調和に到達することはないであろう。[☆26] この表出は、マテリア（・プリマ）の膨張によってなされる。いずれ、マテリア（・プリマ）は縮みはじめ、干からび、表出された事物は再びその内部に隠されることになるが、精気は残存し、生き続ける。それゆえトリスメギストスが語るように、「すべての事物は不死である」[☆27]。これは、われわれが世俗の者たちに知られることのないように、あえてここでは明らかにしない詩句を解釈するための鍵となる。[☆28] このことを証明しようとしてパウロはこう語っている。「神の精気は生命を与える」[☆29]。そして聖書の別の箇所ではこう語られている。「わたしは天と地のいずれにも満ちている」[☆30]。さらに「わたしは道であり、真実であり、生命である」[☆31]。もしこの（キリストの）精気が各事物を互いに和解させるためそれらのもとに到達しなければ、対立しあう事物はいつまでも調和にはいたることはない。このことについてヘルメス・トリスメギストスは、『神は潜在していると同時に顕現しているということ』（*Quod Deus latens simul ac patens fit*）と題された一書を著わしている。[☆32] さて、先にピュタゴラス主義者たちのガモンについて述べたが、われわれはそれらを三つの項目、いやむしろ三つの起源と呼ぶべきものへと数を減らすことができる。

太陽（Sol）

光（Lux）　　　創造者（Artifex）、神（Deus）
明り（Lumen）　→　模範☆33（exemplar）、ことば（Verbum）
輝き（Splendor）　素材（Hyle）、マテリア・プリマ（Materia prima）
熱（Calor）
生成（Generatio）

第一の起源は、すべての事物の作者である。第二の起源、神の真の光および叡智である。神の内部にはすべての事物のイデアがあり、神は生命を与える精気を発散する。第三の起源は素材であり、その中にはさまざまなフォルマが内包されており、それらは表出される瞬間を待っているのである。この表出をわれわれは生成と呼んでいるが、生成はあくまで結果的に生じるにすぎず、起源としては生じない。

『ティマイオス』におけるプラトン

マテリア・プリマが等質ではないことをさらに明らかにするため、プラトンの『ティマイオス』の冒頭の一節を用いてそれを証明しよう。プラトンはこう語りはじめる。「一人目、二人目、そして三人目がいる」。この一人目は太陽、二人目は光、そして三人目は明りの表徴を伝える。そして彼はこう続ける。「四人目はどこにいるのか」。それへの答えはこうである。「四人目は病気で困っている☆34」。この四人目がマテリア・プリマとして理解される。マテリア・プリマはさまざまな変化によってつねに変形しており、隠蔽と表出をくりかえしつづけている。したがってそうしたものである以上、マテリア・プリマは同質ではなく、何千年もの長い年月においても静止することなく、おびただしい変化によって傷つけられ、痛められていると考えなければならない。そして、マテリア・プリマがもはやそれに耐えられなくなったとき、最後の審判がそれに続くのである。

さらに真実を語れば、マテリア・プリマは水的性質をもつ。なぜならば、先に述べたように、マテリア・プリマについてくりかえし言及したモーセは、この素材は空虚であり、それゆえあらゆる形象をとることが可能だと述べながら、天と地に共通するこの素材の本性／自然について正確に説明し、こう語っているからである。

神はすなわちことばである

「神の精気が水面を動いた」（ferebatur super aquas）。ちなみに、この単語（「動いた」）のヘブライ語には、「身を横たえる」（incubabat）という意味も含まれている[35]。さらにモリエヌスは、「それゆえ水は天と地に先がけて創造されていた」と結論づけている[36]。

このようにして、（神性の）内部でなされた最初の産出、つまりことばの産出に水の象徴が付与されているとすれば、水があらゆる事物の模範であり、それゆえ（神性の）外部での産出もやはり水に似ているのはむしろ当然である。

このことについては、ペテロもその第二書簡第三章の中で確証している。それによれば、「天が最も最初にあり、地は水から（de aqua）、水によって（per aquam）つくられた」。ここでペテロが「水から」と語るのは、素材因（causa materiale）を示すためであり、また彼は「水によって」（per aquam）という言葉によって動力因（causa efficiente）のことを暗示しているのである[37]。

［トレンティーノ版のコメント］

なぜならば、「すべての事物はことばによって創造された」からである[38]。換言すれば、水は、すべての事物を水に似せたのである。このことを理由にして、神の精気からとりわけ好まれた事物は水であると語る者たちもいるようである[39]。しかし、（神の）精気が熱の表徴も伝えていると考えるべきいくつかの根拠もある。なぜならば、神聖な事物の湿気のなかにもプロティノスが証明しているように熱が含まれていないとは考えられず、逆に、湿気を含まない熱もありえないからである。これについてプロティノスは、天層にある事物は光、湿気を含む熱、および熱を含む湿気のみであり、それ以外にはなにもなく、それらの事物の調和が起こらないかぎり、生成は成立しないと論じている[☆40]。なお、ここで注意しなければならないのは、ピュタゴラス主義者たちが、彼らが信じるガモノの中で熱に続く位置に生成を置き、生成以前に存在していたはずの湿気を省いていることである。おそらく彼らは、湿気と熱がそれぞれ不可分なものとなっているという理由から、湿気を熱の名の下に置き、熱とともにまとめて理解させようとしたのであろう。容易に見てとれるようにこのことは天上界でも正しい真実であり、それゆえわれわれは、（第二のセフィロートである）ホフマーは水的性質が強く、（第三のセフィロートである）ビナーを火的性質が強いと区別して語る習慣をもっているのである。

それはすなわち（神の）子である

しかしイザヤは、神の子の中にあらゆる事物があることを示すためこう語る。「主の生命と知性であるパンを食べ（なおこの知性は精気のそれである）、（主の）叡智と健康の水を飲むがよい[☆41]」。

若い枝、すなわちマリア

そしてイザヤは別の場所ではこう語る。「エッサイの樹の株からひとつの芽が萌えいで、その根から一本の若い枝が成長し、その上には主の精気が座る。それは（主の）叡智と知性の精気である[☆42]」。ここでイザヤが語っている叡智はホフマーの叡智、知性はビナーの知性のことである。さらにまた別の箇所でイザヤはこう語る。「主は必ずや、裁きの精気と燃やし尽くす精気によってシオンの娘たちの汚れを洗う[☆43]」。ここで注目しなければならないのは、「裁きはわたし（キリスト）に任せられている[☆44]」がゆえに、それらが神の子による裁きと聖霊の炎にほかならないということであり、さらにまた、神の子の（裁きのための）尺度が水とされていることであって、ここでイザヤは「洗う」という単語を用いて湿気が炎と結合することを示している。そして、洗うためにやってくる存在はキリスト以外にはおらず、熱を混ぜられた湿気によるこの清めをおこなったのはキリスト自身にほかならない。モーセが神の精気がとくに水を好んだと述べたのは事実だが、モーセは、熱と湿気が分離せずに互いに結合し、分離しえない状態になった水のことを指していたのである。プロティノスも『天について』という書物でモーセのその意見に同意している。プロティノスの考えによれば、天（カミッロの文脈では天上界および天界を指す）には、湿気および明りと結合した熱以外には、われわれの地上の何かに似た事物はない。[☆45]さらにプロティノスは、明かりが知力の代理の役割を果たすと語っている。これは、熱が生命にとっての活力になり、湿気が生命を動かす力およびその養分になるという意味である。（湿気および明りと結合した熱が）熱として感じられる場合には、癒やし、養分、休息、そして活力のようなもの以外としては感じられない。しかしそれが湿気として感じられる場合には、成長感、充実感、あるいは心地よい流れのようなもの以外としては感じられない。したがって、天（天上界と天界）の熱は熱いとのみ語られるべきではなく、湿っているとも語られなければならない。それは液状であり、流動的であり、滑らかであり、悦ばしく、本性／自然の触覚にとって快適であるとも語られるべきである。ここでわたしは「本性／自然の触覚にとって」と述べたが、その理由はこうである。すなわち、人間の触覚はそこ（天上界と天界）までは到達しえないが、われわれの触覚およびそれが触れる事物をその模像として用いるため、ここであえて「本性／自然の」と語ったのである。

さて、この著者（プロティノス）は、別の箇所では、この天の熱および湿気は、われわれの熱および湿気とはまったく異なる種類のものであり、それらのあいだの相違は、生きている存在の内部にある生得の熱と暖炉の火とのあいだにある相違よりも大きく、太陽の燃焼とわれわれの火とのあいだの相違よりもさらに大きいということを証明している。[☆46]天の湿気は凝固して液体になることがなく、また同様に天の熱は天を燃やし尽くすほど熱くならない。そのようにしてつくられた湿気は、少なくともわれわれの空気の中に含まれている湿気が水の中に含まれている湿気と異なるのと同じくらい、われわれのところの空気の中の湿気と異なっている。さらにわたしは、プロティノスのこの見事な説明につけくわえてこう述べたい。すなわち、天の熱および湿気と地上界の熱および湿気のとのあいだの相違と同じ相違が、天上界の熱および湿気と天界の熱および湿気とのあいだにもあると理解されなければならない。

ここでオケアノスが神々のために開催した饗宴へと戻ろう。われわれが語っているオケアノスとは、(神の)叡智の水にほかならない。この叡智の水はマテリア・プリマが創造される以前からすでにあり、原初の産出によってすでに創造されていた。そして、この饗宴に招かれた神々とは、神聖なる模範の内部にあったイデアにほかならず、それらはいずれも、唯一の同じ精気を呼吸している。なぜならば、神の内部にあるすべての事物が神そのものだからである。

数、重さ、寸法

イデア説の偉大な擁護者であった聖アウグスティヌスは、ヨハネのあの箇所での発言、「(ことばによって)あらゆる事物が創造された。ことばの内部に生命があった」[☆47]をめぐって、神はすべての事物を数、重さ、そして寸法に基づいて制作したというソロモンの言葉を引用し[☆48]、次のように結論づけている。すなわち、地上界でわれわれが数を数え、重さを測り、寸法を測る場合、数えられた事物、重さを測られた事物、寸法を測られた事物に数と重さと寸法をすべて与えてしまうことはなく、数と重さと寸法自体はこちらに保持するのであり、これと同様に、神はすべての事物を、数えられた事物、重さを測られた事物、そして寸法を測られた事物としてこの世界に出現させたが、数と重さと寸法自体はそれらの事物の外部に保たれているほうがよいと考えたのである[☆49]。そして、あらゆる事物は神自身であるか、それとも神の外部で産出されたもののいずれかであるが、数と重さと寸法は、数を数えられた事物、重さを測られた事物、寸法を測られた事物のような産物ではない。それゆえ、数と重さと寸法は神自身である。数と重さと寸法については聖書でも言及されており、『ルカによる福音書』ではこう読むことができる。「あなたたちの髪の毛まで一本残らず数えられている」[50]。そして『ヨハネの黙示録』では、秤を手にする天使と、杖のような竿によって測るもう一人の天使について語られている[51]。そして『イザヤ書』ではこう読むことができる。「わたしは神であり、起源であり、また終焉である。わたしの手は天の礎となりわたしの右手は天となる」[52]。そして「わたしは掌で天を測る」[53]。

イデア

イデアとはつまり、（神の）永遠の心性の内部にある、さまざまな原素的事物のフォルマおよび範例であり、それらの事物が存在する以前からその内部にあった。そこでは、のちに創造されるはずのあらゆる事物が、自らの実態を脱ぎさり、あたかも印章を押されたかのように、それぞれ個別の印象を身につけて存在している。そしてそれゆえ、これら（イデア）はそのようにして存在しながら、絶えることなく神と結びついている。そして、それら（イデア）の永遠性は、たとえ個々の事物は弱く、いずれ死すべきものであるにせよ、すべての事物の種子を永遠に保ちつづける。したがって、個々の事物がたとえどんなに変化し、朽ち果てていくとしても、あるいは隠蔽されるとしても、種子、および生ける神の内部にある永遠のイデアは常に生きている[54]。このことについてヨハネはこう語っている。「あらゆる事物が生じた。ことばの内部に生命があった」[55]。つまり存在する事物すべて、そしてわれわれがここ（地上界）や天界で目にすることが可能な事物はすべて、（神の）ことばの内部に存在した生命そのものであった。ヨハネは「生きている」とは述べず、「ことば」と同じように名詞を用いて、「生命」と述べている。さらに、ここでは「あった」という過去形が用いられており、現在形の「ある」と対照的に語られていることについても、十分に考慮されなければならない。これらの理由から、われわれは、逍遥学派がイデアを否定したこと、そして宇宙のすべての事物は先験的《ア・プリオリ》にあるのではなく、後験的《ア・ポステリオリ》に生じるという彼らの説が誤謬であると判断できる[56]。この誤りの理由は、神聖なる叡智が、彼ら（逍遥学派）にはオンブラ（影）のみを見せ、さらに場合によっては自らの衣装のみを見せるだけで遠ざかり、顔は常に隠していたからである。

さて今から、各惑星に属する饗宴の扉の下に、最も単純な原素／元素を置いていくとしよう。それらのなかには、他の事物よりも知性に近い事物もあれば、感覚に支配されると考えられる事物もあり、それらはいずれも権威ある意見に従って置かれる。

☾

月の饗宴の扉の下は、二つの像、ひとつはプロテウス、もうひとつは三叉の銛をもつネプトゥヌスによって、覆われる。

人間の顔をもち、さまざまなフォルマに変化するプロテウスは、（神の外部でおこなわれた）第二の産出によって創造されたマテリア・プリマの表徴を伝える。そして、そのカンノーネ（保管筒）の中には、ヴァルーメ・オルディナート・ペル・タリ（紙葉ごとに秩序立てて配列された紙葉束ないし巻本）が入れられ、そのことはあらかじめ（劇場の学び手に対して）指示されるであろう。[☆57]その巻本では、マテリア・プリマ、あるいはより適切に語ればカオス、および絶え間なく連続的にあらゆる形象をとりうるその本性／自然について論じられる。さらには、そのフォルマの獲得およびその剝奪について、そして本性的／自然的な事物[☆58]についても論じられる。

ネプトゥヌスは最も純粋で最も単純な水の兆候を伝え、その巻本においてもそれが論じられる。[☆59]ネプトゥヌスが月に属するのは、月は湿気の女王だからである。

これと同じ像は洞窟の階層の扉の下では、水に満ちあふれた場所と、そこに住む生物たちの表徴を伝える。

タラーリ（黄金の翼のついた靴）の階層の扉の下では、水の上を渡ること、水の上を進むこと、水で洗うこと、水浴すること、飲むこと、そして飛沫を飛ばすことの表徴を伝える。

プロメテウスの階層の扉の下では、水道、人工噴水、橋、造船、[☆60]船舶を操縦する技、水泳の技、そして釣りの技のような、水を扱う技芸の表徴を伝える。

☿

水星の饗宴の扉の下には象の像がある。なぜならば、象は、著述家たちから、すべての獣のなかで最も敬虔な動物であると語られているからである。[☆61] そして、そのカンノーネのなかのヴォルーメでは、神話において語られている神々の起源、神格、そして名前が論じられる。そして、この（象が最も敬虔な動物であるという）説は神話に由来するため、この主題は、言語および物語のパトロンであるメルクリウス（水星）に属する。またこれと同じ像は、プロメテウスの階層の扉の下では、神話の神々へ寄せられた信仰心の表徴を伝える。

♀

金星の饗宴の扉の下には、一〇個の輪をともなうひとつの球が置かれ、一〇番目の輪は金であり、そのいたるところには、数えきれないほどの数の小さな霊魂がいる。[☆62] さらにそのヴォルーメの主題は、エリュシオンの諸地、およびかつてこの地上界にいた、あるいはいずれ地上界にやってくるであろう敬虔な人々の霊魂となり、それらについてはプラトン主義者や詩人たちの意見に基づいて論じられる。[☆63] そしてこのヴォルーメでは、地上の楽園についても論じられる。これらの場所は、その悦ばしさと美しさゆえに、金星に属する。

○

太陽の饗宴については第一の階層においてすでに語った。階層の通例に従えば、アポロンが置かれるべきそちらの扉に饗宴が置かれたため、通例ならば饗宴が配置されるべきこちらの扉にアポロンが置かれる。そして、この扉の天上界の事物は、ティフェレトと（天使の）ラファエルである。

天界の事物は、太陽、光、明り、輝き、そして光線である。
神話の事物は、アポロンとその持物である。

♂

火星の饗宴の扉の下には二つの像があり、ひとつはウルカヌス、もうひとつはフランドル地方の絵画に見られるような、大きく開いて霊魂たちを飲みこむタルタロスの口である。☆64

ウルカヌスはこの扉の下では単純な火の表徴を伝える。

洞窟の扉の下では、エーテル、原素的火、宇宙全体の火災、われわれが熾す火、局所的な火災、火花、炎、炭、そして灰の表徴を伝える。☆65

タラーリの階層の扉の下では、火を熾すこと、火口に着火すること、燃やすこと、火災をおこすことおよび消すことの表徴を伝えるであろう。

タルタロスの口の扉の下（のカンノーネ）には一巻のヴォルーメが隠される。そのヴォルーメでは、煉獄および煉獄それぞれの各部分が、それらについて書いた著述家たちの意見に基づきながら、それぞれ区別して論じられる。われわれが煉獄を火星に与える理由はこうである。すなわち、混合された火は火星的であり、それと土星に属する地獄の火とのあいだにはほとんど変わるところがないが、ただそれらにおいて与えられる罰には相違があり、霊魂が火星の火によってさいなまれる罰は一時的だが、土星の地獄の火の罰は永遠である。そのため、地獄の火は土星の運行速度の遅さにこそふさわしいのである。

この口の扉の下に隠された巻本ではさらに、なんらかの救済がもたらされることを待ちわびる霊魂たちがいる例の場所、つまり冥界についても論じられる。

木星の饗宴の扉の下には二つの像があり、ひとつは天から吊るされたユノのそれ、もうひとつはエウロペのそれである。

♃

吊るされたユノはホメロスから借りてきたものである。ホメロスは、ユピテルがユノを鎖で縛り、ユノはそれぞれの足に一個ずつ錘をつけて吊るされたと歌っている。☆66 ユピテルはあらゆる空気の統治者であり、ユノは空気である。ユノの両足のうち、上にもちあげられた方の足につけられた錘は水であり、下方に伸ばされた足の錘は地である。この像は、ここでは単純な空気の表徴を伝える。だが洞窟の階層の扉の下では、一般的に存在する四つの原素すべての表徴、そしてとくに空気の表徴を伝え、そこには空気の各部分、および空気に属する事物も含まれるが、これについてはそちらの場所（洞窟の階層）で語られる。

タラーリの海草の扉の下では、呼吸すること、ため息をつくこと、そして天を向いて深呼吸することの表徴を伝える。

プロメテウスの階層の扉の下では、たとえば風車のように、空気の恩恵によっておこなわれるあらゆる技芸の表徴を伝える。

エウロペは牡牛によって誘拐され、海へ運ばれていった。☆67 そのさい彼女は、運ばれていく先の前方ではなく、自分が連れだされた岸辺の方向のみを見ようとした。それゆえエウロペは、肉体を媒介にしてこの地上界という大海原へと運ばれてくる霊魂であり、彼女は運ばれながら、神の方向、つまり天上界の岸辺の方向へ振りかえる。エウロペも（カンノーネのなかに）一巻のヴォルーメを隠す。そこでは、キリスト教徒の真の楽園について論じられる。あらゆる敬虔な霊魂はこの楽園から分離してきたのである。そして、これが木星に属するのは、木星が真の信仰の惑星だからである。

さらにエウロペは、プロメテウスの階層の扉では、改宗、許し、献身、聖性、そして信仰の表徴を伝える。

♄

土星の饗宴の扉の下には二つの像があり、それらはいずれもキュベレである。そのひとつは、ルクレティウスによって書かれているように、いくつかの塔を花輪のように円状に並べて頭に載せ、二頭のライオンによって牽引される戦車に乗っている。[☆68]この像は地の表徴を伝えるが、ここではとくに単純かつ穢れのない地の表徴を伝える。

洞窟の階層の扉の下では、これと同じ像が地とその各部分、そしてそれらの特質の表徴を伝えるが、それらについては洞窟の階層で語られるであろう。またこの像は、メルクリウスの靴の階層およびプロメテウスの階層にもある。

もうひとつのキュベレの像は火を吐きだす。さらにここ（カンノーネ）には、地獄と地獄の部分の名と呪われた霊魂たちを論じるヴォルーメが収められる。われわれは地獄を土星に属せしめるが、その理由は火星の饗宴の説明においてすでに述べられている。

洞窟

第三の階層の各扉には洞窟が描かれるが、われわれはこの洞窟を、ホメロスの洞窟と呼ぶことにして、プラトンが『国家』において記している洞窟とは区別する。[☆1]ホメロスが歌うところによれば、イタケ島の港を見おろす山中に洞窟があり、その中ではニンフたちが真紅の布を織り、さらに蜜蜂たちが蜜を造るためにその洞窟を出たり入ったりしていた。[☆2]この機織りと蜜造りは、混ぜられて原素化された事物の表徴を伝えており、それゆえこの階層の七つの洞窟それぞれは、それぞれが属する惑星の本性／自然に依拠しながら、その惑星に属する混ぜられた事物と、原素のように単純な事物の表徴を含意する。この混ぜられた事物とは何か、そして原素のように単純な事物とは何か、今からそれについて語ろう。

世界創造の日々

モーセによって提示された順序に従うならば、最初の日、神は天界と地上界を形成するためのマテリア・プリマを創造したが、天上界を流れる小川から下方へ降りてくる影響力のすべてがそのマテリア（・プリマ）に収まりきることがなかったため、二日目にラキア（Rachia）、つまり天層の塊を形成することにした。ちなみに、すでに述べたとおりそれは空の青い部分ではないのであり、空の青い部分は（上から）第八の天層のみのことだが、要するに神はこの日、天上界と地上界とのあいだに、この幅広い塊（天界）を挿入したのであり、それはつまり、天上界の小川を流れるまだ液化していない水と、この地上世界にある液化した水を区別するためであった。[☆3]

天上界の水

天上界の水については、「天の水よ、主を賛美せよ」[☆4]と書かれている。先に述べたように天層の幅広い塊が挿入されたため、それよりも上（天上界）の水の影響力は、あのマテリア（・プリマ）の包容力に収まる量を超えては下方に降り注がなくなった。天上界の水について注意しなければならないのは、ナツィアンツのグレゴリウスはそれを「透明な天」と呼んでいることであるが、それは彼の誤解であり、[☆5]たしかにある者たちは空の青い部分よりも上には透明な部分があると考えているが、それは具体的な理由もないまま捏造されたものにすぎない。聖書にも世俗の著作のいずれにおいても、そのようなものが実際に存在する理由も根拠も書かれていない。モーセが語るところによれば、三日目に神は、天（天上界と天界）よりも下にあるすべての水、つまり発芽させる徳力すべてが一箇所に集合するように命令し、さらに乾いた地を出現させた。そして、集合した発芽させる徳力によって、その地は肥沃になったのであり、神はこう語った。「地は草を産出し、いわば種を宿す果樹を産出せよ」[☆6]。四日目、星々が創造され、天層の塊の内部に配列されたが、月が第一の天層の中に、太陽は第四の天層の中に置かれ、それらによって、闇、つまりまだ形成されていない事物から、光、つまりすでに形成された事物が分離された。五日目には、すべての生物の内部への生命の伝達について語られており、これはつまり、水、すなわち事物を発芽させる徳力が、さまざまな種の生物すべてを産出したという意味である。こうして、水に住む生物が、そして空を飛ぶ生物および地に住む生物が、いずれも同じように、それぞれ産出されたのである。六日目、神は人間を産出し、七日目に休息した。このようにわれわれは、神がマテリア・プリマを創造したのちに、また別の新しいマテリアを創造したのではなく、マテリア・プリマによってすべての事物を形成したと考えなければならない。それゆえわれわれは、それらを混ぜられた事物、あるいは原素化された事物と呼ぶ。七本の円柱（の代理物としての惑星の扉）から数えれば三層目となるこの階層には洞窟の扉が置かれ、われわれはその扉において混ぜられた事物と原素化された事物を見ることになるが、人間はそこに含まれない。なぜならば、人間はそれらの事物から区別して形成され、すべての混ぜられた事物、原素化された事物の主にされたからである。それゆえわれわれは、人間には固有の階層があるべきだと考えるのであり、その階層についてはのちに語られるであろう。

☾

月の洞窟の扉の下では、五つの像、すなわちネプトゥヌス、ダフネ、メルクリウスから衣服を差しだされるディアナ、アウゲイアスの家畜小屋、さらに雲の中のユノが見いだされる。[☆7] 饗宴の階層にもあったネプトゥヌスが、こちらの洞窟の階層にもあることに驚く人もいるかもしれないが、このネプトゥヌスはさらに、タラーリ（メルクリウスの翼のついた靴）の階層やプロメテウスの階層にも見いだされる。そしてこれと同様のことが、他の像でも、そして別の惑星の扉においても生じるであろう。その理由はこうである。ホメロスが語っているように、オデュセウスは天の神々のあいだにいるヘラクレスと地獄にいるヘラクレスのいずれをも目撃した。[☆8] もしこのことが彼（ホメロス）にとって矛盾したことでなかったとすれば、われわれにとっても矛盾ではない。それゆえわれわれは、同一の事物にいくつもの異なる形象（figura）を与えることによって記憶（memoria）がかき乱されることがないようにするため、同じ像（imagine）が異なる複数の扉で見いだされることを選ぶ。[☆9]

プロテウスは、形成されたフォルマ、主体的事物、そして本性的／自然的事物の表徴を伝える。

ネプトゥヌスは、饗宴の階層では最も単純な水の原素の表徴を伝えるが、この洞窟の階層では、すでに混ぜられた水の原素の表徴を伝える。なぜならば、アナクサゴラスが多くの言葉を費やして証明しようとしたとおり、この地上界では、それほどまでに純粋で、まだ混ぜられていない（水の）原素を見いだすことはできないからである。[☆10] このネプトゥヌスの像の扉のなか（カンノーネ）に収められるヴォルーメでは、類としての水と種としての水について、紙葉ごとに秩序立てて論じられる。類としての水はさらに、全体と部分とに区分される。全体とは、いわば水それ自体である。部分とは雫のような事物である。さらに、水の質と量も論じられる。質とは、真水と塩水、流れない真水および流れる真水のような事物であり、そしてそれらに似た他の現象である。そしてこれらに加えて、深層水、河川の水、そしてそれ以外の水に属する事物、さらに水に住む生物も論じられるが、このネプトゥヌスは、人間の表徴はまだ伝えない。なぜならば、人間は生物の中で最後に創造されたからである。だが、タラーリの階層にネプトゥヌスが見いだされる場合は、人間が自らの本性／自然に基づいて、技芸（arte）を用いずに、人間よりも先に創造された各事物を使用しておこなうことができる操作（operationi）の表徴を伝える。それゆえ、そちらのネプトゥヌスのカンノーネの中のヴォルーメでは、人間が本性／自然によって水に対しておこなう操作について論じられる。このことについては饗宴で語られているとおりである。

さらにプロメテウスの扉の下では、水を用いる技芸の表徴を伝える。[☆11]

月桂樹に変身するダフネは、森の象徴になる。[☆12] さらにここ（のカンノーネ）には、かつてテオフラストスやその他の幾人かの著述家たちが「植物について」と題して著わした事柄が、植物の成長過程、つまり一時的に変化する姿とともに（ヴォルーメとして）収められる。[☆13]

しかしタラーリの扉の下では、ダフネは、木を折ることや木を運ぶことのような、本性／自然によって木に対しておこなわれる操作の表徴を伝える。そして、プロメテウスの扉の下には、庭園、および木を用いるすべての技芸の表徴を伝える。

ダフネは森でもあるので、月、すなわち森の女神であるディアナに従属する。なぜならば、彼女は湿気の女王だからであり、湿気がなければ、いかなる植物も成長しないからである。このことについてウェルギリウスは『農耕詩』第四歌でこう歌っている。

（牧人アリスタイオスは）さらに、万物の父であるオケアノスにも、百の森と百の川の守護者であるニンフの姉妹たちにも祈りを捧げた。☆14

メルクリウスから衣服を差しだされるディアナが第三の像である。ギリシア神話にこう書かれている。ユピテルは、ディアナが裸で歩いているのを目撃し、彼女は純潔であるべきだという理由から不愉快に感じた。そのため彼は、メルクリウスに命令して、彼女のための衣服を制作させた。しかし、どれほど多くの衣服を彼女のために織っても、そのどれもが彼女の身体に適合しなかった。☆15 この物語は、変化と変化の種類、すなわち生成、腐敗、増大、縮小、風化、さらに場所の変化と動きの変化の表徴を伝える象徴である。そしてこれらの事物は、アリストテレスによって数えあげられたすべての種類の変化をも含めて、☆16 紙葉ごとに秩序立てられて（ヴォルーメで）論じられる。

この像は、パシパエの扉の下では、人間が意見を変えること、あるいは人間の身体の変容の表徴を伝える。タラーリの扉の下では、事物を動かすこと、事物を変化させること、事物を受容すること、事物を配列することのように、瞬間的にないし迅速に事物に対しておこなわれる操作の表徴を伝える。しかしプロメテウスの扉の下では、一二の月々とそれらの部分が委ねられる。

アウゲイアスの家畜小屋は、ギリシア人たちからそう呼ばれていたものである。☆17 アウゲイアス人はこのうえなく豊かな富と領地をもつ王であったが、家畜としていた獣が増えすぎてしまったので、国土は（獣たちの）糞尿であふれかえり、畑の養分を腐らせてしまったのである。われわれはこの像にも巻本を与えよう。そこでは、世界に存在する事物の汚れ、カビ、腐敗、卑しさ、不完全性、そしてそれらと同じような不快な事物が論じられる。

パシパエの扉の下では、これと同じ像に、人間の身体の汚れ、耳、鼻、爪、目といった部分に生じる人間の汚物、汗、唾液、吐瀉物、経血、尿などが委ねられる。

しかし、タラーリの扉の下では、汚れに対する操作、すなわち汚すこと、染みをつけることなどの表徴を伝える。これらの家畜小屋は月に属するが、その理由は、月には腐敗した湿気以外の汚れが存在しないからである。雲の中のユノ。ユノは空気の表徴を伝える。[☆18] 彼女を包み隠す雲は、本性／自然の内部に隠されている事物、逍遥学派からは認識しうる事物と呼ばれたもの、すなわちいまだ認識されていない事物の表徴を伝える。さらに、短い時間の表徴も伝える。そしてこれらの事物はすべて月に従属する。なぜならば、月のように短い時間で姿を隠してしまう惑星は他にないからである。

この像は、パシパエの扉の下では、人間が自らの姿を隠蔽すること表徴を伝える。

しかし、タラーリの扉の下では、人間が事物を隠蔽すること、あるいは他の人間を隠蔽することを暗示する。

☿

水星の扉の下には、六つの像、金の羊毛、原子、ピラミッド、解かれていないゴルディオンの結び目および解かれたゴルディオンの結び目、そして雲によって造られたユノ（の像）がある。

金の羊毛は、神秘哲学においては、主なる神がその子孫たちの中の少数者だけに与える至高の贈りものの表徴である。[☆19] さらに、かつてあのようにして略奪された金の羊毛は、すなわち英雄たちの団結、（アルゴ号の）船出、そしてイアソンが風もないのに川に落としてしまった世界でたったひとつしかないサンダルの片方の喪失[☆20]のすべてを伝える表徴でもある。さらに金の羊毛から着想を得たのが、あの金羊毛騎士団である。[☆21] また金の羊毛は、ゾロアスターの魔術（の表徴）としても用いられる。ペルシア人たちのもとでは、新たに生まれた王子は、最初にこの魔術を教えられなければならない。その魔術によって新しい王子は暴君にならないのである。しかし、この金の羊毛を、このような秘儀の高みから引きおろして、われわれの（劇場での）用途のために用いるとすれば、重さによる判断、あるいは手触りによる判断によってとらえられるすべての対象の像として、たとえば重い対象と軽い対象、粗い対象と滑らかな対象、硬い対象と柔らかい対象、さらにこれらに似たあらゆる対象を含意する像として用いられる。[☆22]だがこれらの対象は、ここではまだ人間によって感じられる対象ではないということには注意しなければならない。[☆23]

これと同じ像は、パシパエの扉の下では、人間の身体における同様の事物の表象を伝える。

そしてタラーリの扉の下では、硬くすること、滑らかにすること、粗くすることのように、（人間が）技芸を用いずにおこなう操作の表象を伝える。

これらの表徴をともなうこの像は水星に従属し、その理由は、それらの重さによる判断を主におこなう部位としての手が双子座に属し、その双子座は水星に属するからである。[☆24]

原子は、事物の分割量すべての表徴を伝える。[☆25]

パシパエの扉の下では、誰か一人のように、人間の集団単位の表徴を伝える。

しかし、タラーリの扉の下では、連続する事物を分割したり、切断したり、分散させたりすることによる量、つまり人間が技芸を用いずに操作しうる集団単位の表徴を伝える。

この主題は算術に属し、さらに算術は水星の技芸であるため、この像はこの惑星に属する。

ピラミッドは、事物の個別単位の表徴を伝える。

パシパエの扉の下では、背の高い人、低い人、中背の人のように、人間の個別単位の表徴を伝える。

タラーリの扉の下では、高くすること、低くすること、太くすること、細くすることのように、技芸を用いない（事物の全体的量に対する）操作の表徴を伝える。

これら二つの単位のうち、ひとつは算術による単位であり、他方は幾何学による単位である。そしてそれら（算術と幾何学）は、いずれも三叉の矢を引くヘラクレスに帰されるため、プロメテウスの扉の下では、この像のにはそれらの表徴も委ねられる。

解かれていないゴルディオンの結び目は、解かれるべき問いとしてアレクサンドロスに与えられたが、彼はそれをがまんできずに切断してしまった。[26]この像の中には、紐や帯のような、解かれていない個別単位の表徴が含められる。

さらにタラーリの階層の下では、事物を絡みあわせることの表徴を伝える。解かれたこの結び目は、解かれた事物、明示された事物の表徴を伝える。

タラーリの扉の下では、もつれあった事物を解くことの表徴を伝える。

雲によって造られたユノは神話に基づいている。それによれば、ユノはイクシオンから追いまわされ、犯されそうになったため、彼女そっくりに造られた雲の身体を彼のところに送り、彼はそれと一夜をともにした。[27]このような悪戯は、そのような造られた事物を用いてこの男にしかけられたものであり、それゆえこの像には、目には見えるが実物ではない事物の表徴が与えられる。

パシパエの扉の下では、模倣者特有の狡猾で欺瞞的な本性／自然の表徴となる。

タラーリの扉の下では、虚構を語ること、および欺くことの表徴となる。

この像が水星に属する理由は、水星は悪意の創造者になることもあるからである。

♀

金星の洞窟の扉の下には五つの像がある。ケルベロス、香草の壺を頭にのせる娘、アウゲイアスの家畜小屋を清めるヘラクレス、ナルキッソス、そして岩の下のタンタロスである。

ケルベロスは、三つの頭をもつ姿で描かれ、本性的／自然的な必要性、つまり食べること、飲むこと、眠ることの表徴を伝える。これらの必要性は、人間の思索をおおいに妨げるものである。高い事物についての瞑想に到達することを目指したアエネイアスが、巫女の忠告に従って、ケルベロスに肉団子を投げ与え、その傍らを通り過ぎたとウェルギリウスが歌っているのは、まさにそうした理由からである。[28]これが意味するのはつまり、われわれがこれらの三つの必要不可欠な行為を満たさなければならないのはたしかであるにせよ、瞑想のための時間を確保するためには、それらに費やす時間を最低限にするべきであるということである。それゆえ、洞窟の階層におけるこの像は、餓えと渇きと眠気に関連する事物、食物、飲物、さらには眠りに誘う事物の表徴を含む。この形象が金星に属する理由は、快楽をもたらすからである。

パシパエの扉の下では、餓え、渇き、眠気、そしてそれらがもたらす結果の表徴を伝える。

タラーリの扉の下では、食べること、飲むこと、眠ること、そしてそれらの結果として付随的におこなわれる本性的／自然的な操作の表徴を伝える。

さらにプロメテウスの扉の下では、料理、美味な宴会、さらに音楽や歌のように健康的に眠りへ誘う快楽の表徴を伝える。

香草の壺を頭にのせた娘はかつてローマで発見されたものである☆29。これは洞窟の扉の下では、あらゆる匂いの表徴を伝える。さらにその壺はウェヌスに属するため☆30、この娘は金星に属するのである。

タラーリの扉の下では、匂いを嗅ぐこと、匂いを発することのように、技芸を用いずにおこなわれる匂いにかかわる操作の表徴を伝える。しかしプロメテウスの扉の下では、匂いと香にかかわる技芸を含意する。

アウゲイアスの家畜小屋を清めるヘラクレスがここに与えられる理由はこうである。神話によれば、この王（アウゲイアス）はおびただしい汚物で（国が）押しつぶされそうになっていることを知り、ヘラクレスを呼び、その汚物を一掃することを命じた。それゆえここでは、本性／自然によって清められた事物の表徴を伝える。

パシパエの扉の下では、人間の身体の清潔さの表徴を伝える。

タラーリの扉の下では、技芸を用いずに何かを清めることの表徴を伝える。

さらにプロメテウスの階層の下では、入浴と散髪の表徴を伝える。さらにこの形象は、美しさと繊細さにかかわるため、金星に与えられるにふさわしい。

ナルキッソスは、この地上界の移ろいゆく水に映った自分の姿に見とれた。[☆31] これは死を運命づけられた美の表徴を伝える。美の真実を追い求める者は天上界のティフェレトまで上昇しなければならず、プラトン主義者のヒッピアスが真実の美を追い求めたのもまさにそこにおいてであるし、[☆32] われわれすべてもまたそうしなければならない。なぜならば、そこでは美は不動であり、不死だからである。このようにして、われわれはこの像に、この(地上)世界の本性的／自然的かつ魅惑的な事物を媒介にしてわれわれの目に触れる美の表徴を伝えさせよう。

この形象は、パシパエの扉の下では、人間の(身体の)美とそれがもたらす結果、すなわち柔らかさ、美しさ、喜ばしさ、ディゼーニョ[☆33](disegno)、愛、希望、愛すること、そして愛されることの表徴を伝える。

タラーリの扉の下では、美しくすること、愛させること、欲望させること、希望させることなどの表徴を伝える。さらにプロメテウスの扉の下では、化粧および白粉を塗ることが委ねられる。

岩の下のタンタロス[☆34]は、重さを加えられた事物、揺さぶり動かされている事物、あるいは吊り下げられた事物の表徴を伝える。

パシパエの階層の下では、臆病な、優柔不断な、あるいは疑り深い本性／自然、そして驚くことを暗示する。

そしてタラーリの階層の下では、恐れさせること、震えさせること、疑わせること、動揺させること、驚かせることなどの表徴を伝える。

○

太陽の洞窟の扉の下にあるのは、五つの像、すなわちアルゴスのみの像、そのアルゴスによって見張られる雌牛、ヘラクレスによって殺されるゲリュオン、鶏とライオン、そしてユノを(弓矢で)射るアポロンである。

数えきれないほど多くの目をもつアルゴスは、それのみの場合、世界全体の表徴を伝える。[☆35] 彼の頭は天界、目が星々である。アルゴスはあたかも駝鳥が卵を見守るように、下方の各事物が生成を始める時が訪れるまで、その頭と目を用いて遠くからそれら事物を見守り続け[36]、天界の各輪（各天層のこと）の内部にある精気の生命を各事物に配分する。これについて、エゼキエルがこう語っている。「生物の精気が輪の内部にあった[37]」。この精気はあらゆる原素（四大元素）に生命を与えるが、どちらかと言えば、空気よりも火、水よりも空気、さらに地よりも水を好む。だが、精気が付与するそれら生命と栄養分からはあまり好まれないとしても、毎日のようにきわめて多くのさまざまな事物を発芽させているのはまさしく地にほかならず、もしそうでなければ地以外のなんらかの原素が事物を発芽させなければならないことになる。それゆえ、われわれの目には見えない栄養分は、他の原素と同じようにやはり地を嫌ってはいないと考えなければならない。。

地は可動である

『ピマンデル』においてヘルメス（・トリスメギストス）が語るところによれば、地はいかなる意味でも不動ではありえず、他の原素と比べた場合にはかなり安定しているとはいえ、多くの動きによって胎動している。そして彼はこうつけくわえている。地はあらゆる事物の育成者であり、事物を受胎し、発芽させるのであり、その内部に動きが含まれていないとは考えられない。なぜならば、事物が動きなしに発芽することはありえないからである[38]。そして、星々が世界の目であるのと同じように、草や木は、先に述べられた生命を与える精気を、その根を媒介にしておびただしく吸収するため、いわば世界という身体の毛および髪のようなものであり、金属および石は骨のようなものである。象徴神学者たちはこのようにして、無数の眼をともなうアルゴスの象徴を用いて世界を図像化したが、これには驚く必要がなく、なぜならば、世界はこのようにして生きているからである。それゆえこの像は、宇宙にあるすべての世界、とくに天界の塊および天体を表象する。

アルゴスによって見張られる雌牛もまた地の表徴を伝えることがあるが、ここでは、目に見えるすべての事物、およびすべての色の表徴を伝える[39]。

ヘラクレスによって三つの頭を切断されるゲリュオンは、太陽によって生まれる時の始まり（日の出）、持続（昼）、終わり（日没）の表徴を伝える。☆40 そして、この像は、この世界の各時代、そしてさらに、太陽の上昇および下降によって生まれる四つの季節、さらに昼と夜、そしてそれらに含まれる各時間帯の表徴を伝える。

さらにパシパエの扉の下では、人間の各年齢期の表徴を伝える。

タラーリの扉の下では、分、時間、年、世代、そして時の計測に対する本性／自然的な操作の表徴を伝える

さらにプロメウスの扉の下では、技芸を用いて計測される年、分、時間、時計、そして時を計測するための道具の表徴を伝える。

さらにここには、ライオンをともなう鶏もいる。これを用いて表徴を伝え始めたのはプリニウスであるが、☆41 プラトン主義者のヤンブリコスとルクレティウスもこれについて語っている。☆42 それらによれば、この二匹の動物はどちらも太陽に属する動物であるが、鶏はその両目の内部に太陽が放ちうる最も強い光をもち、その目でライオンを睨みつけると、ライオンは鶏の前に平伏す。この劇場の作者もまた、パリにいたころ、これを実際に経験した。作者はトルネッロ☆43と呼ばれる場所で、多くの紳士たちとともに、窓から庭を見渡すことができる部屋の中にいた。そのとき、檻から抜けだした一頭の雄ライオンがその部屋に入ってきて、作者の背後に近づき、前足で作者を抱きしめた。ところが作者はライオンの爪によって傷つけられることもなく、それどころかライオンはその舌で作者を舐めたのである。その段階でようやく作者はライオンの愛撫とおくびに気づき、うしろに振り向き、この動物の姿を認識した。周囲にいた他の人々はすべて、あちらこちらへ逃げだしてしまったが、ライオンは作者に従順であり、まるで褒美を求めるような身振りをしたのである。これは、この動物に、この作者の身体の内部にある多くの太陽の徳力が伝わることによって生じたことであり、他の人にもこれと同じことが生じるにちがいないと述べることはできない。☆44 したがってこの像は、本性／自然的な事物についての、比較による優劣を含意する。

パシパエの扉の下では、人間の優秀性、優位性、尊厳、権威、および名誉にふさわしい事物を支配することの表

徴を伝える。

タラーリの扉の下では、優位にすること、尊厳を与えること、および地位を与えることの表徴を伝える。

だがプロメテウスの扉の下では、さまざまな王権とそれが統べる王国が含意される。それらすべては、著述家たちによって規律正しく統治されていた。だからこそ、それらはよく維持されたのである。☆45

雲の中のユノを（弓矢で）射るアポロンの像は、雲の内部に隠れたユノの像、すなわち月の表徴に対置される。ホメロスがこの神話を暗示している。☆46 しかし、ソクラテスが『メノン』の中で強調しているように、（ホメロスが）神々同士に争いをさせることを好んだと考えるべきではない。☆47 この像はむしろ、明示された事物の表徴を伝える。

さらにパシパエの扉の下では、人間が自らを明示すること、および光に照らされることの表徴を伝える。

だがタラーリの階層の下では、他人や事物を明示することの表徴を伝える。

♂

火星の洞窟の扉の下には四つの像、ウルカヌス、天に逆立つ髪をもつ娘、争う二匹の蛇、そしてドラゴンの上のマルスがある。

ウルカヌスがそれ自体で火の表徴を伝えることは広く知られており、これについて詳述する必要はない。☆48 火は三つの種類に分割され、最も精妙な火の部分、つまり最も高い場所にある火の部分は月の軌道に接しているため、この部分は古代ローマ人たちから空気と呼ばれることもあった。この部分については、キケロが『神々の本性について』の第四四章でこう語っている。「エーテルは、最も高い火によって構成されている。ラテン語におけるエーテルという単語は、空気という単語から変化して成立した」☆49。エーテルの場所を木星の洞窟とみなし、そこでエーテルは空気とともに存在すると考える者もいるが、エーテルが火よりも精妙な事物あると同時になお火の本性／自然をも有しているということを踏まえるならば、われわれはそれが、空気よりも火のほうに近い場所にあると考えたほうがよい。このことはキケロが同書の第三四章で次のように語っているため、なおさら正しいと考えなければならない。「天において燃える事物は、エーテル、あるいは天それ自体と呼ばれる」[50]。さらに第三七章ではこう語っている。「エーテルは光と熱を均等に含んでいる」[51]。次に精妙な火の部分は原素としての火であり、第三の部分はわれわれが用いる火である。またこの像は、饗宴の階層の扉、および饗宴に関連する他のいくつかの扉にもあるが、それについては饗宴についての説明の中でかなり総合的に語っておいたので、ここでは次のように語れば事足りよう。すなわち、ここでのウルカヌスは、エーテル、宇宙全体において燃える原素としての火、われわれの地上界で燃える個々の火、火の粉、炎、炭、灰の表徴を伝える。

この像、およびそれに委ねられる事物は、火星以外の惑星にはふさわしくなく、なぜならば、火と同じように熱く、かつ乾いている惑星は火星以外になく、太陽は熱いけれども同時に湿ってもいるからである。

天に逆立つ髪をもつ娘がそのような姿で造形される理由は、プラトンによれば、人間は天地逆転した樹木であり、樹木は根を下に向け、人間は根を上に向けているからである[52]。さらに、オリゲネスと彼の継承者ヒエロニムスは、聖書が髪や髭について語っている箇所を、（人間の）身体における髭と髪としてではなく、霊魂の髭および髪として理解すべきだと論じている[53]。霊魂は、隠喩として、髪、髭、目、そしてその他の人間の身体に対応する部分を有している。もし人間が裸体となり夜の空気に包まれたならば、髪と髭は天から降りそそぐ凝固した湿気を、それら以外のどの身体の部分よりも多く吸い寄せるはずであり、彼らの考えによれば、木が事物を成長させる湿気をその根を通じて地から吸収するのと同じように、われわれの内なる人間（霊魂）の髪と髭は、あらゆる活力の源である天上界の運河から降りそそぐ影響力から、露、すなわち生命を与える湿気を引きだして吸収するのである。さらにこれについては、『雅歌』でもこう読むことができる。「あなたの髪は結びあわされた運河である」[54]。これは天上界の小川として理解されるはずである。この一節は、人間の霊魂が天上界の活力に満ちていることを表徴を通じて伝えているのである。さらに『詩篇』にも、アロンの湿った髭について同じような記述が見いだされる[55]。したがって、この像の扉には、この（地上）世界でえることが可能な活力について論じたヴォルーメが隠される。そしてこの像は、活力に満ちた事物、あるいは強い事物、あるいは（神の）真実によって満たされた事物の表徴を伝える。われわれが真実をここに委ねる理由は、ダリウス大王の臣下であった賢者たちによって、真実はあらゆる他の事物を支配する力をもつと証明されていたからである。☆56

パシパエの扉の下では、この像は、活力に満ちた。剛健な、さらに真実に満ちた本性／自然の表徴を伝える。

さらにタラーリの扉の下では、活力を与えること、強さを与えること、あるいは真実に関連する操作の表徴を伝える。

グヴィラーは真実の表徴である。☆57

『詩篇』八四番

その理由についてはこう語られている。「慈愛と真実が出会い、正義と平和は口づけする」☆58。

争う二匹の蛇は、メルクリウスについて語られた例の神話、すなわち争っている二匹の蛇に彼が出会ったという神話を表象する。☆59 われわれはこの像に、諸事物のあいだの不一致、相違、多様性を委ねる。

パシパエの扉の下では、この像は、争う本性／自然の表徴を伝える。

タラーリの扉の下では争うことの表徴を伝える。

またプロメテウスの扉の下では、戦いの技芸、陸と海での戦い、さらにそれらに関連する事物の表徴となる。

ドラゴンの上のマルスがそのように造形される理由はこうである。☆60 われわれは先に、各惑星は、それぞれに対応する天上界のセフィロートからそれぞれにふさわしい本性／自然および影響力を受けとると語った。火星に影響を与えるグヴィラーは、ザマエルと呼ばれる天使の知性を支配しているが、ザマエルは神の毒の表徴を伝え、神はその毒によって世界に懲罰を与える。さらにカバラ主義者たちは、この知性がドラゴンの姿であると語っている。それゆえわれわれは、そのドラゴンの上にマルスを乗せる。われわれは、この像の扉の下にヴォルーメを与え、それは有害な本性／自然をもつ事物、害毒となる事物について記す。

パシパエの扉の下では、有害な、残酷な、さらには復讐をもくろむ本性／自然の表徴を伝える。

タラーリの扉の下では、傷つけること、残酷になること、復讐すること、そして妨害することの表徴となる。

♃

木星の洞窟の扉の下には、五つの像、吊るされたユノ、リラの二つの穴、カドゥケウス、その腹部に黄金の雨を浴びるダナエ、そして三美神が含まれるであろう。

吊るされたユノは木星の饗宴の扉にもあり、そこでは単純な空気の表徴を伝える。しかしこの扉では、宇宙の四原素、とくに空気の原素の表徴を伝える。空気は三つの領域に分割される。われわれは、空気の最下層部に、露、霜、朝、光、寒さ、冷たさ、暑さ、さらに霧を置こう。[☆61] 続く第二の部分には、雲、風、雷、稲光、稲妻、雨、霰、雪を、第三の最も高い部分には、彗星、流星、落ちてくるように見える星（流星や彗星の類）を置こう。

この像はタラーリおよびプロメテウスのそれぞれの階層の扉にも置かれているが、それらについては饗宴ですでに語られた。

リラの二つの穴が創造されたのはひとつには（音を鳴らすための）必要性ゆえだが、理由はそれだけではない。本性／自然は生物、とくに人間の耳に、渦巻状の管を与えた。そうすることで、なんらかの音によって振動を与えられた空気を容易に受けとることができるようにしたのである。その渦巻状の管は、石を放りこまれて振動を与えられた水の波紋と同じであり、本性／自然は、音によって振動を与えられた空気を受けとりやすくするために、同じような渦巻きを耳に与えたのである。そのようにして振動を与えられた空気は、動物の耳の内部に入りこみ、生得の空気（connaturale）と呼ばれる耳の内部の空気に衝突し、それによって振動を与えられた生得の空気は今度は耳の内部の神経に衝突し、それらの神経を通じて、動物は音を聞く。したがって、古代のリラ制作者たちは、リラの神経（弦のこと）を音に触れやすくするため外部に出し、（二つの）穴を他のなによりも人間の耳に似せた。それゆえこの像の扉の下にもヴォルーメが与えられ、そこでは聞くことができるあらゆる事物、あらゆる雑音、本性的／自然的な音が論じられる。[☆62]

この像は、タラーリの扉の下では、雑音を出すことの表徴となる。さらにこの像は他のどの惑星よりも木星に関連しており、なぜならば木星は空気の主であり、空気がなければ音は生まれないからである。

カドゥケウスはメルクリウスの杓のことである。[☆63]火星の洞窟の扉に関して（神話が語るところによれば）先に述べられたように二匹の蛇が争っていたとき、メルクリウスはそれに遭遇し、その杓を蛇たちのあいだに差し入れると、蛇たちはその杓の周囲に巻きつき、永遠に離れなくなった。この像は、融和された事物、ひとつに結合した事物、葛藤しない事物、さらに同質の事物を暗示する。

パシパエの扉の下では、愛、家族愛、国家愛の本性／自然を含意する。

タラーリの扉の下では、友情、あるいは親密な会話を含意する。

プロメテウスの扉の下では、街、家の父母、子供たち、そして召使たちのあいだで共有される家族愛を包括する。

黄金の雨をともなうダナエ[☆64]は、至高の秘儀においては金の羊毛とヘスペリデスの菜園と同一の表徴を伝えるが、ここでは、何かの事物の幸運や充実、さらに豊富化の表徴をわれわれに伝える。なぜならば、あらゆる豊潤と善は、高みから下降するからである。

パシパエの扉の下では、幸運、幸福、高貴性、財産、健康、栄光、欲望が満たされることを暗示する。

タラーリの階層の下では、幸運をはじめとする先述の各事物に関連する操作の表徴を伝える。

三美神は、古代人たちによる描き方によれば、そのうちの一人だけが顔を隠していたが、なぜかといえば彼女は施しの慈善の表徴を伝えており、施しはそれを与える者自身によって世間に明かされるべきではないからである。[☆65]

イエス・キリストはこう語る。「あなたは施しをするとき、自らの前で喇叭を吹き鳴らしてはならない」[☆66]。さらに別の個所ではこうである。「施しをするとき、右の手がおこなうことを左の手に教えるべきではない」[☆67]。これに対して、もう一人の美神は、自らの顔をすべて誇示し、慈善の受容者の表徴を伝え、慈善の受容者は自らの顔をすべて見せる義務、つまりもらった恵みに感謝を捧げる義務をもっている。第三の美神は横を向いて顔の半分のみを誇示し、彼女は自らがもらった施しへの報いの表徴を伝えており、もらったものはすべて明示しながら、自らが与えたものは隠している。この像は、ここでは、有益な事物の表徴を伝える。

パシパエの扉の下では、慈善をおこなう本性／自然の表徴を伝える。

タラーリの扉の下では、好意、慈善、さらに援助の表徴を伝える。

♄

土星の洞窟の扉は七つの像、キュベレ、狼とライオンと犬の三頭、契約の箱、束縛されたプロテウス、孤独な雀、パンドラ、そして天に逆立つ髪を切られた娘を含意する。

われわれはキュベレを饗宴の階層にも置いており、そこでは地の表徴を伝え、いくつもの塔を載せた王冠は、地によって支えられる都市の表徴を伝える。さらにキュベレは二頭のライオンに引かれる車に乗り、その理由は、ライオンが前方に対しては強いが後方に対しては弱いのと同じように[☆68]、ライオンたちにこのような本性／自然を与えた源である太陽もまた、後方よりも前方に対して力を発するからである。このことについても饗宴の中ですでに語った。洞窟、タラーリ、そしてプロメテウスの各階層では、キュベレは地のみの表徴を伝えるため、口から火を吐かない。また洞窟の扉の下では全般的な地を暗示し、そこには粘土や砂のように、プリニウスによって論じられた事物、すなわち「土の種別について」と題された章で論じられたすべての地の種類も含まれる[☆69]。加えて、人間や生物が住む地、住まない地、平地と山地の表徴も伝える。平地にはすべての開かれた土地が含まれる。山地は、谷、渓谷、丘、山、さらにそれらにかかわる事物、すなわち石、大理石、金鉱脈、金属以外の地脈を含み、さらには地中に住むさまざまな生物も含む。

この像はタラーリの階層の下では、人間が地に対しておこないうる本性／自然的な操作を含意するが、それらの操作からは、足による操作は除かれる。なぜならば、足による操作は、他の身体部位による操作のように地に直接おこなわれるのではなく、地の上でなされるからである。

しかしプロメテウスの扉の下では、幾何学、地理学、天文学、そして農業とその構成部分を含意する。なぜならば、われわれは農業を、地に関連する事物、地中に実る果実に関連する事物、樹木に関連する事物、樹木に実る果実に関連する事物、生物に関連する事物、さらに動物の果実（卵）に関連する事物という六部分に分類するからである。われわれは、これらの六つの部分に、農業について論じたこれまでのすべての著述家たちを封じこめることができる。[☆70] 農業とその部分が土星に属する理由は、土星は乾いていると同時に冷たく、最も不動な惑星であり、（ヘルメス・）トリスメギストスによれば、地もまた土星と同様の本性／自然をもつからである。[☆71]

狼とライオンと犬の三つの頭については次のとおりである。マクロビウスの記述によれば、古代人たちは三つの時、すなわち過去、現在、未来を形象化するため、それら三つの頭を描いた。狼の頭は過去の表徴を伝えた。[☆72] なぜならば、過去はすでに（過去の事物を）食べつくしたからである。ライオンの頭は現在（もし現在と呼ぶことができるとすれば）の表徴を伝えた。なぜならば、現在のさまざまな懊悩はわれわれをライオンのように脅かし、あたかもわれわれの眼前に立ちふさがるライオンの眼差しに相当するからである。犬の頭は未来の時の表徴を伝える。なぜならば、未来はわれわれに、まるで甘えてくる犬のように、未来は常によくなっていくと告げるからである。したがってこの像は、土星を基準にして計測される三つの時、およびそれらの時に関連する事物を含意する。

土星に基づく時、太陽に基づく時、月に基づく時太陽への距離の近さ、あるいは太陽からの遠さによって計測されない時はすべて、土星に基づく時か、月に基づく時かのいずれかである。われわれがすでに語った三つの時（過去、現在、未来）は土星に基づく時であり、夜と昼、四季、時間、秒、そして年がそうであるのとは異なり、太陽の運行に基づいて計測されはしないからである。この惑星（土星）の（地球からの）遠い距離が、前述の三つの時を、過去、現在、あるいは未来としてのみわれわれに知らしめる。実際のところ、月に基づく時は、洞窟の階層の月の扉にも、タラーリの階層の月の扉にもにも、そしてプロメテウスの階層の月の扉にもあり、それらはメルクリウスから衣服を差しだされるディアナの像の中に包括される。

これと同じ三頭像は、パシパエの扉の下では、人間が時によって支配されることの表徴を伝える。

さらにタラーリの扉の下では、遅れること、遅らせること、終わらせること、あるいは別の機会へ延期することなど、太陽からの距離の近さや遠さ、あるいは月の運行によっては認識されない時にかかわるあらゆる操作の表徴を伝える。

契約の箱は、高き秘儀においては、すでにパーンの像にも委ねられていた表徴、すなわち三つの世界（天上界、天界、地上界）の表徴を伝えるが[☆73]、その理由は契約の箱が次のように造られていたからである。すなわち、横幅も縦幅も一・五キュービットで計測され、一キュービットは六パルミによって構成されるため、契約の箱は縦幅も横幅も九パルミであった。この九という数は九つの天層の表徴を伝えたと考えられ、一〇番目の天層が黄金の蓋として形象化された。この蓋は箱の最上区画とその下の二番目の区画のみを覆い、上から三番目の区画はむきだしにされていた[☆74]。このむきだしにされた部分は、われわれがすでにその秘儀を解明したとおりに[☆75]、雨、風、暑さ、寒さ、そしてあらゆる（天候の）変化に対してむきだしとなる地上界の表徴を伝える。

第二の区画は天界の表徴を伝え、それゆえその中には七つの灯火をともなう黄金の燭台が保管され、それらの灯火は七つの惑星の表徴である。この燭台は、左右それぞれに三つの茎をもち、もうひとつの灯火はそれらから分かれ、こちらの灯火は最も高い場所に上昇した太陽の表徴を伝えた。この第二区画にはさらに、いくつかの壺も置かれ、それらの壺は天上界からもたらされる影響力の各惑星による受容の表徴を伝えた。[☆76] 加えて、いくつかの球体も置かれ、それらは天層の内部にある天体の表徴を伝えた。またいくつかの花も置かれ、それらが伝える表徴にはあらゆる秘密の中の秘密が隠れ潜み、正確かつ適切な場合にのみ、神の意志によって以外にこの秘密を解明することは許されない。[☆77] 第三の区画は、贖座と呼ばれ、二人のケルビム（智天使）によって支えられていた。ケルビムたちはそれぞれ、たったひとつのキリストの身体の内部に存在した神としての本性／自然の表徴と人間としての本性／自然の表徴とを伝えた。キリストが贖座に座ることによって（人間の）罪が許され、贖座はキリストが降臨したことによって罪が許されたことの表徴を伝えた。この第三の区画は天上界の表徴を伝えた。そして、この箱の中間区画は聖所（sancti）と呼ばれ、第三区画は聖所の中の聖所（sancti sanctorum〔至聖所〕）とも呼ばれたし、あるいは天の天（caelum caeli）とも呼ばれたが、むしろ天の内部の天（caeli caelorum）と呼ぶほうが適切であろう。[☆78] なぜならば、ヘブライ人たちは天全体をいくつかに区分することをしなかったからである。これらの三つの世界についてヨハネが言及しており、彼はこう語っている。「ことばは世界の内部にあった。世界はことばによって創造されたが、世界はことばをまだ知らなかった[☆79]」。ヨハネは「ことばは世界の内部にあった」と語る箇所では、世界は天上界を指していた。そして、「世界はことばによって創造された」と語る箇所では、世界は天界の表徴として用いられていた。そして、「世界はことばをまだ知らなかった」と語る箇所では、世界とは地上界のことであった。以上の理由から、われわれはこれらの世界の表徴をすでにパーンによる監視[☆80]に委ねることにしたにせよ、この契約の箱によってもまた（すでに述べたように）三つの世界の表徴が伝えられる。またわれわれは、この箱の扉が、三つの世界のさまざまな場所およびそれぞれの相違を論じたヴォルーメを隠すことを望む。契約の箱が三つの世界すべてを含むため、そのヴォルーメはそれぞれについて合理的に秩序立てられ、その中には、あらゆる事物が秩序に基づいて記述されているべきである。さらにこの箱はすべての事物を含意し、それぞれの場所をあらゆる相違とともに保管することができるため、もし七つの惑星のどれかひとつに属せしめるとすれば、なによりも土星にこそ最もふさわしいであろう。土星はその輪の広がりの内部に、それ以外のすべての惑星を含意するからである。この箱の像は、タラーリの扉の下では、事物をさまざまな場所に置くことなど、人間が場所に関しておこないうる動作の表徴を伝える。

束縛されたプロテウスは[☆81]、月の饗宴の扉に置かれた解放されたプロテウスとは異なる像である。われわれがこれをここに置く理由はこうである。プロテウスの束縛は、魔術による束縛でもありえるし、純粋に本性／自然による束縛でもありえるが、われわれはここでは純粋に本性的／自然による束縛のつもりで用いている。ここで魔術的な束縛もありえると述べた理由は、ホメロスとウェルギリウスによれば、プロテウスの母キュメネの忠告をうけてアリステウスが成功したプロテウスの束縛は、魔術によって実現されたからである[☆82]。だがこのことは、「聞く耳をもつ者が聞けばよい」ことにすぎず[☆83]、なぜならばすでに述べたように、このことは秘密に属しているからである[☆84]。本性的／自然的な束縛、そしてこの形象によってわれわれが何を指し示すかについて語ろう。

事物の刷新

キリストの精気は（饗宴の階層においても語ったように）天上界を流れる運河から下降し、その徳力によってすべての天層を刷新し、各天層の内部にあるあらゆる印象力とあらゆる徳力をさらにその下まで運び、それらを携えながらさらに下に降り、動物、草、そして花々のあいだに到達する。もしこのような刷新が遂行されなければ、あらゆる事物は朽ち果てるはずである。この刷新は、聖なる『黙示録』においてヨハネが幸運にも喚起きわまりながら目撃することができた、高みから下降してきたあの（神の）街のことである[☆85]。さらにダヴィデは、キリストの精気によって多くの事物が刷新されるのを目にし、新しい詩を歌っている[☆86]。さらにイザヤはこう語る。「わたしは新しい天と新しい地を創造する」[☆87]。さらに同じく『黙示録』にはこう書かれている。「見よ、わたしはあらゆる事物を新たにする」[☆88]。加えて、キリストの精気はヤコブの梯子でもあり、これを媒介にして、さまざまな精気が下降および上昇をおこなう。[☆89] その下降は、事物の刷新を成就させる（キリストの）精気の訪れであり、上昇は、この宇宙の高い世界と融合するための（キリストの）精気の回帰である。ペトラルカは（天界よりも上には上昇しなかったが）この刷新について述べるため、このように始まるソネットを歌っている。

時をきざむ惑星が
牡牛座ともに安寧にいたるため、そこに回帰するとき、

さらに、

燃えあがるその角からは徳力が降り注ぎ、
それが新しい色にこの世界を染める。[☆90]

だが、ペトラルカは世界を美しくするための回帰作用を実行する役割を、天層に与える誤謬を犯している。これは彼が次のことを理解しなかったためである。すなわち、世界霊魂が、生命を与える精気、つまりキリストの精気によって満たされ、さらに太陽と月の軌道からこのうえない豊かさと養分を与えられるのは、太陽がわれわれから遠くにある時（夜）ではなく、太陽がわれわれのもっとも近くを走りだす時（昼）である。その「時」にこそ世界霊魂は、本性／自然を創造するための、そして草、花々、そしてその他の原素化された事物を創造するための混合を成就させる。世界霊魂が、対立しあう特質を混合させるために、それらの事物のあいだの仲介者として内部に入りこみ、それらの事物を融和させないかぎり、対立しあう特質は、それぞれの草や花のフォルマの内部で共存することはできない。これこそが、キリストの神聖なる精気による調節であり、キリストはそれを用いて対立しあう諸事物

を協調させる。さらにこれは、預言者エレミヤが「地がわたしを充実させている」[☆91]と語ったものでもあり、聖書の別の箇所で「主の栄光が天と地すべてを包容する」[☆92]と語られていることでもある。したがって、(プラトン主義者たちがそう呼んでいるような)世界霊魂の精気というよりもむしろ、キリストの精気こそが、対立しあう四つの原素のあいだの媒介者、和解者、生命付与者、さらにはそれらの維持者なのであり、それればかりか、慈悲の心によって動かされて神の審判と人間のはかなさのあいだを媒介し、和解させる存在でもある。キリストの精気が正真正銘あらゆる事物に生命を与える精気であることは『詩篇』にも記されている。「顔を隠されれば彼らは畏怖し、息吹をとりあげられれば彼らは息絶え、本来の塵に戻り」、「あなた(キリスト=神)は自分の精気を送って彼らを創造し、大地の表面を新たにする」[☆93]。ここでは、キリストの精気が「自分の精気」と呼ばれているが、これは神の精気のことであり、世界霊魂のそれではないことが明確に示されている。さらにパウロもこれを生命を与える精気と呼んでいる[☆94]。マテリア・プリマとはすなわち、この生命を与える精気に満たされて充実したプロテウスのことである。それは、草や花の混合、あるいはそれ以外の事物の混合を実現するため、各々の花や草がその外部と接している境界線のすぐ内側に、きわめて強く本性/自然的に結合されており、いつか来たるべきときにそこから解放されるのを待っている。ここで、『アスクレピオス』においてヘルメス・トリスメギストスが語っていることに注意しなければならない。「天の高い場所から下降する事物はすべて、発芽させる力をもち、地上から天の高い場所へ上昇する事物はすべて、育成する力をもっている。つまり、前者は生命を開花させ、後者は生命を与える」[☆95]。事物の混合を成就させるキリストの精気は、高い場所から下降し、一致することのなかった各事物の本性/自然を混合し、和解させ、成長させ、さらにはそこから植物と動物を発生させ、育成し、生命を与えるのである。それ(キリストの精気)は、いつかそこからの解放が訪れるまで、あらゆる個々の事物の内部に結びつけられており、それが解放されることが死と呼ばれているが、メルクリウスによれば、これは適切な呼称ではない。彼は『ピマンデル』の第一二章でこう書く。「この世界では、あらゆる事物は死ぬのではなく、身体を形成していたものが解放されるにすぎない。その解放は死ではない。解放は、結びつけられていたものが再び分離することにすぎず、それらは解放されて消滅するのではなく、刷新されるのである」[☆96]。それゆえ、混合された諸事物の結合が長く続けば続くほど、プロテウスもまた自らを封じこめるキリストの精気とますます長いあいだ結びつけられ、静止を続け、束縛されることになる。

このような理由からわれわれは、この像に、不動の事物、静止した事物、あるいは停止した事物を含意させる。

パシパエの扉の下では、粘り強い本性／自然、動かない本性／自然の表徴を伝える。

タラーリの階層の下では、止めること、束縛することなど、なんらかの事物を動かなくすることの表徴を伝える。

この像は、その（運行の）遅さゆえに、土星に属する。

孤独な雀が、それ自体によって、単独の事物や見捨てられた事物を示すということについては、とくに説明はいらない。

パシパエの扉の下では、孤独な本性／自然、および単独の人間、見捨てられた人間の表徴を伝える。

だがタラーリの階層の下では、単独でいくこと、単独でいること、捨てること、さらに人間や場所や事物を放置することの表徴となる。

この像は、憂鬱な本性／自然にとってふさわしいため、土星に属する[☆97]。

洞窟の扉の下のパンドラは、事物同士の対立の表徴を伝える[☆98]。

パシパエの扉の下では、人間の懊悩、悪運、不幸、下劣さ、貧しさ、虚弱さ、そして望みを絶たれることの表徴を伝える。

タラーリの階層の下では、他人に対して相反する立場をとることの表徴を伝える。

火星の扉では天に逆立つ髪を保持していた娘の像は、ここでは、その髪を切られている。この像は、火星の扉で伝えていた表徴と正反対の表徴すべて、すなわちあらゆる弱い事物の表徴を伝える[☆99]。われわれがこのような像を描くことにもたしかな理由がある。エウリピデスによれば、アルケスティスは死を望みながら死ぬことができず、（天の神々から）遣わされたメルクリウスが彼女の髪を切ることによってようやく彼女は死んだ。[100] さらにニソスは、もし彼が愛した娘が彼の運命を支配していた髪を切らなかったならば、ミノスによって倒されることはなかった。[101] ウェルギリウスによれば、ディドもまた、（神々から）遣わされたイリスが彼女の髪を切らなかったならば、死を全うすることができなかった。[102] ウェルギリウスはこう忠告する。すなわちイリスは、その身体を飾っていたさまざまな色彩によって原素の表徴を伝え、それゆえその髪は原素化された事物の表徴を伝える。そして、髪を切ることは、混合された原素を解放することである。これらの秘儀は詩人たちによって預言者たちから盗用されたものであり、サムソンの髪の切断について語った例の箇所[103]から盗まれた。

この像は、パシパエの階層の下では、人間の弱さ、疲労、欺く本性／自然、そして嘘をつく本性／自然の表徴を伝える。

だがタラーリの扉の下では、人間や事物を弱らせること、あるいは嘘をつくことの表徴を伝える。

ゴルゴンたち

内なる人間（l'uomo interiore）に属する第四の階層へと上昇しよう[☆1]。内なる人間は、神によって神自身の像（imagine）および似像（similitudine）に基づいて創造された最後の、そして最も高貴な被造物である。ここで注意しなければならないのは、像と訳されたこの単語は、ヘブライ語ではケレム（Celem）と呼ばれていたこと、そして似像と語られる単語はデムート（Demut）と書かれていたことである。これらの単語は、いわば光で照らす者という異名をもつラビ・シメオンの著作『ゾーハル』（*Zoar*）ではこう解釈される[☆2]。すなわちケレムはいわば刻印あるいは天使的フォルマ（la stampa, over forma angelica）の表徴を伝え、デムートは神聖な事物に到達するために通らなければならない段階の表徴を伝える。なぜならば、神はわれわれの霊魂を天使たちの霊魂と同じ優れた段階へ上昇させたばかりか、さらにその上の神聖な事物に到達するための段階をも付与したからである[☆3]。この『ゾーハル』の著者は、さらにこう付け加えてもいる。のちに天から追放された一人の天使（ルキフェル／サタン）は、これ（神による内なる人間の創造）を予見し、嫉妬と自己愛のせいで狂乱し、神聖な主の意志に反抗する言葉を吐いた[☆4]。だが、ヘルメス・トリスメギストスはその著作『ピマンデル』において、像と似像を同じものとして理解しており、そのいずれもが神聖な事物に到達するために必要な段階を表徴するものであるとみなし、こう語っている。「すべての事物の父は生命および光であり、父は自分自身を模範として人間に生命を吹きこみ、自分自身の子としてそれを愛したということを忘れないでおこう。人間はきわめて美しかった。なぜならば、人間は父の像を身につけていたからである。さらに自らのフォルマをとても愛していた神は、あらゆる創造物を彼（人間）に与えた」[☆5]。さらにこの著者は『アスクレピオス』ではこう語る。「おお、アスクレピオスよ、人間とは偉大な奇跡であり、人間は崇敬すべき、尊ばれるべき生物である。なぜならばこの生物は、あたかも自分自身が神であるかのように、神の本性／自然へと変化し、さらにダイモン（精霊）と同時に自らが生まれたことも知っているため、精霊の種族とも結びついており、自分自身の中で（人間の本性／自然とは）異なる部分に存在する神聖性を信仰し、人間の本性／自然の部分を軽蔑するからである」[☆6]。またカバラ主義の著述家たちのある者たちは、似像は事物の操作に関連すると書いている。これはおそらく、神が人間を創造した目的は、神自身のために人間に事物の操作させるためだったという意味である。これらの意見と聖書は一致している。聖書では、われわれが操作を通じて成就させる優れた仕事は、われわれのものというよりは神のものであること、そしてわれわれは神の道具にすぎないことが述べられている[☆7]。それゆえ、修道士たちの中には、そうしたわれわれの操作によって成就される仕事を、永遠の仕事と呼ぶ者たちもいる。これについてパウロはこう語る。「あなたの所持する事物の中に、（神から）授からなかった事物はあるか。もし授かったのならば、なぜ授からなかったような顔で自惚れるのか」[☆8]。加えて注目されなければならないのは、聖書で人間について言及される箇所では、ほとんどの場合、主として内なる人間のみを指しているということである。このことは、モーセが記した『ヨブ記』という題名の書物（libro）において明らかに示されている[☆9]。ヨブはこう語る。「（神は）骨と神経を結びあわせ、わたしに皮と肉を着せた」[☆10]。ヨブはこれらの詩句によって、とりわけ「わたしに」（me）という代名詞を用いることによって、内なる人間が外なる人間と区別されるべきことを明確に示している。プラトンの『アルキビアデス』の第一書では、ソクラテスが、人間の本性／自然について議論しながら、同じ結論にたどりついている。われわれが身にまとう衣服がわれわれそのものではなく、われわれによって使用されているにすぎないとすれば、まさにそれと同じように、身体もまたわれわれそのものではなく、われわれによって使用されているにすぎない[☆11]。このことについては、『創世記』におけるモーセの発言も想起される。「わたしの像（imaginem）とわたしの似像（similitudinem）を模範にして人間を創造しよう」。これらの詩句が指すのは、内なる人間以外のなにものでもない。そして事実、モーセはこのすぐのちにこうつけくわえる。「地を這う事物すべてを（人間に）支配させることにしよう」[☆12]。このようにして、かつて天上界において、内なる人間が創造された。神は内なる人間のために、この（地上）世界における操作をさせるため、そして神の仕事のための道具となりうるようにするため、地によって彼に身体を形成した。それゆえモーセはこうつけくわえた。「神は地の塵で人間を形成した」[☆13]。ここで語られる地の塵を泥芥のようなものと語る人は多いが、そうではなく、それは地の花であり、さらにはいわば土の乳液であり、そして純粋であった。なぜならこの地の塵は、原罪を犯してのちのアダムの家族たちの手が触れるまで、いっさいの穢れに触れなかったからである。

アダム

この純粋な地はアデマ（Adema）と呼ばれ、そこからアダムという名前が生じた[☆14]。わたしはさらに次のことについても、口を閉ざすことなく語ろう。キリストは神の審判を完了させるため、原罪を犯すよりもまえにアダムが有していた身体と同じもの、すなわち純粋な地と処女マリアの最も純粋な血によって造られた身体の内部に入り、すべての人間の罪の浄化者となり、ついには犠牲となったのである。

アダムについての説明へと入りこんだからには、原罪以前のアダムが喜びの庭にいたということについては、次の二つの方法で解釈できるということもつけくわえるべきである。

地上の楽園

もっとも、わたし自身はこの喜びの庭を地上の楽園と呼ばない。その理由は、たしかに多くの人は地上の楽園として理解しているが、モーセはそうしたことをまったく語っていないからである。いずれにせよ第一の解釈の方法では、アダムは天上界の草園にいた。だがそれは彼の自らの意志によってではなく、神の恩寵によって許されたからであった。そこにいるあいだ、アダムはあらゆる聖なる影響力を思うがままに享受していた。[☆15] しかし、原罪を犯してしまったために彼はこの天上界の庭から追放されてしまったのである。これはすなわち、あらゆる聖なる影響力が彼からは剝奪されたという意味であり、彼がその身体ごと庭の外部へ追放されたということではない。これはたとえば次のようなことと同じである。かつてエジプトにはカエサルから最も寵愛された一人の部下がいたが、君主の寵愛が続いているあいだは彼はその家族の一員であったと語ることができるであろうし、罪を犯して君主の寵愛を失ってしまったならば、彼は宮廷から排除されたと語ることができるであろう。わたしがこのような(アダムが住んでいた)場所をめぐる命題、すなわちアダムがそこから追いだされた庭園が天上界の庭園であったという意見を述べたとしても驚く必要はない。なぜならば、この意見は、最初にオリゲネスが到達し、続いてそのオリゲネスに学んだヒエロニムスにも信じられたものだからである。[☆16] もうひとつの解釈では、アダムは(地上の)楽園にいたと説明されることになるが、こちらはヘブライ語ではなくギリシア語の語彙に基づいている。[☆17] すなわち、原罪以前のアダムはこの(地上)世界の純粋な地におり、自分の身体を原罪で穢すことなくそこで暮らしているあいだは、彼は地上の楽園に住んでいたと語ることができる。だが原罪を犯したことによって地は穢れに触れてしまった。それゆえアダムは楽園から追放されなければならなかった。つまり、アダムのために創造された(地上)世界に、カエサルの将軍であった者が経験したのと同じ状況がもたらされたのである。その将軍が罪を犯したならば、まだ罪を犯していない彼の家族すべてもまた穢されてしまうし、他のすべての者がこの家族を嫌悪の目で監視するであろう。これと同じように、アダムが原罪を犯したため、あらゆる原素が穢れに触れ、原罪によって犯され、それゆえ原素の内部に存在した原初の処女性がもはや失われてしまった。このような理由から、アダムは地上の楽園から追放されたのだと語ることが許されるのである。

われわれの三つの霊魂

われわれの目的に従ってさらに先に進むならば、われわれの身体の内部には三つの霊魂があることを知らなければならない[18]。それらは三つですべてであり、それぞれに「霊魂」という同じ名をもつが、同時にそれぞれ異なる名をもっている。その異なる名に従うならば、それらの中で最も低く、身体に最も近いところにあり、身体に密着している霊魂は、ネペス（Nephes）と呼ばれる。これはモーセによって「生きている霊魂」と呼ばれているものでもある[19]。われわれはネペスにおいてすべての情念を経験するのであり、人間以外の他の動物もこれを共有している。これについてキリスト自身の口からもこう述べられている。「わたしの霊魂は死ぬほどに悲しんでいる」[20]。また別の箇所ではこうである。「自分の霊魂を憎む者は、それを失う」[21]。この（ヘブライ語の）語彙に正確に対応するギリシア語もラテン語もないため、ネペスが表徴する事物は正しく訳し変えることが不可能である。（その理由を示す例が）『詩篇』の中にこう書かれている。「わたしの霊魂よ、主を賛美せよ」[22]。この著者（ダヴィデ）は、聖霊について書く場合、あらゆる箇所でネペスという語彙を用いているが、われわれはそれを語るためには、三つの霊魂に共通する総称としての霊魂の名を用いることしかできない。しかし、この預言者がネペスという語彙を用いたのには正しい理由があった。なぜならば彼は、舌および声を発生させる器官のみを用いて神を賞賛しようとしたのであり、舌およびそれらの器官は、肉に最も近いところにある霊魂、すなわちネペスによって支配されているからである。これに対して、中間に位置する第二の霊魂は理性的な霊魂であり、ルアフ（Ruach）と呼ばれているが、これはわれわれが精気と呼ぶものに相当する。第三の霊魂はネッサマ（Nessamah）と呼ばれ、これはモーセからは息と呼ばれ[23]、ダヴィデ[24]およびピュタゴラス[25]からは光と呼ばれ、アウグスティヌスからは上位部分と呼ばれ[26]、プラトンからは心性と呼ばれ[27]、さらにアリストテレスからは能動的知性[28]と呼ばれた[29]。ネペスはその内部に悪魔を住まわせており、悪魔は誘惑者の役割を演じて、精霊を使役する。これと同様にネッサマは神を内部に住まわせており、天使を使役する。それらの中間に位置する霊魂（ルアフ）は、それら二つの霊魂の部分によって刺激され、いわば責めさいなまれている。もしルアフがネペスに屈することを神が認め、ルアフとネペスが一体化すれば、ネペスは肉と結合し、さらに肉はダイモン（精霊）と結合し、さらには身体すべてが悪魔にのっとられ、悪魔に変化する。このことについてキリストはこう語る。「あなたがた一二人は、わたしが選んだ人々であったはずではないか。しかし、あなたがたの中の一人は悪魔である」[30]。だが、もしキリストの恩恵を授かり（キリスト以外の他の誰からもそのような大いなる恩恵はもたらされえない）、中間の霊魂（ルアフ）が、キリストの言葉の刃によって、悪いことをおこなうことを誘うネペスからあたかも切断されたように分離したならば、それはネッサマと結合するであろう。このネッサマはそれ自体がすべて神聖な事物であり、それと結合したルアフは天使的本性／自然へと変容し、結果的には神へと変化する。これについてキリストは、マラキの詩句、「見よ、わたしは天使を派遣する」[31]を引用してこれを説明している。ここで語られる天使とは、「はじめから」、「（キリストが）生まれるまえから」、神聖な預言を神から授かることによってすでに天使に変質していた洗礼者ヨハネのことである[32]。わたしは先にキリストのことばの刃と述べたが、この刃は一振りするだけで、低い霊魂（ネペス）を理性的霊魂（ネッサマ）から切断する。理性的霊魂（ネッサマ）はわれわれの精気に相当する名であると先に述べたが、これについてはパウロがこう語っている。「神のことばは生きており、力を発揮し、どんな刃の剣よりも鋭く、精気および霊魂を切り離し、さらに関節と骨髄を深く刺し貫いて切り離し、心で思っていることや心で考えていることを分離させる」[33]。われわれが先に引用した『創世記』におけるモーセの詩句にもそれぞれ異なる名をもつこれらの三つの霊魂を見いだすことが可能であり[34]、神が「わたしは人間を創造しよう」[35]と語った箇所では、理性的霊魂（ルアフ）を意味していたことが明らかである。そして「それ（人間）に生きている霊魂を与えた」[36]と語った箇所ではネペスを意味していたし、最後に「彼（人間）の鼻に生命の息吹を吹きこんだ」[37]と語った箇所では、ネッサマの表徴を伝えようとしていた。わたしはさらにこれらの詩句に加えて、『ゾーハル』の著者の意見を挙げておかなければならない。それによれば、ネペスは一種の似像、あるいはわれわれのオンブラ（影）である。それは常に墓から離れることなく、夜だけではなく昼にも、神の啓示で開眼した人たちからは目撃される。さらに『ゾーハル』の著者は、聖書の真意を解き明かすため、七人の仲間および一人の息子とともに四〇年のあいだ隠遁生活を続け、ある日のこと、神によって受け入れられた主要な仲間の一人がネペスを(身体から)分離させ、彼の頭の背後にネペスが影のように立ち現われるのを見たと語っている。彼はこの現象を目撃して、それがこの仲間の死期が近づいていることの予告であると気づいたが、彼に断食をくりかえさせ、さらに説教を重ねた。すると、神の力によって、頭から分離したはずのネペスはこの仲間の身体に再び結びつけられ、その結合はこの世界で生きるという仕事を彼が終えるまで続いたのである。[☆38]この箇所を読んだわたしは、ウェルギリウスがマルケルスの死が近づいたことに触れた箇所でもこれ(ネペスの身体からの分離)が示唆されていたと考えるようになり、[☆39]さらにはヘブライにおいてもバビロニアにおいてもカバラ主義者たちはこの秘密を理解していたと考えるようになった。[☆40]

『ゾーハル』の著者は、ネペスは胎児が胎内で形成されるよりも先にそこにあるが、ルアフは出産から七日目にならないと身体の中に入りこまないと語っている。それゆえ彼は、新生児の神への奉献は、生まれてから八日目、つまり理性的霊魂(ルアフ)がその内部にすでに入った次の日にさせ、そこで割礼を授けるように命じなければならないと述べている。ネッサマは生まれてから三〇日目にならないと身体の内部に入らないが、割礼はそれほど長くまたなくてもおこなってよい。なぜならば、割礼をおこなう場合に関係するのは原罪を犯すかもしれない霊魂(ネペス)と原罪を犯させるかもしれない霊魂(ルアフ)のみであり、原罪を犯しえない神聖な霊魂であるネッサマは必要ないからである。[☆41]この説明にはプロティノスも同意しており、三番目の最も高貴な霊魂を語る意図でこう述べている。「霊魂には原罪も罰も生じない」[☆42]。

アリストテレスの卓越した天与の才能は、内なる人間の内部に存在するもうひとつの三重性について考える労苦を厭わなかったが、アリストテレスは三番目の最も高貴な霊魂しか想定していなかった。そのかわり、アリストテレスはわれわれの三つの知性について博識な議論をしている。アリストテレスはそのひとつを潜在的知性と呼んでいるが、これをラテン語で語れば受動的知性となり、俗語で語るならば天分である。これはキケロから知力と呼ばれた。人間がもつもうひとつ知性は実践的知性である。これは後天的知性や知識の所有の表徴として用いられる。[43]第三の知性は能動的知性であり、その力によってわれわれは事物を理解する。[44]聖トマスもこのように考えており、能動的知性がわれわれの身体の内部に存在することを証明しようとしている。わたしの記憶が正しければ、トマスはその例として視覚の力、さらには炎の光がわれわれの身体の内部に残り、眼の中にそれが反映するという事実を挙げている。[45]われわれはきわめてしばしばこの残像を見る。左右いずれかの眼を指でこすると、回転する炎の輪にとてもよく似た似像が眼の中に反映する。われわれが真夜中に目覚め、眼をを開き、部屋の中に置かれた事物をおぼろげながらに見て識別するということがしばしば起こるが、それはこの回転する炎によって導かれているからである。この炎とその回転はいずれ弱まり、活力を失っていく。このように、われわれは眼の内部に何かを見る力、見る本性／自然、あるいはわれわれに何かを見させる炎の輪をもつ。これと同じように、われわれの内部には、事物を理解する潜在力をもつ知性、つまり生得的知性、あるいは知的包容力があり、さらには実践的知性、すなわち事物を理解する知性もあるが、それらばかりではなく、それらによって把握された事物をわれわれ（の霊魂）に理解させる知性、すなわち能動的知性もある。先に述べた炎の輪は、ティベリウス帝の眼においてはきわめて大きく強く燃えていたため、彼は夜通し、暗い部屋の中で数多くの事物を識別したと書かれている。[46]もしそうだとすれば、他の人たちよりも明瞭に事物が見える人もいるし、よく見えない人もいるということになる。観相学者としてのアリストテレスは、自分以外の誰かの眼に自分の眼をあわせてその人を凝視するのがむずかしい場合は、その眼の内部の光が、その人が未来の君主であることを表徴として伝えているのであると述べている。[47]このことについて、古代の多くの人たちは、イエス・キリストの両眼にもそうした力があったと書き残している。だがシンプリキオスは、結局はこの能動的知性はわれわれの身体の外部にあると考えるべきであると主張し、それが外部にあると考えざるをえないということを証明するために、太陽がわれわれの視覚力の外部に存在しているにもかかわらず、視覚力は太陽（からの光）を媒介にして事物を見るという例を述べている。[48]それによれば、われわれの健康な眼の内部にはそうした視覚力というものがあり、その力によってわれわれは事物を見るのであり、何かを見ることをわれわれに許す事物は太陽、あるいは太陽に相当する事物に属しており、それらはわれわれの眼の外部に存在する。これと同じように、われわれの内なる人間の内部には、理解する力、すなわち潜在的知性ないし受動的知性、さらに実践的知性はあるが、能動的知性、すなわち神聖なる光線、天使、あるいは神自身は、その外部に存在するのだという。シンプリキオスのこの意見は、聖書、とりわけダヴィデのあの一節によってさらに正しく証明されるであろう。「わたしはあなたに知性を与え、進んでいくべき道を教える」[☆49]。したがって、もし神がそれ（知性）を与える存在であるならば、場合によっては、あるいは常に、それ（知性）を奪い去る存在でもある。このことを畏怖しながらダヴィデはこう語る。「あなたの聖なる精気をわたしから奪い去らないでください」[☆50]。さらに別の個所（『マタイによる福音書』）では、（知性が）永遠に剝奪されることについてこう書かれている。「あなたがたの家は見捨てられ、荒れ果てる」[☆51]。したがって、この能動的知性、ないし神聖なる光線は、われわれの外部にあり、神の手中にある。（キリスト教の）神について無知であった哲学者たちはこの能動的知性を理性と呼び、その理性を有することが人間を他の生物から区別すると語っていた。たしかに人間は、理性的、あるいはより正しくは知性的であり、さまざまな生物の中で唯一この能動的知性を身体の内部に宿すことができる存在である。しかし、神が人間にそれを与えることを好ましく思わない場合には、それは彼から奪われ、彼の内なる人間は他の生物と変わらなくなる。このことについて『詩篇』ではこう書かれている。「人間は、知性がなければ繁栄し続けることができない。屠られる獣に等しい存在となる」[☆52]。この詩句と『黙示録』における最も暗い覆いで隠された一節、「数は人間でもあり、数は獣でもある。獣の数は六六六である」は一致している[☆53]。なぜならば、この（六六六という）数は、能動的知性と結合することによって一〇〇〇となり、この数は（神の）光によって照らされた人間の数だからである。それゆえ、『雅歌』ではこう歌われる。会話の相手に善なる事物を与えるつもりならば、「銀一〇〇〇をあなたにやろう、ソロモンよ」とヘブライ語で語られるべきである[☆54]。これはつまり、「わたしはあなたに人間の姿のみならず、神聖な光も与えよう」ということである。したがって、わたしが最も優れたわが主人に挨拶する場合[☆55]、わたしは「こんにちは」ではなく、「銀一〇〇〇をあなたに」と語るであろうが、これらの数についてはまた別の機会に語ることにしよう[☆56]。それはともかく、この意見には、黄金の枝について書いた箇所におけるウェルギリウスも同意している[☆57]。それ（黄金の枝）は普通の樹木とは異なるマテリア（・プリマ）によって創造されたものであり、人間が望むだけではそれを手中にすることは不可能である。これは、黄金の枝が人間の外部に存在すること、そして神の恩寵のみがこの（能動的）知性の恩恵をわれわれに授けると考えるべきであることを教えている。さて、このあたりでわれわれの像についての説明に戻るべきであろうが、そのまえに説明しなければならないことがひとつだけ残されており、それはこの（ゴルゴンの階層の）扉に与えるべき神学的象徴のみならず、わたしの劇場のすべての像にも関係している。

古代人たちの慣習では、哲学者たちが親しい弟子たちに深遠な教説を教える場合には、それらについて明確に語り、次にそれらを神話によって覆い隠した。そのようにして覆い隠すことによって、それらを秘密として保ち、世俗化されないようにするためである。この慣習は、ウェルギリウスの時代まで続いていた。彼は、博識なシレノス（についての歌）において、その名（シレノス）に見立てられたシローに、クロミスとムナシュロスに捧げる歌を歌わせている。クロミスとムナシュロスは（クィンティリウス・）ウァルスとウェルギリウス自身のことであり、その歌はこの世界のさまざまな原理や原則を明らかに説明するために歌われる[☆58]。そしてウェルギリウスはそれらを歌い終えてから、神話を語りだすが、これは（古代の）慣習を知らない読者にはきわめて奇妙に見えるはずである。わたしは三つの霊魂および三つの知性の秘密をこれまで解明してきたが、次には古代の偉大な哲学者たちを模倣し、この秘密が世俗化されないように、しかし同時に記憶に保持されるように、それらにふさわしい象徴によって覆い隠すことにする。ギリシア神話では、ゴルゴンたちと呼ばれる盲目の三姉妹について書かれている[☆59]。彼女たちはただひとつの目しかもたなかったが、その目は交換できるものであり、それを共有していた。それゆえ彼女たちはその目を互いに貸し借りすることができ、眼をもった者は、それをもつことによって、事物を見ることができた。この象徴の内部には、これまで解明してきた真実の秘儀すべてが内包されており、この象徴によって、神聖な光線はわれわれの外部にあり、内部にはないことが理解される。このゴルゴンたちの像が第四の階層に配列されるすべての扉を覆うであろう。そしてそれによって、内なる人間にかかわる事物（の表徴）が、それぞれの惑星の本性／自然に基づいて伝えられるであろう。それぞれの扉の説明へと進もう。☆60

☾

月のゴルゴンたちの扉は、蟹座と獅子座のあいだに挟まれたバッカスの杯の像となる。プラトン主義者たちが語るところによれば、この（地上）世界に降りてくる霊魂は蟹座の門を通過し、上方に回帰する場合には山羊座の門を通過する。蟹座の門は人間の門とも呼ばれ、霊魂はこの門を通過して死すべき身体へと降下する。山羊座の門は神々の門と呼ばれ、霊魂はこの星座が表徴する生物（山羊）の本性／自然によって神性まで上昇し、回帰する。☆61さらに蟹座は月の家でもあり、月の知力はガブリエルである。ガブリエルは神に命じられて何度もこの地上界まで降りてきたので、聖書は彼を人と呼んでいる。「人、すなわちガブリエル」☆62。プラトン主義者たちに話を戻そう。彼らによれば、霊魂は降下しているあいだに多かれ少なかれバッカスの杯から酒を飲み、そのためそれぞれが飲んだ量に応じて、上方での記憶を失う。☆63それゆえわれわれは、（この扉の）最も上の、そして最もよく見える場所に黄道十二宮を描くことにし、そこでは蟹座、獅子座、それらのあいだの杯、さらにそれに身を寄せて酒を飲もうとしている処女が見られるようにしよう。☆64さらにこの像は、人間が何か（そしてどのようなものであるか）を忘れること、そしてそれがもたらす必然的結果、たとえば無知や無教養のようなことを論じるヴォルーメをもつ。この像が月に属するのは、（先に述べたように）月の家が蟹座にあるためであり、ここに描かれた処女は霊魂として理解され、それは先述の三つの霊魂すべてを表わす。

☿

水星のゴルゴンたちの扉の下には、火を灯された松明の像がある。われわれはこれを、プロメテウスがパラスの助力を得て天で灯した松明として理解し、これによって、天分、つまり潜在的知性ないし受動的知性、さらには言語を学ぶために必要な素直さの表徴が伝えられる。この松明については、プロメテウスの像に関連する第七の階層においてさらに詳しく説明する。

♀

金星のゴルゴンたちの扉の下は、蛇によって足を噛まれるエウリュディケの像で覆われる。[☆65] 彼女の足、とりわけ踵、あるいはアキレス腱と呼んだほうがよい部位は、われわれの意志によって制御されるさまざまな感情の表徴を伝える。それゆえ、この像は人間の意志を含意すると考えなければならない。人間の意志は霊魂の力のひとつであり、霊魂から分離して自由に作用することもあり、分離しないこともある。さらにこの像はネペスをも含意する。われわれはこの像の表徴が記憶の外へ逃れでてしまわないようにするため、解剖学者たちが語ること、すなわち踵から下腹部にかけて神経が伸びて結びつけているということを覚えておかなければならない[☆66]。このことについては、二つの聖書がそれぞれ語っている。キリストはまず、われわれのさまざまな感情および意志が純化され、清められなければならないという意味で、こう語っている。「腰に帯を締めよ[☆67]」。さらに彼は（オリーヴ山へ）出発するにさいして、使徒たちの足、つまり彼らの感情を洗った。この足を洗うことにペテロは躊躇したが、（キリストは）ペテロにこう語った。「もしわたしがあなたの足を洗わなければ、あなたはわたしとの結びつきを失う[☆68]」。そして『創世記』ではこう書かれている。「おまえ（蛇）は彼（アダムとイヴの子孫）の踵を砕くであろう[☆69]」。ギリシア神話では、まだ幼い子供であったアキレスが冥府の川の水に浸り、全身のあらゆる部分が無敵となったが、足だけはそうならなかったと述べられている。なぜならば、そのとき彼は足を（母親のテティスによって）つかまれていたため、そこだけは水に触れなかったからである。[70] この神話は、感情に支配されて暴走することがないかぎり、これまで多くの人がその全身を剛健に保つことができたという意味を伝えている。さらに踵については、もうひとつの秘儀も存在しており、それによればイアソンは、黄金の羊毛を略奪するための旅に出るにさいして、風がまったく吹いていないにもかかわらず、世界でたった一足しかない靴の片方を川の中に落として紛失してしまった。[71] さらに、アンタイオスの足は地に触れるたび、地から力を吸収したが、これについてはいずれ適当な場所で語ることになる。[72]

○

太陽のゴルゴンたちの扉の下は、黄金の枝の像で覆われるべきである。これは能動的知性、ネッサマ、三つの霊魂すべて、さらにとりわけ理性的霊魂、精気、そして生命の表徴を伝える。

♂

火星のゴルゴンたちの扉の下には、片足を露出し、結び目を解かれた衣をまとう娘の像がある。これは決心、つまり揺らがない自発的意志の表徴を伝える。[73] これは他から忠告されてなされる決心とは異なっており、そのような決心は木星に属す。結び目を解かれた衣をまとうこと、そして裸足であることは、先に述べた下腹部についての説明、イアソンの素足についての説明によって理解される。[74] さらにウェルギリウスもこの形象（figura）をわれわれに伝えており、彼は、揺らぐことなく自ら死を選んだディドの決心について、彼女は「片足の靴を脱ぎ、固く結ばれていたその服を緩めた」[75] と歌っている。われわれはこの像を、彼（ウェルギリウス）から借りてきた。

♃

木星のゴルゴンたちの扉の下には、一羽の鶴の像がある。それは、嘴にカドゥケウス（メルクリウスの杓）を咥えて天(天界および天上界)に向かって飛んでいるが、両足のあいだからは矢筒が下方へと落ちるままとなっている。矢筒からはさらに矢が飛びだし、下方へと落下しながら空中に散らばっている。☆76 わたしはこれを、古代のメダルの裏面で見た。☆77 この鶴は、覚醒した霊魂の表徴を伝えるであろう。この鶴は、地上世界、そしてそこにはびこるさまざまな欺瞞のために疲労困憊したので、平穏な状態を望んで天に向かって飛び立っているのであり、嘴に咥えたメルクリウスの杓は、つまり平和および平穏な状態の表徴である。さらに両足のあいだから矢とともに下方へ落下する矢筒は、この地上世界へもたらされる癒やしの表徴を伝えている。この像と結びつく一節が『詩篇』にある。「わたしに、鳩の翼があったならば、どうするであろうか。わたしは飛び立って、住まいを探すであろう」。☆78 ペトラルカはこの一節をソネットに翻案し、鳩の翼は休められ、地上界から飛び立つべきである、と歌っている。☆79 このやさしげな像は、選挙、審判、そして忠告の表徴を含む。この像は、静かで、善意にあふれ、穏やかな心性を有する惑星である木星に委ねられる。

♄

土星のゴルゴンたちの扉の下には、アンタイオスを胸の上に抱きあげるヘラクレスの像がある。ヘラクレスは人間の精気であり、アンタイオスは身体である。ヘラクレスの胸は叡智と節度の座である。☆80 これら二つの事物は、パウロが語っているように互いに争い続け、終わりのない闘争をくりかえす。☆81 なぜならば、肉は精気よりも上昇することを絶えまなく求め、精気は肉よりも上昇しよう絶えまなく求める。その身体を地から遠くに引き離し、足、すなわちさまざまな感情を媒介にして母なる地から力を吸収することを不可能にするため、身体を強く抱きしめ、殺してしまわないかぎり、精気はその戦いの勝者になりえない。このことについてわれわれがとりわけ考慮すべきことが二つあり、ひとつは身体の死、もうひとつは、いわば身体の精気への変容である。もし、さまざまな感情が死に絶えるとともにわれわれの身体もまた死を迎えるということが正しいのならば、身体は精気に変容することもなければ、キリストと一体化することもありえないことになる。この死について、パウロはこう語る。「あなたがたは死んだ。そしてあなたがたの生命はキリストと結合し、神の内部に隠される」[☆82]。さらにダヴィデはこう語る。「主の慈愛を授かって生きる人間が迎える死は、主の眼にとっては、高き価値もつ何かとして映る」[☆83]。そして『詩篇』第六二番で書かれていることによれば、肉が神に近づこうとする性質は霊魂に匹敵する。「わたしはあなたを追い求め、わたしの霊魂はあなたを渇望する」[☆84]。さらにパウロは『フィリピの信徒への手紙』の第三節でこう語っている。「神はわたしたちの卑しき身体を、神自身の栄光に満ちた身体へと変容せしめる」[☆85]。さらにキリストは小麦の死という似像を提示している。「一粒の麦は、地上に落下して死ななければ一粒のままである。だがそうやって死ねば、多くの実を結ぶ」[☆86]。身体の死についての釈義はこれで充分なので、次には先述の第二の事象、身体の精気への変容を考察したい。ペトラルカはこれについて愛らしい詩句を歌っている。

（身体は）地の重荷を背負ったまま天へ飛翔する。[☆87]

身体の精気への変容は、三人の盲目の娘たちの像においてきわめて明確に示される。彼女たちは、それぞれの身体には属さず、自分の身体の外部にあるたったひとつの眼を共有し、互いに納得しあい、その眼を貸し与えながら、身体の形態を少しずつ調和させ、最終的にはひとつの事物に変容する。これは、ネッサマが天使によって引きあげられ、ネッサマはルアフを引きあげ、ルアフはネペスを引きあげるのと同じである。このようにして精気的変容が成就する。この像は、ヘラクレスによって締めつけられる力の強さ、そして地上から上方へ引きあげられる力の強さの表徴を伝えるので、その扉のヴォルーメには、霊魂が天（天界および天上界）から受容する印象、記憶、学問、考え方、実践的理性、すなわち理解すること、考えること、想像力、そして瞑想のような、（内なる人間の）各部位に属するあらゆる事物が、それぞれ区分して論じられる。さらにこの像が土星に属するのがふさわしい理由は、まずなによりも、天上界における尺度としてのビナー、すなわち知性は、それ自体として不動であるという性質を土星と共有しているからである。これに加えて、この扉にはもうひとつの像、山羊座を通過して上昇する娘の像もある。この像は、霊魂の天（天界および天上界）への上昇の表徴を伝え、そして、山羊座が土星の住まいであるため、土星に属する。

パシパエ

プラトン主義者たちが語るところによれば、われわれの三つの霊魂は、それぞれの上部に、火的媒体、ないしエーテル的媒体をもつという。なぜならば、もしそうした媒体が存在しなければ、われわれの中の霊魂は動きをもたないことになり、身体も動かないことになるが、それはありえないからである。[☆1] そのような媒体が天使たちの内部にあることが証明されており、ダヴィデはこう語る。「あなたはあなたの精気を天使へと変え、燃える火をあなたの傍らに仕えさせている」。[☆2] さらにプラトン主義者たちがつけくわえるところによれば、各霊魂それぞれのために、母なる本性／自然の子宮の内部で、この火的媒体が造られ、準備されており、それはきわめて希薄な火的性質をもつものだが、たとえ各霊魂がそれを媒介にして身体、すなわち地的媒体と一体化することを望んでもそれは不可能である。[☆3] なぜならば、火的媒体の希薄性は、各事物の本性／自然を融和させるなんらかの仲介物なしには、地的媒体の濃密性とは和解しえないからである。火的媒体は、上の天層からその下の天層へ、さらには原素層からその下の原素層へと次々に通過しながら降下し、しだいに希薄性を濃密性へと変化させ、やがては火と空気のいずれもの本性／自然を獲得し、（霊魂と身体の）融合を可能にする空気的媒体を自らに与える。ウェルギリウスもこの意見を支持し、（『アエネイス』）第六歌でこう歌っている。罪を犯す霊魂（カミッロの文脈ではネペスとルアフ）は身体から分離し、地的媒体（としての身体）から解放されるが、空気的媒体から完全に解放されることはない。[☆4] 霊魂が空気的媒体から解放されるのは、数多くの霊魂が住む清めの地（キリスト教信仰の文脈では煉獄）へと移動してからであり、そこでは霊魂は純粋な火的媒体のみをもつようになり、聖なる地（天上界）へと上昇する力を獲得する。この高き哲学は、象徴神学においては、世俗化されないようにするため、パシパエの神話によって覆い隠された。なぜならば、プラトン主義者たちによれば、雄牛に恋した彼女（パシパエ）は、身体的愛に囚われた霊魂の表徴を伝えるからである。☆5そのように希薄な事物（霊魂）と、そのように濃密な事物（身体）は結合を成就させることができず、そのため彼女には一頭の（ダイダロスによって人為的に）造られた雌牛が与えられたのである。その造られた雌牛は、空気的媒体を獲得した身体の表徴であり、それを用いることによってようやく彼女は（雄牛／地的媒体としての身体）と交合することが可能となり、彼女はそうやってミノタウロスと呼ばれた怪物を受胎して出産する。この神話については、さらにふさわしい箇所で改めて説明する。☆6このパシパエの像が、劇場の第五階層のすべての扉の上にあり、その下のすべての像を覆うだろう。扉の下の各像には、それぞれヴォルーメを与えることが望ましく、それらには、内なる人間のみならず、外部を身体によって覆われた人間にも属する事物と語彙、そしてそれぞれの惑星の本性／自然によって支配される身体の各部位に属する事物と語彙が収められる。☆7また、それぞれに適合する惑星に従属するそれらの各身体部位は、各扉の下を飾る最後の像、つまりただ一頭の牡牛によって含意される。☆8

☾

月のパシパエの扉の下には六つの像がある。

まず、蟹座を通過して降下する一人の娘である。これは天（天界と天上界）から（地上界へ）下降する霊魂、霊魂の身体内部への侵入、身体内部における出産以前の霊魂の生活、誕生、さらにそれらに関連する事物の表徴を伝える。

メルクリウスから衣服を差しだされるディアナは、霊魂ないし身体の形象の変化の表徴を伝える。

アウゲイアスの家畜小屋は、身体の汚れ、および身体から排泄される事物の表徴を伝える。

雲の中のユノは、人間の隠蔽の表徴を伝える。

さらに山頂のプロメテウスがある。プロメテウスは鎖の輪を指に嵌め、その鎖はいま述べた山に接続されている。古代の神話においてこう書かれていることを知らなければならない。すなわち、プロメテウスが（神々の）火を盗んだため、ユピテルはプロメテウスをコーカサス山に鎖でつないだ、あるいは縛りつけた。しかしのちになってから、ユピテルはそれを哀れに感じ、プロメテウスを解放したのである。この恩赦に感謝したプロメテウスは、その鎖の輪とコーカサス山の小さな石を手にもち、それぞれを結びつけて自分の一本の指に嵌めた。このようにして、古代人たちはいつのころからか、指輪の発明、および「指に嵌められる」[☆9]という格言が（プロメテウスによって）生みだされたと語り継ぐようになった。この像は、感謝、義務、脆弱性、そしてそれらに類似した事物の表徴を伝え、さらには、毎日欠かさず、他のどの惑星よりも太陽から光の恩恵を受けている月に属する。

そしてただ一頭の雄牛がある。これは、（これ以外のあらゆるパシパエの扉においても）人間の身体の各部位の表徴を含意するが、それらの部位には、非常態的（estraordinarii）なものもあるし、常態的（ordinarii）なものもある。非常態的部位と呼ぶ理由はこうである。占星術師たちによれば人間の頭部すべては黄道十二宮の星座のひとつである雄牛座に属するため、頭部全体は雄牛座の家である惑星、すなわち火星のパシパエの扉における雄牛に含まれるべきである。[☆10]しかしわれわれは、その頭部から髪、髭、身体のすべての皮、そしてさらに脳髄を例外として奪いとり、非常態的部位として、この月の扉の雄牛に与える。なぜならば、これらの部位は、湿気を帯びたり、湿気に惹きつけられるからである。また、月は、常態的部位として、胸と乳房を含意する。なぜならば、占星術師たちによれば、胸部全体が月の住まいである蟹座に属する事物だからである。

☿

水星のパシパエの扉の下には五つの像がある。

まず黄金の羊毛がある。これは人間の身体の重さと軽さ、その肌の肌理の粗密、脆弱性、そして硬直性の表徴を伝える。

原子は、「誰か一人」のように、人間における集団単位の表徴を伝える。☆11

ピラミッドは、大きい人間、小さい人間、背が低い人間のように、人間における個別単位の表徴を伝える。

雲によって造形されたユノは、模倣者、欺瞞者、さらに狡猾で欺瞞的な本性／自然の表徴を伝える。

車輪に縛りつけられたイクシオンは、ルクレティウスの説によれば、死すべき存在の労苦の表徴を伝える。☆12 この像にはさらに、商業、勤勉、そして産業にかかわる本性／自然も与えられ、含意される。

そして一頭の雄牛である。これは、非常態的身体部位として舌をもち、言語と要点を明確に秩序立てた話法のような舌の機能とそれによって生じる結果を含意する。舌はきわめて驚異的な事物であるため、紙葉ごとに秩序づけられたヴォルーメにおいて詳細に論じられる。常態的部位は二つの種類に分けられ、なぜなら水星は、双子座と乙女座のいずれをも住まいとするからであり、双子座の常態的部分は両肩、乙女座のそれは腕と手である。

♀

金星のパシパエの扉の下には七つの像がある。

ケルベロスは飢え、渇き、そして眠気の表徴を伝える。

アウゲイアスの家畜小屋を清めるヘラクレスは、身体から汚れが清められたことを含意する。☆13

ナルキッソスは、美、愛らしさ、かわいらしさ、愛、ディゼーニョ、愛すること、欲望、希望などを含意し、さらにこの像は、二つの鎖／連鎖的註釈体系（catene）をもつ。☆14

さらに、木蔦がからみつく棒を握るバッカスもある。これは、諍いを避けること、余暇を過ごすことの表徴を伝える。☆15 それゆえこれは、霊魂の安息と平穏に関連するヴォルーメをもち、そこでは陽気で愉快を好む本性／自然、余暇を過ごすことを好む本性／自然が註記される。

次はミノタウロスである。詩人たちによれば、これは、雄牛と和合したパシパエが産んだ子供である。しかし、ここで注意しなければならないのは、この像についても、象徴神学の秘儀がないわけではないということである[☆16]。詩人たちは、このミノタウロスばかりではなく、ケンタウロス、サテュロス、ファウヌス、あるいはそれらに似た存在、つまり臍までは人間の形象、臍から下は獣の形象をもつ存在を神話に導入していた。なぜならば、悪徳に染まり、神聖な光[☆17]をまだ浴びていない人間は、人間の形象をもっているだけであり、それ以外の残りの部分は獣と比較されるべき存在だからである。プラトンは『ティマイオス』の中でこう書く。われわれの内部において、怒りによって動かされやすい部位は胸にあると考えられ、肉欲に駆り立てられやすい部位は、隔膜と呼ばれる胸の軟骨の下にあり、さらにその下には、すべての情念があり、隔膜はあたかもわれわれをわれわれ自身から分割しているかのようである、隔膜より下の身体部分は人間が獣と共有しており、もしその部分だけで満足したならば、われわれは獣になってしまう[☆18]。古代人たちはそのように考えたのであり、下半身を獣に変えられてしまった人間を空想したことにも正当な理由があった。したがって、われわれはこの像に、悪徳に傾きながらもそれを実践しない本性／自然、つまりソクラテスが自称したような本性／自然を委ねよう。わたしがこのように語る理由は、実践されてしまった悪徳についてはタラーリの階層で扱われるからである。

岩の下のタンタロス[☆19]は、臆病、優柔不断、猜疑、そして小心の本性／自然を含意する。

一頭の雄牛は、非常態的部位としては鼻、および匂いに関連する徳力の表徴を伝える。なぜならば、金星にもさまざまな匂いがあるからである。さらに頬、唇、あるいは口のような、美を伝える部位の表徴も伝えられる。常態的部位は二つに分けられ、雄牛座に属する部位は首、喉、喉仏、そして貪ること、天秤座に属する部位は腰から臀部にかけての背面である。

○

太陽のパシパエの扉の下には五つの像がある。
ヘラクレスに殺されたゲリュオンは、人間の年齢の表徴を伝える。[☆20]
ライオンをともなう雄鶏は、優秀性、優位性、尊厳、権威、あるいは名誉に値する事物を人間が支配することの表徴を伝える。
パルカたちは人間がなんらかの事物の原因となることの表徴を伝える。[☆21]
アルゴスによって見張られる雌牛は、人間の身体の色を含意する。
雲の中のユノを射るアポロンは、人間を明示すること、人間が光に触れることの表徴を伝える。
一頭の雄牛は、非常態的部位としては両眼の表徴を伝え、さらに何かに見惚れること、あるいは何かを見ることの操作も含意される。常態的部位としては、背中と脇を含意する。なぜならば、それらの部位は太陽の住まいである獅子座のものだからである。

♂

火星のパシパエには六つの像がある。
雲によって造形されたユノを抱擁しようとするイクシオンがここにある。その理由は、古代の神話においてこう読むことができるからである。イクシオンは、ユピテルにさえ敬意を微塵も見せないほど自惚れの本性／自然をもち、きわめて横柄で傲慢であり、ユノに横恋慕したばかりか、彼女を抱擁することまで望んだ。このような侮辱をこうむったユノは、雲を使って自分の姿を造形し、彼に悪戯をしかけ、イクシオンはそれと寝たのである。その交合によってケンタウロスたちが生まれた。この像の扉に隠されたヴォルーメでは、二つの鎖／連鎖的註釈体系が収められ、ひとつはイクシオンの自惚れに関連する事物、もうひとつはユノの侮辱に関連する事物を扱う。最初の体系の各指輪／註釈断片には、尊大、横柄、高慢、自惚れ、傲慢など、そしてそれらに似た本性／自然が含まれる。もうひとつでは、侮蔑、悪戯、さらに嘲笑の本性／自然が含まれる。[☆22]

争いあう二匹の蛇は、争いの本性／自然の表徴を伝える。

天に向かって逆立つ髪をもつ娘は、強く、活力に満ちた、そして嘘をつかない本性／自然を含意する。

ドラゴンの上に乗るマルスは、毒の本性／自然の表徴を伝える。

頭部をもたない人間は、すなわち知性の寝台である脳髄をもたないということである。この像によって、狂乱、あるいは発狂の本性／自然の表徴が伝えられる。[☆23]

そして一頭の雄牛がある。これは、非常態的部位は含意せず、常態的部位は二つに分けられ、山羊座のそれは頭、蠍座のそれは性器、およびそれを用いた操作を含意する。

♃

木星のパシパエには六つの像がある。

まずヘラクレスに殺されたライオンである。この神話を説明するためには、聖書における次のこの箇所を理解しなければならない。「イスラエルよ、わたしを聞き、わたしに従いたまえ。あなたの内部に異教の神はあってはならない。あなたは異教神に跪いてはならない」[☆24]。この箇所は、われわれが二つの最も重い罪を犯しうることを教えてくれる。最も重い罪のひとつは、真の唯一の神を崇拝しないこと、もうひとつは（キリスト教の神について）無知であった古代人たち以上に熱狂的に偶像崇拝を実践することである。なぜならば古代人たちは自分たちの外部の神々を崇拝したが、その一方ではわれわれの多くもまた、自分たちの内部に神々を置いてそれを崇拝してきた。たとえば僧院の聖なる指導者たちは、自分たちの禁欲と純潔の偶像を自らの内部に造ったのである。彼らはそうした内部の神々を崇拝するだけではなく、それを通じて自分たち自身も他者から崇拝されようとし、自分たちの心のなかの想像力（fantasia）の内部に女神ウェスタの祭壇を築いた。最も博識な者たちは、パラスの祭壇を築き、自分たちがそれを崇拝するだけでなく、自分たち自身が礼拝され、崇拝されることを望んだ。軍隊を率いた君主たちは、それぞれの胸の内部にマルスの神性を祀る祭壇を築き、自分がそれを賛美して崇拝するだけでなく、あらゆる人間によって跪かれることを望んだ。率直に語るならば、われわれはすべて、自らの内部に一頭の残酷で傲慢なライオンを飼っている。このライオンは、われわれの悪意、そして抑えがたい野心の表徴を伝える。しかし、われわれの内部には、かつて地上を訪れた神（イエス・キリスト）も存在する。われわれの内部にあるその精気が最強のヘラクレスへと変容したならば、それはこのライオンを殺すだろう。そして、このライオンが殺されたのちには、そこに謙虚さが生じる。その謙虚さに包まれてはじめてわれわれは、神に愛されうる幼く貧しい精気へと変容する。したがって、この像は、木星のパシパエの扉の下では、つつましさ、恥じらい、善性を志向する本性／自然、そしてたとえ哲学者たちからは徳力と呼ばれることはなかったにせよ、いましがた述べた恥じらいのように、徳力と呼んで差し支えのない事物を志向する本性／自然の表徴を伝える。

だがタラーリの扉の下では、そのような善性自体の、あるいは善を志向する気質を育成することの表徴を伝える。迷宮の中でテセウスに殺されるミノタウロスは、徳力を志向することの表徴を伝える。

しかしこれは、メルクリウスの靴の扉の下では、人間の行為を生みだす徳力の表徴を伝える。人間の行為自体は徳力にはなりえず、なぜならば、多くの人間は徳力をもたず、ただ徳力の定義を知っているのみだからである。この人間の行為を生みだす徳力は、キケロからは活発な徳力と呼ばれ[☆25]、ウェルギリウスからは燃える徳力と呼ばれ[☆26]、さらにペトラルカからもそう呼ばれた[☆27]。

カドゥケウス（メルクリウスの杓）は、友好、家族、および国家を志向する本性／自然の表徴を伝える。

ダナエは幸運、幸福、健康、富、高貴性、そして欲望を満足させることの表徴を伝える。

三美神は、互いに慈善をおこなう本性／自然の表徴を伝える。

一頭の雄牛は、非常態的部位としては耳、そしてそれを用いた操作、つまり聞くこと、耳を澄ますこと、そして唖のようなその部位の受難を含意し[28]、常態的部位は二つの種類にわけられ、射手座のそれとしては腿、魚座のそれとしては足、および足の操作を含意する。

♄

土星のパシパエの扉の下には、七つの像がある。

狼、ライオン、そして犬の三頭像は、時によって支配された人間の表徴を伝える。

束縛されたプロテウスは、粘り強さと不動の本性／自然の表徴を伝える。

孤独な雀は、孤独の本性、孤独な人間、孤立した人間の表徴を伝える。

パンドラは悪運、不幸、無知、貧困、非行、不健康、さらに欲望を満足させえないことの表徴を伝える。

毛髪を切りとられた娘は、人間の脆弱性、疲労、嘘を含意する。

山上で眠り、ディアナから接吻されるエンデュミオンもある[29]。カバラ主義者の説によれば、接吻による死を経験しないかぎり、われわれは天界との、そして神との真の結合を成就しえない[30]。このように述べることができる根拠は、この接吻による死は実は多くの例があり、われわれが先に述べたアンタイオスの死もまたそれに含まれる一例[31]にすぎないからである。これについて、ソロモンは『雅歌』の冒頭でこう語る。「どうか、あの方が、その口でわたしに接吻してくださいますように[32]」。この詩句は、パウロによって次のように換言されており、その意味がさらに明らかになる。「この（地上）世界を去り、キリストとともに存在することを熱望する[33]」。パウロの場合とは異なり、ソロモンはそうした（死の）望みを言葉に表わして伝えてはいないが、彼がそのような死を望んだことは暗示されている。さらにペトラルカもこの死について語っており、容易に解明されることがないようにこう歌っている[34]。

　嗚呼、その日、幸福なるかな
　この地上の牢獄から脱けでて、
　わたしのこの重く、脆く、死すべき衣裳を破り、消滅させる日
　　そして、これほどまで長く続いた暗闇から旅立ち、
　　美しい天へと飛翔し
　　そこでわたしが、我が主、我が女を見ることになる、その日よ。☆35

このように、身体は、天界の事物とわれわれの霊魂の真の結合および接吻からわれわれを遠ざけており、その身体を消滅させることによって接吻に到達することができるようになる。象徴神学者たちはこれを伝承するために、彼らが語る神話において次のように書いた。

エンデュミオンとその神話

　彼らの記述によれば、ディアナ（彼女は、天上界のあらゆる尺度の女王であり、高みから下方へ降りてくるあらゆる影響力は彼女を通過し、それゆえ彼女はここでは、あらゆる高い事物の見立て、比喩である）はエンデュミオンに恋したが、わたしに語らせるならば、彼女はわれわれの霊魂に恋したのである。接吻を望む彼女は彼を上方で待ちわびているが、彼のほうはそれから逃げる。そのため、彼女は彼に山上での永遠の眠りを与え、彼が眠ったときにはじめて彼女は望みをかなえることができた。彼の永遠の眠りは死の表徴を伝え、この像は死すべき存在、死、そしてそれらに関連する、たとえば葬礼のような事物を註釈断片（anelli）に収める。☆36
　そして一頭の雄牛がある。これは、非常態的部位としては白髪および皺を含意する。常態的部位は二つに分かれ、山羊座のそれとしては膝、みずがめ座のそれとしては足を含意する。

タラーリ

劇場の第六の階層は、各惑星に属する扉の上に、神々の命令を伝えるために地上へと降りるときに身に着けたと詩人たちによって歌われているタラーリ（メルクリウスの黄金の翼のついた靴）およびそれ以外のいくつかの装備を置く[☆1]。各扉をこのようにすることによって、われわれの記憶は覚醒し、技芸を用いることなく、本性的／自然的に実践しうるあらゆる操作をこれらの扉の下に見いだすことができる。

☾

月のタラーリの扉の下には七つの像がある。

蟹座から下降してきた娘は、子供を育てる乳母、および子供を育てる仕事の表徴を伝える。

ネプトゥヌスは、浅瀬を歩くこと、水の上を進むこと、水で洗うこと、水浴すること、飲むこと、しぶきをあげることを含意する。

ダフネは、木材に関連する本性／自然的操作を含意する。

メルクリウスから衣服を差しだされるディアナは、事物を動かすこと、事物を変化させること、何かを受容すること、何かを返却すること、瞬時にしてなされる操作、素早くなされる操作を含意する。

アウゲイアスの家畜小屋は、醜悪にすること、汚すこと、あるいは染みをつけることを含意する。

雲の中のユノは、人や事物を隠すことを含意する。

指輪を嵌めたプロメテウスは、感謝や義務に関連する操作を含意する。

☿

水星のタラーリの扉の下には七つの像がある。

黄金の羊毛は、重くすること、軽くすること、固くすること、柔らかくすること、表面を粗くすること、表面を滑らかにすることを含意する。

原子は、小さくすること、分断すること、散りばめること、分解することの表徴を伝える。

ピラミッドは、高くすること、低くすることの表徴を伝える。

解かれていないゴルディオンの結び目は、ごまかすこと、混乱させること、結ぶことの表徴を伝える。

解かれたゴルディオンの結び目は、説明すること、解決すること、解くことの表徴を伝える。

雲によって造られたユノは、模像や欺瞞を利用すること、あるいは狡猾や欺瞞そのものを示す。

車輪に縛りつけられたイクシオンは、売買すること、供給すること、調査すること、警戒、精勤、勤勉、忍耐、苦労の表徴を伝える。

♀

金星のタラーリの扉には七つの像がある。

ケルベロスは、食べること、飲むこと、眠ることの表徴を伝える。

アウゲイアスの家畜小屋を清めるヘラクレスは、清めること、浄化することの表徴を伝える。

ナルキッソスは、美しくすること、愛させること、欲望させること、希望させることの表徴を伝える。

香草の壺を携えた少女は香をだすことの表徴を伝える。

木蔦が絡みつく棒を握るバッカスは、余暇をすごすこと、楽しむこと、笑うこと、笑わせること、慰めること、陽気にさせることの表徴を伝える。

岩の下のタンタロスは、揺らすこと、震えさせること、疑わさせること、恐れさせることの表徴を伝える。

ミノタウロスは悪徳に関連するさまざまな操作の表徴を伝える。

○

太陽のタラーリの扉の下には五つの像がある。

黄金の鎖は、太陽の下に赴くこと、太陽から光を浴びること、太陽に向かって手を広げることの表徴を伝える。☆2
(ヘラクレスによって)殺されたゲリュオンは、分、時間、年、年の各部分、さらに世代に関連する本性的/自然的を暗示する。

ライオンをともなう鶏は、優位にすること、栄誉を与えること、地位を与えることを暗示する。

三人のパルカは、原因を与えること、始めること、目的に導くことを暗示する。

ユノーを射るアポロンは、人や事物を明示することを暗示する。

♂

火星のタラーリの扉の下には五つの像がある。

ウルカヌスは、火を起こすこと、火口に火をくべること、着火すること、火事を起こすこと、火を消すことを暗示する。

ユノによって欺かれたイクシオンには（ヴォルーメとして）二つの連鎖的註釈体系（catene）が与えられる。[☆3] そのひとつには、横柄になること、横柄にさせること、自惚れること、自惚れさせること、誉めそやすこと、誉めそやさせること、傲慢になること、傲慢にさせることが収められる。そしてもうひとつでは、侮辱すること、ふざけること、そして悪戯することが収められる。

天に向かって髪を逆立てた娘は、活力や強さを与えること、あるいは真実にかかわる操作を暗示する。

争う二匹の蛇は訴えを起こすことを暗示する。

ドラゴンの上に乗るマルスは、傷つけること、残酷なことをすること、復讐すること、邪魔することを暗示する。

♃

木星のタラーリの扉の下には七つの像がある。

吊るされたユノは、呼吸すること、ため息をつくこと、空気を使うことの表徴を伝える。

リラの二つの穴は雑音を出すことの表徴を伝える。

ヘラクレスによって殺されたライオンは、慎ましさ、善性、単純性、そして羞恥心の育成の表徴を伝える。

テセウスによって殺されたミノタウロスは、徳力を育成することの表徴を伝える。

カドゥケウスは友人と交わること、談笑することの表徴を伝える。

ダナエは、幸運に関連する操作、および幸運の成就の表徴を伝える。

三美神は、好意、恩恵、そして助力を与えることの表徴を伝える。

♄

土星のメルクリウスの靴の扉の下には七つの像がある。

キュベレは、地に関連する、技芸を用いない操作を暗示する。

獣の（狼、ライオン、犬の）三頭像は、遅れること、遅れさせること、中断すること、いつの日にか再開することを暗示する。

契約の箱は、置くこと、そして配置することを暗示する。

束縛されたプロテウスは事物を動かなくすることを暗示する。

孤独な雀は、一人で出かけること、一人でいること、（誰かを）見捨てることなどを暗示する。

パンドラは苦悩を与えることを暗示する。

髪を切られた娘は、事物を衰弱させること、あるいは裏切ることを暗示する。

プロメテウス

第七の階層はあらゆる技芸に割りあてられる。それらの中には高貴な技芸も卑しい技芸もあり、それぞれの扉の上には、炎を灯された松明をもつプロメテウスを置く。われわれがこのプロメテウスを技芸の象徴と考える理由を知るためには、プラトンが書いた『プロタゴラス』においてソクラテスが語っていることを理解しなければならない。[☆1] ソクラテスはこう語る。生物を創造するようにあらかじめ定められていた段階が訪れた頃は、まだ神々しか存在していなかった。神々は、地の子宮の内部に、火、土、そして火と土を混ぜた事物によって生物を形成した。さらに神々は、その生物たちを（太陽の）光のもとにだして照らす準備を整えるため、プロメテウスとエピメテウスに命令して、各生物にふさわしい力を配分させることにした。エピメテウスはプロメテウスに、神々から命じられた配分の仕事を自分だけに任せ、自分ひとりでそれらに心性を与えることを頼んだ。プロメテウスはこれに同意し、エピメテウスがひとりでその配分をおこなった。だがエピメテウスは、ある生物には機敏性を与えずに逞しさを与え、弱い生物には機敏性を与え、ある生物には武器、角や牙、爪などを与え、武器をもたない生物にはその生存に役立つなんらかの事物を見つけて、それを与えた。小さな身体に閉じこめられた生物の中には、翼を与えて空を舞わせることもあれば、地を這わせることもあった。とても大きな生物には、生存するための、身体にふさわしい大きな強さを与えた。ソクラテスはこのようにして、野の獣たちのさまざまな種類について省察したうえで、次のように語る。あまり賢明でなかったエピメテウスは、天分を獣たちのためにすべて使い果たしてしまい、人間の種に与えるはずだった多くの天分をとっておくことを考えもしなかった。そのため、人間の種だけが、内部が空虚で、あらゆる天分をもたない状態で残されてしまった。プロメテウスは、エピメテウスによる誤った配分に気づいたが、生物たちを光によって照らすことが定められた運命の日がすでに間近に迫っていた。プロメテウスは人間たちの生存を保障するためのそれ以外の方法を見つけることができなかったため、ウルカヌスとミネルヴァが保持していた技芸にかかわる叡智を、火とともに盗んだ。それはなぜならば、火がなければ何も造ることができないからであり、これはつまり、天分がもたらす洞察力がなければ、技芸の叡智を実践することもできず、また利用することもできないという意味である。プロメテウスは技芸の叡智を人間たちの内部に吹きこんだが、それは生きることのみにかかわる叡智であり、政治的叡智が欠けていた。この叡智はユピテルの住まいの中に封印されていたが、プロメテウスには、その住まいのように高い場所へ上昇することが許されていなかった。ユピテルの城の周囲には恐るべき番人たちがいて、彼らはそこでプロメテウスを脅かしたのである。いずれにせよ、プロメテウスによる盗みによって、生物の中では人間のみが、神々の種に加わることとなった。そのため人間たちは最初から神々について知り、神々の知識をえて敬虔となり、神々のために祭壇と彫像を捧げた。さらに人間たちは技芸を用いて、声を明瞭に分節化して言語を創造し、家を建築し、衣服と寝台を造り、力から採れる産物を収集した。ところが人間たちは当初から、それぞれまとまることなく、各自で暮らし、さまよい歩いていた。なぜならば、いまだ都市が建設されていなかったからであり、そのため獣たちよりも弱い人間たちは、獣によってまさに絶滅しかかった。生きるために必要な事物に関連するさまざまな能力を見つけることができたのは素晴らしいことであったが、獣たちと戦うための手段がまだ得られていなかった。なぜならば、彼らには政治的能力がなく、戦争の叡智はその一部であったからである。それでもいつしか人間たちは、獣たちから身を守ることができるように互いに集まり、都市を建設するようになった。ところが、哀しいかな、そのようにして集まっても、彼らは互いに協調することができず、自分たち同士で数かぎりない争いをくりかえした。なぜならば、人間たちはまだ、政治的能力をもたなかったからである。そのため彼らは都市を捨ててさまようことを余儀なくされ、獣たちの餌へと舞い戻った。この段階になってユピテルは人間の不幸を哀れに感じ、メルクリウスを使者として派遣し、人間たちに思いやりと正義を運ばせた。その目的は、これらの二つの事物によってさまざまな都市を美しく整備し、人間たちを互いに結びつけ、またそれらを用いて人間たちが善意に基づいて互いに協力させるためであった。メルクリウスはこれら二つの追加的属性を人間たちに与えるさい、この二つの贈物を、かつてさまざまな技芸が（エピメテウスによって）分配されたさいの方法を踏襲すべきかどうか、つまり、ある人間にはどちらかひとつを与え、また別の人間には別のひとつを与えるのがよいのか、それとも、すべての人間にそれら二つを均等に与えるべきなのか、父（ユピテル）に訊ねた。ユピテルはそれに対して、すべてに対して二つを均等に与えよと答えた。なぜならば、すべての人間は、この二つの追加的属性をもたなければならず、もしそうでなかったら、都市は維持されえない。ある都市の医者や靴屋は、医者でない多くの人や、靴屋ではない多くの人を満足させることができるかもしれないが、他人への思いやりと正義を与えられた一人の人間は、他人への思いやりも正義ももたない多数の者たちに交わり続けることはできない。そのため、ユピテルは自らひとつの法を制定することに決めた。その法によれば、他人への思いやりと正義を失った人間は、多くの生きた人間たちによって、最も重い責め苦に処され、あたかも疫病のように都市の外部へ追放された。だが、われわれは劇場の階層をこれ以上高く積みあげないようにすべきであり[☆2]、この階層のプロメテウスに、彼によって配分されたすべての高貴な技芸および卑しい技芸ばかりではなく、さらに政治的能力と軍事的能力をも含意させることにする。

☾

月のプロメテウスの扉の下には、五つの像がある。

メルクリウスから衣服を差しだされるディアナは、暦における各月、および各月の各部分の表徴である。

ネプトゥヌスは、水道、人工噴水、橋、港、井戸、船の操縦、さらに魚釣りのような水を用いる技芸の表徴を伝える。

ダフネは、庭、および木に関連する技芸を含意する。

ヒュメナイオスは、結婚すること、婚約することの表徴を伝える。☆3

弓を手にするディアナは、狩りを暗示する。

☿

水星のプロメテウスの扉の下には、六つの像がある。

まず一頭の象がある。この像は、饗宴の階層では、神話において語られる（異教の）神性の表徴を伝えるが、ここでは神話によって語られる信仰、儀式、および祭式を暗示し、さらにそれらにかかわる事物をも暗示する。

三叉の槍をもつヘラクレスは、天界と地上界と地獄に存在するさまざまな事物に関連するあらゆる技芸を含意する、最も高貴な像である。なぜならば、象徴神学者たちは、ヘラクレスによって、人間の精気の表徴を伝えようとしていたからである。それによれば、人間の精気は、あたかも三叉の槍のように、ひとつの矛先で天界の秘密を貫き、もうひとつの矛先でこの地上界の秘密、そして第三の矛先で地獄の秘密を貫くことができる。この像もまた、ただひとつの例外なくあらゆる技芸／学問がそれぞれ明確に区分されて配列されたヴォルーメをもち、そこでは、各技芸／学問分野が、それぞれが属する連鎖的註釈体系（catene）に基づきながら、それぞれ別個の註釈断片（anelli）によって論じられる。☆4 この像においてようやく、あらゆる技芸／学問の隠れ家であり、さらにそれらへの装飾でもある雄弁術が登場する。☆5 なお、ここでの雄弁術は散文の演説に属しており、それに含まれるあらゆる種類の雄弁術がここに含まれる。なぜならば、詩は太陽にふさわしいため、ムーサイに囲まれたアポロンの像に委ねられるべきだからである。さらに、このヘラクレスによって、リブラリア（書庫）も含意される。

メルクリウスをともなう虹がある。イリス（ギリシア語では虹を意味する）はユノからの伝言を運ぶ使者であり、メルクリウスは神々すべての伝言を運ぶ使者である。この像は、私的伝言、隠密命令、外交術を論じる巻本をもつ。なお、私的伝言には、手紙のやりとりに関連する事物も含まれる。

三人のパラスの像がある。一人は都市を建設し、もう一人は図像が描かれた布を織り、最後の一人は一体の立像を制作している。都市の建設については、「城砦を築いたパラスは、その中に住めばよい」というウェルギリウスの詩句を思いだそう。[☆6] 図像が描かれた布については、（パラスと）アラクネの競争の中で語られている。[☆7] また、ここで制作されている彫像が、塑像技法によるものであったということについては、これまで述べてきたことからも、そしてわれわれが先に要約したソクラテスが語った神話からも理解される。ソクラテスの語る神話によれば、神々はあらゆる生物を（キリスト教の神がそうしたように）個別の名前で呼ぶことによって創造したのではなく、（土と火によって）造形したのである。この像は、ディゼーニョ、建築、絵画、遠近法、鋳造技法の彫刻、塑像技法の彫刻、そしてそれらに関連するあらゆる事物を論じた巻本をもつ。それらの事物は、紙葉ごとに区別して秩序づけられ、そこで示された秩序は驚くべき眺望となる。

一羽の雄鶏をともなうメルクリウスは、商業、および商業に関連する事物の表徴を伝える。たしかフンディーノがこれについて論じていたはずであるが、今はそれがどこであったかを思いだすことができない。しかしわたしにとっては、ランディーノが、自ら語った神話においてこれについて証言したということで十分である。換言すれば、ランディーノによれば、古代人たちはこのように造形された象徴を商業を示すために用いたのである。わたしにはその理由がわからないため、メルクリウスが鶏のような性質をもつからだろうと述べるにとどめる。いずれにしても、メルクリウスは商業を営む人々の像である。[☆8]

各扉の上と同様に、ここにも松明を握るプロメテウスがおり、彼は技芸全般、および技芸によって造られた事物を表象する。このこと（扉の上と下に同じ像がひとつずつ描かれること）はとりたてて驚くべきではない。なぜならば、アリストテレスもまた『分析論前書』において、語彙には限界があるため、場合によっては、属名を種を示すためにもちいることは過ちとは言えない、と語っているからである。☆9

♀

金星のプロメテウスの扉の下には七つの像がある。

ケルベロスは料理、宴に関連する事物、そして熟睡を含意する。

絹糸を造る虫たちは、衣類の制作、そのための下準備、そしてその成果をともなう婦人部屋を含意する。下準備とは、糸を紡ぐこと、布地を織ること、布地を切ること、布地を染めることなどである。成果とは、服を着ること、服を脱ぐこと、繕うこと、そして簞笥などである。

アウゲイアスの家畜小屋を清めるヘラクレスは浴場と床屋を含意する。

香草の壺をたずさえた娘は、香水工房の表徴を伝える。

ここにもミノタウロスがあり、これは悪徳を用いる技芸、女衒術、売春宿、売春術の表徴を伝える。

木蔦が絡みついた棒を握るバッカスは音楽および音楽をもちいたさまざまな遊戯の表徴を伝える。

ナルキッソスは化粧術を含意する。

○

太陽のプロメテウスの扉の下には七つの像がある。

ヘラクレスによって殺されたゲリュオンは、分、時間、年、時計を含意する。

ライオンをともなう鶏は、君主による統治、およびそれに関連する事物を含意する。

三脚床几をともなう巫女は、占術とそのさまざまな種類、さらに預言の表徴を伝える。

ムーサイに囲まれたアポロンは詩を暗示する。[☆10]
蛇、つまり病気によってもたらされる害毒を殺すアポロンは、あらゆる医術を暗示する。
牧童の姿のアポロンは牧羊術を伝達する。
呼び返し囮（鷹狩りで用いる）を手にもちながら馬に乗る男は、高貴な人々によって楽しまれる雀鷹や鷹をもちいた狩りを含意する。古代人たちのもとではこのような狩りは習慣的にはおこなわれていなかったものの、曖昧にではあるが[☆11]、それが存在したことを告げる例は残されている。だがむしろ、この狩りについては、ボッカッチョの短編小説集を参照していただきたい。[☆12] われわれがこの扉の下にこれを与えた理由は、小さな穴をひとつたりとも残さないようにするためである。[☆13]

ここで、これまでわたしが試みてきた仕事について少しばかり説明したい。わたしはこれまで、今という時代の状況について、そしてわれわれの信仰についての自説を語りながら、（キリスト教信仰以外の）多くの事例をわれわれの慣習に適合させるように努力してきたつもりであり、その例をここで示そう。キケロはキリストについても聖霊についてもまったく語っていないが、わたしは神聖な存在たちについては存在の広がりの像の下で語り、記述する必要性があると考え、キケロの著作から引きだされた偉大な象徴体系をそれらの存在に与えることにした。そうすることによって、キケロ主義的方法によって、神の息子の名、および聖霊の名を身にまとうことができるようになる。さらに神の息子の名には二つの象徴体系が隠されている。ひとつは神のことばと叡智、つまり最も神聖な名の象徴体系であり、もうひとつは肉化したことば、つまりキリスト、われわれのために磔刑に処せられたキリストの象徴体系である。[☆14] わたしがこのように語るのは、ヘブライのカバラ主義者たちの多くは神の叡智とことばは知っていたが、それらが肉化し、われわれのために受難を経験したという信仰をもっていなかったということを示したいからである。このことをパウロは知っており、このような美しい詩句を語っている。「ことばの叡智を用いないことによって、キリストの十字架をむだにしてはならない[☆15]」。そうだとすれば、きわめて嫉妬深かったパウロが『ヨハネの福音書』の代筆をしていたならば、もしかしたらこう書いたかもしれない。「はじめにキリストがあった。キリストは神とともにあった。神はキリストであった」[16]。実際には、ヨハネはこのように控えめに語っている。「ことばは肉となった」[17]。

♂

火星のプロメテウスの扉の下には七つの像がある。

ウルカヌスは火によって何かを創造する技芸を伝達する。

一頭のケンタウロスがある。本性的／自然的な事物にはケンタウロスの種は含まれないが、馬の調教が開始された当時、遠くから眺める人には、馬と乗り手とが同じ事物であるように見えたと書かれているのを読むことができる。この像は馬を扱う技芸、馬から与えられる恩恵に関連する事物を内包する。さらにこれは火星に属する。なぜならば、馬は火星的生物だからである。

争う二匹の蛇は軍事術、および陸戦と海戦を含意する。

二人の剣闘士はあらゆる武術を含意する。

霊魂を裁くラダマンテュス[18]は、犯罪をとくに扱う裁判所を含意する。

地獄の狂女[19]は、刑罰の執行者であり、それゆえ警察局[20]、捕縛、牢獄、拷問、体刑を含意するだろう。

アポロンによって皮膚を剝がれるマルシュアスは、屠殺場を伝える[21]。

♃

木星のプロメテウスの扉の下には五つの像がある[22]。

吊るされたユノは、たとえば風車のように、空気の恩恵を用いてなされる技芸を含意する。

雄牛の上のエウロペは、改宗、承認、聖性、霊魂の献身、そして信仰の表徴を伝える。
パリスの審判は政治裁判所を含意する。[☆23]
惑星球は占星術を暗示する。

♄

土星のプロメテウスの扉の下には五つの像がある。

キュベレは、幾何学、地理学、天文学、そして農業を含意する。

アルファベット板の上に立つ男の子は、文法学を伝える。

マルシュアスの皮膚は、革および皮膚に関連する技芸を含意する。

鞭は、夜行性の鳥による狩りを含意する。[☆24]

一頭の雄驢馬は、土星的動物であり、労苦に耐えるように生まれついており、馬車、荷物運搬、郵便配達[☆25]、さらに懲罰としてそれらに類した労働を課せられた罪人たちの表徴を伝える。

結

フィオレンツァにて
大公国公認印刷者であるロレンツォ・トッレンティーノのもとで、一五五〇年四月に印刷された。
教皇ユリウス三世、皇帝カール五世、フィオレンツァ大公コジモ・デ・メディチ殿の許可による。

訳　註

献　最も高名なメンドーサのドン・ディエーゴ・フルタード様へ

☆1――ユリウス三世（在位一五五〇年～一五五五年）のこと。

☆2――神聖ローマ帝国皇帝カール五世（在位一五一九年～一五五六年）のこと。

☆3――ドン・ディエーゴ・フルタード・デ・メンドーサ（Don Diego Hurtado de Mendoza,1503-1575）は、スペインで生まれ、文学、哲学、歴史に秀でた文人で、古今の文化保護に積極的であった。初期にはスペインのカスティリア王国の大使としてヴェネツィアに駐在し、神聖ローマ帝国のカール五世によって引き立てられ、一五三五年には、イタリア半島制圧戦争にも参加している。一五四六年にはトレント公会議へ神聖ローマ帝国の大使として派遣された。一五五〇年になると神聖ローマ帝国から教皇庁へと活動の場を移し、同年二月に教皇に選出されたユリウス三世に認められ、教皇庁に属する大使の身分を与えられた。ドン・ディエーゴは若いころからラテン語、ギリシア語、アラビア語を熱心に学び、のちには初期キリスト教や古典古代のテキストの写本の収集をおこなったことで知られている。彼のコレクションの中には、アルキメデスの著作や、東方教会の教会博士グレゴリウス・ナツィアンツ（Gregorius Nazianz, c.329-389）のような希少な著作も含まれていた。さらに、ドン・ディエーゴは、『劇場のイデア』にルドヴィーコ・ドメニキが寄せたこの献呈文のあとの箇所で言及されるアルノルド・アルレニオに注文を出し、ベッリリオーニ枢機卿の図書館にあったギリシア語写本のコピーをおこなった。フルタード自身も多くの著作を残した（もっともそのほとんどは未公刊である）。この人物については以下が詳しい。Andrés Soria, "Hurtado de Mendoza, Diego, 1503-1575", in *Gran Enciclopedia Rialp* (GER), Tomo XII, Ediciones Rialp, S.A., Madrid, 1989, pp.288-289.

☆4――ジュリオ・カミッロは一五四二年に逝去した。

☆5――Cf. G. De Caro, "Avalos, Alfonso d'", in *Dizionario biografico degli italiani*, tomo 4, Roma, 1962, pp.612-517. デル・ヴァスト侯爵とペスカラ侯爵を務めたアルフォンソ・ダバロス（Alfonso Davalos,1502-1546）は、スペイン系イタリア人貴族の

家に生まれ、神聖ローマ帝国の将軍としてイタリアやハンガリーでの戦争で活躍し、その名をあげた。一五三八年以降は、皇帝カール五世によって、神聖ローマ帝国の傘下となったミラノの統治者に任命された。それに先立つ一五三三年、神聖ローマ帝国皇帝カール五世が、ボローニャで画家ティツィアーノに出会ったさいに、ダバロスもまた画家ティツィアーノ・ヴェチェッリオに肖像画を描かせている。ティツィアーノ・ヴェチェッリオ《アルフォンソ・ダバロスの肖像》（一五三三年、パリ、ルーヴル美術館）がそれである。ティツィアーノはさらにのちに、《アルフォンソ・ダバロスの兵士たちへの訓示》（一五四〇年〜一五四一年頃、マドリッド、プラド美術館）も描いている。

☆6――カミッロとアルフォンソ・ダバロスの関係は非常に親密なものであった。カミッロは、ダバロスに捧げる『ダウァルス』（*Davalus*）というラテン語の詩を書き、その愛情を吐露している。ミラノでのカミッロは、記憶術の伝道者としてのみならず、ペトラルカ主義の文学者としても評価されていたようである。カミッロの弟子であり、『劇場のイデア』を口述筆記したジローラモ・ムツィオ（Girolamo Muzio, 1496-1575）は、師匠を詠んだ『イオラ』（*Iola*）というイタリア俗語詩を書き、晩年のカミッロとダバロスの間の友情を賛美した。「我らのよきダヴァロ［アルフォンソ・ダバロスを指す男性名］よりも苦い涙を流す者があろうか。ああ、イオラ［カミッロの名前であるジュリオを女性のそれに変えた名前］は偉大なダヴァロをどのように、そしてどれだけ愛したことか。そしてどれだけダヴァロがイオラを愛したことか。等しい愛が、これら祝福され、類まれなる二つの精神を結びつけたのである」（Wenneker, p. 24, n. 23. "Qual pianger dovera piu amaramente del buon Davalo nostro. O come & quanto Amava Iola il gran Davalo; & quanto Davalo Iola. Eguale amor congiunti Tenea que' duo beati, rari spiriti"）。カミッロの『ダウァルス』の手稿は、ベルガモのアンジェロ・マイ市立図書館に残されている。Bergamo, *Biblioteca Civica Angelo Mai*, Archivio Silvestri, n. 24.

☆7――ムツィオに記述させた口述筆記を指す。

☆8――デル・ヴァスト侯爵アルフォンソ・ダバロスは一五四六年に逝去した。前註☆6参照。

☆9――アントニオ・ケルッツィ・ダ・コッレ（Antonio Cheruzzi da Colle）という人物の詳細については、ほとんど知られていない。カミッロの弟子だったジローラモ・ムツィオが彼に宛てて書いた一通の手紙が知られているのみである。Girolamo Muzio, "A. M. Antonio Cheluzzi da Colle", in Girolamo Muzio, *Lettere* (Ristampa anastatica dell'ed. Sermartelli, 1590), a cura di Luciana Borsetto, Arnaldo Forni Editore, Bologna 1985, p.191-3. ムツィオは、自分の洗礼名イエロニモ（Hieronimo）を、あえてジローラモ（Girolamo）と表記するようにしたことについて、「それがトスカナ語だからではなく、もっとはっきりと聞こえるからです」と弁明している。また、この手紙には、「俗語」の名称としてトスカナ語とイタリア語のどちらが妥当かという議論も含まれている。ムツィオは、ダ・コッレに対してかなり率直に自分の意見を語っており、このことからは二人の関係がそれなりに親密なものであったことが察せられる。したがって、ウェンネカー（Wenneker, p. 26, n. 26）が仮定したように、ムツィオ自身が『劇場のイデア』の写本をダ・コッレに献呈した可能性は高い。

☆10――一五五〇年の時点で、カミッロの劇場はすでに失われていた（少なくともそう思われていた）ことを示している。

☆11――アウルス・ゲリウス『アッティカの夜』（I, 1）。ゲリウスは、プルタルコスの記述として、ピュタゴラスがヘラクレスの身長を足跡の大きさから測定したことが報告されていると記述している（なお、ゲリウスが参照したプルタルコスの記述は現在では失われたと考えられている）。アポロドロス『ビブリオテケ』（II, IV, 9）では、ヘラクレスの身長は四キュービットであったと記されている。

☆12――アルノルド・アルレニオ（Arnoldo Arlenio）、あるいはアルヌール・ド・ラン（Arnould de Lens）は、フランドル地方の出身の文人であり、イタリアに赴いて古典文学を研究した。とりわけギリシア語に熟達し、ドン・ディエーゴ・フルタード・デ・メンドーサに依頼され、枢機卿ベッサリオンの図書館に所蔵されていた夥しい数のギリシア語写本を筆写したことが知られている。一五四七年から一五六二年にかけてフィレンツェに滞在し、この献呈文の著者であるルドヴィーコ・ドメニキとともに、ロレンツォ・トレンティーノ（Lorenzo Torrentino）の出版工房で働いた。アルレニオは古典的テクストの校閲を担当したと伝えられている。Cf. P. Tentori, "Arlenio, Arnoldo", in *Dizionario biografico degli italiani*, tomo 4, Roma 1962, pp.213-214. ロレンツォ・トレンティーノ（Lorenzo Torrentino）は、低地諸国の出身であり、本名はローランス・レネルス・ファン・デア・ベーケ（Laurens Leenaertsz van der Beke）である。フィレンツェ大公国大公、メディチ家のコジモ一世（Cosimo de' Medici, 1537-1574）によってフィレンツェに招かれ、フィレンツェ大公国の公認印刷業者に任命された。トレンティーノによって出版されたさまざまなテクストに関しては以下を参照せよ。Domenico Moreni, *Annali della tipografia fiorentina di Torrentino impressore ducale*, Francesco Daddi, Firenze 1819. 一六世紀イタリアで膨大な数に達した出版工房の総覧およびその個々の成立事情については、以下の基本研究を参照せよ。Fernanda Ascarelli, *La tipografia cinquecentina italiana*, *Le Lettere*, Firenze 1996(1953). ルネサンスの印刷業のあり方の全体的な考察については以下を参照せよ。Brian Richardson, *Stampatori, autori e lettori nell'Italia del Rinascimento, edizione italiana*, tr. Anna Lovisolo, Edizioni Sylvestre Bonnard, Milano, 2004.

☆13――ルドヴィーコ・ドメニキ（Ludovico Domenichi, 1515-1564）は、ヴェネツィアの出版工房イル・ジョリト（Il Giolito）で、ラテン語やギリシア語の文献のイタリア語への翻訳および編集を精力的におこなった。一五四六年にはフィレンツェに移動し、ジュンティ兄弟（I Giunti）の出版工房で働き、続いてアントン・フランチェスコ・ドーニ（Anton Francesco

Doni, 1513-1574）が開いた野心的な（しかし、設備や印刷技術はとても貧弱な）出版工房にも参加した。一五四七年以降はロレンツォ・トレンティーノ（Lorenzo Torrentino）の出版工房に移っている。ドメニキは、いわゆる「カトリック内改革派」（riforma cattolica）の一員としても知られている。一五五二年にドメニキは、異端罪で告発され幽閉されたが、メディチ家のコジモ一世大公のとりなしによってすぐに釈放された。Cf. A. Piscini, "Domenichi, Ludovico", in *Dizionario biografico degli italiani*, tomo 40, Roma 1991, pp.595-600.

ジュリオ・カミッロ氏の劇場のイデア

☆1――『マタイによる福音書』（XI, 15; XIII, 9; XIII, 4）。本訳書における新旧両聖書からの引用の処理は次の方針でおこった。まずカミッロのテキストに引用されているラテン語原文とウルガータ版の原文を比較し、文章や単語の綴りの相違を確認し、そのうえでカミッロのテキストに即して訳した。次に新共同訳聖書をはじめとする多くの現代訳も参考にし、できるだけカミッロの文脈に合わせながら、正確な訳となるように心がけた。カミッロによってウルガータのテクストから改変されている場合は、註にカミッロのテクストを記すことにした。聖書の各テクストの比較に用いたデータベースは以下。*Bible Works* 6. Software for Biblical Exegesis and Research, Bible Works, LLC, 1998-2003.

☆2――サモスのメリッソスは紀元前五世紀の哲学者。パルメニデスから始まるエレア学派の最後を飾る代表的人物とみなされている。ディオゲネス・ラエルティオス（IX, 24）によればこうである。「神々に関しては、いかなる見解も明らかにすべきではないと彼［メリッソス］は語っていた。というのは、神々を認識することは不可能だからである」（これは以下からの引用である。ディオゲネス・ラエルティオス『ギリシア哲学者列伝』加来彰俊訳、岩波文庫、一九九六年、下巻、一一二ページ）。

☆3――『出エジプト記』（XXXIV, 29-35）。ウルガータ版ではこう書かれている。「モーセは、山から降りたとき、自分が神と語っているあいだに、自分の顔の肌が光を放っていることを知らなかった。アロンとイスラエル人たちがモーセを見ると、驚くべきことに彼の顔の肌が光を放っていた。彼らは恐れてそれに近づけなかった。しかしモーセが彼らに呼びかけ、アロンとそのシナゴーグの首領が集まってモーセのところに戻ると、モーセは彼らに語った。そののち、さらにイスラエル人たちが近づいてきたので、モーセはシナイ山で主なる神が彼に語ったことすべてを彼らに命じた。モーセはそれらを語り終わると、自分の顔に覆いをかけた。モーセは神の前で神と語るときは常に、その場所から出てくるまでは覆いをとることにしていた。彼はそこから出てきて、神によって命じられたことをイスラエル人たちに語ったのである。イスラエル人たちがモーセを見ると、顔の肌から光が出ていた。モーセは、神の前で神と語るときがくるまで、ふたたび覆いで顔を隠した」。

☆4——『マルコによる福音書』（新共同訳の日本語版聖書ではIX, 2-8、ウルガータ版ではIX, 1-7）。ウルガータ版ではこうである。「六日ののちイエスは、ペテロ、ヤコブ、ヨハネだけを供にして高い山に登った。イエスの姿は彼らの目の前で変化し、その服は純白に輝き、世界のどのような織物職人の技術もそれに及ばないほどの純白に変貌した。エリヤがモーセとともに出現し、彼らはイエスと言葉を交わした。ペテロはイエスに語りかけ、こう述べた。「師よ、わたしたちがここにいるということがこのうえなく貴重である。仮の小屋を三つ建てよう。ひとつはあなたのもの、ひとつはモーセの、そしてもうひとつはエリヤのものである」。このときペテロは何を語ればいいのかわからなかった。彼ら使徒たちはとても恐れていた。すると、雲が立ち現われ、彼らの身体を覆い、その雲からこう語る声がした。「これはわたしの愛する子である。この者に聞くがよい」。弟子たちは急いで周辺を探したが、もはや誰も見えず、ただイエスだけが彼らとともにいるのみであった」。キリストの変容については、『ルカによる福音書』（IX, 28-36）および『マタイによる福音書』（XVII, 1-13）にも同様の記述が見られる。

☆5——『ヨハネの黙示録』（I, 1-2）。

☆6——カミッロは『劇場のイデア』において、ヘルメス・トリスメギストス（「三重に偉大なヘルメス」の意）の手に帰される文献群、いわゆる『ヘルメス選集』（*Corpus Hermeticum*）を頻繁に引用している。

『ヘルメス選集』の編纂はヘレニズム時代、プラトン主義者たちの手によるものだと考えられている。現在知られているテクストには、ギリシア語による一四篇の対話と、ラテン語の対話『アスクレピオス』（*Asclepius*）が含まれる。『アスクレピオス』はローマ時代にアプレイウスによってギリシア語から訳されたと伝えられるラテン語文献であり、たとえば聖アウグスティヌスも『神の国』の中でそれについて詳しく論じており、中世を通じてその存在は広く智提れていた。ギリシア語の一四の対話篇は、少なくとも一四六三年四月までに、フィレンツェの新プラトン主義者マルシリオ・フィチーノ（Marsilio Ficino, 1433-1499）によってラテン語に翻訳された。このときフィチーノは、最初の対話の話者のひとりピマンデルの名前をテキスト全体の総称ととらえ、一四篇全体に『ピマンデル』（*Pimander*）という題名をつけた。このフィチーノ訳『ピマンデル』は一四七一年トレヴィーゾで印刷出版され、一六世紀を通じてもっとも権威のある版本として流通していった。一五〇五年には、フランスの人文主義者ジャック・ルフェーヴル・デタープル（Jacques Lefevre-d'Etaples, c.1453-1536）が、フィチーノによってラテン語に訳された一四篇に『アスクレピオス』を加えた新版を出版し、フィチーノ訳の権威をさらに確立した。

カミッロもこのフィチーノ訳のテキストを参照したはずである。事実、カミッロによるヘルメス・トリスメギストスからの引用は、フィチーノ版『ピマンデル』およびアプレイウスに帰される『アスクレピオス』と、わずかの表記上の異同が見られる以外、完全に一致している。本訳書では『ヘルメス選集』からの引用を、次の方式で訳した。まず、カミッロのテキストの中の引用文を、フィチーノ『ピマンデル』の一四七一年の初版本のファクシミリによる復刻版（*Mercurii Trismegisti liber de potestate et sapientia Dei, Corpus Hermeticum* I-XIV, versione latina di Marsilio Ficino, Firenze 1989）、およびスコットによる標準的な校訂英訳版（*Asclepius*, in Walter Scott (ed.), *Hermetica.The Ancient Greek and Latin Writings which Contain Religious or Philosophic Teachings Ascribed to Hermes Trismegistus*, Shambhala, Boston 1993）と比較して文章や綴りの相違を確認したうえで、カミッロのテキストに即して訳した。次に、最近のコペンヘイヴァーによる『ピマンデル』と『アスクレピオス』の英訳および註釈（Brian P. Copenhaver[ed.], *Hermetica. The Greek Corpus Hermeticum and the Latin Asclepius in a New English Translation with Notes and Introduction*, Cambridge 1992）、ギリシア語の原テキストからの日本語訳および註釈（『ヘルメス・トリスメギストスと『ヘルメス文書』荒井献、柴田有訳、朝日出版社、一九八〇年）も参照し、意味の把握に努めた。ヘルメス・トリスメギストスと『ヘルメス選集』、およびそれらがルネサンス文化に与えた影響に関する文献は膨大にあるが、カミッロのテキストを理解するために役立った主なもののみを以下に挙げる。Andre Festugiere, *La revelation d'Hermes Trismegiste*, 4 vols., Gabalda, Paris, 1942-1954; Frances Amelia Yates, *Giordano Bruno and the Hermetic Tradition*, The University of Chicago Press, Chicago and London, 1964; Eugenio Garin, "Note sull'ermetismo del Rinascimento", in *Testi umanistici sul l'ermetismo*, a cura di E. Garin, M. Brini, C. Vasoli, C. Zambelli, Fratelli Bocca, Roma, 1955, pp.9-19; Eugenio Garin, "Nota sull'ermetismo", in *La cultura filosofica del Rinascimento italiano*, Bompiani, Firenze, 1994, pp.143-154; Eugenio Garin, *Ermetismo nel Rinascimento*. Editori Riuniti, Rome, 1988; Antoine Faivre, *The Eternal Hermes : From Greek God to Alchemical Magus*, Phanes, Grand Papids, 1995; Paola Zambelli, *L'ambigua natura della magia. Filosofi, streghi, riti nel Rinascimento, Marsilio*, Venezia, 1996; Sebastiano Gentile Carols Gilly, *Marsilio Ficino e il ritorno di Ermete Trismegisto*, Centro Di, Firenze, 1999; Walter Scott (ed.), *Hermetica.The Ancient Greek and Latin Writings which Contain Religious or Philosophic Teachings Ascribed to Hermes Trismegistus*, Shambhala, Boston 1993, Introduction, pp.1-111; Brian P. Copenhaver(ed.), *Hermetica. The Greek Corpus Hermeticum and the Latin Asclepius in a New English Translation with Notes and Introduction*, Cambridge 1992, Introduction, pp.xiii-lxi. D・P・ウォーカー『古代神学――一五―一八世紀のキリスト教プラトン主義研究』榎本武文訳、平凡社、一九九四年（とくに二三～二七ページ）。D・P・ウォーカー『ルネサンスの魔術思想――フィチーノからカンパネッラへ』田口清一訳、平凡社、一九九三年。伊藤博明『ヘルメスとシビュラのイコノロジー――シエナ大聖堂舗床に見るルネサンス期イタリアのシンクレティズム研究』ありな書房、一九九二年、八三～一〇五ページ。伊

藤博明『神々の再生――ルネサンスの神秘思想』東京書籍、一九九六年、一七二〜九四ページ。

☆7――『アスクレピオス』の冒頭箇所である。「あなたはハモン（アスクレピオスが、ヘルメスとの議論に加わるように呼んだ別の人物）以外の人を呼びつけて、このようなとても重要な信仰にかかわる事物についての会話に立ちあわせたり、世俗的要素をその場にもちこませたりしてはいけません。なぜなら、そのために心が敬虔でなくなってしまうこともあり、偉大な神聖性に満ちた論説であったとしても、多数の者たちに意識されることになり、公に開示されてしまうと敬虔な態度が失われてしまうからです」(*Asclepius*, I b, in Scott (ed.), *Hermetica*, cit., p.286, "Praeter Hammona nullum vocassis alterum, ne tantae rei religiosissimus sermo multorum interventu praesentiaque violetur. Tractatum enim tota numinis maiestate plenissimum inreligiosa mentis est multorum conscientia publicare.")。Cf. *Asclepius*, I b, in Copenhaver (ed.), *Hermetica*, cit., p.67.

☆8――プルタルコス『モラリア』(IX)。このテクストは「エジプトの神イシスとオシリスに関する記述」と呼ばれることが多い。プルタルコスはこう書いている。「(エジプトの祭司たちは)知恵の学習に与ったが、その学習は、多くの場合、真理のおぼろげな反射と真理のおぼろげな見通しを有する神話とその説明とによって覆われていた。したがって彼らが、彼らの神学が謎めいた知恵をもっていることを適切に暗示するために、神殿の前にスフィンクスを置いたのも当然である」(プルタルコス『エジプト神イシスとオシリスの伝説について』柿沼重剛訳、岩波文庫、一九九六年、二五ページ)。カミッロはジョヴァンニ・ピコ・デッラ・ミランドラ (Giovanni Pico della Mirandola, 1463-1494) の有名な演説『人間の尊厳について』における、次のような記述をも想起したはずであり、むしろカミッロの直接の源泉はピコだったかもしれない。「エジプトの神殿に刻みこまれているスフィンクスは、秘密の教義は、もろもろの謎の難問によって、汚れた大衆から犯されずに守られるべきである、ということを思い起こさせたのです」(以下からの引用。ジョヴァンニ・ピコ・デッラ・ミランドラ『人間の尊厳について』大出哲・阿部包・伊藤博明訳、国文社、一九九二（一九八五）年、六六〜六七ページ)。Cf. Giovanni Pico della Mirandola, *Discorso sulla dignità dell'uomo*, a cura di Giuseppe Tognon, prefazione di Eugenio Garin, Editrice La Scuola, Brescia 1987, p.52.

☆9――『マタイによる福音書』(VII, 6)。この箇所でもカミッロは、おそらくジョヴァンニ・ピコ・デッラ・ミランドラの有名な『人間の尊厳について』の演説を想起しただろう。ジョヴァンニ・ピコはこう述べる。「しかし、（簡単な物語や神の救いの掟よりも）一層隠れたる神秘（mysteria secretiora）を、つまり、律法の外皮ともろもろの言葉の粗野な装いの下に潜んでいる至高なる神聖の秘儀（altissimae divinitatis arcana）を民衆に公にすることは、聖なるもの（sanctum）を犬に投げ与えたり、豚の（集まる）中に真珠をばらまいたりすること以外のなんであったというのでしょうか。それゆえ、これらのことは完成された人々（perfecti）に伝達されるべきであり――というのも、パウロは、完成された人々の間でだけ自分は知恵を語る、と言っているのですから［『コリントの信徒への手紙二』(IV, 7)からの引用］――、これらのことを俗衆に内密にしておくことは、人間の思慮深さにではなく、神の掟に属することであったのです。この慣習を古代の哲学者たちは細心の注意を払って守りました」（以下からの引用。ジョヴァンニ・ピコ・デッラ・ミランドラ『人間の尊厳について』前掲書、六六ページ［Giovanni Pico della Mirandola, *Discorso sulla dignità dell'uomo,* cit., p.52]）。

☆10――『マタイによる福音書』（XIII, 1-14）。一箇所だけウルガータ版と綴りが異なっており、カミッロのテクストでは、"caeteris"が"coeteris"とされている。ウルガータ版は以下。"Vobis datum est nosse misteria regni coelorum, caeteris in parabolis, ut videntes non videant, et audientes non intelligant."

☆11――『エズラの第四書』（XIV, 4-7）。『エズラの第四書』は、一六世紀頃までウルガータ版の付録（Appendix）として付されていたラテン語の文献であり、「旧約聖書」の『エズラ記』とは異なる別のテクストである。『エズラの第四書』は一六章からなる。もともとはヘブライ語で書かれた一二章からなるものであったが、ギリシア語に訳されたさいに一章、二章、一五章、一六章が加えられ、さらに三世紀頃にまとめてラテン語に訳されたと考えられている。一六世紀頃までは、「旧約聖書」の『エズラ記』と『ネヘミヤ記』、この『エズラの第四書』、さらにかつて『エズラの第四書』がギリシア語に訳されたさいに追加された部分（『エズラの第三書』とも呼ばれた）の四つの文献がまとまって四書をなすと思われていた。これについて詳しくは以下を参照せよ。Charles L. Souvay, "Esdras", in *Catholic Encyclopedia* (CD-Rom), vol.5, 2003(1909). 大貫隆「エズラ記」、『岩波キリスト教辞典』岩波書店、二〇〇二年、エ〇四三、一四四ページ。

☆12――『詩篇』（ウルガータ版ではCXVIII, 18、日本語版聖書ではCXIX, 18）。"Revela oculos meos et videbo mirabilia in lege tua."

☆13――トレンティーノ版のテクスト、および一六世紀の「カミッロ著作集」（たとえば『カミッロ全集』一五六六年）では、基本的にこの箇所には改行がなされていないが、明らかに話題が転じている。

☆14――カミッロが語る宇宙は全体として三つに区分されている。まず「天上界」（il sopraceleste mondo; il sopraceleste）、「天界」（il celeste mondo; il celeste）およびそれを構成する「天層」（cielo, cieli［その中を惑星が移動する幅広い球面の層であり、地球を中心にして同心球状に重なっていると考えられていた］）、そしてこの同心球的世界の中心にある地球すなわち「地上界」（il mondo inferiore; l'ifreriore）の三つの世界が想定されている。これらの世界区分については「洞窟」（Antro）の章でも詳しく論じられている。

現代的な宇宙記述用語ではカミッロが語る「天層」は、「天球」と訳されることが多い。しかしカミッロの語彙および文脈では、コペルニクスが提示した地動説的な同心円的宇宙像が明確ではない。さらに、こののちの本文で触れられる小スキピオの例や「丘」の比喩からは、カミッロは宇宙を、球的な回転構造ではなく、上下構造としてとらえていたようにも見える。天動説と地動説がいまだ競合し、宇宙と人間の関係が混沌としていた前近代のテキストをむやみに現代化するのは危険であろう。加えて、「天層」という造語はカミッロのテクストの両義的味わいにも調和しているように思われる。そのため、ここではあえて「天球」という語を用いることを避けた。プトレマイオス的天動説に基づきいて校正された三段階的宇宙像は、カミッロの劇場の本質的な枠組みであると同時に、一六世紀前半の多くの著述にも見られる。

☆15――福音書記者ヨハネは神によって天空へとさらわれ、そこから見下ろした光景を『黙示録』として記した。また『コリントの信徒への手紙（二）』(XII, 2-4) ではパウロがこう語っている。「わたしは、キリストの肉体の内部に結びつけられていた、一人の人物を知っています。その人はいまから一四年前、最も上の世界まで引きあげられていきました。肉体のままであったか、それとも肉体を離れてであったかはわたしは知りません。それについては神のみが知っています。そして彼は天にあるその楽園にまで引きあげられ、そこで、人が語ることは許されていない言葉、人は語りえない言葉を耳にしました」。

☆16――『ヨハネの黙示録』(I, 2)。

☆17――これはおそらく、『民数記』(XII, 6-7) における次の記述である。ウルガータ版ではこう書かれている。「聞け、わたしの言葉を。あなたたちの間に預言者がいれば、主であるわたしは、幻視によって自らを示し、夢によって彼に語る。わたしの下僕であるモーセはそうではない。彼はわたしの家の者すべてから信頼されている。わたしは彼と、口から口へ、明らかに、そして幻視や夢を用いることなく語りあうのである」。

☆18――カバラ（アルファベットでは "Kabalah" の綴りが一般的である）については「ゴルゴンたち」の章で詳しく論じられる。さらに解説も参照されたい。

☆19――『エゼキエル書』(III, 26)。ウルガータ版ではこう書かれている。「さらにわたし（神）は、あなた（エゼキエル）の舌を上顎につけさせ、言葉を語ることができないようにする。こうすることで彼らを叱責する存在としてのあなたの役割は終わる」

☆20――カミッロはウルガータ版の表記を踏襲して「マリア」と呼んでいるが、モーセの妹はミリアムと記されるのが現在の日本では一般的である。『民数記』(XII) によればたしかにモーセの妹ミリアムは疫病に冒されたが、その理由は嫉妬心と暴言に対する神の罰として記述されている。ボルツォーニ（Bolzoni, p.181, nota 16）は、カミッロが紹介している解釈が、モーセの妹であるマリアを、錬金術師「ユダヤのマリア」なる人物と同一視する錬金術の伝統にもとづく可能性を挙げている。一六世紀を通じて、ゲルショム・ショーレムが述べるようにカバラと錬金術はしだいに融合し、互いの（金と銀に対する価値評価については実際には相反するにせよ）象徴体系が複雑に接合され、重層化していくようになった。その点ではボルツォーニの推察はきわめて魅力的な仮説であろう。なお、一六世紀のヨーロッパにおけるカバラと錬金術の融合過程については次を見よ。ゲルショム・ショーレム「錬金術とカバラ」、『錬金術とカバラ』徳永恂、波田節夫、春山清澄、柴嵜雅子訳、作品社、二〇〇一年、二〇～一四三ページ。

☆21——アンモニオス・サッカス（Ammonios Sakkas, c.175-c.242）はアレクサンドリアの新プラトン派の哲学者であり、彼の弟子にはプロティノスがいる。彼の死の状況をめぐる源泉は探しだせなかった。

☆22——トレンティーノ版のテクスト、および一六世紀の各「カミッロ著作集」ではこの箇所には改行がなされていないが、明らかに話題が転じており、ここで改行を加えた。

☆23——「沈黙の厳守」は、神秘主義的言説ばかりではなく、図像的作例としても描かれることがあった。沈黙の身振りについての研究としては、次の基本研究がある。André Chastel, "Signum harpocraticum", in *Studi in onore di Giulio Carlo Argan*, vol.1, Roma, 1984, pp.147-153、小佐野重利「絵画における身ぶり解釈の有効性もしくは限界」、『西洋美術史研究』第五号、二〇〇一年、五〇～七六ページ。

☆24——『箴言』（IX, 1）。

☆25——単数形セフィラー（Sephira）、複数形セフィロート（Sephirot）はカバラの根本概念のひとつである。その原義は「神の名前」だが、それは文字で示された神の名前ではなく、あくまでも媒介物であり、表徴にすぎない。カバラ主義者たちにとって唯一神は「エン・ソーフ」（En-sof）、つまり「無限なるもの」であった。この神は常に「知覚可能な世界から隠れて」存在し、永遠かつ無限の存在であり、人格をもたない究極の存在であるため、有限の文字や言葉を用いて表現することはできない。しかし、この神が宇宙になんらかの作用をもたらす場合には、神の作用や意志を人間が解読し、理解することを可能にするため、有限の姿とともに顕現するのであり、その表徴的様態がセフィロートなのである。したがって、セフィラー／セフィロートは単なる名前ではなく、神の属性および作用様態、神の包容力を意味する記号ないし表徴であり、カバラ主義者はセフィロートを知ることが神と宇宙の構造および機能を知るための奥義と考えていた。

　ゲルショム・ショーレムによれば、セフィロートの完全な体系化は、カバラの基本的テクストのひとつ『ゾーハル

（照らす者）』（「ゴルゴンたち」の訳註☆2を見よ）において実現された。ショーレムが紹介するもっとも一般的な体系は次のとおりであり、のちに述べる例外を除いて、カミッロの『劇場のイデア』におけるセフィロートの呼称や象徴と基本的に一致している。Gershom Scholem, *Major Trends in Jewish Mysticism*, with a New Foreword by Robert Alter, Schocken Books, New York 1995, p.213.（邦訳は、ゲルショム・ショーレム『ユダヤ神秘主義——その主潮流』山下肇、石丸昭二、井ノ川清、西脇征嘉訳、法政大学出版局、一九八五年、二八〇ページ）。

以下の一〇個のセフィロートはそれぞれ有機的に結びつき、その関連性はケテルを頂点とする樹木型をなす。そして、永遠で無限の神であるエン・ソーフがいわば世界全体の心であり、セフィラー／セフィロートがその肉体であり四肢であるという神人同型論的宇宙像が想定されていた。

1 ケテル（あるいはケテル・エリヨン）（Kether [Kether Elyon]）　神の「至高の王冠」。
2 ホフマー（Hokhmah）　神の「知恵」、「原初の着想」。
3 ビナー（Binah）　神の「知性」。
4 ヘセド（Hesed）　神の「愛」、「恩恵」。
5 グヴィラー（Gevurah）ないしディーン（Din）　神の「力」（厳しい裁きと懲罰を与える正義のこと）。
6 ティフェレト（Tifereth）、『ゾーハル』ではラハミーム（Rahamin）　神の「慈悲」。
7 ネツァハ（Netsaha）　神の「永遠性」、「永続性」。
8 ホード（Hod）　神の「尊厳」。
9 イェソード（Yesod）　神のなかにある、あらゆる能動的な力の「土台」、「基盤」。
10 マルフート（Malkhuth）ないしシェヒナー（Shekhinah）　神が創り神が支配する「王国」。『ゾーハル』では、イスラエル民族の原始共同体の原像として理解された。

セフィロートの各名称、位階および関連性は、すでに一三世紀後半のカバラ主義者、アラブ・ジョセフ・ベン・アブラハム・ジカティリア（HaRav Joseph b. Abraham Gikatilla, 1248-after 1305）の著作『光の門』（*Sha'are Orah*）によって明瞭に説明されている。ジカティリアの著作のラテン語訳は一五六一年マントヴァで最初に印刷出版されたが、その扉頁にセフィロートの樹木が図示されている。これはのちのセフィロート論の挿絵の定番として用いられるようになり、現代まで伝承されてきた。ロバート・フラッド『本性／自然の前にあるもの、あるいは世界の歴史について』（*De Praenaturali utriusque mundi historia*, Frankfurt 1621）もこのセフィロートの樹木を図示している。これに対して『劇場のイデア』では計八つのセフィロートが挙げられている（ホードとネツァハは二つでひとつのものとして処理されている）。カミッロは最上位の三つのセフィロートを、神に許されたモーセでさえ見ることができなかったという理由を挙げ、人間にとって不可知の領域であり劇場のなかでは表象されない天上界に委ねた（あるいは押しやった）のである。カミッロの『劇場のイデア』では、セフィロート／セフィラーの複数／単数形の区別は設けられず、単数でも複数でも等しくセフィロートと記されている。本訳ではカミッロの用法に基づいて、単数および複数とも「セフィロート」で統一した。そしてそれぞれのセフィロートのカタカナでの表記については、基本的には前述のゲルショム・ショーレムが要約した「最も一般的な」体系に従った。

カミッロのみならず、ヨーロッパ世界でカバラが受容されるさいには、セフィロートは多くの場合コペルニクス以前の天動説的宇宙像と結びつけられて理解された。その場合、最上位の三つのセフィロート（ケテル、ホフマー、ビナー）は、神聖なものが存在し運動する領域、つまり神に属する領域に近い場所にあるとみなされた。その下にある七つのセフィロートは、上位の神聖なものが地上へと拡散していく過程を媒介するという。これについてはカミッロも述べている。

一六世紀当時の人文主義的世界においてセフィロートがいかに受容されていたかを知るためには、カミッロと同時代を生きた博識なアグリッパ・フォン・ネッテスハイムが一五三二年に上梓した『オカルト哲学』（*De occulta philosophia*）がとてもよい手がかりになる。アグリッパのこの著作は、当時のさまざまな神秘主義思想や占星術、魔術、錬金術の「総目録」を目指したものであり、セフィロートに関してもカミッロの記述よりいっそう具体的で、詳細な説明がなされている。アグリッパの体系は次のとおりであり、カミッロの『劇場のイデア』と比較されたい。

「ヘブライ人たちのなかでもっとも博識だったメクバルたち（mecubales［カバラの奥義を身につけ、神聖なものについての知識を獲得した神学的エリートたち］）は、神から主な一〇の名前を授かった。それらは、神性の種類ないしその部分を表徴し、メクバルたちがセフィロート（Sephiroth）と呼ぶ一〇の等級を構成している。それらの名前は、ある種の順序を通じて、つまりそれらの位階を通じて、あたかもそれらが（神の）元型がまとう衣服、用いる道具、示す模範であるかのようにして、高い場所にある事物から始まり、最も低い場所にある事物に至るまで、あらゆる被造物に影響をもたらし、作用する。セフィロートがまず直接的に影響を与えるのは天使たちの九つの位階および敬虔な霊魂が集う階層であり、そののちには、それらの階層を媒介にして、その下にある天界の塊、惑星、さらに人間へと影響をもたらす。つまり、セフィロートを媒介にして、あらゆる事物が力と美徳を授かる。神の第一の名前はエヘイエ（Eheia）であり、これは神聖な本質を表徴する。この等級はケテル（Cether）と呼ばれる。これは〈王冠〉ないし〈冠〉のことであり、神性のもっとも単純な本質の表徴であり、〈眼では見えない事物〉と呼ばれる。ケテルは父なる神に帰属し、熾天使（Seraphim）……が属する位階であり、まずはその位階を通じて、続いて第一動因を通じて（per Primum Mobile）事物に影響を与える……ケテルのなかの知性の部分は、メタトロン（Metatron）、すなわち〈顔の君主〉と呼ばれる天使である……主はこのメタトロンを媒介としてモーセに語りかけた。……

第二の名前はヨード（Iod）、あるいはヨードと結合されたテトラグラマトン（Tetragrammaton［ヘブライ語の四文字からなる記号体系ないし綴りを意味する］）であり、その等級はホフマー（Hochma）、すなわち〈知恵〉である。これは、さまざまなイデアを内包する神性の表徴であると同時に、最初の子（キリスト）の表徴であり、神の子に属する。ホフマーは智天使（Cherubim）……の位階を通じて天界へと影響をもたらす。天界においてホフマーは、自らの内部に宿すさまざまなイデアと等しい数の形象を創造し、混沌、すなわち被創造物の混乱を、（天使の）ラツィエル（Raziel）に命じて秩序化する。ラツィエルは、ホフマーのなかの知性の部分であり、アダムの守護者でもあった。……

第三の名前は、エロヒム（Elohim）というテトラグラマトンであり、その等級はビナー（Bina）、すなわち〈摂理〉ないし〈知性〉である。ビナーは、赦免、安息、聖年、改宗と悔悛、大いなる喇叭、世界の贖罪、そして来世紀の生命の表徴である。ビナーは聖霊に帰属し、座天使（Thron）……の位階を通じて、そしてそののちには土星の天層を通じて、流動的な素材に形象をもたらす。ビナーのなかの知性の部分は、（天使の）ザフキエル（Zaphkiel）、すなわちノアの守護者であるが、ビナーは第二の知性の部分として、セムの守護者だったヨフィエル（Iophiel）を有してもいる。

これらの三つが最大かつ至高の等級であり、これらはあたかも神聖な人間が座る玉座のようなものである。それらの等級の命令を通じて、あらゆる事物が生成され、他の七つの等級によってそれらの事物は完成される。それゆえ、それら七つの等級は、構築する等級（numerationes fabricae）と呼ばれる。……

第四の名前はエル（El）であり、その等級はヘセド（Haesed）、すなわち〈賢明〉あるいは〈善性〉であり、恩寵、慈悲、敬虔、偉大さ、権杖、そして（神の）右腕の表徴である。またヘセドは、主天使（Dominatio）……が属する位階を通じて影響をもたらし、続いて木星の天層を通じて、さまざまな身体部位の像を創造し（effingens corporum effigies）、あらゆる事物に恩恵をもたらし、平和的な裁きを加える。ヘセドの知性の部分は、（天使の）ザドキエル（Zadkiel）、すなわちアブラハムの守護者である。……

第五の名前は、エロヒム・ギボル（Elohim Gibor）、つまり罪人たちに懲罰を与える力強い神である。その等級はグヴィラー（Geburah）、すなわち〈力、重さ、剛毅、安全、審判、破壊と戦いによる懲罰〉である。グヴィラーは、神の法廷、帯、剣、そして（神の）左腕の表徴である……さらにグヴィラーは、能天使（Potestas）……が属する位階を通じて影響をもたらし、そしてそののちには剛毅や戦争、さらに対立をつかさどる火星の天層を通じて、原素に強さを与える。グヴィラーのなかの知性の部分は（天使の）カマエル（Camael）、つまりサムソンの守護者である。……

第六の名前は、エロハ（Eloha）、あるいは、ヴァダート（Vaudahat）に結びつく四文字のことばである。その等級は、ティフェレト（Tiphereth）、すなわち〈装飾、美、栄光、愛〉である。ティフェレトは、生命の樹木を表徴し、力天使（Virtus）……が属する位階を通じて太陽の天層に影響をもたらし、太陽に輝きと生命を与え、さらにそののちには金属を産出する。ティフェレトのなかの知性の部分は、（天使の）ラファエル（Raphael）、つまり、イサクと小トビアスの守護者であり、同時にもう一人の天使ペリエル（Peliel）、つまりヤコブの守護者ももつ。……

第七の名前は、サバオート（Sabaoth）ないしアドナイ・サバオート（Adonai Sabaoth）というテトラグラマトンであり、すなわち、万軍の主である。その等級は、ネツァハ（Nezah）、つまり〈征服と勝利〉である。ネツァハには、（神の玉座の）右側の円柱が与えられ、懲罰者としての神の永遠性と審判の表徴である。そしてネツァハは、権天使（Principatus）……が属する位階を通じて金星の天層に影響もたらし、正しさを希求する情熱および愛を与え、さらには植物を産出する。ネツァハのなかの知性の部分は、（天使）ハニエル（Haniel）とカリエル（Carviel）、つまりダビデの守護者である天使である。……

第八の名前は、エロヒム・サバオート（Elohim Sabaoth）と呼ばれ、これもまた万軍の主として解釈されるが、こちらは戦争と正義の軍隊ではなく、敬虔と協調の軍隊である。なぜなら、この名前は、そのどちらをも表徴し、彼の軍隊を率いるものだからである。その等級は、ホード（Hod）、つまり〈賞賛、告白、賛辞、評判〉と呼ばれる。ホードには（神の玉座の）左側の円柱が帰される。ホードは、大天使（Archangel）……が属する位階を通じて水星の天層に影響をもたらし、続いて会話の優雅と調和を算出し、さらに生物を産出する。ホードのなかの知性の部分は、（天使の）ミカエル（Michael）、すなわちソロモンの守護者である。……

第九の名前は、すべてを満たす万能性の表徴を伝えるサダイ（Sadai）とも、生ける神を表徴するエルハイ（Elhai）とも呼ばれる。その等級は、イエソード（Iesod）、つまり〈土台〉であり、深く理解すること、信仰、贖罪、そして安息の表徴を伝える。そしてイェソードは、天使（Angeli）……が属する位階を通じて月の天層に影響をもたらし、あらゆる事物の増大と減少の原因となり、さらには人間たちの管理者である精霊たち（genii）の世話をし、精霊たちを各場所に分配する。イェソードのなかの知性の部分は、（天使である）ガブリエル（Gabriel）、つまりヨセフ、ヨシュア、そしてダニエルの守護者である。……

第一〇の名前はアドナイ・メレフ（Adonai Melech）、つまり主および王である。その等級は、マルフート（Malchuth）、すなわち〈王国および帝国〉であり、教会、神殿、そして門の表徴である。そして、マルフートは、アニマスティコン（Animasticon）が、つまり敬虔なる魂が、すなわち高貴な者たち、主たち、そして王子たちが属する位階を通じて影響をもたらす。彼らはこの位階内部の下方に住んでいて、人間の息子たちに影響をもたらし、事物についての知識や優れた理解を与え、さらには産業とおよび預言を与える。そして、彼らのなかに、救世主の霊魂、あるいは知性そのものであるメタトロン（Matattron）、すなわち世界で最初の被造物ないし世界の霊魂、またはモーセの守護者がいると述べる人もいる」（Cornelius Agrippa, *De occulta philosophia libri tres*, ed. V. Perrone Compagni, Leiden et al. 1992, *Liber Tertius*, Cap.X, pp.425-7）。アグリッパのテクストからの引用にさいしては、先に挙げた優れた註釈版に基づきながら、次のイタリア語訳および英語訳も参照した。Donald Tyson, *Three Books of Occult Philosophy written by Henry Cornelius Agrippa of Nettesheim*, Llewllyn Publications, St. Paul (U.S.A) 2003, pp.468-469; Enrico Cornelio Agrippa. *La filosofia occulta o la magia*, tr. Alberto Fidi, a cura di Arturo Reghini, 2.vol., Roma 1972(1991), vol.2, pp.183-187.

☆26——トレンティーノ版および『カミッロ全集』（一五六六年）では「イデア」の頭文字は大文字で示されており（Idea）、プラトン哲学の芳香が強調されている。

☆27——カミッロのテクストではこう書かれている。"perfettamente beati...Terque quaterque." これはウェルギリウス『アエネイス』（I, 94）のパラフレーズとなっている。Vergilius, *Eneide*, tr. Luca Canali, Milano 1991(1978), I, 94, "O terque quaterque beati..." 邦訳は、ウェルギリウス『アエネーイス』（上）、泉井久之助訳、岩波書店、一九七六年、一九ページ。カミッロは『劇場のイデア』の多くの箇所で、ウェルギリウスを引用している。ドン・キャメロン・アレンによれば、ウェルギリウスは、ルネサンスにおける三大古典（他にホメロス、オウィディウス）のなかでは最も外連味が少ないこともあり、とくに文献学的に研究されたとのことである（Don Cameron Allen, *Mysteriuosly Meant*, Baltimore-London 1970）。ウェルギリウスのテキストがヨーロッパ美術に与えた影響については、以下の展覧会カタログおよび論文集を参照のこと。Marcello Fagiolo (a cura di), *Virgilio nell'arte e nella cultura europea*. Comitato Nazionale per le Celebrazioni del Bimillenario Virgiliano, De Luca Editore, Roma 1981.

☆28——カミッロの世界像は、アリストテレス哲学における「本性／自然」（naturae）と四大元素（地水火風）を基盤にしながら、「マテリア・プリマ」（materia prima）の理論——アリストテレス自身ではなく、彼以後に形成された後世の伝統——を付加したものである。「饗宴」の訳註☆8と☆25を参照せよ。

☆29——ヘルメス・トリスメギストス『ヘルメス選集』（I, 8-9）。カミッロの引用は原典と一致している。"Elementa naturae unde manarunt ? ...Ex voluntate Dei, quae verbum complexa, pulchrumque intuita mundum, ad eius exemplar reliqua sui ipsius elementis, vitalibusque seminibus exornavit. Mens autem Deus, utriusque sexus foecunditate plenissimus, vita et lux. cum verbo suo mentem alteram opificem peperit, qui quidem Deus ignis atque spiritus septem deinceps fabricavit gubernatores, qui circulis mundum sensibilem complectuntur," Mercurii Trismegisti liber..., cit., fol.6r-v. Cf. Mercurius Trismegistus, *Pimander*, I, 8-9, in Scott (ed.), *Hermetica*, p.116; Copenhaver (ed.), *Hermetica*, p. 2. 『ヘルメス文書』前掲書、五四～五五ページ。ここでヘルメス・トリスメギストスが語る神の「心性」は古代哲学の概念である「ヌース」に対応し、「造物者」はデミウルゴスに対応すると考えられる。

☆30――カミッロのテクストでは次のとおり。"Nemo dat quod non habet." これはローマ法に基づく格言である。以下を見よ。*L'Ape latina. Dizionaretto di 2948 sentenze proverbi, motti, diverse frasi e locuzioni latine raccolte, tradotte e annotate da Giuseppe Fumagalli, seconda edizione corretta e accresciuta*, Ulrico Hoepli, Milano 1997, p.175, numero 1512.

☆31――『イザヤ書』（IV, 1）。

☆32――『ヘブライ人への手紙』（I,3）。

☆33――『ヨハネによる福音書』（XVII, 21）、および『コリントの信徒への手紙』（XII, 12-13）。

☆34――『コロサイの信徒への手紙』（I, 15-7）。

☆35――古代の記憶術の一般的手続きのこと。古代の記憶術では、森、建物の一部、広場のような場所（すなわちカミッロがいう「一時的な場所」）を選び、視覚的想像力を駆使して記憶するべき議論と言い回しをイメージに変え、それらを目の前の様々な場所へと配置して覚えた。

☆36――カミッロの劇場の基本的性格を伝える重要な一節である。「一時的な」場所を借りて議論および語彙とイメージとを結びつける古代の記憶術と異なり、カミッロの記憶の劇場は、「永遠の」場所に、「永遠の事物」を「描いて」、配列していく物理的・図像的装置として構想されていた。記憶術を実現する形式ないし様式において、カミッロの記憶術および劇場は、古代の記憶術を源泉としながらも、その本来のシステムとは本質的に異なっている。カミッロの劇場は、影響力を有する呪物としてのイメージを媒介にして人間が宇宙全体を瞑想し、宇宙と一体化することを目指す「ヴァーチュアル・リアリティ」的装置である。

☆37――キケロ『弁論家について』（II, 87, 358）ではこう書かれている。「（ことばや事物によって）われわれの記憶は促進せられ、働かされる」（"...veniunt admoneter memoria nostra atque exercitatur sede"）。現代の研究者たちはこの一節を後世の加筆であると考えてテキストから省くが、カミッロの時代にはキケロ本人の文章であると考えられていた。邦訳は以下がある。キケロー『弁論家について』（下）、大西英文訳、岩波文庫、二〇〇五年、九七～九八ページ。

☆38――カミッロの劇場の構造を示唆する重要な一節である。カミッロは、ソロモンの神殿の礎となった七本の円柱を、天上界の七つの尺度（セフィロート）の表徴と記述したが、続くこの箇所では、七つの尺度（セフィロート）の「代理物として」（in luogo di）、七つの惑星を用いるとされる。つまり、劇場の第一階層に表象されるべき形象は、円柱の「かわりとして」の惑星である。劇場の舞台にあたる部分に円柱が配列されていると考えたイエイツや、劇場の内部に円柱が組みこまれていたと考えたバルビエーリ、ペルジーニらは、この箇所の記述から乖離していると言わざるをえない。

☆39――テュロスのマクシモス『哲学論集』（II, 6, b-c）。テュロスのマクシモスは、一八〇年頃に活動したプラトン派学者である。Maximi Tyrii *Philosophumena*, edidit H. Hobein, Lipsiae : In aedibus B.G. Teubneri, 1910, p.24. さらにマクシモスによる神話叙述について、さらに最近の参考文献については以下を見よ。F. Javier Campos Daroca, "Una nota mitologica al texto de Máximo de Tiro", in *Estudios griegos e indoeuropeos*, 15, 2005, pp.151-154. ホメロスによれば、「（魔女キルケの住む島にたどり着いたとき）わたしは槍と鋭利の剣を身につけて、急いで船の傍らを離れ、ひょっとしてなにか人間の営みのしるしを見ることができるかも知れぬ、その声を聞くことができるかも知れぬと思い、辺りを見晴らせる場所を求めて、奥地へ入って行った。やがて見晴らしのよい岩だらけの高みに登って立つと、道広き大地の、キルケの屋敷のある辺りで、密生した灌木と木立を通して、煙が立っているのが見えた。そこで、火色を帯びた煙を見たからには、さらに進んで探索したものかどうかと、心中であれこれ思いをめぐらしたが、ひとまず浜辺の船に引き返し、部下たちに食事をとらせた上で、人をやり偵察させる方がよいように思われてきた。……」（ホメロス『オデュッセイア』［上］、松平千秋訳、岩波文庫、二〇〇三年、第十歌、一二八〜一三〇行、二五三ページ）。

☆40――アリストテレス『分析論後書』（I, b25-31）。

☆41――キケロ『スキピオの夢について』（『共和国論』第六書九節〜二九節［VI, IX, 11］）。小スキピオは大スキピオによって天に飛翔させられ、そこから下方の都市および人々の生活を観察させられる。

☆42――『出エジプト記』（XXXIII, 23）。

☆43――実際は『ガラテヤの信徒への手紙』（II, 20）である。

☆44――『出エジプト記』（XXXIII, 11）。アグリッパ・フォン・ネッテスハイムは、その『オカルト哲学』において、最高位のセフィロートであるケテルを「至高の冠」と呼ぶ説を紹介している。前註☆25を見よ。

☆45――『使徒言行録』（VI, 15）。キリストの昇天後に使徒に加わったステファノはとりわけ霊力に長けていたため、ユダヤ最高法院によって拉致・尋問されたとき、天使のような姿に変化した。ウルガータ版ではこう書かれている。「最高法院の席の者たちすべてが彼に眼を向けたが、その顔はまるで天使の顔のようであった」（"et intuentes eum omnes qui sedebant in concilio viderunt faciem eius tamquam faciem angeli.")。

☆46―――『マタイによる福音書』（XI, 27）。

☆47―――メタトロンについては、前註☆25のアグリッパの一節を参照せよ。カミッロは、第三のセフィロートであるビナーに属する天使としてメタトロンの名をあげているが、カバラでは通常は、メタトロンは第一のセフィロートであるケテルと結びつけられる。アグリッパは、メタトロンをケテルに帰属しているが、しかし同時にマルフートにも適用している点で、カミッロほどではないにせよ、その伝統から逸脱している。

☆48―――日本語では「主の祈り」、あるいは「主禱文」と訳される祈り。正教会では「天主教」（oratio dominica）と呼ばれる。カトリック教会と日本聖公会で現在用いられている新共同訳では以下のとおり。ウルガータ版のテクストも挙げておく。「天におられる私たちの父よ、御名が聖とされますように。御国が来ますように。御心が天に行われるとおり地にも行われますように。わたしたちの日ごとの糧を今日もお与えください。私たちの罪を御赦しください。私たちも人を赦します。私たちを誘惑におちいらせず、悪からお救いください。国と力と栄光は、永遠にあなたのものです。アーメン」（"Pater noster, qui es in caelis: Sanctifice'tur nomen tuum: Adve'niat regnum tuum: Fiat volu'ntas tua sicut in caelo et in terra: Panem nostrum quotidia'num da nobis ho'die: Et dimi'tte nobis de'bita nostra, sicut et nos dimi'ttimus debito'ribus nostris: Et ne nos indu'cas in tentatio'nem: Sed li'bera nos a malo.")。「主の祈り」は、「天におられるわれわれの父よ、御名が崇められますように。御国が来ますように。御心が行われますように、天におけるように地上にも。われわれに必要な糧を今日与えてください。われわれの負い目を赦してください。われわれも自分に負い目のある人を赦しましたように。われわれを誘惑に遭わせず、悪いものから救ってください」（『マタイによる福音書』［VI, 9-13］）と、「父よ、御名が崇められますように。御国が来ますように。われわれに必要な糧を毎日与えてください。われわれの罪を赦してください。われわれも自分に負い目のある人をすべて赦しますから。われわれを誘惑に遭わせないでください」（『ルカによる福音書』［XI, 2-4］）を典拠とし、さらに「天の下のすべての王国の王権、権威、支配の力はいと高き方の聖なる民に与えられ、その国は永遠に続き、支配者はすべて彼らに仕え従う」（『ダニエル記』［VII, 27］）に基づく結びを加えてまとめられた。カミッロのテキストは、この当時、「主の祈り」のヘブライ語テキストがマタイによって書かれたと考えられる場合があったことを示している。

☆49―――この一節は、カミッロの劇場の実際の構造を推量するための最重要箇所のひとつである。

☆50―――劇場の構造をめぐる議論および新しい仮説については解説を参照されたい。

☆51―――「扉の上」（sopra la porta）とは、なんらかの開閉式扉の上部に設けられた固定部分のことだと思われる。そこには各々の惑星の擬人像が描かれ、その下の扉本体に描かれた図像の基本的性格を示唆していたと考えられる。

☆52――劇場の第二階層「饗宴」を参照せよ。太陽の円柱に属する縦列において、本来は第二階層に属するべき饗宴のイメージと、扉に描かれるべきイメージとが入れ替わったのである。この点からはフランチェスコ・コロンナ『ポリーフィロの愛の戦いの夢』からの影響を強く感じられる。

☆53――「扉の下」(sotto la porta)は、扉の下部に設けられた固定部分を指すと思われる。この「扉」の実際の形状、開閉方式、さらに「カンノーネ(保管筒)」(cannone)との関係ははっきりとはわからない。

☆54――ボルツォーニによれば、カミッロが記述するセフィロート、天使、そして天体の対応関係は、カバラの奥義書のひとつである『ゾーハル』における説明に類似している(Bolzoni, p.184)。

☆55――「御旗」はおそらくインプレーザやエンブレムのような記号的・寓意的表象のことであろう。

☆56――「ディアナの数」が具体的にはいったい何を指すのかはよくわからない。ディアナと数の関係について考えられるのは、神話上の存在としてのディアナに関連する数秘術的象徴、とくに三との関係である。たとえばウェルギリウスの『アエネイス』(IV, 511)では、死にさいしたディドは、祭壇の上に登り、次のように祈りを捧げた。「周囲を祭壇で囲まれ、自分の髪を解いたこの巫女は、三百回、神々の名を、エレボスとカオスを、そして三重の神格をもつヘカテを、そして三面の処女ディアナを、大きな声で呼ぶ」("Stant arae circum, et crinis effusa sacerdos / ter centum tonat ore deos, Erebumque Chaosque / tergeminamque Hecaten, tria virginis ora Dianae.")。ウァルスの『ラテン語について』(VII, 16)では、次のような語呂合わせめいた解釈が記されている。「エンニウスは次のように書いている。〈あなたがそうするのと同じように、タイタンの娘トリヴィア(Trivia)も子孫を自由にするであろう〉。このタイタン族のトリヴィアはディアナである。彼女は、ギリシアの諸都市では、三本の道が出会う場所に(その像が)置かれるのが普通であったため、またさらに、三つの道を通って空を上昇し、巡り、そして下降して移動する月であるとも語られたため、トリヴィア(三本の道)と呼ばれるのである」("Ennius: Ut tibi Titanis Trivia dederit stirpem liberum. Titanis Trivia Diana est, ab eo dicta Trivia, quod in trivio ponitur fere in oppidis Graecis, vel quod luna divitur esse, quae in caelo tribus viis movetur, in altitudinem et latitudinem et lingitudinem.")

ディアナが三という数に結びつけられたのは、(ウェルギリウスによってディアナと並べて「三重の神格をもつ」と記される)女神ヘカテと同一視、ないし混同されたからである。ヘカテは、ヘシオドス『神統記』(411-452)の中で、例外的にとても熱烈な賞賛を与えられている。彼女はもともと巨人族のアステリアとペルセスの娘で、人間にかかわるほとんどありとあらゆる活動に影響を与える存在であった。ユピテルも彼女の特権的な力を尊敬し、天上、地上、海上で変わることなく力を振るうことを認めたという。そのような三世界に対する彼女の支配力が、次第にヘカテと三という数とを組みあわせる考え方につながっていったようである。ヘカテと三という数の明確な関連付けは、古代ローマになって積極的におこなわれるようになっていく。オウィディウスの『祭暦』(I, 141)では、次のように書かれている。「ヘカテの顔が三つの方向に向けられるのを見たまえ、それによって、彼女は、三つ、あるいはいくつかの道に枝分かれする岐路を見張ることができる」。他方ヘカテは、次第に、地下世界と、そして地下世界の暗闇と結びつけられたので、デメテルや、月の女神としてのセレネやディアナ(アルテミス)と同一視されることもあった。たとえば、『ホメロス賛歌』の一編に含まれている「デメテルへ」(24-62)では、ヘカテとデメテルは同一視こそされていないが、明らかに関連する女神同士として描かれている。ヘカテは、普段は洞窟の中に住んでいるが、ハデスに略奪されたプロセルピナを探して、冥界にいくデメテルに同行し、その先を明かりで照らす協力者として歌われている。こうしてヘカテとディアナ(ないしデメテルやセレネ、ときにはプロセルピナ)を同一視ないし混同する図像的伝統が当時存在し、そしてそれゆえ、ディアナをも三面をもつ存在とみなされるようになった。現代の美術史家であるバルトルシャイティスによれば、古代ギリシア・ローマで制作されたグリロス(小さな玉石彫刻)のなかには、セレネ、ディアナ、そしてプロセルピナの三者を同時に象徴する存在として、三つの顔をもつヘカテが刻まれた作例が存在するという。ユルジス・バルトルシャイティス『幻想の中世——ゴシック美術における古代と異国趣味』西野嘉章訳、平凡社、一九九八年、第一巻、二九ページ。

カミッロの同時代人たちは、必ずしも確固たる図像的伝統をもっていたとは言いがたいヘカテ、および彼女と同一視されたディアナをどう理解していたのであろうか。ヴィンチェンツォ・カルターリ(Vincenzo Cartari, c.1531-c.1587)は、一五五六年初版の『神像論』(*Le imagini de i dei degli antichi*)で次のように書いている。「さて、解釈者たちにはそれぞれの仕方でやらせておくことにして、私の話を続けると、ウェルギリウスが処女ディアナに三つの顔を与えたので、それゆえ彼女は、三重体、三つ子、そして三股の道と呼ばれた。しかし、ディアナだけではなく、ヘカテもそのように呼ばれた。だから、オウィディウスは次のように書いている。〈ヘカテの顔が三つの道を見張るのを見たまえ、それらすべてがひとつになることができるのである〉。そしてさらに先のほうでは、次のように、ディアナとヘカテの同一視の理由が説明される。「彼女[ヘカテ]は、彼女に捧げられたいくつもの道をよりよく見張るために三重体として語られ、そしてそのように描かれた。それらの道は、ある者たちが語ったように、重なりあってまとまることによって、交差点をとなっていた。しかし、他の者たちは次のように、そしてむしろもっと正しく、考えた。すなわち、彼女に三つの顔を与えることは、オルフェウスの創作であり、彼は、そのようにすることで、月がわれわれに示すさまざまな側面を明らかにし、またさらには、月の徳力が、月がある天層だけではなく、ディアナと呼ばれる地上でも、そして地下の冥府でも、等しくその力を発揮することを望んだからである」(ここでは、一五七〇年の挿絵入り版本の復刻・校訂版から引用し、さらにカテリーナ・ヴォルピの力作である註釈および図像研究を参照した［Vincenzo Cartari, *Le imagini de i dei de gli antichi*, a cura di Ginetta Auzzas, Federica Martignago, Manlio Pastore Stocchi, Paola Rigo, Vicenza 1996, Libro III, pp.96, 98, "Lascio dunque che la interpreti ognuno a modo suo, e vengo a dire che Virgilio ha posto tre facce alla vergine Diana, e che ella fu perciò chiamata Triforme, Trigemina e Trivia. nè DIana solamente, ma Ecate ancora fu così detta, onde Ovidio scrisse: Vedi che con tre facce Ecate guarda / Tre vie, che poi riescon tutte in una"; "Ella [Ecate] fu detta e fatta triforme per guardare meglio quelle strade che a lei erano consecrate, le quali venendosi a congiungere insieme facevano crocicchio, come hanno detto alcuni; ma altri hanno voluto, e forse meglio, che il dare a costei tre facce fossero finzioni di Orfeo, volendo lui in questo modo mostrare i varianti aspetti che di sè ci fa vedere la Luna, e che la virtù sua ha forza non solamente in cielo, ove la chiamano Luna, ma in terra ancora, ove la dicono Diana, e fin giu' nell'inferno..."; Caterina Volpi, *Le immagini degli deì di Vincenzo Cartari*, Edizione de Lucca, Roma, 1997, pp.124-25, 127］)。

カルターリの生涯とその思想について、確実に知られる情報はきわめて少ないが、彼がおそらくその生涯をフェッラーラのエステ家宮廷に仕えたこと(外交官としてフォンテーヌブローとブリュッセルに派遣されたこともあった)は確実である。彼の軌跡を可能なかぎりたどったカテリーナ・ヴォルピの研究（Volpi. *Le immagini...*, pp.7-14）を参照されたい。カルターリは、一五五〇年頃にヴェネツィアで結成されたと考えられる文学アカデミー（組織の実態についての資料は少ない）、アカデミア・デイ・ペッレグリーニ（巡礼者たちのアカデミー）にかかわったと考えられる。カルターリは、このアカデミーに参加し、ヴェネツィアで一五五三年に出版された『驢馬にされてしまったペッレグリーノのアカデミー会員の驢馬的栄光』（*Asinesca gloria dell'inasinato Accademico pellegrino*）という諷刺的物語を書いたと考えられてきた。アントン・フランチェスコ・ドーニは、アカデミア・デイ・ペッレグリーニの立ちあげを呼びかけた奇妙な一種の書籍ガイド『書店』(*La libraia*, 1557）の中で、この著作をほかならぬカルターリに帰属している。*La libraria del Doni fiorentino*, divisa in tre trattati, In Vinegia appresso Gabriel Giolito dè Ferrari. MDLVII, p.103. もっとも、現在の研究では、それはドーニ自身の著作であり、一種のジョークとしてカルターリの名を引き合いに出したのだろうという推測もなされている。いずれにせよ、このような状況的証拠から、カルターリはおそらくこのアカデミーのメンバーか、あるいはそれに近しい存在だったと推測されている。実際、『神像論』の中で、カルターリ自身がこのアカデミーとの関係についてほのめかしている。ミネルヴァの図像を扱った第一〇章で、美徳の擬人像としての女神について語りながら、カルターリは次のように書いている。「そしてわたしは、われわれの時代についても少しだけ述べよう。現代では美徳を巡礼者の姿で描く人もいる。というのは、美徳は地上に部屋をもたず、歩み去ってしまうからである」（Cartari, *Le imagini...*, cit., Libro XI, p.329, "E diro` questo poco pur anche dè nostri tempi, che alcuni hanno dipinta la Virtù in forma di pellegrino, come ch'ella non troviqui stanza e perciò se ne camini via."）

アカデミア・デイ・ペッレグリーニ——もちろん、のちのアカデミーのような正式の教育機関ではなく、文学者や思想家の交流組織といったほうが実態を示しているようである——は本拠地をヴェネツィアに置いていた。ジュリオ・カミッロは一五四四年にミラノで逝去したが、一五五〇年以前、このアカデミーに結実する知識人サークルにかかわったことは想像にかたくない。カルターリはアカデミア・デイ・ペッレグリーニとの交流の中でカミッロとその『劇場のイデア』の評判を聞くことがあったにちがいない。

マニエリストの美術理論家、ジャン・パオロ・ロマッツォ（Gian Paolo Lomazzo, 1538-1600）は、一五八四年に上梓した大著『絵画術、彫刻術、建築術論』（*Trattato dell'arte della pittura, scoltura et architettura*）の「絵の物語について」（D'Istoria della pittura）説明する第七書の中で、月の女神の姿について、おそらくカルターリを踏まえながら次のように説明している。「しかし、ウェルギリウスは、彼女を三重体、三つ子、そして三股の道と呼んでいる。そしてセネカもそのように呼んでおり、彼らは、そのように呼ぶことによって、月がわれわれにその姿を示すさいにさまざまなかたちをとることを示し、またさらに、彼女の力が天でのみならず地上でも地下でも発揮されることを示そうとした」（Gian Paolo Lomazzo, *Trattato dell'arte della pittura, scoltura et architettura*, Libro VII, Capitolo XII, in *Scritti sulle arti*, a cura di Roberto Paolo Ciardi, 2 vol., Centro Di, Firenze, 1974, vo.2, p.500）。

カミッロの「ディアナの数」については、さらに別の解釈をすることができるかもしれない。カミッロは、ディアナによって象徴される惑星としての月に関連する、占星術的な数を指していたかもしれない。たとえばアグリッパ・フォン・ネッテスハイムは、『オカルト哲学』の第二書二二章で「惑星、それらの徳力、形、そしてそれらに定められている神の名前、知性、そして精気の図」について詳しく説明し、月、水星、金星、太陽、火星、木星、土星の七惑星それぞれについて「魔術師たちが用いる」数の配列を魔方陣として図示しており、そこにはもちろん月に関する数秘術も含まれている。アグリッパによれば、当時知られていた七つの惑星に、それぞれこのような数の配列が定められており、地上の人間はそれを媒介として、天上から、それぞれの惑星の影響を受けとることができるという。その図として、アラビア数字とヘブライ文字の二つのバージョンが示されていることからも、アグリッパの説明がカバラの数秘術による宇宙観に基づいていたことがわかる。月に関する数字の象徴についてのアグリッパの記述は以下のとおりである。「七番目の数字板は月のものであり、九つずつ一列に重ねられ、全部で八九個の四角がある。どの縦列と横列でもそれらを足すと三六九になり、全部足せば三三二一となる。そしてその上には、善いことをする善き知性（intelligentia ad bonum）と悪いことをする悪い精霊（daemonio ad malum）をともなう神のさまざまな名前がある。そしてそこからは、月の、そしてそこから生じる精霊たちのさまざまな性格が引きだされる。これが銀板の上に刻まれた場合、それは幸運の月となる。それは、それを所有する人間を偉大にし、優しい人柄にし、楽しい人柄にし、快活にし、名誉を与え、あらゆる悪意と病める意志を除く。それは、旅のあいだの安全をもたらし、財産を増やし、身体を健康にし、あなたが快適に過ごす場所から敵とそれ以外のあらゆる悪を遠ざける。そして、もしこれが鉛板の上に刻まれたら、それは不幸の月となる。それは、どんなところに埋めて隠しても、その場所を不幸にし、その辺りに住む人たちも、船も、川も、泉も、水車も不幸にし、あらゆる人間を不幸にする。人間たちに対する不幸は直接もたらされ、彼を自国から出ていかせ、彼の住んでいた場所は埋められる。そしてそれは、医者、雄弁家、そして他のどんな仕事についているあらゆる人間の邪魔をするので、彼らに不幸がもたらされるであろう」。そして別の箇所によれば、「月の数字に対応する神の名前」（Nomina respndentia numeris Lunae）は、九がセフィロートのひとつであるホード、八一がエリム（Elim）、三六九が月の精霊であるハスモダイ（Hasmodai）、三三二一は月の善き知性であるセドバルセモト・サルタタン（Scedbarschemoth Shartatan）と、マルハ・ベタルシティム・ヘド・ベルア・セハキム（Ma cha betharsithim hed beruah schehakim）を意味する（Cornelius Agrippa, *De occulta philosophia...*, cit., Liber 2, Cap.XXII, p.312）。

☆57――カバラにおける一般的なセフィロートの位階に従えば、太陽の扉にはネツァハが描かれるべきだが、カミッロの劇場では饗宴の図像が置かれた。しかし、この第一階層はセフィロートによって統べられるという原則を示すためには、何らかの方法でここにネツァハを含める必要が生じる。カミッロはネツァハを太陽の隣の金星の扉に含める妥協をおこなったのだろう。結果的にはカミッロが誇る「偉大で比類のない秩序」のなかにひとつの歪み、あるいは欠陥が生まれたことは否定しがたい。

☆58――「ディアナの数」と同様に、「ウェヌスとクピドの数」についても具体的に何を指すのかはよくわからない。占星術における数の象徴を示すかもしれない。アグリッパは、『オカルト哲学』において数字板を示して、金星の数について論じている。「五番目の数字板は金星のそれであり、七つでひとつにまとめられた七つの列によって、つまりは四九個の四角によってつくられ、どの横列も縦列も足せば一七五になるし、それらすべてを足すと一二二五になる。そして、その上には、善をおこなう知性と悪をおこなう精霊をともなうさまざまな神の名前がある。そして、そこからは、金星の、そしてそこから生じる精霊たちのさまざまな性格が引きだされる。これが銀板の上に刻まれると幸運の金星となり、調和をもたらし、諍いを終わらせ、女性たちの愛を保証し、受胎へと導き、不妊を癒やし、世代を重ねる力を引きだし、さまざまな誘惑を打ち壊し、男と女のあいだの平和を引き起こし、そしてあらゆる種類の動物と牛に子をもたらす。そして、鳥小屋のなかにこれを入れると、鳩の数が増えるようになる。それは、あらゆる憂鬱質の無気力を治療し、楽しさをもたらす。そして、旅人によって身につけられると、彼らに幸運をもたらす。しかし、もしこれが真鍮の上に描かれると、上で述べたすべての事柄の逆をもたらす」。そして、別の箇所では、「金星の数字に対応する神の名前」（Nomina respndentia numeris Veneris）は、七がヘブライ語（アルファベットでの記載はなし）、四九が金星のダイモン（精霊）であるハギエル（Hagiel）、一七五は金星の善き知性であるカデメル（Kademel）、一二二五はブネ・セラフィム（Bne Seraphim）を意味するという（Cornelius Agrippa, *De occulta philosophia...*, cit., Liber 2, Cap.XXII, p.320）。

☆59——ピエリオ・ヴァレリアーノ（一四七七年〜一五五八年）の『ヒエログリフ集、あるいはエジプト人たちの神聖な文字、およびその他の人種の文字についての註釈』（初版、バーゼル、一五五六年）にチェリオ・アウグスト・クリオーネ（Celio Augusto Curione）が付した「補論」（初出はバーゼル版、一五六七年）では、クリオーネは、ピラミッドを「事物の本性／自然、あるいは最初の素材」の象徴とみなす解釈を紹介しており、その説明は、カミッロの解釈と類縁性を有している。

　ヴァレリアーノ『ヒエログリフ集』の一六世紀の版本については以下の基本研究を参照のこと。Paolo Pellegrini, *Pierio Valeriano e la tipografia del Cinquecento. Nascita, storia e bibliografia delle opere di un umanista*, Forum, Udine, 2002, esp. pp.157-65. さらに、ヴァレリアーノの著作が一六世紀初期のヴェネツィアにおける視覚文化に与えたインパクトは、サルヴァトーレ・セッティスによって強調された。Salvatore Settis, La «Tempesta» interpretata. Giorgione, i *committenti, il soggetto*, Giulio Einaudi editore, Torino, 1978, pp.95ff.（邦訳は、サルヴァトーレ・セッティス『絵画の発明——ジョルジョーネ「嵐」解読』小佐野重利監訳、石井元章・足達薫訳、晶文社、二〇〇二年、一六一〜六二ページ）。

☆60——カミッロは手稿『神との契約の箱についての解釈』（*Interpretazione dell'arca del patto*, Napoli, Biblioteca dei Gerolamini, cod.S.M.XXVIII, fol.2-13）でも、「パーンは三つの世界の驚異的な象徴である」（c.10v, "meraviglioso simbolo delli tre mondi"）と記述している。以下も参照のこと。Bolzoni. ed. cit., p.185.

☆61——プラトン『国家』（X, 616ff）。それによれば、肉体を得る前の霊魂は、「必然性」が糸を紡いでいる丘にいる。そして「必然性の娘である三人のパルカたちがその作業を手伝っている。「必然性」の周囲には八つの同心円があり、それら同心円は紡錘機の役割を果たしている。それらの円は非常に速い速度で回転しているため、天と地とを結合させる光の円柱のように見えるという。カミッロはこのプラトンの記述に触発されたと考えられる。パルカたちについては、パシパエの階層においてさらに詳しく論じられる。

☆62——カミッロの劇場ではしばしば同一のイメージが異なる階層の異なる惑星の扉に反復して配置され、その階層や惑星に即した異なる意味が与えられる。

☆63——ウェルギリウス『アエネイス』（VI, 135-49）。

☆64——カミッロが「能動的知性」と呼ぶものは、アリストテレス哲学に基づいた概念である。ウェンネカー（Wenneker, cit., p.368）とボルツォーニ（Bolzoni, cit., p.185）によれば、カミッロはこの語によって、アリストテレスが言う三つの知性のひとつ、人間の外部にあり、自律的に存在する知性のことを意味している。アリストテレスによればこの自律的な知性は、感覚や映像を介することなくそれのみで働くのである（アリストテレス『形而上学』［アリストテレス全集12］、出隆訳、岩波書店、一九六八年、四一九〜二〇ページ）。カミッロはアリストテレスの知性の区分をゴルゴンたちの階層でさらに詳しく述べている。それによれば、人間の知性は三つに分割され、人間は、それらの三知性を互いに作用させることによって何かを理解する。カミッロによる第一の知性、「潜在的ないし可能的知性」は、何かを理解しようとするさいに働く知性である。これは生まれながらにして与えられた理解する力のことである。この第一の知性を通じて理解された知性が「実践的知性」、つまり理解それ自体として人間の中に蓄えられるものである。人間も他の動物もその内部にはこれら二つの知性しかもたない。しかし、神の内部に自律的に存在する「能動的知性」がある、神は、ある種の預言者や信仰者、あるいは魔術師にその知性を光として照射し、自らの秘密や秘儀、恩寵を理解することを許すのである。

饗　宴

☆1——ホメロス『イリアス』（I, 422-425）。「実は昨日、ゼウスは信心深いエチオピア人たちが開く饗宴に顔を出すためにオケアノスへと旅立ち、他の神々もすべてそれに随行したからである」。以下の邦訳から引用した。ホメロス『イリアス』（上）、松平千秋訳、岩波書店、二〇〇〇年、三一〜三二ページ。

☆2——F・ジョルジョ・ヴェネトの『世界の完全なる調和について』ではこう書かれている。「かつて、心性（mens）がこのうえなく滋養に満ちていた。神は心性を語ることによって、自らの内と外のいずれにも心性を創造した」（Francesco Giorgio, *De harmonia mundi totius*, Venetiis in AEdibus Bernardini De Vitalibus Chalocographi, An. D.M D.XXV Mense Septemb, Cantica I, Tono I, Caput 7, "Quod foecundissima mens illa prima, quae Deus dicitur, ad intra extraque produxerit."）。

☆3——実際には『エレミヤ』ではなく、『イザヤ書』（LXVI, 9）からの引用である。

☆4――『ヨハネによる福音書』(I, 1)。

☆5――『ヨハネによる福音書』(I, 1)。

☆6――『ヨハネによる福音書』(X, 38)。

☆7――『テサロニケの信徒への手紙一』(I, 5)。

☆8――「マテリア・プリマ」(materia prima あるいは prima materia [本訳書ではカミッロの語彙を尊重してマテリア・プリマと総称する]) の理論は、しばしばアリストテレスに結びつけられて語られ、アリストテレス自身(とくに『形而上学』に帰されることもあるが、実際にはそうではなく、西洋スコラ学・イスラム自然学・錬金術の錯綜する伝統において形成され、広く流布してしまった後世の理論である。これについては以下の研究を参照せよ。Bruno Nardi, "Se la prima materia de li elementi era da Dio intesa", in *Giornale dantesco*, XXXIX (1938), pp.9-15; Hugh R. King, "Aristotle without Prima Materia", in *Journal of the History of Ideas*, 17(3), 1956, pp.370-389. 千葉恵「基体と質料――アリストテレス『形而上学』研究」、『北海道大学文学研究科紀要』、第一一〇号、一～二二ページ。

　これらの研究によれば、アリストテレスはたしかに「質料(エンテレケイア)」(四大元素/地水火風)と世界の生成について論じるなかで、「質料そのもの」という表現をしているが、これを各四大元素のさらに最初の原型的事物ととらえることは困難であるという。つまり「マテリア・プリマ」理論はアリストテレス哲学の一種の創造的解釈である。「マテリア・プリマ」については、わが国では、アリストテレス哲学の語彙および訳語を発展させた「第一質料」という訳語が用いられることがある。たとえば、聖トマス・アクィナスは『神学大全』(Prima Secundae, Q.9, art.6) でこれを論じているが、「第一質料」と訳されている。トマスはこう書いている。「すべての形相への可能態(potentia)にある第一質料(materia prima)なるものが、なんらか特殊な能動者によって原因されることのできないものなる……」(以下の邦訳から引用した。トマス・アクィナス『神学大全』第九巻、高田三郎・村上武子訳、創文社、一九九六年、二二四ページ。さらに以下も参照せよ。長倉久子・蒔苗暢夫・大森正樹(編)『トマス・アクィナス『神学大全』語彙集(羅和)――創文社版、中央公論社版による――』、新世社、一九八八年、八六ページ。時代を下ってライプニッツも、モナド論のなかに「マテリア・プリマ」理論を組みこみ、各四大元素は「第一の質料/素材」と「第二の質料/素材」を操作して事物および霊魂を起動させると主張している。ここでも「第一質料」という訳語が見られる。ライプニッツ「デ・ボス宛書簡三(一七〇六年一〇月一六日)」、『ライプニッツ著作集』第九巻(後期哲学)、下村寅太郎・山本信一・中村幸四郎・原亨吉監修、西谷裕作・米山優一・佐々木能章訳、工作舎、一九八九年、一四二ページ。

　カミッロはたしかにアリストテレス哲学の基本的構図を踏襲しており、実際、本文中の図式でも、事物の素材(四大元素）を指すためにヒュレー（hyle）というギリシア語を用いている。だが、カミッロは本文の語りにおいては一貫して「マテリア・プリマ」という語を用い、さらにはこの註釈箇所でもアリストテレスではなくプラトン主義者の名を引き合いに出している。さらに続く箇所における世界の発生をめぐる議論でも、カミッロは、アリストテレスの用語を使用することに拒否感を示し、ヘルメス・トリスメギストスの語彙を採用することによって、キリスト教／プラトン主義／カバラ／錬金術／古代神話を融合した彼なりの世界創造論を展開している。したがって、『第一質料』という既訳語を安易に用いることは、カミッロのテクストの多義的な性格を無理矢理アリストテレス風に還元してしまうことになりかねないように思われる。そのため本書では、各四大元素の素材となるこの上位事物を「マテリア・プリマ」と表記することで、カミッロの語彙の多義性を示すことにした。

この「マテリア・プリマ」の表徴媒介とされるプロテウスの出自と性格、特徴については以下を見よ。ホメロス『オデュッセイア』（IV, 382-459）、オウィディウス『変身物語』（VIII, 731-737）、ウェルギリウス『農耕詩』（IV, 387-414）、ジョヴァンニ・ピコ・デッラ・ミランドラ『人間の尊厳について』前掲書、一八ページ。ブランバルの研究によれば、プロテウスの意味については、古代よりきわめてさまざまな解釈がなされてきた。H. David Brumble, *Classical Myths and Legends in the Middle Ages and Renaissance. A Dictionary of Allegorical Meanings*, Greenwood Press, Wes port, Conneticut, 1998, pp.284-285. カミッロによるプロテウス解釈の典拠はジョヴァンニ・ピコ・デッラ・ミランドラのそれであろう。後者は、人間が本来有する身体的可変性の寓意としてのプロテウスについて、『人間の尊厳について』でこう説明している。「アテナイ人アスクレピオスは、変身し自分自身を変容させるこの本性を証拠として、人間は秘儀の内にあるプロテウスによって象徴されると言いましたが、それは全く正当なことです」（以下の邦訳から引用した。ジョヴァンニ・ピコ・デッラ・ミランドラ『人間の尊厳について』、前掲書、一八ページ）。また、晩年のフィチーノの弟子であるマントヴァの新プラトン主義者、マリオ・エクイーコラ（Mario Equicola, 1470-c.1525）は、一五二五年に上梓した大著『愛の本性についての書』（*Libro de natura de amore*）のなかで次のように記している。カミッロもこれを読むことができた。「プロテウスが、あらゆる形をとる［最初の］素材以外のなにものであろうか」（*Libro de natura de amore di Mario Equicola secretario del Illustrissimo S. Federico. II. Gonzaga Marchese di Mantua*. MDXXV. Stampato in Venetia per Lorenzo Lorio da Portes: Adi. 23. Zugno. 1525. Regnate il Serenissimo Duce Andrea Griti, p.61, "Che altro e` Protheo, se non la materia susceptrice du ogni forma?"）。近年注目を浴びた草稿でも、エクイーコラは同様の記述をおこなっている（Laura Ricci (a cura di), *La redazione manoscritta del Libro de natura de amore di Mario Equiocola*, Bulzoni Editore, Roma 1999, fol.181v, p.426）。

ルネサンスのプロテウス的秘儀についてはエドガー・ヴィントが論じている。Edgar Wind, *Pagan Mysteries in the Renaissance. An Exploration of Philosophical and Mystical Sources of Iconography in Renaissance Art*, Revised and Enlarged Edition, New York and London 1968(1958), pp.191-235. エドガー・ヴィント『ルネサンスの異教秘儀』田中、藤田、加藤訳、晶文社、一九九五年、一六一～九五ページ。

カミッロは、一五四〇年頃に草稿を書いたと考えられる『素材論』（*Trattato delle materie*）でもプロテウスの隠喩を用いている。『素材論』は、キケロ『弁論家について』の中で語られた弁論を構成する「素材」（materie）について論じたものである。キケロ（II, 27, 115）によれば、「何かを立証するために弁論家が用いうる素材（materies）は二つある。ひとつは、弁論家自身が考案することができないものであり、なんらかの案件に依存し、一定の方法で扱われるものである。つまり、証拠となる書類、証言、私的な合意、約定、強制による証言、法律、元老院の決定、過去の判例、公職についている者からの行政的命令、法律家たちの意見、そしてそれ以外の種の、弁論家がつくりだせないものである。もうひとつは、もっぱら弁論家の力量しだいとなる議論や論証にかかわるものである」（以下の邦訳があるが、ここでは原文から訳した。キケロー『弁論家について』［上］、大西英文訳、岩波文庫、二〇〇五年、二三八～三九ページ）。

これを受けてカミッロは『素材論』でこう語る。「弁論家の情念がこめられた素材に話を戻そう。わたしは、そうした素材は、時と場合に応じてさまざまな情念を伝えると考えている。このことをよく理解してもらうためにさらに論じていこう。古代の象徴的な神学者たちがマテリア・プリマ（materia prima）と呼んだ何かがある。それは、数多くの形象および数多くの偶発的状態によって変化させられるため、彼らはそれをプロテウスの寓話によって説明しようとした。プロテウスは数多くの形象に変化したが、そうした場合でも、本質は常に変わることなく、同一であった。これをわれわれの素材にあてはめるならば、蠟（cera）の素材を想起するのが適切であろう。さまざまな形象をとりうる蠟は、人間や馬などといった形象に変わったり、それらの形象を示すために用いられるであろう。しかし蠟は、本質において、つまり蠟という素材自体においてはまったく変化せず、それゆえその本質は常に同一である。したがって、われわれは、弁論家が論じる素材を、プロテウスや蠟の素材に類似した何かとして扱おう。そして、プロテウスや蠟の素材がとりうる形象が技巧（artificio）なのである」（*Trattato delle materie*, in Giulio Camillo Delminio, *L'idea del teatro e altri scritti di retorica*, Edizione RES, Torino, 1990, p.158, "Ma facendo ritorno alla materia passionata, dico che puo' prender talor una e talor d'una passionata. Ma accio' che ella sia meglio intesa, dico che gli antichi teologi simbolici chamarono materia prima quella che puo' soggiacere a molte figure et a molti accidenti, e l'intesero sotto la favola di Proteo, il qual si cangiava sotto molte e varie figure rimanendo sempre quel medesimo nella medesima sustanza, o materia che dir vogliamo, qual cera che senza cangiar se medesima sotto diverse figure puó successivamente passare e mostrar nella figura di uomo o di cavallo, non nella sustanza o nella materia di cera, il cangiamento, la qual sempre sarebbe la medesima. Alla materia dunque del Proteo o della cera noi assimigliaremo la materia che vuol trattar l'eloquente; e la figura varia, che la detta materia del Proteo o della cera puo' prender, diremo esser tale quale e' l'artificio"; Cf. *Tutte L'Opere di M. Givlio Camillo Delminio*, tom. 1, pp. 193-94)。

☆9――プラトン『ティマイオス』(68e)。

☆10――『創世記』(I, 1)。プラトンが「旧約聖書」、とくにモーセの記述を読んで影響を受けていたと想定する考え方は、ルネサンス人文主義の中核的思考のひとつ、「古代神学」(*Prisca theologia*)に含まれていた。たとえばマルシリオ・フィチーノは、初期ラテン教父たち(とりわけアウグスティヌスとラクタンティウス)が潜在的に秘めていた傾向をさらに発展させ、神学の源泉をモーセ、ゾロアスター、そしてヘルメス・トリスメギストスが活躍した古代に帰し、プラトンをその後継者の一人とする系譜を強調した。「古代神学」の詳細については次の研究を見よ。D・P ウォーカー『古代神学――一五～一八世紀のキリスト教新プラトン主義研究』榎本武文訳、平凡社、一九九四年、伊藤博明『神々の再生――ルネサンスの神秘思想』東京書籍、一九九六年、八九～九一ページ。

☆11――『創世記』(I, 6-8)。ウルガータ版聖書では、「大空」は "irmamentum"、「天」は "caelum" と記されている。カミッロはヘブライ語の語彙を用いて、「空」をラキア(Rachia)と呼んでいる。ウルガータ版ではこうである。「神は空を創り、空の下とその上に水を分離させた。そしてそのようになった。そして神は空のことを天と呼んだのである。夕があり、朝があった。これが第二の日である」("dixit quoque Deus fiat firmamentum in medio aquarum et dividat aquas ab aquis et fecit Deus firmamentum divisitque aquas quae erant sub firmamento ab his quae erant super firmamentum et factum est ita vocavitque Deus firmamentum caelum et factum est vespere et mane dies secundus")。

☆12――ジョヴァンニ・ピコ・デッラ・ミランドラは『ヘプタプルス、あるいは天地創造の六日間』において、古代ローマの詩人クィントゥス・エンニウス(紀元前二三九～一六九年)を引用しながら、空気を三分割している。それによれば、最も上方にあるのは純粋な空気としてのエーテル、中間にあるのが「空」(firmamentum)、最下層部の空気は土と混合し、人間や動物が呼吸する空気である。「空」の性質と意味について、彼は次のように説明している。「中間に置かれた空気の領域は、空(firmamentum)と呼ばれ、そこから(モーセは)空の下を飛ぶ鳥たちを存在に至らしめている。それは、雨、雪、稲妻、雷、流れ星、そしてその種のさまざまな天界の現象が生じる領域である。このことが正しいということは、その場所によってのみならず、生来の性質によってもわかる。というのは、この大空は、純粋な水をそうでない水から分けるように、それより下にある原素から、それより上にある原素のあいだに仕切りを設け、区別するからである。……それを彼（モーセ）は先に天（coelo）、あるいは空（firmamentum）と呼んでいるが、ここでは天の空（firmamentum caeli）と呼ぼう。なぜならばわれわれは、それが真の天界ではなく、天界の下にあると知っているからである。それだからこそ、『アキレウス』の中で、エンニウスは、この部分を下にあるもの（subiices）と呼んだ。なぜなら、それは天界の下に直に置かれたからである」（Giovanni Pico della Mirandola, *Heptaplus*, in G. Pico della Mirandola, *De hominis fignitate, Heptaplus, De ente et uno, e scritti vari*, a cura di Eugenio Garin, Vallecchi, Firenze, 1942, Espositio Prima de Mundo Elementari, caput 3-5, pp.214, 218, "Intercedens regio aeris, quae hic dicitur firmamentum, unde et aves sub firmamento caeli ab eo volantes introducuntur; ea est regio in qua sublimes illae impressiones apparent: pluviae, nives, fulgura, tonitrua, cometae et cetera id genus. Vide autem quam recte, non solum situ sed et naturae proprietate hoc firmamentum superiora elementa ab inferioribus quasi aquas ab aquis discriminat et distinguit...Hanc supra et caelum et firmamentum vocavit; hic autem firmamentum caeli, ut sciamus non illud esse quod vere est caelum, sed quod caelo subest. Quare et Ennius in Achille hanc partem suviices dixit, propterea quod caelo proxime sit subiecta..."）。

☆13——『自伝』（*Vita coetanea*）のこと。ライモンドゥス・ルルス（ラモンのルル）（Ray[i]mundus Lullus, Ramon Llull, c.1232-1316）は、カタルーニャ出身の哲学者、ローマ法解釈者である。記憶術の歴史における彼の重要性については以下を参照のこと。Frances A. Yates, *The Art of Memory*, London 2000(1966), pp.175-96.（フランセス・A・イエイツ『記憶術』玉泉八洲男監訳、水声社、一九九三年、二〇九～二三三ページ）。ボルツォーニによれば（Bolzoni, p.186, nota 10）、『遺言』（*Testamentum*）は実際には自伝ではなく、同時代人による著作だが、少なくともカミッロの時代までは本人の作品と考えられていた。『遺言』印刷本の初版は一五六六年なので、カミッロはなんらかの手稿本を通じて知識を得たと考えられる。さらにカミッロは、手稿『神との契約の箱についての解釈』（Napoli, Biblioteca dei Gerolamini, cod. S. M. XXVIII, c. 5v e 7v）のなかでも、二度にわたってライモンドゥスの著作として『遺言』を引用している。その記述によれば、ライモンドゥスは当初は原初の素材を九つ想定していたが、「ソロモンの書」（すなわち『箴言』）についての省察を根拠にして、のちに三つへと減らした。ラモン・ルルの論理学がライプニッツの「普遍計画」に与えた影響は有名だが、両者のあいだにカミッロが存在したことも忘れるべきではないであろう。ライプニッツの普遍学の提案は、とくに以下でなされている。ライプニッツ「普遍学の基礎と範例」松田毅訳、下村寅太郎・山本信・中村幸四郎・原亨吉監修『ライプニッツ著作集』第一〇巻、工作舎、一九九一年、二一一～二三六ページ。さらに以下を見よ。E・J・エイトン『ライプニッツの普遍計画——バロックの天才の生涯』渡辺正雄・原純夫・佐柳文夫訳、工作舎、一九九〇年。

☆14――アリストテレス『生成と消滅』（I, 1, 314a8）。各概念については以下を参照のこと。アリストテレス『天体論・生成消滅論』（アリストテレス全集４）、村治能就、戸塚七郎訳、岩波書店、一九六八年、二三五～四〇三ページ。

☆15――『ヘルメス選集』（XII, 18）。"sed appellationes quaedam falsae homines turbant. Neque enim generatio: uitae creatio est: sed latentis explicatio uitae , neque mutatio mors; sed occultatio potius. Quum haec igitur ita se habeant, immortalia omnia." Cf. Mercurio Trismegisto, *Pimander*, XII, 18, in Mercurii Trismegisti liber de potestate et sapientia Dei, *Corpus Hermeticum* I-XIV, versione latina di Marsilio Ficino, Firenze 1989, fol.48r, "......"; cf. Brian P. Copenhaver(ed.), *Hermetica. The Greek Corpus Hermeticum and the Latin Asclepius in a New English Translation with Notes and Introduction*, Cambridge 1992, p.47.

☆16――カミッロは手稿『契約の箱についての解釈』でも説明している。そこでカミッロは、ピュタゴラスが、「六は誕生と結婚の数であり、これらはガモンと呼ばれる」（*Interpretatione dell'arca del patto*, Napoli, Biblioteca dei Gerolamini, cod.S.M.XXVIII, c.28v, "senarium numerum genesi nuptiisqur prorsus accomodari, unde et gamon appellat"）。ボルツォーニ（Bolzoni, p.187, nota 13）も参照のこと。

☆17――カミッロはイタリア語表記である"spirito"を用いている。ラテン語で綴れば、"spiritus"（スピリトゥス）であり、ギリシア語の"pneuma"（プネウマ）に対応する概念である。カミッロの時代に権威をもっていた典拠のひとつはマルシリオ・フィチーノの著作『三重の生命について』（*De triplici vita*）である。フィチーノは、たとえば、この著作の第一書第二章の中で、スピリトゥス（精気）について、そしてまた人間の生命活動におけるその役割についてこのように述べている。「こともあろうに、ムーサの神々の司祭たちにかぎって、すなわち至高なる善と真理の探究者にかぎって、怠慢にも、そして不幸にも、見方によっては全世界を見定め把握しうるような道具を等閑視してしまっているように思えるのは嘆かわしいことである。このような道具がスピリトゥス（精気）であり、医者はこれを血液の気化したものと定義している。その性質は、純粋にして希薄、熱く、かつ透明であると言われている。またさらに、精気は、それよりもさらに希薄な素材である血液によって、心臓の熱によってつくりだされ、脳にまで上昇し、その場所で霊魂（anima）による内的感覚と外的感覚との作用のために不断に利用される。このようにして、血液は精気に、精気は感覚に、そして感覚は理性に、それぞれ仕える」（Marsilio Ficino, *Liber De Vita in Tres Libros Divisus* Primus De Vita Sana, Secundus De Vita Longa, Tertius De Vita Coelitus Comparanda, in Marsilio Ficino, *Theree Books on Life*, A Critical Edition and Translation with Introduction and Notes by Carol V. Kaske and John R. Clark, Arizona Center dor Medieval and Renaissance Studies in conjunction with The Renaissance Society of America, Tempe, Arizona, 2002, Liber Primus, Cap.2, "Solo vero Musarum sacerdotes, soli summi boni veritatisque venatores tam negligentes, pro nefas, tamque infortunati sunt, ut instrumentum illud, quo mundum universum metiri quodammodo et capere possunt, negligere penitus videantur. Instrumenum eiusmodi spiritus ipse cidus definitur. Atque an ipso cordis calore ex subtiliori sanguine procreatus teriores exernendos assidue utitur.")。訳にあたっては、次のイタリア語訳も参照した。 Marsilio Ficino, *Sulla vita*, Introduzione, traduzione, note e apparati di Alessandra Tarabocchia Canavero, Presentazione di Giovanni Santinello, Milano 1995, pp.100-01.

ルネサンスの時代の精気の意味については次を参照のこと。D・P・ウォーカー『ルネサンスの魔術思想——フィチーノからカンパネッラへ』田口清一訳、平凡社、一九九三年。ジョルジョ・アガンベン『スタンツェ——西洋文化における言葉とイメージ』岡田温司訳、ありな書房、一九九八年、一四二〜七一ページ。ヨハン・P・クリアーノ『ルネサンスのエロスと魔術——想像界の光芒』桂芳樹訳、工作舎、一九九一年。アンドレ・シャステル『ルネサンス精神の深層——フィチーノと芸術』桂芳樹訳、一九八九年、七一〜一〇五ページ。

☆18——プロティノス『エンネアデス』（IV, II, 1）。「霊魂の本質がいったい何であるのかを探求しながら、われわれはそれが素材ではないことを示したし、それが素材ではないもののなかにある調和でもないことを明らかにした。そしてさらに、それを現実態（エンテレケイア）とみなす（アリストテレス学派の）説も、（彼らによって）語られている意味そのままでは、真実を語っているのでもなければ、霊魂の本質を示していもいないとみなし、これを退けた。そのうえでわれわれは、『霊魂は知性的なものに属し、神の領域の一員である』〔プラトン『パイドロス』〔230a5-6〕〕と主張した。おそらく、われわれのこの主張は、霊魂の本質を明確に示すと理解してよいであろう。しかし、われわれはさらに先へと進み、この問題をより深く追求していかねばならない。たしかに、先には、さまざまな存在を感性的な存在と知性的な存在に区別して分類し、霊魂は知性的な存在の部類に属させることにした」（Plotino, *Enneadi*, testo greco a fronte, traduzione, introduzione, note e bibliografia di Giuseppe Faggin, Presentazione e iconografia plotiniana di Giovanni Reale, revizione finale dei testi, appendici e indici di Rpbertp Radice, Bompiani, Milano, 2000, p.546）。以下の邦訳があるが、ここではそれを参照しながら、原文およびイタリア語訳から訳した。『プロティノス著作集』（第三巻）、田中美知太郎、水地宗明、田之頭安彦訳、中央公論社、一九八七年、一六〜二〇ページ。

☆19——偽ディオニュシオス・アレオパギテス『神名論』（IX, 5, 913A）。「わたしはこう強調しておきたい。すなわち、神のなかにはたしかに異質性があるが、彼の全体としての不変の同一性がなんらかの変化をすることがそれによって暗示されていると考えるべきではない。その異質性が伝える真の表徴は、多くの形のなかに分かちもたれる彼の統一性であり、また、すべてのものに彼の豊かさを分け与える統一的な過程にほかならない」。Pseudo-Dionysius, *The Complete Works*, Translated by Colm Luibheid, Foreword, Notes, and Translation Collaboration by Paul Rorem, Preface by Rene Roques,

Introduction by Jaroslav Pelikan, Jean Leclercq, and Karlfried Froelich, Paulist Press, New York, Mahwah, 1987, Chapter 9, 5, p.117.

☆20——フランチェスコ・ペトラルカ『叙情詩集』（CCIV, 1-2）。Francesco Petrarca, *Rerum vulgarium fragmenta*, anastatica dell'edizione Veldezoco Padova 1472, a cura di Gino Belloni, Marsilio, Regione del Veneto, 2001, 1-2, fol.87recto, "Anima, che diuerse cose tante. / Vidi. odi. & leggi. et parli. & scriui. & .pensi."　訳にあたっては、次の邦訳を参照しながら、原文から訳した。ペトラルカ『カンツォニエーレ』池田廉訳、名古屋大学出版会、一九九二年、三一九ページ。

☆21——『ヨハネによる福音書』（I, 3-4）。

☆22——カミッロの典拠は、当時はオルペウスに帰属されていた『アルゴナウティカ』（*Argonautica*）であろう。同書は、一五〇〇年以降、多くの版を重ね、一五一九年にはラテン語訳も出版されている。このテキストの四二一～四二四行では、次のように記されている。「まず最初に、カオス（混沌）が歌う暗いいにしえの歌があった。それが本性／自然的な四つの原素をひとつずつ、順番に創造していった。そして天が世界中を包み、地が誕生し、大きな乳房型になり、その内部には海の礎と、すべての事物の兄としての最初の完全な愛が生まれ、そしてようやく知性が生まれ、最後になってそれぞれに異なるすべての創造物が生まれた」（*Les argonautique orphiques*, Texte e'table et traduit par Francis Vian, Les Belles Lettres, Paris, 2002, 421-424, p.104）。天地創造の様子を歌う詩人としてのオルペウスの相貌は、ロドスのアポロニウス（四九四年～五一一年）の『アルゴナウティカ』によっても報告されている。「彼は歌った、地と天と海が——かつてまだ一つの形で混ざりあっていたものが、いかにして恐ろしい争いから別々に切り離されたかを。また星辰と、月や太陽の進む道とが、いかにしてつねに定められた位置を天上に占めているかを。またいかにして山々が盛り上がり、うなりをあげるあまたの河が水に住むニンフとともに現れ、地をはうすべての生きものが生まれたかを」（以下からの引用。アポロニオス『アルゴナウティカ』岡道男訳、講談社学芸文庫、一九九七年、第一歌、四九六～五〇二行、三六ページ）。

愛とカオスとを関連づける観念は、新プラトン主義者に好まれた観念のひとつである。たとえば、ジョヴァンニ・ピコ・デッラ・ミランドラは、『ジローラモ・ベーニヴィエーニの愛の歌についての註釈』（*Commento sopra una canzona de amore composta da Girolamo Benivieni*）のなかで、次のように書いている。「いかなる理由から、オルフェウスによって、カオスの胸の中に愛は置かれたのか。なぜオルフェウスによって、他のどんな神々よりも先にカオスの胸の中に愛が置かれたのかという理由については、上で述べられた事柄によって明白である。なぜなら、カオスは、あらゆる形に満ち溢れたものの表徴にほかならないが、それらの形は入り混じり、不完全だからである。したがって、天使的知性があらゆるイデアによってすでに一杯に満たされていたが、それでもなおそれらのイデアは不完全でほとんど区別もつかず、混乱していたとき、カオスのなかで愛が、つまりそれらのイデアの完成を求める欲望が生まれたと述べうる」(*Commento dello Illustrissimo Signor Conte Joanni Pico Mirandolano sopra una canzona de amore composta da Girolamo Benivieni cittadino fiorentino secondo la mente et opinione de' Platonici*, Libro II, Capitoro 14, in G. Pico della Mirandola, *De hominis fignitate, Heptaplus, De ente et uno, e scritti vari*, a cura di Eugenio Garin, Vallecchi, Firenze, 1942, p.504, "Per qual ragione sia posto da Orfeo Amore nel seno di Chaos. Per le cose disopra dichiarate e` manifesto perche` da Orfeo e` posto Amore nel seno del chaos innanzi a tutti gli altri Iddii, poiche` chaos non significa altro che la materia piena di tutte le forme, ma confuse e imperfette. Quando adunque la mente angelica era gia` piena di tutte le idee, ma ancora imperfette e quasi indistinte e confuse, potevasi chiamare chaos nel quale nacque Amore, cioe` desiderio delle perfezione di quelle.")。

☆23——トレンティーノ版および一六世紀の『カミッロ全集』では改行がなされていないが、明らかに話題が転じているため改行した。

☆24——世界霊魂の概念については、以下の邦語文献がある。根占献一、伊藤博明、伊藤和行、加藤守通『イタリア・ルネサンスの霊魂論』三元社、一九九五年、とくに一八四〜九一ページ。

☆25——『劇場のイデア』におけるカミッロの「本性/自然」(natura)の概念は、アリストテレス哲学を基盤としている。アリストテレスは『自然学』(192b8-20)において、世界に存在する事物を大きく二つに区別する。ひとつは、「本性/自然(phsys)によって存在たらしめられる事物」であり、もうひとつはそれらの事物を原因として生じたり変化したりする「本性/自然以外の原因によって存在たらしめられる事物」である。前者は、単純な原素(土、火、空気、水)、植物、(人間を含む)動物を含む。それらはいずれも、「それぞれの内部に、それぞれの運動および停止をもたらす原理(始動因)をもっている」。すなわち、そうしたもののなかにあるこの原理こそが、アリストテレスにおける本性/自然の最も基盤的な意味である。こうした意味での本性/自然を内部にもつものは、増大と減少、成長と衰弱、性質の変化、それ自体の運動を自立的におこなうのである。他方、「本性/自然以外の原因によってあらしめられるもの」は、本性/自然によって外へと発動された作用や影響、さらになんらかの技術的な営みによってつくられる人工的なものを指す。続いてアリストテレスは、本性/自然をこう定義する。「何かの〈本性/自然〉とは、本性/自然がその何かのなかに、付帯的にではなく、第一義的に、それ自体として内属し、その何かを運動または停止せしめる原理であり、原因である」(『自然学』192b20-34[出隆・岩崎允胤訳、アリストテレス全集3、岩波書店、一九六八年、四七ページ])。このようなアリストテレスの議論を踏まえて、カミッロもまた『劇場のイデア』で「本性/自然」と語るときには、事物に内在する本質的原因として、さらに事物の生成や成長や運動を促す力を指している。

☆26——ルネサンス哲学および自然学における種子の理論の展開については以下の研究がある。Hiro Hirai, *Le concept de semence dans les théories de la matière à la Renaissance: de Marsile Ficin à Pierre Gassendi*, Brepols 2005.

☆27——カミッロは、おそらく『アスクレピオス』(I, 4)を念頭に置いている。「このように、すべての種が不死である。……」(*Asclepius*, I 4, in Scott [ed.], *Hermetica*, cit., p.292, "Unde efficitur ut, quamvis omnia genera immortalia sint...")。次も参照のこと。Mercurius Trismegisto, *Asclepius*, I, 4, in Copenhaver(ed.), *Hermetica*..., cit., p.69.

☆28——カミッロはここで読者をはぐらかしている。ボルツォーニは、この一節を、カミッロの『卜占への反論』(*Adversaria rerum divinarum*, c.16r)と比較することによって真意を推理している(Bolzoni, pp.187-188, nota 20)。ここでは、錬金術における「作業」(opus)を成就するための諸規則がピュタゴラス派のガモの概念に端を発することが述べられ、そしてさらにカミッロ自身が、詩作品『ダヴァルス』(*Davalus*, Bergamo, *Biblioteca Civica Angelo Mai*, Archivio Silvestri, n.24)において、錬金術との関連性を暗示していたことがほのめかされている。

☆29——『コリントの信徒への手紙二』(III, 6)。

☆30——『エレミヤ書』(XXIII, 24)。

☆31——『ヨハネによる福音書』(XIV, 6)。

☆32——これは『ヘルメス選集』(フィチーノ訳では『ピマンデル』第五書)の題名であり、カミッロはフィチーノによるラテン語訳の題名をそのまま用いている。

☆33——ここでカミッロはギリシア語を用いているが、一般にカミッロは、とくにアリストテレス哲学の語彙を念頭において語る場合には、用語を適宜ラテン語に訳して述べていることが多い。

☆34——『ティマイオス』(17)。

☆35——『創世記』(I, 2)。

☆36——"Ergo aqua fuit, antequam coelum et terra." モリエヌスは、七世紀に生きたと伝えられる博識なキリスト教隠修士である。錬金術師たちの口伝によれば、モリエヌスは、アラブ諸国を統治した賢王カリド・イブン・ヤシド(Khalid ibn Yazid)に錬金術の秘儀を伝えた。カミッロの典拠はおそらく、モリエヌスとカリド・イブン・ヤシドによる対話という体裁で書かれた文献『錬金術提要』(*De compositione alchimiae*)のなかの一節であろう。モリエヌスは、人間の身体が四つの原素によって構成されていることについて、カリドに対して次のように説明する。「(人間の)真の根は水と地であり、それらによって構成されているのが地と空気である」(*A Testament of Alchemy being the Revelations of Morienus*,

Ancient Adept and Hermit of Jerusalem to Khalid Ibn Yazid Mu'Awiyya, King of the Arabs of the Divine Secrets of the Magisterium and Accomplisshment of the Alchemical Art, Edited and Translated from the Oldest Manuscripts, with Commentary by Lee Stavenhagen, The University Press of New England, Hanover, New Hapmshire, 1974, p.14, "Que vero sunt radices sunt aqua et ignis; que vero ex hiis composita sunt terra et aer.")

☆37――この欄外記述の全文は次のとおりである。"Et questo chiaramente testifica Pietro nella seconda sua epistola al terzo cap. dicendo; «Coeli erant prius et terra de aqua et per aquam consistens» dove dicendo «de aqua» mostra la causa materiale et per quelle parole «per aquam» dinota la causa efficiente." この聖書からの引用は正確ではない。『ペテロの手紙二』(III, 5)は、次のように記している。「天は太古よりあり、地は神の言葉によって水をもとにして、また水によってできた」。ウルガータ版の原文は次のとおりである。"latet enim eos hoc volentes quod caeli erant prius et terra de aqua et per aquam consistens Dei verbo."

☆38――『ヨハネによる福音書』(I, 3)。

☆39――これよりのちの箇所では、神の精気は水を好むという理論の提唱者の一人として、モーセが挙げられている。

☆40――これは、プロティノス『エンネアデス』(II, I, 7)の記述に基づくカミッロ自身の解釈であり、プロティノスはそこまで明確に語っていない。Plotino, *Enneadi*, cit., II, I, 7, pp.192-194. 以下の邦訳がある。『プロティノス全集』(第一巻)、田中美知太郎、水地宗明、田之頭安彦訳、中央公論社、一九八七年、三七三～七六ページ。

☆41――『イザヤ書』ではなく、『伝道の書(コヘレトの言葉)』(IX, 7)からの引用である。

☆42――『イザヤ書』(XI, 1-2)。

☆43――『イザヤ書』(IV, 4)。

☆44――『ヨハネによる福音書』(V, 22)。

☆45――プロティノス『エンネアデス』(II,1,6)。Plotini, *Enneadi*, cit., II, 1, 6, p.188-192. 以下の邦訳がある。『プロティノス全集』(第一巻)、田中美知太郎、水地宗明、田之頭安彦訳、中央公論社、一九八七年、三六九～七二ページ。

☆46――プロティノス『エンネアデス』(II, I, 7)。Plotino, *Enneadi*, cit., II, I, 7, pp.192-194. 以下の邦訳がある。『プロティノス全集』(第一巻)、前掲書、三七三～七六ページ。

☆47――『ヨハネによる福音書』(I, 3-4)。

☆48――「旧約聖書」の外典『ソロモンの知恵』(XI, 21)。以下に挙げるのは、日本語版からの引用である。「しかしあなたはすべてを寸法を測り、数を数え、重さを測って按配されたのである」(関根正雄・新見宏『知恵と黙示』、《聖書の世界》

別巻1・旧約1、講談社、一九七四年、一三一〜二〇一ページ、とくに一六八ページ)。

「計測する神」の図像は、たとえば有名なパリの細密画家による『教訓化された聖書』の扉ページ(一二〇八年〜一二二五年、ウィーン[ONB 2554]、folio 1verso)に見ることができる。計測者ないし建築家としてのキリスト教ないしユダヤ教の神の思想的伝統および視覚的表現については次を見よ。Friedrich Ohly, "Deus geometra. Appunti per la storia di una rappresentazione di Dio", in Id., *Geometria e memoria. Lettera e allegoria nel Medioevo*, a cura di Lea Ritter Santini, Societa editrice il Mulino, Bologna, 1985, pp.189- 247; Friedlich Ohly, "Deus Geometra. Skizzen zur Geschichte einer Vorstellung von Gott", in *Tradition als historische Kraft. Interdisziplinare Forschungen zur Geschichte des fruheren Mittelalters*, Unter Mitwirkung von M. Balzer, K. H. Kruger und L. von Padberg, Herausgegeben von Norbert Kamp und Joachim Wallasch, Walter De Gruyter, Berlin- New York, 1982, pp.1-42; Johannes Zahlten, *Creatio mundi. Darstellungen der sechs Schopfungstage und naturwissenschaftliches Weltbild im Mittelalter*, Klein- Cotta, Stuttgart, 1979, Abb.269, 270, 281, 282, 283, 284, 286, 287, 288, 289, 290. さらに、いわゆる『教訓化された聖書』の挿絵における科学的図像について考察した最近の研究も見よ。Katherine H. Tachau, "God's Compass and Vana Curiositas: Scientific Study in the Bible Moralise'e", in *The Art Bulletin*, Volume LXXX, Number 1, 1998, pp.7-33. 秋山聰「「芸術家としての神」から「神としての芸術家」へ——芸術家による自己イメージの形勢をめぐって」、『西洋美術研究』、第三号、二〇〇〇年、七五〜九三ページ。Kaoru ADACHI, "L'anti-platonismo nel Cinquecento. Una precisazione iconografica della Diogene disegnata da Parmigianino."(東北大学美学・美術史研究室編『美術史学』第20号、一九九九年、六九〜一〇八ページ)。

☆49——アウグスティヌス『神の国』(XI, 30)。「それゆえ、数論を軽んじてはならないのであり、それがどれほど重んじられてしかるべきであるかは、聖書の中の多くの箇所について注意深い解釈者たちが解釈しているところから明らかであり、神を賛美するために、あなたはすべてを量、数、重さによって配置した、と聖書で語られているのには、理由がないわけではないのである」("Vnde ratio numeri contemnenda non est, quae in multis sanctarum scripturarum locis quam magni aestimanda sit elucet diligenter intuentibus. Nec frustra in laudibus Dei dictum est: Omnia in mensura et numero et pondere disposuisti.")。以下の邦訳があるが、原文から訳した。アウグスティヌス『神の国』(三)、服部英次郎訳、岩波文庫、一九九八年、八〇〜八一ページ。

☆50——『ルカによる福音書』(XII, 7)。

☆51——『ヨハネの黙示録』(VI, 5)。ウルガータ版ではこうである。「……さらに見ると、そこに黒い馬がやってきた。そこに乗っている人は、手に秤をもっていた」。さらに別の箇所(XI, 1)でも類似したことが語られている。『そして、私は杖のような物差しを与えられ、こう告げられた。すなわち、立ちあがり、神の神殿と祭壇を測り、そこで礼拝している人々の数を数えよ」。

☆52――カミッロのテクストではこう書かれている。"Ego sum ipse, ego sum primus et novissimus; manus mea fundavit caelos, et dextera mensa est caelos." カミッロの典拠は『イザヤ書』（XLVIII, 12-13）であるが、ウルガータ版聖書とは一致していない。ウルガータ版では、「わたしは神、初め（primus）であり、終わり（novissimus）であるもの。わたしの（左）手は地の礎になり、わたしの右手が天となる」（"ego ipse ego primus et ego novissimus manus quoque mea fundavit terram et dextera mea mensa est caelos"）。だが、カミッロは左手を「地の礎」ではなく「天の礎」にしている。

☆53――『イザヤ書』（XL,12）。

☆54――カミッロのイデア論で用いられる語彙や論法に近い例として、ジョルダーノ・ブルーノの記憶術論『イデアのオンブレ』（*Le ombre delle Idee*）が挙げられるであろう。ブルーノは、人為的記憶術を世界構造を理解するための道標とみなして推奨し、「影」（le ombre）、つまりイデアがこの世界で身にまとう形象（ないし印象）を解釈する三〇とおりの方法を論じているが、その語彙はカミッロのそれによく似ている。Giordano Bruno, *Le ombre delle Idee. Il canto di Circe. Il sigillo dei sigilli*, introduzione di Michele Ciliberto, traduzione e note di Nicoletta Tirinnanzi, Rizzoli, Torino, 1997, pp.37-228.

☆55――『ヨハネによる福音書』（I, 3-4）。

☆56――アリストテレス『形而上学』（I, 9, 990b 以下）。

☆57――「カンノーネ」（cannone）と、「ヴォルーメ・オルディナート・ペル・タリ」（volume ordinato per tagli）の解釈については解題論文を参照されたい。

☆58――この「本性的／自然的な事物（cosa naturale）」は、アリストテレスが『自然学』において「本性／自然によって存在たらしめられるもの（to [on] physikon）」（192b8）と呼んだ、動物とその四肢、植物、単純な原素（地水火風）などを指すと思われる。カミッロの「本性／自然」（natura）の概念はアリストテレス哲学を基盤としている。前註☆25を見よ。

☆59――三又の槍をもつネプトゥヌスの図像については解説を参照されたい。

☆60――一六世紀から一七世紀にかけてのヴェネツィアにおける造船業の「技」については以下で論じられている。Manlio Brusatin, *Arte della meraviglia*, Einaudi, Torino, 1986, pp.80-123.

☆61――大プリニウス『博物誌』（VIII, I, 1）。「陸に棲む動物の中で最大のものは象である。これは知性において人間にいちばん近い動物である。象は自分の国の言葉を理解し、命令に服従し、教えられた義務を記憶し、愛情や名誉の徽章を喜び、いやそれだけでなく、人間にあってもまれな、さまざまな美徳、誠実性、知恵、正義、そしてまた星辰への敬意、太陽や月への崇敬などをもっている」("Maximum est elephans proximumque humanis sensibus, quippe intellecus illis semonis patrii et imperiorum abedientia, officiorum quae didicere memoria, amoris et gloriae voluptas, immo vero quae etiam in homine rara, probitas, prudentia, qeauitas, religio quoque sideum soliosque ac lunae veneratio.")。

☆62――「小さな霊魂たち」(spiritelli) のイメージについては解題論文を参照されたい。

☆63――おそらく三人のパルカについての解釈をさしている。プラトン『国家』(X, 616ff)。パルカについては、本書の「ジュリオ・カミッロ氏の劇場のイデア」の訳註☆61、および「パシパエ」の訳註☆21も見よ。

☆64――「フランドル地方の絵画に見られるような、大きく開いて霊魂たちを飲みこむタルタロスの口」のイメージについては解題論文を参照されたい。

☆65――ギリシアで活動したユダヤ人哲学者アレキサンドリアのフィロン（紀元前三〇年頃～紀元後四五年頃）は、その著作『世界の永遠性について』(85-88) において、宇宙の消滅と再生を火の発生とその消失として説明している。Philon d'Alexandrie, *De AETernitate Mundi*, Introduction et notes par R. Arnaldez, traduction par J. Pouilloux, E'citions du Cerf, Paris, 1969, pp.134-138.

☆66――ホメロス『イリアス』(XV, 17-20)。ホメロスによれば、女神ヘラ（ローマ神話におけるユノ）は、トロイ戦争のさい、アカイア軍に加勢しトロイを負かした。そのことを知ったゼウスは、人間世界に不用意に介入した罪でヘラに懲罰を与えた。ヘラは「宙吊りにされ……足には鉄敷の二つの錘がつけられ、手には壊れぬ黄金の鎖を掛け」させられ、「高天の雲間にぶら下がっていた」。これ以外の古代の源泉としては、ストア派のアラトス（紀元前三一五～三〇五年の間に誕生）が著わした著作（消失）に四世紀のアレクサンドリアの哲学者テオンがほどこした『アラトス註釈』が知られている。*Scolia in Aratum*, in *Commentariorum in Aratum. Reliquiae. Collegit Recensuit Prolegomenis indicibusque Instruxit E. Maass*. Editio Altera ex Editione anni MDCCCXVIII Lucis Ope Expressa, Berolini Pud Weidmannos, Berlin, 1958, p.93.

☆67――オウィディウス『変身物語』(II, 846-875)。ユピテルによるエウロペの誘拐の状況についてはこうである (II, 867-875)。「そしてついに、この王の娘は勇気を出して、実は空が何者であるかなどと疑うこともなく、雄牛の背中に乗った。そうすると、神は、陸地と乾いた海辺から何気ない様子で遠ざかり、その偽の足を水につけ始めたが、その後、もっと先に進んでいくと、大海原の真っ只中へと獲物を運んでいく。彼女は恐ろしさで満たされ、もはや遠くなってしまった岸辺を振り返って見つめながら、右手で片方の角を摑み、左手を背中に乗せる。衣は風にはためき、膨らむ」("Et timore paulatim sublato, nunc dat pectus mulcendum manu virginea, nunc cornua implicanda novis sertis Pue la regia ausa est quoque insidere dorso tauri, ignorans quem premeret. Cum Deus immittit paulatim fictas plantas pedum a terra et litore sicco in primas aquas. Inde sese promovet ulterius, et fert rapinam per aequora medii maris. Haec timet, et abrepta oculos vertit ad litus relictum; et dextra apprehendit cornu, altera est affixa tergo. Amictus fluctuantes corrugantur vento."）。以下の邦訳があるが、ここでは原文から訳した。オウィディウス『変身物語』（上）、中村義也訳、岩波文庫、一九八一年、九三ページ。

☆68――ルクレティウス『事物の本性について』（II, 598-609）。「それゆえに神々の大いなる母、野の獣どもの母、そしてまた人類の母とこの地だけが呼ばれる。古代ギリシアの博識な詩人たちは、この母なる地は馬車の中の玉座に座り、二頭立てのライオンを御すると歌った。それは、地が空気の隙間を走っていて、地が地の上にあることはできないと教えるためであった。なぜなら、良心の心遣いには従って、気を和らげるはずだという表徴である。そして胸壁の飾りある冠をかぶらせた。なぜなら、高台に防壁を具えた地は都市を守るからである。そのような飾りをいまやほどこされ、広い地の国々を通って、人々に怖れを与えつつ母なる神の像は運ばれ進んでいく」（"quare Magnam deum Mater Materque ferarum et nostri genetrix haec dicta est corporis una. Hanc veteres Graium docti cecinere poetae sedibus in curru biiugos agitare leones, aeris in spatio magnam pendere docentes tellurem neque posse in terra sistere terram. adiunxere feras, quia quamvis effera proles officiis debet molliri victa parentum. muralique caput summum cinxere corona, eximiis munita locis quia sustinet urbes; quo nunc insigni per magnas praedita terras horrifice fertur divinae Matris imago."）。以下もあげる邦訳を参照しながら、ここでは原文から訳した。『ウェルギリウス／ルクレティウス』（世界古典文学全集21）、泉井久之助、岩田義一、藤沢令夫訳、筑摩書房、一九六五年、三二四ページ。

洞窟

☆1――プラトン『国家』（VII, 514a-b）。「教育と無教育ということに関連して、我々人間の本性を、次のような状態に似ているものと考えてくれたまえ。地下にある洞窟状の住いの中にいる人間たちを思い描いてもらおう。光明のあるほうへ向かって、長い奥行きをもった入口が、洞窟の幅いっぱいに開いている。人間たちはこの住いの中で、子供のときからずっと手足も首も縛られたままでいるので、そこから動くこともできないし、また前のほうばかり見ていることになって、縛めのために、頭を後ろへめぐらすことは出来ない」（以下の訳を用いた。プラトン『国家』［下］藤沢令夫訳、岩波文庫、一九七九年、九四ページ）。

☆2――ホメロス『オデュッセイア』（XIII, 93-112）。邦訳は、ホメロス『オデュッセイア』（下）、松平千秋訳、岩波文庫、一九九四年、一五ページ。ボルツォーニ（Bolzoni, p.190, n.2）は引用個所を一二六〜三七行としているが、これは正確ではない。プラトン主義の哲学者ポルフュリオス（Porphyrius, 233-305）は、ホメロスが記述するニンフの洞窟の解釈をめぐって、『ニンフたちの洞窟について』(*De antro nympharum*)を執筆した。ポルフュリオスによれば、「ホメロスは……歴史的事実を語っているのでもない」し、「単なる詩的な思いつき」でもない。この物語のなかでは、ゾロアスターやプラトンの思想によって語られた奥義が、「寓意という薄暗い覆い」によって包まれている。Porphyry *On the Cave of the Nymphs*, translated bt Thomas Taylor, with an Introduction by Kathleen Raine, Phanes Press, Grand Rapids, 1991.

☆3――フランチェスコ・ジョルジョ・ヴェネトは、旧約聖書への註釈書『優雅な詩とそれへの註釈』(*L'Elegante Poema & Commento sopra il Poema*)において、これと類似した記述をおこなっている。「かくして天層の塊は(天上界と地上界の)いずれの方向にも均等に引かれ、それゆえ幅広く伸び、われわれのこの低い世界の修道院すべてを包む美しい覆いとなっている。それゆえ、天界の輪(天層)の下にあるすべての事物にとってふさわしいと判断される以上に多く(の水)はもたらされない。もし、この神聖な泉の水脈が破られてしまったならば、あらゆる事物は必要以上に際限なく水に満たされてしまうであろう」(Francesco Giorgio Veneto, *L'Elegante Poema & Commento sopra il Poema*, E'dition critique par Jean-François Maillard, Prèface de Jean Mesnard, Archè, Milano, 1991, Canto III, fol.9r, p. 52m, "La massa del ciel donque su la via / fatta bilancia, libra e bel coperchio / a tutta quella bassa monarchia // accio non men sia dato ne soperchio / di quel che per giustitia si conviene / a quei che son sotto al celeste cerchio. // Che se aperte fusser quelle vene / del divin fonte, senza la misura / piu del dover, serian le cose piene")。

☆4――『詩篇』(ウルガータ版ではCXLVII, 4、日本語版聖書ではCXLVIII, 4)。

☆5――グレゴリウス・ナツィアンツ『演説』(*Oratione*, XXVIII, 28)。「さて今度は、地と地に属するものから離れて、思考の翼を広げて空気へと上昇することによって、われわれの論述は正しい道を進むことができよう。わたしは、あなたを、天界の事物へ、天界それ自体へ、そして天界の上にあるものへと連れていこう。なぜならば、たしかにわたしの説明を超える事柄まで上昇するのはためらわれるにせよ、可能なかぎり上昇することは必要だからである。あの偉大で豊かな方(神)は、人間たちに空気を与えるとき、人間たちの階級の差や幸運によってその分量を量ろうとはしなかったし、境界線で区切ることもなかったし、人々の世代の差にしたがって区分することもなかった。そうではなくて、彼は、マンナの配給と同じように、充分なだけ与え、その配給を平等なものとすることを価値があると考えたのである。……風はどこに蓄えられているのであろうか。そして雪はどこに保存されているのであろうか。聖書が語ったように、一体誰が、霧の雫を産むのであろうか。誰の子宮から氷は落ちてくるのであろうか。なんという驚異であろうか。誰が雲の中に水を結びつけ、その本性として風に流されるはずの雲を彼の世界の中に固定させ、その残りを大地全体の表面へと注ぎ、それを適切な季節になると広い範囲へと、正しい割合で撒き散らし、そして全体の湿気が自由かつ無制限に出ていくことを抑制したり……われわれがまるで（預言者）エリアのように日照を終わらせるために必要とすることが再びないように、その全体を保つのであろうか。もし、彼が、仮に、天界を閉鎖したら、誰がそれを開くのであろうか。もし彼が水門を開けば、誰がそれを閉じるであろうか。彼が彼自身の物差しと秤で宇宙を統べているかぎり、誰が雨を降らせすぎたり、必要より少なくするのであろうか」（http://www.synaxis.org/ecf/volume30/ECF00010.htm）。グレゴリウス・ナツィアンツ（Gregorius Nazianz, c.329-389）は東方教会の博士であった。ボルツォーニはカミッロの典拠を発見できなかったと述べている（Bolzoni, p.190, nota 4）。

☆6——"Producat terra herbam virentem, et lignum zuse dir si potesse) pomiferum." これは、ウルガータ版の『創世記』（I, 11）のパラフレーズである。ウルガータ版ではこうである。「地は草を芽生えさせよ。種をもつ草と、それぞれの種をはらみ実をつける果樹を地に芽生えさせよ」（"Germinet terra herbam virentem et facientam semen et lignum pomiferum"）。

☆7——ここでは五つのイメージしか語られていないが、カミッロは実際には六つのイメージを挙げている。

☆8——ホメロス『オデュッセイア』（XI, 618-20）。「次にわたしは、強い英雄ヘラクレスの姿を見た。しかしそれは彼の影に過ぎず、本人は不死の神々に交わり宴を楽しみ、大神ゼウスと黄金のサンダルを身に着けたヘラの娘、踵の美しいヘベを妻にしていた」（前掲書［上］、三〇五ページ）。なお、ウェンネカーもボルツォーニも、行数を818-854と誤記している。Wenneker, p. 374; Bolzoni, p. 190, n. 6.

☆9——この一節は、カミッロが、その豊穣なインプレーサ／エンブレム的意匠において、マニエリスムにおける複雑な図像愛好趣味、およびジョヴァンニ・ピコ的詩的神学における「秘儀」としてのイメージという観念を共有しながら、なお他方ではイメージと言語の結合における恣意性の問題にきわめて敏感であったことを示唆している。カミッロのなかには隠秘主義者と合理主義者の二つの相貌が存在し、同様に『劇場のイデア』というテクストもまた、隠されるべき謎を合理的に明示するという両義的性格をもっている。事実カミッロが危惧した事態が、マニエリスムの時代の図像学、とくに古代神話を下敷きにした寓意的主題において生じた。マルカントニオ・ライモンディ、さらにそのフォロワーたちによる版画作品、のちにはヴァザーリやポッピ、ストラダーノらによるパラッツォ・ヴェッキオの室内装飾では、しばしば、ひとつの寓意的意味を伝えるために多数の人物像を複雑に組みあわせ、結果として主題が両義的になったり、難解になりすぎたりする現象が起きた。それらの作品では、なんらかの物語や意味を伝えるための人物像の身振りやアトリビュートが重複したり、対立したりする。主題との積極的な関連性をもたないように見える不可解なモティーフが描かれることさえしばしばある。

☆10——カミッロは、ルイージ・グイッチャルディーニ（Luigi Guicciardini）に宛てた手紙（一五三六年一月一一日）で、アナクサゴラスの再評価をうながしている。「この地上界ないし天界にあるすべてのものは、知性の中に、それぞれのイデアおよび真実（の姿）を有しています。ところが、アナクサゴラスは、アリストテレスの『自然学』（*Physica*）の第一章では、すべてのもののなかにすべてのものの部分が含まれていると述べた人物として、批判されていました」（*I Guicciardini e le scienze occulte, L'oroscopo di Francesco Guicciardini*, a cura di R. Castagnola, Premessa di Engenio Garin, Olschki, Firenze, 1990, pp.374-383, esp. 379, "E perche tutte le cose che sono in questo mondo inferiore, overo nel celeste, hanno le loro idee, le loro verita ne l'intellettuale, si mostra Anassagora calunniato nel primo de la Physica da Aristotele, a dir quodlibet esse in quolibet"）。カミッロが参照指示をおこなっているアリストテレス派のシンプリキオス、ヒッポリュトスらが報告している。この問題をめぐるアナクサゴラスの見解については、アリストテレスの記述は、『自然学』（I, 187a20-188a20）である。日下部吉信編訳『初期ギリシャ自然哲学者断片集２』ちくま学芸文庫、二〇〇一年、四二二～二八、四三一～三三、四九四～五一〇ページ。

☆11——「水を利用する技芸」の例は、水道、人工噴水、橋、港の造作、井戸、船舶、魚釣りである。それらについてはプロメテウスの階層で語られる。

☆12——オウィディウス『変身物語』（I, 452-567）によれば、アポロンに愛されて追いかけられたダフネは、月桂樹に変身して彼をやりすごそうとするが、それでも彼女を愛した神は、その木を彼の神木とすることにした。カミッロの時代には、アポロンとダフネを主題とする美術作品はきわめて少ない。ダフネの図像については次を参照せよ。Wolfgang Stechow, *Apollo und Daphne*, Wissenschaftliche Buchgesellschaft, Darmstadt, 1965; Yves F. A. Giraud, *La fable de Daphne: Essai sur un type de mè tamorphose vègètale dans la littèrature et dans les arts jusqu à la fin du XVIIe siècle*, Librerie Droz, Geneva, 1968.

☆13——テオフラストス『植物の原因について』（*Peri phyton aition*）および『植物誌』（*Peri phyton historias*）のこと。

☆14——ウェルギリウス『農耕詩』（IV, 382-383）。ウェルギリウスは『農耕詩』第四歌の主題を蜜蜂に捧げ、牧人アリスタイオスの悲劇的な伝説について語っている。それによれば、アリスタイオスは病気と飢えのせいでかつて飼っていた蜜蜂をすべて失って放浪する。最後には、聖なる泉のもとで母、つまりテッサリアのニンフであったキュレネに恨みと祈りを捧げる。カミッロによる引用はその一部である。原文から訳したが、次の邦訳を参照した。記して感謝する。ウェルギリウス『牧歌・農耕歌』（新装版）、河津千代訳、未来社、一九九四（一九八一）年、二六〇ページ。

☆15——「メルクリウスから衣服を差しだされるディアナ」については、解題論文を参照されたい。

☆16——アリストテレス『形而上学』（XII, 1069b）。

☆17——ヘラクレスの一二功業のひとつにアウゲイアスの家畜小屋の掃除がある。たとえば、アポロドロス『ビブリオテケ』

(Apollodorus, *Bilbiotheke* ,II, 5, 5) ではこう記されている。「第五の仕事としてアウゲイアスの家畜の糞を一日のうちに一人で運びだすことを彼に命じた。さてアウゲイアスはエリスの王であって、太陽神(ヘリオス)の子であるとも、またポセイドンの子とも、また一説によればポルバースの子とも言われ、多くの家畜の群を所有していた。ヘラクレスは彼のところにきて、エウリュステイスの命令を明かさないで、もし家畜の一〇分の一をくれるならば一日で糞を運びだそうと言った。アウゲイアスは信用せず、約束をした。ヘラクレスはアウゲイアスの息子ピュレウスを証人に立てた。そして家畜小屋の土台に穴を開け、他の出入口から流出口を作っておいて、相接して流れているアルペイオスとペネイオスの流れを引いてきた」(以下からの引用である。アポロドーロス『ギリシャ神話』、高津春繁訳、岩波文庫、一九五三年、九三ページ)。

このような汚物のイメージは一七世紀以後の文学でとりあげられることがあったが、いわゆるルネサンスにおける「ファインアート」の例はほとんど見あたたらない。Jane Davidson with Assistance of Chris Rohman, *The Oxford Guide to Classical Mythology in the Arts, 1300-1990s*, 2 vol., New York-Oxford 1993, vol.1, p.556. このスカトロジー的イメージは、『ヘレンニウスに捧げる修辞学書』の著者が推奨した「強烈なイメージ」による記憶術の伝統を継承するものであると同時に、ルネサンスの時代の記憶術の実践が、宮廷文化によって守られた「デコールム」の限界を突破し、グロテスクな民衆的カーニヴァル精神に到達しえたことを示唆してもいる。フランソワ・ラブレーの文学のなかにミハイル・バフチンが喝破したように、スカトロジーや狂気的大食、浪費のような炸裂するカーニヴァル的イメージは、中世からルネサンス、そしてマニエリスムにかけての「人間性(フマニタス)」の全体像を構成する重要かつ本質的なピースである。バフチンのラブレー文学論は今もすべてのヨーロッパ文化研究者にとって計り知れない価値と刺激をもつ霊感源である。ミハイール・バフチーン『フランソワ・ラブレーの作品と中世・ルネッサンスの民衆文化』川端香男里訳、せりか書房、一九九七年。

☆18——クリオーネは、「雲の中のユノ」をこう解釈する。「ユノ……嵐の変化、および隠されていた秘密の事物が時によって明示されること。雲によって周りをすべて囲まれたこのユノの像は、見てのとおり、嵐の変化の表徴を(ユノは空気の表徴を)伝える。さらにこれは、古代において濃霧のなかに浸された事物、あるいはそれ以外の方法によって曖昧にされた事物、隠された事物の表徴を伝える。しかしそれらは、時によって、まさしく瞬間的に明示されるのである」(Curione, in *Ieroglifici*..., cit., Libro Primo, p.425, "GIVNONE...CHE LA MVTATIONE DELLE TEMPESTE, ET LE COSE secrete con il tempo si palesano. LA medesima Giunone d'ogn'intorno di nuuole circondata, talche appena ueder si possa significa si la mutatione delle tempeste, [essendo Giunone un significato dell'aere] si ancora quelle cose che in una profonda caligine d'antichita

sono sommerse, o per altro modo oscure, & ascose, lequali pero il tempo manifestera, si ancora la breuita del tempo")。
一五世紀から一六世紀にかけて、ユノを扱った美術作品の例は少なからず存在する。しかし、それらは一般に、孔雀に引かれる戦車に乗ったり、あるいは孔雀とともに佇んでいる姿で描かれており、カミッロやクリオーネが語るような「雲の間に」いるユノはほとんど見あたらない。その希少な例のひとつが、ラファエッロ・サンツィオに帰属されることもある《雲のなかのユノとユピテル》(一五二〇年頃、油彩、オクスフォード、クライスト・チャーチ)である。以下を見よ。J. Byam Shaw, *Paintings by Old Masters at Christ Church*, Oxford, Phaidon, London, 1967 Cat.131. しかし、本文のこののちの箇所(太陽の洞窟に関する記述)では、「雲の中のユノを射抜くアポロン」というイメージが語られており、クライスト・チャーチの作例のようにユノがユピテルとともに雲のなかにいるという図像はカミッロの念頭にはなかったように思われる。

☆19——金の羊毛のイメージは、オルペウス(帰属)やアポロニオスによって歌われた『アルゴナウティカ』(アルゴ号の航海)の中心的モティーフである。金の羊毛についての記述の中の括弧内の補足では、カミッロの持論である「人間の神化」(deificazione)、すなわち人間の神聖なる存在への変化がほのめかされている。この思想は錬金術の伝統に基づくと考えられる。この思想については、ボルツォーニが編集したカミッロの重要な手稿『変容について』(*Le trasmutatione*)が一級資料となっているのでそれを参照されたい。Lina Bolzoni, *Il teatro della memoria. Studi su Giulio Camillo*, Liviana Editrice, Padova 1984, pp.1-12, 99-106.
アルゴ号と黄金の羊毛の逸話についての錬金術的解釈は、錬金術に携わったリミニの詩人・人文主義者、ジョヴァンニ・アウレリオ・アウグレッリ(Giovanni Aurelio Augurelli)のラテン語詩『金の羊毛』(*Vellis aureum*)で歌われている。ボルツォーニ(Bolzoni, p.191, nota 12)によれば、カミッロはこの詩を、『卜占への反論』(*Adversaria rerum divinarum*, cc.23r-25v)で引用している。アウグレッリについては、画家、ジュリオ・カンパニョーラ(Giulio Campagnola, c.1480-after 1514)との関連性が指摘されており、美術史の立場からも興味深い存在となっている。Giuseppina dal Canton, "Giulio Campagnola 'Pittore alchimista` (1)", in *Antichita viva*, Anno XVI, numero 5, 1977, pp.11-19; Id., "Giulio Campagnola 'Pittore alchimista` (2)", in *Antichita viva*, Anno XVII, Numero 2, 1978, pp.3-10. さらに、一六世紀初期のイタリアにおけるアウグレッリが示したイメージ理論の重要性についてはセッティスが指摘している。Salvatore Settis. *La «Tempesta» interpretata. Giorgione, i committenti, il soggetto*, Giulio Einaudi editore, Torino, 1978, pp.118-9. 邦訳は、サルヴァトーレ・セッティス『絵画の発明——ジョルジョーネ「嵐」解読』小佐野重利監訳、石井元章・足達薫訳、晶文社、二〇〇二年、一九五〜九八ページ。

☆20――アポロニオス『アルゴナウティカ』(I, 6-11) ではこうである。「サンダルの片方だけをはき、民のあいだから来る者を見たとき、彼はこの者の企みによって滅ぶだろうと。その後まもなくあなたの予言に従いイアソンは、冬アナウロスの流れを徒歩で渡ったとき、サンダルの片方は泥から引き抜いたが、片方は河底に、あふれた水にとられてそのまま残した」(以下からの引用であるアポロニオス『アルゴナウティカ』岡道男訳、講談社文芸文庫、一九九七年、一〇ページ)。

☆21――ブルゴーニュ公国のフィリップ善良公によって、一四二九年ブリュージュで設立された騎士団である。この騎士団の紋章は金泥を塗られた羊毛が吊るされた金の首飾りであり、「労働の価値は安からず」(Pretium non vile laborum) という標語をともなっていた。これは明らかにイアソン神話への言及である。カミッロの時代の騎士団長は神聖ローマ皇帝カール五世であった。

☆22――現代の版本(解題論文を見よ)では、この段落の「金の羊毛」の直後から、ゾロアスターの魔術に関する記述までを丸括弧でくくっているが、一五五〇年のトレンティーノ版および一六世紀の『カミッロ全集』にはそのような括弧がない。そのため本訳では、一五五〇年のトレンティーノ版に立ち戻り、括弧はなかったものとして訳した。

☆23――つまり、これらの物体はまだ単純な原素の段階にあるため、人間は用いたり感じたりすることができない。人間が用いたり感じることができる重さや手触りについては、パシパエおよびプロメテウスの階層における水星の扉に描かれる。

☆24――ここから先の記述では、星座、惑星、人間の肉体の各部分が占星術的な照応関係に置かれる。

☆25――デモクリトスについて伝える文献資料には、原子の定義に関する彼の学説をめぐる後世の論争が記録されている。たとえば、アレクサンドリアのディオニュシオスは「数においてかぎりない不滅にして極小の小物体」を原子の定義としているが(エウセビオス『福音への準備』[XIV, 23, 2-3] に引用されている)、これに対してエピクロスは、「原子にはいかなる大きさもあると考えるべきではないが、しかし大きさに一定の差異があるとは考えるべきである」(ディオゲネス・ラエルティオス『列伝』[X, 55]) と述べている (以下からの引用である。日下部吉信編訳『初期ギリシア自然哲学者断片集3』ちくま学芸文庫、二〇〇一年、四八～四九ページ)。

☆26――プルタルコス『アレクサンドロス伝』(XVIII)。「ゴルディオンの町を占領したとき、クラネイアの木の皮で縛ってある評判の車を見た。この車について蛮族の間で信じられている伝えによれば、この結び目を解くものには全世界の王になる運命に定められていた。さて、多くの人が語るところによれば、その結んである紐の端が見えないように何度も巻きつけて組みあわせてあるので、アレクサンドロスは解く方法を見つけることができず、剣で結び目を断ち切った。

しかしそこからはさらに何本もの紐の端が現われたのである。しかしアリストブロスが語るには大王はとても簡単にその結び目を解き、くびきの紐が縛りつけてあったいわゆるヘストール（くびきを、ながえに止めるための杭）をながえから抜いて、そのままくびきを外したのだと語っている」(以下からの引用だが、一部の表記を本書の様式に合わせてひらがなに変えたことを記し、感謝を捧げる。『プルターク英雄傳(九)』河野興一訳、岩波文庫、昭和三一年、二九ページ)。それ以外の典拠としては次が知られている。アリアノス『アレクサンドロス出征記』（または『アナバシス』[II, 3, 1-18]）；クイントゥス・クルティウス・ルフス『アレクサンドロス伝』（III, 1, 14）；マルクス・ユニアヌス・ユスティヌス『書簡集』（XI, 7, 11-15）。

☆27――ボルツォーニの校訂版（Bolzoni, p. 93）ではイクシオンの綴りが、"Issone"と誤って綴られている。ユノとイクシオンの神話を似像によって欺かれる人間の隠喩とみなす解釈はプルタルコスにさかのぼる。プルタルコスの『恋愛をめぐる対話』（*Amatorius*, 766A）では、次のように記されている。「これはあの、車に縛られて回転するイクシオンに似ている。雲の中に渇望してやまない事物を探しまわる。しかしそれは、求めている事物の影にすぎないものの間に空ろな幻を追っているだけで、子供が美しさに惹かれて虹を手でつかまえようと躍起になるようなものである」(以下からの引用。プルタルコス『愛をめぐる対話・他三篇』柳沼重剛訳、岩波文庫、一九八六年、七五ページ)。ユノとイクシオンの物語は、多くの古典的典拠に記されている。以下を見よ。Eric M. Moormann, Wilfred Uitterhoeve, *Miti e personaggi del mond classico. Dizionario di storia, letteratura, arte, musica*, Edizione italiana a cura di Elisa Tetamo, Bruno Mondadori, Milano 1997, pp.440f. さらに、ここに挙げられた典拠も参照されたい。なお、同書によれば、最も初期の文献では、雲によるユノの似像を制作したのはユピテルと伝えられていたようである。

☆28――ウェルギリウス『アエネイス』（VI, 417-425）。「巨大なケルベロスが三つの口で吼えてこの地獄の王国にその声をとどろかせ、洞窟をふさいでそこに横たわる。巫女は、首の毛が蛇のように逆立つのを見て、蜜と薬効とを加えた麦粉でつくられた、眠りをもたらす団子をこれに投げ与えた。するとこれ（ケルベロス）は激しい食欲を感じて、三つの喉をすべてを開け、投げられたその餌に食いつき、しばらくするとその背中は力をなくし、体は地に崩れ、洞窟の前にその巨大な体を伸ばした。アエネイアスはそれを眠りのなかに沈め、入り口に乗りこみ、誰もそこから戻ることのなかった川岸から急いで離れたのである」("Cerberus haec ingens latratu regna trifauci personat, adverso recubans immanis in antro. Cui vates horrere videns iam colla colubris melle soporatam et medicatis frugibus offam obicit; ille fame rabida tria guttura pandens corripit obiectam atque immania terga resolvit fusus humi totoque ingens extenditur antro. Occupat Aeneas aditum custode sepulto evaditque celer ripam inremeabilis undae")。訳文は以下の邦訳を参照しながら原文から訳した。ウェルギリウス

『アエネーイス』（上）、泉井久之助訳、岩波書店、一九七六年、三八二ページ。

☆29——ローマで一四八五年に発見され、のちにピッロ・リゴーリオ（Pirro Ligorio, c.1510-1583）によって記述された古代ローマの石棺（現在は所在不明）に、香草を頭に載せた女の像が刻まれていた。カミッロはおそらくこれを指しているのであろう。リゴーリオはこう書いている。「密閉された大理石の墓。内部は黄金が施されている。外部には香草を上に載せた一人の女が刻まれており、女の顔と手も黄金で装飾されている」（Carlo Gasparri, "Il sarcofago con Nekya di Villa Giulia restaurato. Ancora sull'inizio della produzione di sarcofagi a Roma", in *Praestant interna.* Festschrift für Ulrich Hausmann, Tubingen, Ernst Wasmuth, 1982, pp.165-171, esp.p.169, "sepulchro di marmo chiuso, et indorato dentro, e la donna oltre al balzamo che havea, era ancho essa tutta indorata nella faccia e nelle mani"）。

☆30——香草の壺がウェヌスのものとみなされる典拠はわからなかった。

☆31——オウィディウス『変身物語』（III, 339-510）。アントニオ・ディ・ジョヴァンニに帰属される《ナルキッソス》（一四六五年頃、ロンドン、ヴィクトリア・アンド・アルバート美術館［inv. 4639-1858］）のように、一五世紀後半から、室内画の主題のひとつとしてナルキッソスがとりあげられるようになっていった。

☆32——プラトン『小ヒッピアス』のこと。

☆33——「ディゼーニョ（素描）」は一六世紀イタリアの美術理論の中心的概念である。『劇場のイデア』の「プロメテウス」の階層ではさらに、「図が施された旗、塑像、都市をつくっている三人のパラス」の図像によって、「ディゼーニョ（disegno）、建築（architettura）、絵画（pittura）、遠近法（prospettiva）、鋳造彫刻（plasticastatuaria）、塑像（statuaria）」の表徴が伝えられると書かれている。

　カミッロの『劇場のイデア』初版と同じ一五五〇年に出版されたヴァザーリ『美術家列伝』第一部序論では、「ディゼーニョ（素描）」について次のように定義されている。「これら三つの技（建築、絵画、彫刻）の父たる素描は、知性に導かれ、多くのものからひとつの普遍的な判断力を引きだす。言い換えれば、本性／自然（natura）によって統べられるものすべてから、形ないしイデアを引きだす。それらのもののなかの比例はそれぞれまことに多種多様である。素描は、人体や動物のみにとどまらず、植物においても、さらに建築や彫刻や絵画においても、その部分および全体、部分同士、さらに全体の比例を認識することをもたらすのである。この認識から確固たる判断力が生じる。まず精神のなかで形成され、続いて手によって表現されるもの、それこそが素描と呼ばれる。素描とは、人が魂のなかにもっている概念の外在化、明確化にほかならず、それは精神のなかで想像され、観念のなかで構築される」（Giorgio Vasari, *Le Vite*..., ed.Milanesi, tom.1, p.168-9, "PerchÈ il Disegno, padre delle tre arti nostre, Architettura, Scultura, & Pittura, procedendo dall'intelletto, caua di molte cose un giudizio uniuersale; simile a una forma, ovvero idea di tutte le cose della natura, laquale è singolarissima nelle sue misure; di qui è che non solo ne i corpi humani, e degl'animali, ma nelle piante ancora, e nelle fabriche e sculture e pitture, conosce la proporzione che ha il tutto con le parti, e che hanno le parti fra loro e col tutto insieme. E perchè da questa cognitione nasce un certo concetto e giudizio, che si forma nella mente quella tal cosa che poi espressa con le mani si chiama disegno; si può conchiudere che esso disegno altro non sia che una apparente espressione e dichiarazione del concetto che si ha nell'animo, e di quello che altri si è nella mente imaginato e fabricato nell'idea")。訳にあたっては、ヴァザーリ研究会編『ヴァザーリの芸術論――『芸術家列伝』における技法論と美学』、平凡社、一九八〇年、一一七ページと二五一ページを参照しながら、原文から訳した。

こうした形而上学の体裁を借りた「ディゼーニョ（素描）」観はロマッツォやフェデリーコ・ツッカリのような美術理論家たちの手によってさらに形而上学的に洗練されていく。一六世紀イタリアの芸術論における「ディゼーニョ（素描）」の重要性についてはとくに以下を参照せよ。Anthony Blunt, *Artistic Theory in Italy 1450-1600* Oxford University Press, Oxford , New York, 1962.（邦訳は、A・ブラント『イタリアの美術』中森義宗訳、鹿島出版会、一九八六年）。若桑みどり「ヴァザーリの芸術論――第三部序論を中心として」、前掲『ヴァザーリの芸術論』、三三八～七二ページ。David Summers, *Michelangelo and the Language of Art*, Princeton Univ. Press, Princeton-New Jersey 1981, pp 250-60. 美術史家デヴィッド・ローザンドの以下の研究では、一五世紀から近代にいたるまでの素描の技法的展開を要約している。David Rosand, *Drawing Acts. Studies in Graphic Expression and Representation*, Cambridge University Press, Cambridge, 2002. さらに、一六世紀イタリアにおける重要な素描論のアンソロジーがある。Paola Barocchi(a cura di), *Scritti d'arte del Cinquecento*, VIII (Disegno), Giulio Einaudi Editore, Torino 1979(1971).

☆34――オウィディウス『変身物語』(IV, 458-9)は、地獄で懲罰を与えられる巨人たちのなかに、タンタロスを含めている。「タンタロスは、水をとらえることもできないし、頭上の果樹に手を届かせることもできない」("Tantale, nullae aquae a te inveniuntur, et arbor quae impendet, recedit")。タンタロスやイクシオンのような巨人たちの懲罰の逸話は、カミッロとも交流した文学者ピエトロ・ベンボ（Pietro Bembo, 1470-1547）の代表的著作『アーゾロの人々』（*Gli Asolani*）においてもしばしば語られている（I, 30; II, 17）。Cf. Lina Bolzoni, *La Stanza della memoria. Modelli letterari e iconografici nell'eta della stampa*, Einaudi, Torino 1995, pp.87-90, 187-190. 邦訳は、リナ・ボルツォーニ『記憶の部屋――印刷時代の文学的-図像学的モデル』足達・伊藤訳、ありな書房、二〇〇七年、一四六～四七、三〇一～〇二ページ。

☆35――マクロビウス『サトゥルナリア』(Macrobius, *Saturnalia*, I, 19)。「……事実、そのようなアルゴスの神話においては、あたかも目のように見える星々に覆われた天の表徴が伝えられているのである。アルゴスは、輝かしい白さをもち、また実に速い動きをもっているため、天と呼ばれてしかるべきである。……アルゴスは高い場所から地を監視していると考えられたのであり、エジプト人たちヒエログリフを論じる著作のなかで一頭の牡牛と組みあわせてこれを図像化している」（Macrobio Teodosio, *I Saturnali*, a cura di Nino Marinone, Unione Tipografico-Editrice Torinese, Torino 1977(1967), "Prima Giornata", I, 19, p.276, "...sed sub huius modi fabula Argus est caelum stellarum videtur oculorum. Caelum Argum vocari placuit a candore et velocitate...Et videtur terram desuper observare, quam Aegyptii hieroglyphicus litteris cum significare volunt, ponunt bovis figuram"）。

☆36——大プリニウス『博物誌』（X, 1）には、駝鳥の卵の巨大さと硬度については特筆されているが、暖め方については書かれていない。聖堂や修道院などに刻まれたり描かれたりした動物の象徴について研究したエヴァンズによれば、駝鳥は卵を砂漠の砂のなかに隠し、太陽の光に当てて暖めた。これは駝鳥がその構造上、座って卵を温めるのが困難であるという理由から、まことしやかに語られてきたという。C. P. Evans, *Animal Symbolism in Ecclesiastical Architecture*, W. Heinemann, London, 1896, p.94.

☆37——『エゼキエル書』（I, 20, "Et spiritus erat in rotis"）。

☆38——ヘルメス・トリスメギストス『ピマンデル』（XII, 2, 17-18）。Mercurii Trismegisti liber de potestate et sapientia Dei, *Corpus Hermeticum* I-XIV, versione latina di Marsilio Ficino, Firenze 1989, "Mercurii ad Tatium de communi", fol.45v-46; cf. Walter Scott (ed.), *Hermetica.The Ancient Greek and Latin Writings which Contain Religious or Philosophic Teachings Ascribed to Hermes Trismegistus*, Shambhala, Boston 1993, p.234; Brian P. Copenhaver(ed.), *Hermetica. The Greek Corpus Hermeticum and the Latin Asclepius in a New English Translation with Notes and Introduction*, Cambridge 1992, p.47.

☆39——オウィディウス『変身物語』（I, 601-638）によれば、ユノは嫉妬に駆られて、イオを牝牛に変身させ、さらにアルゴスに彼女の監視を命令する。牝牛を大地のイメージとみなす解釈の源泉もまた、マクロビウス（Macrobius, *Saturnalia*, I, 19）であろう。書誌および原文については前註☆35を見よ。

☆40——アポロドロス『ビブリオテケ』（II, 5, 10）。ヘラクレスの一二功業のひとつであり、彼は処女牛を盗みだすため、それを監視していた三つの身体と三つの頭とをもつ怪物ゲリュオンを殺す。ボルツォーニによれば、カミッロはこの神話の隠喩を、その自伝的な草稿、『彼の雄弁の劇場についての鶏による演説』（*Pro suo de eloquentia theatro ad Gallos oratio*）でも用いているという。それによれば、ゲリュオンは「冬」の隠喩であり、ヘラクレスは太陽に守られた英雄の象徴である。ボルツォーニによる印象的な要約を引用する。「新しいゲリュオン（nuovo Gerione）としてのカミッロは、ちょうど内部に穀物の実りを隠す冬のように、自分の内に劇場の計画を温め、育んでいた。そして、神、神に属する英雄ヘラクレス、および神に属する太陽が、花々を開花せしめる春のごとく、その劇場の計画を外部に押しだし、生命を与えた」(pp.77-8, cit. in Bolzoni, p.193, n. 25)。

☆41――大プリニウス『博物誌』(X, 24)。大プリニウスによれば、鶏はきわめて誇り高く、自意識に満ちた気高い生物であり、その声はあらゆるものに対する勝利の歌となる。「それゆえ、野生の獣の中で最も高貴なライオンでさえ雄鶏を恐れる」("itaque terrori sunt etiam leonibus ferarum generosissimis")。

☆42――ルクレティウス『事物の本性について』(Lucretius, *De rerum natura*, IV, 710-735)。それ以外には、エリアヌス『動物の本性について』(Elianus, *De natura animalium*, III, 31; V, 50; VI, 22)、およびヤンブリコス『プロトレプティコス』(Iamblicus, *Protrepticus*, 21) も見よ。

カミッロは、ジョヴァンニ・ピコ・デッラ・ミランドラの『人間の尊厳について』も参照したと思われる。ピコ・デッラ・ミランドラは次のように記している。「最後に、彼(ピュタゴラス)は、私たちが鶏、すなわち、私たちの霊魂の神的な部分を、いわば精のつく食物にして天上的なアンブロシア(神の食物)である「神のものを認識すること」によって養うようにわれわれに忠告するでしょう」(以下からの引用である『人間の尊厳について』前掲書、三八ページ)。

☆43――当時、刑事裁判がおこなわれたパラス・ド・ラ・トゥルネル(Palace de la Tournelle)のことである。

☆44――この逸話については解題論文を参照されたい。なお、この逸話のベトゥッシによる喜劇的バージョンは以下。「ジュリオ・カミッロ氏だけが居残った。しかしながら、カミッロ氏は己の勇気を示すために残ったのではない。そうではなく、身体の重さゆえである。彼は、他のすべての人よりも雄ライオンに気づくことに遅れてしまい、そこに居残ったのである。したがって、逃げることもできず、微塵も動くことなくただ立ち尽くしていた」(Giuseppe Betussi, *Raverta*, Venezia 1544, in *Trattati d'amore del Cinquecento*, a c. di G. Zonta, Bari, Laterza, 1912, p.133, "...salvo messer Giulio Camillo, il quale, non già per far prova di sè ma per gravità del corpo, che lo rendeva un poco più tardo degli altri, ivi.")。

☆45――この一節からは、カミッロが古代の著述家たちに感情移入しながら、自らを含む人文主義者の地位向上を夢見ていたことがうかがわれる。

☆46――この図像の典拠は不明である。ボルツォーニ(Bolzoni, p.194, n.29)は、ホメロス『イリアス』(V, 376-378)を示唆しているが、そこでは、ヘラ(ユノ)が、ネプトゥヌスの三股の弓矢によって傷つけられたと記されているが、ポロンについても雲についても言及はなされていない。

ウェンネカーは、ホメロスに帰属されてきた『アポロンへの賛歌』(300-371)を挙げている(Lu Eeery Wenneker, *An*

Examination of L'Idea del Theatro of Giulio Camillo, including an Annotated Translation, with Special Attention to his Influence on Emblem Literature and Iconography, PhD.Diss., University of Pittsburgh, 1970, p.377.)。もっとも彼が示したのは五六二行という存在しない箇所であり、おそらく誤植の類であろうと考えられるが、たしかにこの賛歌ではユノとアポロンが争う逸話が語られている。それによれば、ユノはゼウスとミネルヴァの情事に嫉妬して、子どもであるテュポーンをかつて預けたこともある悪い大蛇をアポロンに差し向けるが、アポロンは逆に弓で大蛇を射殺する。

☆47――この問題についてソクラテスが語るのは、実際にはプラトンの『メノン』ではなく、『イオン』（531c）である。

☆48――ピエリオ・ヴァレリアーノ『ヒエログリフ集』のクリオーネによる「補論」においても、ウルカヌスは火の表徴とされ、さらにエーテルと火の関係についてもカミッロと同様のことが書かれている。「ウルカヌス。火。（古代人たちは火の徳力と力をウルカヌスの形象（figura）、つまり一人の男の形象によって描いた。この男は頭に天の色（color celeste）をした帽子をかぶっていた。この帽子はエーテルの領域の似像（una somiglianza）であったが、このエーテルには火が結びついていることも示されていた。なぜなら、この火は、天（coelo）から地上へ落ちてくる間に次第に弱くなっていくので、燃やす素材（materia）、火種（fomento）、火口（esca）が必要となる。だからそのような弱くなった火は、棒の助けを借りなければ自分自身で立っていることができない片足の不自由な人として描かれる。しかしこの（ウルカヌスによって象徴される）火はエーテル的な火（fuoco ethereo）であり、他の火口なしに維持され、保持されるのである（VLCANO. IL FVOCO. DIpingeuano ancora la virtù, e forza del fuoco, sotto la figura di Vulcano, cioè di un'huomo; ilquale haueua in capo un cappello di color celeste, & questo era una somiglianza della regione dell'ethere, doue il fuoco però & integro si ritroua. Imperoche quel fuoco che di cielo in terra e' caduto essendo assai piu' debole, & hauendo bisogno di materia, & di fomento, e d'esca, però si finge zoppo, come quello che se stesso sostener non possa; se non si appoggia a un bastone. Conciosia che quel fuoco ethereo, senza altra esca si mantiene, & conserua）。

☆49――キケロ『神々の本性について』（II, 36, "Aether, qui constat ex altissimis ignibus: mutuemur hoc quoque verbum dicaturque tam aether latine, quam dicitur aer"）。

☆50――キケロ『神々の本性について』（II, 15, "Ardor coeli, qui aether, vel coelum nominatur"）。

☆51――キケロ『神々の本性について』（II, 21, "Tenuis ac perlucens, et aequabili calore suffusus aether"）。

☆52――プラトン『ティマイオス』（90a）。ここでカミッロは、プラトンの記述（次註☆53を見よ）に基づきながら、魅惑的な新しい図像を発明したことを誇っている。

☆53――聖ヒエロニムス『オリゲネスによる「雅歌」説教文への註釈』を参照したが、関連する記述は特定できなかった。*S.*

Eusebii Hieronymi Stridanensis Presbyteri Interpretatio Homiliarum duarum Origenis in Canticum Canticorum, in *Patrologia latina*, tom.XXIII, ccoll.1117-1144.

☆54———カミッロの引用は正確ではない。カミッロの引用の原文は以下のとおり。"Comae tuae iunctae canalibus." ウルガータ版における原文（VII, 5）は以下のとおり。"comae capitis tui sicut purpura regis vincta canalibus" 訳し直すならば、「長く紫色のあなたの髪、王はその運河（のような房）の虜となった」となるであろうか。

☆55———『詩篇』（ウルガータ版では CXXXII, 2、日本語版聖書では CXXXIII, 2）。

☆56———この源泉は特定できなかった。

☆57———最上位から数えて第五のセフィロートであるグヴィラーは最後の審判において顕現する神聖な裁きを示す。

☆58———ウルガータ版では LXXXIV, 11、日本語版聖書では LXXXV, 11。

☆59———メルクリウスのアトリビュートとして古代以来伝えられてきた魔法の杓、カドゥケウス（Caduceus）についての最古の源泉のひとつは、ホメロスに帰属される『ヘルメスへの賛歌』である。それによれば、メルクリウスは少年時代、アポロンが飼っていた牝牛たちをさらい、そのうちの何頭かを食べてしまった。これに気づいたアポロンはゼウスにとりなしてもらい牛たちを返してもらうが、その侘びとしてメルクリウスはアポロンに、亀の甲羅でつくったリラをプレゼントして許してもらう。アポロンはさらに、やはりメルクリウスが発明した羊飼いの笛「シュリンクス」をもほしがり、その代償として「富と宝を左右する美しい杓、この幸せを呼ぶ黄金の杓」をメルクリウスに贈与した。この逸話は、ホラティウス『叙情詩集』（I, 10）でも言及されている。

古代ローマでは、メルクリウスがアポロンからもらった黄金の杓が、二匹の蛇が絡みついた魔法の杖として語られるようになる。大プリニウス『博物誌』（XXIX, 54）によれば、メルクリウスがあるとき争う二匹の蛇を見つけ、それらのあいだに彼の棒を差し入れると二匹は争いをやめ、棒に絡みついて一体化し、永遠に結合したという。さらにマクロビウス『サトゥルナリア』（I, 19, 14-18）とセルウィウス『アエネイス註解』（IV, 242）によれば、このような形のカドゥケウスを最初につくったのはエジプト人であったという。たとえばマクロビウスはこう書いている。「メルクリウスによって太陽が崇拝されていたことはカドゥケウス（caduceo）からも明確に知ることができる。エジプト人たちはカドゥケウスをメルクリウスの聖なる持物として捧げ、そこに絡みあう雌雄二匹の蛇（dracones）を形づくった。これらの蛇はとぐろを巻きながら向きあってちょうど中央で絡みあい、ヘラクレスの結び目と呼ばれる結び目を形成している。蛇の身体の先の方は螺旋状に円を描き、指輪のように丸くなってから互いに接吻して指輪のようにまとまる。そしてこの結び目より下にある尻尾はカドゥケウスの握りの部分に絡みつき、そこからは飾りの翼が開いている。エジプト人たちはカドゥケウスを人間の誕生（genituram）にかかわると考えている」（Macrobio Teonosio, *Saturnali di Macrobio Teodosio*, Unione Tipografico-Editrice Torinense, Torino, 1977 [1967], I, 19, 16-17, p.278）。二匹の蛇が絡みつくカドゥケウスは、ウェルギリウス『アエネイス』（IV, 242-245）でも、メルクリウスのアトリビュートとして語られている。それによれば、メルクリウスはカドゥケウスで「地下から霊魂を引きあげ」たり、逆に罪人たちの霊魂を「地下の世界の悲惨な懲罰の場所へと」沈めたり、人々の「眠りを奪ったり与えたり」、「死者を蘇らせたり」、あるいはその杖で「風を支配し、嵐の雲を切り裂いたりする」のである（Vergilio, *Eneide*, cit., IV, 238-246, pp.128-130）。

☆60——「髪を天に逆立てている娘」のイメージと同様に、カミッロはこのイメージの独創性を強調している。

☆61——「置くことにしよう」（collocheremo）は、空気にまつわるさまざまな情報をユノの図像によって置換して暗記することを指す。古典的記憶術におけるイメージと言葉の連結法を想起させる語法であろう。

☆62——ピエリオ・ヴァレリアーノ『ヒエログリフ集』のクリオーネによる「補論」でも、リラの穴は「耳および聴覚」の表徴として語られる。*Ieroglifici*...,cit., Libro Secondo, p.911.

☆63——カドゥケウスについては前注☆59を参照せよ。

☆64——黄金の雨に変身したユピテルによって愛されたダナエの源泉は、オウィディウスによる短い記述であり、図像成立に関しては多くの難問が指摘されている。オウィディウス『変身物語』（IV, 611, 697-8; VI, 113; XI, 117）、『恋の技法』（III, 415-6［とくに「年老いた女」がダナエの同伴者として言及されているがゆえに重要である］）、『恋の歌』（II, 19, 27-8; III, 4, 21）。

☆65——三美神の基本的源泉はクリュシッポスの失われた論文であり、その内容は、セネカ『慈善について』（Seneca, *De beneficiis*, I, 3）とセルウィウス『アエネイス註解』（I, 720）に継承された。

☆66——『マタイによる福音書』（VI, 2）。

☆67——『マタイによる福音書』（VI, 3）。

☆68——ホラポッロ『ヒエログリフ集』（I, 18）。「［エジプト人たちは］いかにして剛毅を表象したか。剛毅を表象するために彼らはライオンの前半身だけを描いたが、それはなぜならば、その部分がライオンの身体においてもっとも強力な部分だからである」。ギリシア語とイタリア語の対訳を参照して訳した。Orapollo, *I Geroglifici*, Introduzione, Traduzione, e Note di Mario Andorea Rigoni e Elena Zanco, Biblioteca Universale Rizzoli, Milano 1996, pp.110f.

☆69——大プリニウス『博物誌』（XXXV, 14-16）。

☆70——この文章の真意は、「農作業全般をそれら六つの部分へと分類することで、農業に関する古代以来のさまざまな典拠から得られる知識を整理することが可能となる」と解釈されよう。

☆71――ヘルメス・トリスメギストス『ピマンデル』(XII, 2)。前註☆38を参照せよ。

☆72――マクロビウス『サトゥルナリア』(I, 20)。「しかしながら、それらの神名（セラピスとイシス）へと示されたあらゆる信仰心は実は太陽に向けられており、たとえば頭上に籠をかかげたり、あるいは三つの頭をもつ一匹の生物の像をその神の彫像につけくわえることで示される。中央にある最大の頭はライオン、その右側にあるのはおとなしい優しい犬の頭、左側には獰猛な狼の頭である。これらの頭は蛇によってぐるぐると巻かれ、その蛇の頭はこの怪物を支配する神の右手に接している。ライオンの頭は現在の時を表わす。なぜならば、過去と未来のあいだにあるその位置は強く、熱くみなぎっているからである。過去は狼の頭によって示される。なぜならば、過ぎ去った過去の記憶はまたたまに遠く離れるからである。優しい犬の像は未来を含意する。なぜならば、それは常に、たしかではないかもしれないが、何かが起きるという希望を慰めるからである」(Macrobio Teodosio, *I Saturnali*, I, 20, in ed.cit., "Prima Giornata", p.282-4, "Omnem tamen illam venerationem solo se sub illius nomine testatur impendere, vel dum calatum capiti eius ingigunt, vel dum simulacro signum tricipitis animantis adiungunt: quod exprimit eodemque maximo capite leonis effigiem, dextra parte caput canis exoritur mansueta specie blandientis, pars vero laeva cervicis rapacis lupi capite finitur, easque formas animalium draco conectit volumine suo, capite redeunte ad dei dexteram qua compescitur monstrum. Ergo leonis capite monstratur praesens tempus, quia condicio eius inter praeteritum futurumque actu praesenti valida fervensque est. Sed et praeterium tempus lupi capite signatur, quod memoria rerum transactarum rapitur et aufertur. Item canis blandientis effigies futuri temporis disignat eventum, de quo nobis spes, licet incerta, blanditur")。

☆73――「ジュリオ・カミッロ氏の劇場のイデア」の階層の太陽の扉についての記述を参照のこと。

☆74――『出エジプト記』(XXV, 10-16)。「アカシヤ材で箱を造りたまえ。寸法は縦二・五アンマ、横一・五アンマ、高さ一・五アンマ。純金で内側も外側も覆い、周囲に金の飾り縁をつくる。四つの金環を鋳造し、それを箱の四隅の脚に、すなわち箱の両側に二つずつ付けたまえ。箱を担ぐために、アカシヤ材で棒をつくり、それを金で覆い、箱の両側に付けた環に通したまえ。棒はその環に通したまま抜かずに置きたまえ。この箱に、わたしが与える掟の板を収めたまえ」。別の箇所(XXV, 31-9)では以下。「純金で燭台をつくりたまえ。燭台は打ちだしづくりとし、台座と支柱、萼と節と花弁は一体でなければならない。六本の支柱が左右に突き出るようにし、一方に三本、他方に三本付けたまえ。一本の支柱には三つのアーモンドの花の形をした萼と節と花弁を付け、もう一本の支柱にも三つのアーモンドの花の形状の萼と節と花弁を付けたまえ。燭台から分かれ出ている六本の支柱を同じようにつくりたまえ。燭台の主柱には四つのアーモンドの花の形状の萼と節と花弁を付けたまえ。節は、支柱が対になって出ている箇所にひとつ、その次に支柱が対になっている箇所にひとつ、またその次に支柱が対になっている箇所にひとつと、燭台の主柱から出ている六本の支柱の付け根の箇所に付けたまえ。これらの節と支柱は主柱と一体でなければならず、燭台全体は一枚の純金の打ちだしでなければならない。次に七個の灯火皿をつくり、それを上に載せて光が前方に届くようにしたまえ。また、芯切り鋏と火皿を純金でつくりたまえ。燭台とこれらすべての祭具とを重さ一キカルの純金でつくりたまえ」（いずれもウルガータ版から訳した）。

☆75——事物の明示と隠蔽ないし生成と消滅についての説明のこと。

☆76——『出エジプト記』（XXV, 17-22）。「次に、贖座を純金でつくりたまえ。寸法は縦二・五アンマ、横一・五アンマとする。打ちだしによって一対のケルビム（智天使）をつくり、贖座の両端に、すなわち、一方の端と他の端にそれぞれひとつずつ付けたまえ。さらに一対の智天使を贖座の一部としてその両端に付けたまえ。さらに一対の智天使が顔を贖座に向けて向かいあい、翼を広げてそれを覆うようにしたまえ。この贖座を箱の上に置いて蓋とし、その箱にわたしが与える掟の板を納める。わたしは掟の箱の上の一対の智天使のあいだ、すなわち贖座の上からあなたに相対し、わたしがイスラエルの人々に命じることをことごとくあなたに語ろう」（ウルガータ版から訳した）。

☆77——「あらゆる秘密の中の秘密」はカバラや錬金術の奥義と考えられよう。

☆78——『出エジプト記』（XXVI, 33-34）。「この垂幕はあなたたちにとっては、聖所と至聖所とを分けるものとなる。至聖所の掟の箱の上に贖座を置きたまえ」（ウルガータ版から訳した）。

☆79——『ヨハネによる福音書』（I, 10）。

☆80——「ジュリオ・カミッロ氏の劇場のイデア」の階層の太陽の扉の説明を参照せよ。

☆81——プロテウスについては、饗宴の章全般、さらに月の饗宴についての記述を参照せよ。

☆82——ホメロス『オデュッセイア』（IV, 382-459）では、メネラオスが、プロテウスの娘であるエイドテアの助言に従って、プロテウスを束縛することに成功する。ウェルギリウス『農耕詩』（IV, 387-414）の記述はカミッロのそれと一致している。

☆83——『マタイによる福音書』（XI, 15, "qui habet aures audiendi audiat"）。その他の箇所（XIII, 9; XIII, 4）も見よ。カミッロはすでに最初の章の冒頭でも、この言葉を引用している。

☆84——ボルツォーニ（Bolzoni, p.195, nota 4）は、プロテウスの束縛に二重の象徴をあてはめるカミッロの解釈が、錬金術における二つの並行的「作業」（Opus）に基づいていると推測している。ボルツォーニは、カミッロの『変容について』

（*De trasmutatione*）と『卜占への反論』（*Adversaria rerum divinarum*）の一節（c.15v）への参照指示をおこなっているので参照されたい。カミッロは、プロテウスの束縛に関するウェルギリウスの詩句（『劇場のイデア』でも参照した個所）を引用したあとで、このように述べている。「わたしは、少なくとも変容に関するかぎりではあるが、ホメロスののちに、たとえ暗示的であるとしても彼ほど多くの事柄を語った哲学者を見いだすことはできない」（"In modo ch'io non trovo philosopho alcuno, almeno ne la transmutatoria, che n'habbia detto tanto, anchor che oscurissimamente, dopo Homero"）。

☆85――『ヨハネの黙示録』（XXI, 2）。「さらにわたしは、聖なる都、新しいエルサレムが、夫のために着飾った花嫁のように用意を整えて、神のもとを離れ、天から下降してくるのを見た」（ウルガータ版から訳した）。

☆86――『詩篇』（ウルガータ版では XCV, 1、日本語版聖書では XCVI, 1）。「新しい歌を主へと向かい、歌え。すべての地よ、主へと向かって歌え」（ウルガータ版から訳した）。

☆87――『イザヤ書』（LXV, 17）。

☆88――『ヨハネの黙示録』（XXI, 5）。

☆89――『創世記』（XXVIII, 12）のヤコブの夢についての記述を示唆している。「そして彼は夢を見た。先端が天まで到達する階段が地上まで続いており、さらに神の天使たちがそれを上ったり、降りたりしていた」（ウルガータ版から訳した）。

☆90――ペトラルカ『叙情詩集』（IX, 1-4, "Quando il pianeta, che distingue l'hore ad albergar col Tauro si ritorna...cade virtu` da l'indiammate corna, che veste il mondo di novel colore, ..."）。邦訳（ペトラルカ『カンツォニエーレ』前掲書、一二ページ）を参照しながら原文から訳した。

☆91――『エレミヤ書』（XXIII, 24）。

☆92――『イザヤ書』（VI, 3）。

☆93――『詩篇』（ウルガータ版では CII, 29-30、日本語版旧約聖書では CIII, 29-30）。

☆94――『コリントの信徒への手紙二』（III, 5-6）。「もちろん、単独で何かなしうると自負する資格がわたしに許されているわけではない。われわれの資格は神から与えられた。神はわれわれに、新しい契約のために仕える資格、文字ではなく精気（Spiritus）に仕える資格をもたらした。文字は殺し、精気（spiritus）は生かすのである」（ウルガータ版から訳した）。

☆95――"Quicquid de alto descendit generans est; quod sursum versus emanat nutriens, id est praestans vitam, hoc est vivificans." これは、ヘルメス・トリスメギストス『アスクレピオス』（I, 2b）からの引用だが、カミッロはかなり改変している。Walter Scott (ed.), *Hermetica.The Ancient Greek and Latin Writings which Contain Religious or Philosophic Teachings Ascribed to Hermes*

Trismegistus, Shambhala, Boston 1993, p.288, "At vero quicquid de alto descendit generans est; quod sursum versus emanat, nutriens." さらに以下も参照されたい。Copenhaver(ed.), *Hermetica...*, cit., p.68.

☆96——ヘルメス・トリスメギストス『ピマンデル』(XII, 16)。"Non moritur in mundo quicquam, sed composita corporea dissolvuntur; dissolutio mors non est, sed mistionis resolutio quaedam. Solvitur autem unio non ut ea quae sunt intereant, sed ut vetera iuvenescant." Cf.*Mercurii Trismegisti...*, cit., fol.47v; cf. Scott (ed), *Hermetica*...cit., pp. 232-34; Copenhaver(ed.), *Hermetica...*, cit., pp.46-7,

☆97——キケロ『神々の本性について』（II, 64）。憂鬱質の図像と土星の関連については以下の基本研究を見よ。Raymond Klibansky, *Erwin Panofsky e Fritz Saxl, Saturno e la melanconia. Studi di storia della filosofia naturale, religione e arte*, traduzione di Renzo Federici, Einaudi, Torino 1983. 邦訳は、レイモンド・クリバンスキー、アーウィン・パノフスキー、フリッツ・ザクスル『土星とメランコリー——自然哲学、宗教、芸術の歴史における研究』田中英道監訳、榎本武文・尾崎彰宏・加藤雅之訳、晶文社、一九九一年。

☆98——このイメージについては解題論文を参照されたい。

☆99——このイメージについては解題論文を参照されたい。

☆100——カミッロの記述はその古典的悲劇とは一致していない。エウリピデス『アルケスティス』（紀元前四三八年に初演）では、ペライの王であるアドメトスの妻であったアルケスティスの髪を切って死にいたらしめるのは、死の神であり、メルクリウスではない。高津春繁『ギリシア・ローマ神話辞典』岩波書店、一九六〇／一九八一年、三四ページ。

☆101——オウィディウス『変身物語』（VIII, 6-151）。

☆102——ウェルギリウス『アエネイス』（IV, 693-705）。

☆103——『士師記』（XVI, 18-20）。

ゴルゴンたち

☆1——「内なる人間」と「外なる人間」（後者はパシパエの階層で扱われる）の区別は『コリントの信徒への手紙二』（IV, 16）に書かれている。ウルガータ版ではこうである。「たとえ、われわれの外なる人間は衰えていくとしても、われわれの内なる人間はくる日ごとに刷新される」(propter quod non deficimus sed licet is qui foris est noster homo corrumpitur tamen is qui intus est renovatur de die in diem)。

☆2——『ゾーハル』（Zohar）（「光」ないし「輝き」という意味である）は、カバラの中核として最も重要な文献のひとつである。古代アラム語で書かれていたこのテクストは、一二八〇年から八六年頃に、スペインのカタルーニャ地方の都市、ゲロナに突如として出現し、ユダヤ人居住区の神学者たちに衝撃を与えたと伝えられている。その版本には著者についての情報は書かれていなかったが、当時から、二世紀頃に活躍したタンナ（タルムードやその他の神学文献についての知識に精通した「賢者」）、シメオン・ベン・ヨハイ（Simeon ben Johai）に帰された。カミッロの『劇場のイデア』でも著者については「ラビ・シメオン」と明言されているので、一六世紀前半までその伝承が続いていたことがわかる。実際『ゾーハル』の多くの部分は、シメオン・ベン・ヨハイが他の対話者と語りあうという形式の対話によって構成されており、カバラ主義者たちが古代の偉大なタンナを著者と認定したのは当然かもしれない。

しかし、二〇世紀の偉大なカバラ研究者ゲルショム・ショーレムは、緻密な文献学分析と歴史的事実の卓抜な再検討に基づいて、この著作が当時やはりスペインのマドリッドに近いグアダラハラに住んでいたカバラ主義者、モーセス・デ・レオン（一二五〇年頃〜一三〇五年）によって執筆されたという説を提示した。その後の研究者たちは一般にショーレムによる著者同定の蓋然性の高さを認めている。ショーレムの研究は以下を参照せよ。G. Scholem, *Kabbalah* ..., cit., pp.57-61, 213. 邦訳は、G・ショーレム『ユダヤ神秘主義』前掲書、二〇五〜二二一ページ。

カミッロが引用した部分については、以下の各種版本を参照した。まず、必ずしもアラム語原典に忠実ではないにせよ、優れた英訳としてショーレムによって評価されたスパーリングとシモンによる版本をもっとも基本的な参考書とした。*The Zohar. An English Translation*, 5 vol., Translated by Harry Sperling and Maurice Simon, The Soncino Press, London and New York, 1984. さらにこの版本ののちにさらに原典に即した英訳が発表されており、これを適宜参照した。そのテクストは、国際カバラ・センター（Kabbalah Center International）がオンラインでかつて提供していた（http://www.kabbalah.com/）。テクストのかつてのURLは以下を見よ（http://www.kabbalah.com/k/index.php/p=zohar）。『ゾーハル』の研究書誌（とりわけ英訳版本）については以下の文献を参照せよ。Don Karr, "Notes on the Zohar in English", 2001, in http://www.digital-brilliance.com/kab/karr/zie.pdf. さらに『ゾーハル』全体の概要をするには次の基本文献を参照せよ。Isaiah Tishby, *Wisdom of the Zohar*, Translated by David Goldstein, Littman Library of Jewish Civilization, 1997 英語による縮小版二点と、ゲルショム・ショーレムが編集した抜粋版もきわめて有益である。*Zohar*, Selections Translated and Annotated by Moshe Miller, Morristown 2000; *Zohar. The Book of Enlightment*, Translation and Introduction by Daniel Chanan Matt, Preface by Arthur Green, Paulist Press, New York-Ramsey-Tronto 1983. 以下、Zohar-Mattと表記する。*Zohar. The Book of Splendor. Basic Readings from the Kabbalah*, Selected and Edited by Gershom Scholem, New York 1995.『ゾーハル』の成立について日本語では次の研究がある。箱崎総一『カバラ――ユダヤ神秘思想の系譜』前掲書、二〇〇〜二一四ページ、およびS・L・マグレガー・メイザース『ヴェールを脱いだカバラ』判田格訳、国書刊行会、二〇〇〇年。マグレガーの訳書に

は、ラテン語版『ゾーハル』からの部分的な和訳が含まれている。ジュリオ・カミッロ『劇場のイデア』の優れた校訂版を提示したボルツォーニは、このマクレガーの著作、さらに一九〇六年から一九一一年にかけてパリで出版されたジャン・デ・ポリー（Jean de Pauly）によるフランス語版から引用している。いずれも抜粋版であり、現在一般的に用いられている『ゾーハル』の節数の区分と必ずしも一致しないことが多い。そこで本訳書では参照の便宜をはかり、ボルツォーニが引用した箇所を、スパーリングとシモンによる英訳版とつきあわせて比較検討し、確認できた場合にかぎってそちらの箇所を示すことにした。

☆3——『ゾーハル』（*Zohar*, Prologue, 25a）。*The Zohar. An English Translation*, 5 vol., Translated by Harry Sperling and Maurice Simon, The Soncino Press, London and New York, 1984, vol.1, pp.98-99.

☆4——『ゾーハル』（*Zohar*, Balak, 207c-208a）。*The Zohar*, cit., vol.5, p.312.

☆5——ヘルメス・トリスメギストス『ピマンデル』(I, 12)。"At pater omnium intellectus, vita et fulgor existens, hominem sibi similem procreavit, atque ei tanquam filio suo congratulatus est; pulcher enim erat, patrisque sui ferebat imaginem. Deus enim re vera propria forma nimius delectatus, opera eius omnia usui concessit humano." Cf. Mercurio Trismegisto, *Pimander*, I, 12, in *Mercurii Trismegisti liber de potestate et sapientia Dei, Corpus Hermeticum* I-XIV, versione latina di Marsilio Ficino, Firenze 1989, fol.7r; Walter Scott (ed.), *Hermetica.The Ancient Greek and Latin Writings which Contain Religious or Philosophic Teachings Ascribed to Hermes Trismegistus*, Shambhala, Boston 1993, p.120; Cf. Brian P. Copenhaver(ed.), *Hermetica. The Greek Corpus Hermeticum and the Latin Asclepius* in a New English Translation with Notes and Introduction, Cambridge 1992, p. 3.

☆6——ヘルメス・トリスメギストス『アスクレピオス』(I, 6a)。カミッロの原文は次に挙げるとおり。現在知られる『アスクレピオス』のテクストとは少し異なるところがあるが、文意は変わらない。"O Asclepi, magnum miraculum est homo, animal adorandum atque honorandum; hoc enim in naturam Dei transit, quasi ipse sit Deus, hoc demonum genus novit, utpote qui cum eisdem ortum esse cognoscat, hoc humanae naturae partem in se ipso despicit, alterius partis divinitatis confisus." 以下と比較されたい。Mercurio Trismegisto, *Asclepius*, I, 6a, in Scott (ed), *Hermetica*, p.294; Copenhaver(ed.), *Hermetica* ..., p.69.

☆7——『イザヤ書』(XXVI, 12）ではこう書かれている。「主よ、平和をわれわれに与えよ。われわれのすべての仕事を完成させるのはあなたである」。『コリントの信徒への手紙一』（XV, 10）ではこうである。「神の恩恵で今のわれわれがある。そして、わたしに与えられた神の恩恵は無駄ではなく、わたしは他のすべての使徒より多く仕事をした。しかし、仕事をしたのは実はわたしではなく、わたしと共にある神の恩恵にほかならない」(いずれもウルガータ版から訳した)。

☆8——『コリントの信徒への手紙一』（IV, 7）。カミッロは引用していないが、別の箇所（IV, 16）も参照せよ。「それゆえあなたがたに推薦する。わたしの模倣者（imitatores）になりたまえ」（ウルガータ版から訳した）。

☆9———旧約聖書の最初の五書（『創世記』、『出エジプト記』、『レビ記』、『民数記』、『申命記』）はモーセが書いたものだと伝えられ、これらをまとめて「トーラー」（Torah［律法］）という名前で総称されることもある。

☆10———『ヨブ記』（X，11）。

☆11———プラトン『アルキビアデス』（129, e-f. E.）。カミッロは、フィチーノによるラテン語訳のプロクロス『アルキビアデス註解』を見たであろう。そこにはこう書かれている。「人間は道具のようにして肉体を用いる霊魂である」（*Proclus in Alcibiadem Platonicum de anima ac daemone*, in Marsilio Ficino, *Opera omnia*, con una lettera introduttiva di Paul Oskar Kristeller e una premessa di Mario Sancipriano, Bottega d'Erasmo, Torino 1962 , p.1927, "Homo est anima utens corpore, et instrumento"）。

☆12———『創世記』（I, 26）。

☆13———『創世記』（II, 7）。

☆14———カミッロは、手稿『変容論』（*De trasmutatione*）でもこの問題をとりあげて論じている。「精気を媒介にして、身体と魂は融合および分離をおこなうのであり、これと同じことは人間のなかにも見いだされる。……いかにして神がアダムを創造したかを見よう。［神は］最初に土の塵によって身体をつくってやり、その後でそれを感覚的で動物的な精気に融和させ、次には彼に魂を吹き込み、その魂がすべてを完成させた」（Lina Bolzoni, *Il teatro della memoria. Studi su Giulio Camillo*, Padova 1984, pp.99-106, esp.104, "Cosi mediante lo spirito se fa la unione e separatione del corpo et anima, et questo medesimo vedemo in l'huomo ... Vedemo come Iddio fece Adam, che prima fece il corpo de limosita de terra, poi lo organizo de spirito animale sensibile et puoi gli infundette l'anima, la quale lo perfece tutto"）。さらにリナ・ボルツォーニ（Bolzoni, p.197, nota 10）は、このアダムの名前の解釈は、カバラの伝統に基づくことを指摘した。実際、この問題については、『ゾーハル』（*Zohar*, Prologue, 20a-24a; *The Zohar*., cit., vol.1, pp.84-97）でも考察されている。『変容論』においてカミッロは、「真の変容」としての神の変容（キリストへの肉化とそこからの離脱、さらに神聖なる存在への回帰）、雄弁術における言葉の変容、そして錬金術の変容のそれぞれの過程のあいだに平行関係があると主張している。また、アダムの創造過程についての言及は、論文の結論部分で語られているため、読者は最終的に、アダムの魂と身体の結合を、先にあげた三つの「変容」の暗喩として読むことができるようになっている。錬金術の実践を通じて、堕落以前の「純潔な」アダム（つまり、原始の人間）へと回帰しうるというカミッロの思想がここに明確に示されている。

加えて、カバラと錬金術の関係については注意すべき点も多い。たとえばカバラも錬金術もそれぞれの仕方によって、正統的なキリスト教の教義からは隔離されていた「女性原理」の地位を上昇させ、それと「男性原理」との結合を軸とする世界観念を提示したが、それら二つの信仰は必ずしも簡単に交換できるような象徴体系をもちはしない。カミッロにおいてそれらが同居しているという事実には、ひょっとしたら両思想の正統的な信者ならば驚いたかもしれない。なぜならば本来カバラと錬金術とは、その「金」の理解および位置づけにおいて相容れないものだったからである。錬金術では、金は、この地上世界の最も高次の存在であり、もっとも高貴な存在である。したがって金の創造は、錬金術師たちを精神的・倫理的にも最高の状態へともたらすことを保証する。黄金色の輝きは「男」の支配的原理の象徴であり、金色の「男」が「女」ないし「母」という素材を変容させる。だが、カバラ（およびユダヤ教）では、金よりも銀のほうにより高い価値が与えられる。銀は、男性的で能動的な「与える力」の、あるいは恩寵と愛を与えることの象徴としてとらえられた（その白い輝きは乳の色を暗示する）。それに対して金は女性的で受動的な「受け取る力」、たとえば流される血や与えられるワインの象徴として考えられた。

一五二〇年頃から一七二〇年頃までの二〇〇年ほどのあいだに、この本質的には相容れない二つの象徴体系が、混乱をきたしながらしだいに融合（より正確には混同）されていった。その過程で生じた無数の異形の例のひとつがカミッロであると言えよう（残念ながら、この融合の過程を検討したショーレムの基本文献では、カミッロは扱われていない）。ゲルショム・ショーレム「錬金術とカバラ」、同著者『錬金術とカバラ』徳永恂、波田節夫、春山清澄、柴嵜雅子訳、作品社、二〇〇一年、一一〇～一四三ページ。

☆15――フランチェスコ・ジョルジョ・ヴェネトは、旧約聖書をめぐる自分の詩および解説集『優雅な詩とそれへの註釈』（*L'Elegante Poema & Commento sopra il Poema*）のなかで、アダムとエヴァがいた楽園の真の意味について、カミッロが挙げた第二の解釈と比較的よく似たものを提示している。ジョルジョはこのように註釈している。

「ここで、喜びの庭とはいかなる場所に設けられたのかという問題、暗黙のうちに発せられた一〇番目の問題への答えが与えられる。生命の樹木は生ける者たちの地以外の場所には植えられなかったと（『創世記』では）述べられている。しかし生ける者たちの地とは呼ばれるにせよ、実はそれは神のことば、あらゆる土台のなかの土台、そしてあらゆる生ける者たちの最初の基盤のことなのである。なぜならば、他の箇所ですでに引用したあのアラトゥスが述べるように、われわれは神のことばの内部に生き、存在するからである。そして、さらに語るならば、ヨハネが指摘しているように（『ヨハネによる福音書』［I, 3-4］）、世界にあるあらゆる事物は（神の）ことばのなかで生命それ自体と化し、それゆえ神の内部には霊魂をもつ者ばかりか、あらゆる原素とあらゆる原素化された事物が生きている。そして、神のことばのなかには、あらゆる喜びの力があり、それゆえにこそ、マタイが第一一章それについて述べているように、喜びを享受しうるのである。そこではこう述べられている。「疲れ者たちよ、あなたがたすべて、わがところにきたまえ。わたしはあなたがたに食べさせ、包容するだろう」（『マタイによる福音書』[XI, 28]）。しかし、それは喜びの庭、あるいは快楽の庭園と呼ばれている。この庭園は神によって統べられたあらゆる場所に設けられていたと考えたがる人々がいるのは事実であり、それはなぜならば、ヨハネの一四章において贖罪者（キリスト）がそれを多くの場所（mansioni）と呼び、「わたしの父の家には多くの場所がある」と述べているからである（『ヨハネによる福音書』[XIV, 2]）。しかし、わたしは今のところはこれ以上、これにについて話を進めたくない。なぜならば、それは他の諸原則について探求することになり、ここはそれらについて語るにふさわしい箇所ではないからである。ここでは、次のような結論で充分だろう。つまり、喜びの楽園は、最初に（神の）ことばの内部に、そして次に神性に属するあらゆる事物の内部に設けられていたのである」（Francesco Giorgio Veneto, *L'Elegante Poema & Commento sopra il Poema*, Edition critique par Jean-Francois Maillard, Preface de Jean Mesnard, Milano 1991, Canto Vo, pp.72-3, "Qui risponde alla Xa richiesta, la qual tacitamente fu, dove era piantato'l paradiso della volutta? E dice, che non l'arbore della vita fosse piantata altrove, che nella terra de' viventi. E qual sia la terra de' viventi, lo dichiara dicendo, che e il verbo divino, fondamento de tutti li fondamenti, e primario fondo de tutti gli viventi, pero che in lui noi vivemo e semo, come dice Arato, altre volte da noi allegato. E piu diro, come tocca Giovanni, che tutte le cose del mondo, nel verbo, sono vita , che in lui vivono, non solamente gli animanti, ma tutti gli elementi, e tutte le cose elementate. E perche in questo verbo tutti i capaci di dilettatione, si ponno dilettare, come esso ne invita in Mattheo all'XIo capo, dicendo, Venite a me tutti voi, che seti affaticati, ch'io vi satiero, e contenero. Pero e chiamato horto e giardino di volutta, e de' piaceri. Vero e che alcuni vogliono, che quel giardino sia piantato in tutti quei luoghi della divinita, quali il Redentore chiama mansioni, dicendo in Giovanni al 14o capo, Nella casa del padre mio, sono molte mansioni; ma non voglio per hora andar' piu oltra in questa materia, perche la ricerca altri prencipii, de' quali questo non e luogo conveniente a parlar. E bastati questa conclusione, che 'l paradiso della volutta e piantato prencipalmente nel verbo, e poi in tutte le cose, che pe (sic) rtengono alla divinita"）。

ここでジョルジョが引用しているアラトゥス（紀元前三一五年頃～二四〇年頃）はギリシャの詩人で、ストア哲学を修めた。現代の研究者ジャン＝フランソワ・マイラールによれば、ジョルジョはここで、占星術を主題とするアラトスの詩『パイノペイア』（*Phainopeia*, B.C. 270）の一～五節を引用しているという（Francesco Giorgio Veneto, *L'Elegante Poema* ..., cit., p.73, note 11）。ボルツォーニ（Bolzoni, p.197, nota 11）によれば、このような地上の楽園についての解釈もまたカバラに由来し、カミッロは手稿『われらが主たるイエス・キリストの晩餐についての説教』（*Sermoni della cena di Nostro Signore Gesu Cristo*）において、この解釈をより広く扱っているという（cc.12vff）。そこでカミッロは、『ゾーハル』に加えて、『タルムード』（*Talmud*）も引用しているという。

☆16――オリゲネス『創世記註釈』（Origene, *In Genesim*）のこと。以下を参照のこと。Migne, *Patrologia Graeca*, 12, pp.99-102. ヒエロニムスの典拠は特定できなかった。

☆17――「ヘブライ語ではなくギリシア語の語彙に基づいている」（secondo il vocabolo non hebreo, ma greco）という文章の意味については解釈が必要である。ほとんどの現代の研究者たちと一六世紀の『劇場のイデア』および『ジュリオ・カミッロ・デルミニオ全集』の編集者たちは、この文章についてほぼ沈黙している。唯一ウェンネカー（Wenneker, p.382）がキリストの無原罪性にかかわる言及だろうという推測をしている。しかしこの部分の全体の論旨を考察するならば、さらに具体的な解釈が可能かもしれない。ここでは原罪以前のアダムが神によって住むことを許されていた場所をめぐる二つの異なる解釈が示されている。最初の解釈はアダムの住処を「天上界の草園」としており（カミッロもそれを支持している）、次の解釈はそれを「地上の楽園」とみなす。そして後者が「ヘブライ語ではなくギリシア語の語彙」に基づいているのだとすれば、逆に前者はヘブライ語の語彙に基づいていると考えなければならない。そうだとすれば、ここで問題となっているのは要するに『創世記』（II-III）で語られるアダムのもとの住処について、ヘブライ語の語彙、つまりカバラ主義的着想に基づく解釈と、ギリシア語の語彙、つまり初期ギリシア教父が好んだ予型論的着想（アダムは地上にいたのであり、楽園を追放されてのちゴルゴタ、つまりいずれキリストが磔刑に処せられる場所に埋葬された）に基づく解釈のいずれもがありうる（そしてカミッロは前者を採用する）、ということだと考えられる。

☆18――カミッロは、この三つの霊魂のカバラ的理論について、『人間の神への向かい方についての手紙』（*Lettera del rivolgimento dell'huomo a Dio*, in Giulio Camillo Delminio, *L'idea del teatro e altri scritti di retorica*, Torino 1990, pp.47-58; cf. *Tutte L'Opere.*, cit., tom 1, pp. 38-54）でさらに詳しく論じているが、基本的には『劇場のイデア』と同様の議論である。『ゾーハル』では、内なる人間＝霊魂は「ネフェス」、「ルアフ」、「ネッサマー」の三つがあると語られている。「ネフェス」は獣的霊魂であり、三つのなかでは人間身体内部においてはもっとも下に存在する。これは誕生の瞬間から人間の内部にあり、獣的生命力と心理的機能を作用させる。「ルアフ」はラテン語では「アニマ」（anima）と訳されることが多く、三つのなかでは中間的位置にあり、人間固有の霊魂とされる。「ルアフ」は動物的生命活動を超越して高次元へと上昇することを志向する霊魂である。「ネッサマー」は身体内部における最も上の位置にあり、一五、一六世紀の文献ではラテン語の「スピリトゥス」（spiritus）と訳されることがある。「ネッサマー」は、「トーラー」（Torah［律法］）として神から人間に与えられる命令が身体に充満することによってさらに上昇し、神性および宇宙のさまざまな秘儀を認識させるという。たとえば次の箇所を見よ。*Zohar*, Lech Lecha, 82a-84a; *Zohar*, Terumah, 141b-142b; *The Zohar.*, cit., vol.1, pp.273-281, pp.409-414. さらに以下も見よ。Scholem, *Kabbalah* ... cit., p.155. 邦訳は以下を見よ。ゲルショム・ショーレム『ユダヤ神秘主義』前掲書、三一五〜三二一ページ。さらに以下の研究がある。根占献一、伊藤博明、伊藤和行、加藤守通『イタリア・ルネサンスの霊魂論』三元社、一九九五年。

☆19――『創世記』（I, 30）。「そして地の生物、空の鳥、地を這う生物、そして生きている霊魂（anima vivens）をもつあらゆる事物に、あらゆる青い草を食べさせることにしよう。そのようになった」（ウルガータ版から訳した）。

☆20――『マタイによる福音書』（XXVI, 38）。

☆21――『マタイによる福音書』（XVI, 25）。

☆22――『詩篇』（ウルガータ版ではCXLV, 2、日本語版聖書ではCXLVI, 2）。

☆23――『創世記』（II, 7）。「主なる神は地の塵で人間を造り、その鼻に生命の息（spiraculum vitae）を封入した。そして人間は生きている霊魂となった」（ウルガータ版から訳した）。ウェンネカーによれば「ネフェス」と「ネッサマー」のいずれもが「息」の意味をもつ。Wenneker, p.382, note 5.

☆24――『詩篇』（ウルガータ版ではXXXV, 10、日本語版聖書ではXXXVI, 10）。「生命の泉はあなたの中にあり、あなたの光（lumine）のなかに私たちは光（lumen）を見る」（ウルガータ版から訳した）。

☆25――饗宴の章におけるピュタゴラス学派の「ガモン」の原理についての説明を参照せよ。ディオゲネス・ラエルティオス（VIII, 1, 30）は、次のように記している。「（ピュタゴラスは）人間の霊魂は知性（ヌゥス）と理性（プレネス）と感情（テュモス）の三つの部分に分けられると主張している」（ディオゲネス・ラエルティオス『ギリシア哲学者列伝』[下]、加来彰俊訳、岩波文庫、一九九四年、三四ページ）。

☆26――アウグスティヌスによる霊魂についての分析は『神の国』（XIII, 24）に見られる。ここでは当時の代表的な霊魂論について詳しく論じられており、ギリシア語の「プネウマ」（pneuma）が、ラテン語の「スピリトゥス」（spiritus）へと訳された経緯にいたるまで註釈されている。カミッロの記述に対応する箇所は次のとおりである。「……人間は、身体のみでもなかったし、霊魂のみでもなかったのであり、その全体は身体と霊魂両方からなっている。これは真実である。霊魂は人間全体ではなく、それは人間の上方の部分（pars meliori）である。そして身体も人間全体ではなく、それは人間の下方の部分（inferior hominis pars）である」（以下の邦訳があるが、参照しながら原文から訳した。アウグスティヌス『神の国』[3]、服部英次郎訳、岩波文庫、二四四〜二五八ページ）。

☆27――プラトン『国家』（436b）。

☆28――能動的知性については「ジュリオ・カミッロ氏の劇場のイデア」の階層の訳註☆64を見よ。

☆29——聖書と古代の文献との折衷可能性については、たとえば、『創世記』（II, 7）と、アリストテレス『霊魂について』（III, 4-6, 429-430c）を具体的に比較せよ。カミッロは『劇場のイデア』を通じて、しばしばこのように、複数の源泉を羅列的に列挙する。このような記述は、ルネサンスの人文主義に典型的な「古代神学」（*Prisca Theologia*）の思考パターン（古代の著述家たちは、言語はたがえどいずれも宇宙と人間についてのキリスト教的なひとつの真実を語っていると考えること）の特徴のひとつである。この重要な概念については次を参照のこと。D・P・ウォーカー『古代神学——一五〜一六世紀のキリスト教的プラトン主義研究』榎本武文訳、平凡社、一九九四年。Frances A. Yates, *Giordano Bruno and the Hermetic Tradition*, Chicago and London 1991, esp. pp.1-43. 伊藤博明『ヘルメスとシビュラのイコノロジー——シエナ大聖堂舗床に見るルネサンス期イタリアのシンクレティズム研究』ありな書房、一九九二年、とくに五七〜一五一ページ。伊藤博明『神々の再生——ルネサンスの神秘思想』東京書籍、一九九六年、とくに二一四〜二五四ページ。

☆30——『ヨハネによる福音書』（VI, 71）。

☆31——『マラキ書』（III, 1）。

☆32——この文章の意味はこう解釈される。「洗礼者ヨハネは、キリストの先覚者として、キリストが降臨するよりも先に、ルアフをネッサマーへと結合させ、天使の自然／本性を獲得していた」。

☆33——『ヘブライ人への手紙』（IV, 12）。

☆34——ウェンネカーはモーセという言葉を省略して英訳している。Wenneker, p.297. また、ボルツォーニの校訂版およびEditione RES版のテクストからは「これらの」（dette）が欠落している（Bolzoni, p.129; Editione RES, p.100）。

☆35——『創世記』（I, 26）。

☆36——『創世記』（I, 26）。

☆37——『創世記』（II, 7）。

☆38——*Zohar*, Terumah, 142a; *The Zohar*, cit., pp.410-311.

☆39——ウェルギリウス『アエネイス』（VI, 855-866）。アンキセスとアエネイアスは栄光の絶頂にいたマルケルスについて、こう論じる。「見よ、いかにマルケルスが豊富な戦利品［spoliis］で身を飾りながら歩き、すべての戦士たちの上に立つ勝者になったかを……なんという気高さであろうか。しかし夜は悲しげな影となって彼の頭の周囲にまとわりついている」（"Aspice, ut insignis spoliis Marcellus opimus ingreditur victorque viros superminet omnis... quantum instar in ipso! sed nox atra caput tristi circumvolat umbra"）。日本語版（「劇場のイデア」の訳註☆27）を参照しつつ、原文から訳した。

☆40——『パレスチナ・タルムード』を中核に置いた派と『バビロニア・タルムード』を信奉した派のどちらのカバラ主義者た

ちも、このネペスの身体からの分離という秘儀を知っていたという意味であろう。

☆41――*Zohar*, Terumah, 142b; *The Zohar*, cit., pp.414-415.

☆42――プロティノス『エンネアデス』（I, 1, 12; I, 8, 4, "In anima non cadit peccatum, neque poena."）。Cf. Plotino, *Enneadi*, cit., p.68-70; 152-164. 以下の邦訳がある。『プロティノス著作集』第一巻、田中美知太郎、水地宗明、田之頭安彦訳、中央公論社、一九八六年、一七六～一七八ページ、および三一九～三二二ページ。

☆43――後天的な敬虔と学習によって獲得しうる知識を司る知性を指すという意味であろう。

☆44――アリストテレス『霊魂について』（III, 4-6, 429 a-430c）、キケロ『善と悪の目的について』（Cicerone, *De finibus bonorum et malorum*, v, 32）。

☆45――トマスは能動的知性が人間とは別個にあると主張する人々に対する反論は展開しているが、カミッロが引用するような太陽と視覚の例などは挙げていない。以下を参照せよ。聖トマス・アクィナス『アリストテレスの霊魂についての註釈』（*In Aristotelis librum de anima commentarium*, II, 9, 734）。

☆46――大プリニウス『博物誌』（XI, LIV, 142-145）。歴代のローマ皇帝たちの目の特殊な力について書かれており、ティベリウスについてはこうである。「青灰色の目は暗闇のなかでのほうがよく見える。ティベリウス・カエサルはあらゆる人の中でただひとり、夜中に少しだけ目を覚ましても、たとえその周りを暗闇が包んでいたとしても、昼間と同じようにすべてを見ることができるように生まれついたと伝えられている」（"caesi in tenebris clariores ferunt Ti. Caesari, nec alii genitorum mortalium, fuisse naturam ut expergefactus noctu paulisped haut alio modo quam luce clara contueretur omnia, paulatim tenebris sese obducentibus."）。

☆47――偽アリストテレス『観相学』（VI, 811 b）。次のギリシア語とイタリア語の対訳版を参照して確認した。Pseudo Aristolete, *Fisiognomica*. Anonimo Latino, Il trattato di fisiognomica, introduzione, traduzione e note di Giampiera Raina, testo greco e latino a fronte, Rizzoli, Milano, 1993, p.104-106.

☆48――シンプリキオスは紀元後六世紀の哲学者である。彼はアリストテレスの著作への註釈を通じて、プラトン主義とアリストテレス主義の対立を和らげることに尽くしたという。カミッロが語るシンプリキオスの典拠は不明である。

☆49――『詩篇』（ウルガータ版ではXXX, 8、日本語版聖書ではXXXI, 8）。

☆50――『詩篇』（ウルガータ版ではXLIX, 12、日本語版聖書ではL, 12）。

☆51――『マタイによる福音書』（XXIII, 38-39）。

☆52――『詩篇』（ウルガータ版ではXLVIII, 13、日本語版聖書ではXLIX, 13）。

☆53——『ヨハネの黙示録』（XIII, 18）。

☆54——『雅歌』（VIII, 12）。

☆55——『劇場のイデア』の原型となった講義をおこなった相手、デル・ヴァスト侯爵（アルフォンソ・ダバロス）のことをほのめかしているのかもしれない。

☆56——カミッロがここでほのめかしている神秘主義的な数についての著作は書かれなかったかもしれない。あるいは書かれたとしても少なくとも残っていない。

☆57——ウェルギリウス『アエネイス』（VI, 136-138）。「暗い一本の樹木の葉としなやかな枝のなかに、一本の黄金の枝が隠れている。この枝は冬の女神ユノの聖物である。森全体がこの枝を隠し、暗い谷間の暗闇に包みこむ」（"Later arbore opaca qureus et foliis et lermo vimine ramus, Iunoni infernae dictus sacer; hunc tegit omnis lucus et obscuris claudunt convallibus umbrae"）。邦訳は以下があるが、ここでは原文から訳した。ウェルギリウス『アエネーイス』（上）、泉井久之助訳、岩波書店、一九七六年、三五九ページ。

☆58——ウェルギリウス『牧歌』（VI, 13）。「さあ、歌い始めよう、若者のクロミスとムナシュロスは、洞窟の中に横たわって眠るシレノスを見た」（以下の邦訳があるが、原文から訳した。ウェルギリウス『牧歌・農耕詩』（新装版）、河津千代訳、未来社、一九八一年／一九九四年、一一六ページ）。なお、ボルツォーニ（Bolzoni, p.198, nota 38）は、『農耕詩』を典拠としているが、誤りである。

　カミッロによるこの詩の解釈はきわめて意外なものだが、これまでの『劇場のイデア』研究者ないし訳者たちはこの一節の前に沈黙している。ウェルギリウスの『牧歌』（VI）、いわゆる「シレノスの歌」（紀元前三九年春に書かれたと考えられている）において、ウェルギリウスは、シレノスと二人の若者クロミスとムアンシュロスの物語に入るまえに一節を設け、アルフェヌス・ヴァルスという人物にこの詩を（間接的に）捧げる意図をほのめかしている。このアルフェヌス・ヴァルスは、先立つ紀元前四一年に北イタリアの土地収容委員をつとめ、この詩が書かれた紀元前三九年に執政官に選ばれた紀元前四一年、オクタウィアヌスの命を受けて、北イタリアの土地を次々と没収した人物であり、このときウェルギリウスもまた、マントヴァの所有地と家を没収された。ウェルギリウスはそのとりけしをウァルスに請求し、その見返りとして、なんらかの仕事を彼のためにおこなったと考えられている。この政治的取引を成功させるためにウァルスとウェルギリウスのあいだをとりもつことに尽力したのは、ウェルギリウスの友人であるコルネリウス・ガルスであった。紀元前三九年の初頭、ようやくウェルギリウスの土地没収についての問題が解決した。その直後に書かれた『シレノスの歌』（六四行目以降）では、ガルスが詩の女神とアポロンに仕える合唱隊によって栄誉を授けられたと歌われている。つまり、この詩の真の主題はガルスへの感謝なのである。他方ヴァルスはこの年のまさしく春、執政官へと地位を上りつめる（以上は、前掲訳書の前掲箇所による）。

このような背景から、この『シレノスの歌』は、政治家への皮肉と友人への感謝を重ねて表現した作品だとする解釈が一般になされてきた。これに対してカミッロの解釈では、シレノスはウェルギリウスの同時代のエピクロス派哲学者シローに、クロミスとムナシュロスは、友人のクインティリウス・ヴァルスとウェルギリウス自身に見立てられており、この詩全体が、秘儀のヴェールを用いる詩的神学の方法論の寓意として解釈されている。ウェルギリウスはたしかにルクレティウスの『事物の本性について』の影響を強く受け、以来エピクロス派の哲学に関心をもっており、先に触れた土地没収事件があった紀元前四一年、それまでの目標であった弁護士の道を諦めて、ナポリにあったシローの学園に参加している。そしてそのさいにクインティリウス・ヴァルスが同行していたとも伝えられている。したがって、カミッロが述べるように、シレノスと二人の若者が、尊敬する哲学者と自分と友人の見立てとして歌われているという解釈もまったく不可能ではないであろう。この詩では、宇宙の構造と万物の創造についてのシレノスの歌（25-40）ののち、たとえば「パシパエの、真っ白な牡牛への熱情を鎮めようとして」（四六行目）、あるいは「金の林檎に眼を奪われた乙女のこと」（六一行目）（求婚者に徒競走を挑んだ王女アタランテは、金の林檎を投げてそれを拾わせる作戦に出たメラニオンという男についに負かされる）のような寓意的モティーフが歌われている。だが、カミッロの解釈がはたしてウェルギリウスの真意に沿うものかどうかは判然としない。

☆59——三人のゴルゴンたちは、ステンノ（強い女）、エウリュアレ（広くさまよう女、ないし、遠くに飛ぶ女）、そしてメドゥーサ（女王）の三姉妹。

☆60——ボルツォーニの校訂版およびRES版では改行がなされていないが、ここではトレンティーノ版に従って改行した。

☆61——「プラトン主義者たち」の源泉のひとつはマクロビウス『キケロの「スキピオの夢」への註釈』（VII, 10）だろう。マクロビウスによれば、天上界の霊魂は、山羊座と蟹座を入口として地上界と行き来する。William Harris Stahl, *Commentary on the Dream of Scipio by Macrobius*, Translated with an Introduction and Notes, Columbia University Press, New York, 1990, p.210.

☆62——『ダニエル書』（IX, 21）。

☆63——マクロビウス『キケロの「スキピオの夢」への註釈』（VIII, 10）。Stahl, *Commentary on the Dream of Scipio by Macrobius*..., cit., p.210.

☆64——古典的記憶術を想起させるきわめて珍しい図像である。

☆65——クリオーネによる記述と挿絵については解題論文を参照されたい。
☆66——カミッロは解剖学にも関心を示した。詳細は解題論文を参照されたい。
☆67——『ルカによる福音書』（XII, 35）。ウェンネカー（Wenneker, p.309）は、この一文を訳し忘れている。
☆68——『ヨハネによる福音書』（XIII, 8）。
☆69——『創世記』（III, 15）。
☆70——スタティウス『アキレウス』（I, 269）およびヒュギヌス『神話』（107）。Cf. *Hygini Fabvlae*, Edidit Peter K. Marshall, Atutgardiae et Lipsiae, in AEdibus B. G. Teubneri, 1993, Caput 107. p.97.
☆71——アポロニオス『アルゴナウティカ』（I, 6-11）。「サンダルの片方だけをはき、民のあいだからくる者を見たとき、彼はこの者の企みによって滅ぶだろうと。その後まもなくあなたの予言に従いイアソンは、冬アナウロスの流れを徒歩で渡ったとき、サンダルの片方は泥から引き抜いたが、片方は河底に、あふれた水にとられてそのまま残した」（以下からの引用である。アポロニオス『アルゴナウティカ』岡道男訳、講談社文芸文庫、一九九七年、一〇ページ）。
☆72——パシパエの階層。
☆73——ウェルギリウスとペトラルカを愛したカミッロらしい独創的なイメージの例。
☆74——本文で述べられているように、下半身から踵まで神経がつながっていると考えられていた。
☆75——ウェルギリウス『アエネイス』（IV, 518, "unum exuta pedem vinclis, in veste recincta"）。
☆76——これも古典的記憶術の方法を強く想起させるイメージである。
☆77——カミッロが見た作品はわからない。ボルツォーニ（Bolzoni, p.199, nota 48）、およびウェンネカーとその協力者であるジョアン・マーティン（Wenneker, p.385, note 1）はそれぞれ、古代ローマの作品であろうと論じている。
☆78——『詩篇』（ウルガータ版ではLIV, 7、日本語版聖書ではLV, 7）。
☆79——ペトラルカ『叙情詩集』（LXXXI）。「自ら犯したさまざまな罪と悪意あるしきたりが課す重い薪を背負ったわたしは、これほどまでに疲れ、わたしの敵に負かされることを恐れる。わたしを助けに訪れたひとりの偉大な友は、語ることもできないほどのおおいなる礼節をもっていたが、わたしの視野の外へと飛び去り、わたしはそれを狂おしく、そして虚しく追いかける。だがその声はまだ大地に広がり続けている。「おお、悩める諸君、道はここだ。他の道がいきどまりなら、わたしとともにいこう」と。やがていつの日か、恩寵、愛、運命が、わたしに鳩のような翼をくれるのだろうか。わたしを休ませ、大地から飛び立たせる翼を」（Francesco Petrarca, *Rerum vulgarium fragmenta*, cit., LXXXI, fol.45r, "Io son si stanco sotto 'l fascio antico / De le mie colpe e de l'usanza ria, / Ch'i' temo forte di mancar tra via, / E di cader in man

del mio nemico. / Ben venne a dilivrarmi un grande amico / Per somma et ineffabil cortesia; / Poi volo fuor ce la veduta mia, / Si ch'a mirarlo indarno m'affatico. / Ma la sua voce ancor qua giu rimbomba: / "O voi che travagliate, ecco 'l camino; / Venite a me, se 'l passo altri non serra. / Qual grazia, qual amore, o qual destino / Mi dara penne in guisa di colomba, / Ch'I mi riposi, e levami da terra?")。以下の日本語訳を参照しながら原文から訳した。ペトラルカ『カンツォニエーレ』池田廉訳、名古屋大学出版会、一九九二年、一四九ページ。

☆80――ヘラクレスとアンタイオスの逸話については、たとえば、ディオドロス・シクロス『ビブリオテケ』（IV, 17, 4-5; IV, 27, 3）とアポロドロス『ビブリオテケ』（II, 5, 11）を見よ。

☆81――『ガラテヤの信徒への手紙』（V, 16-17）。ウルガータ版ではこうである。「わたしはこう語りたい。精気（spiritu）の導きに従って歩けば、肉の欲望を満たすことがなくなる。肉の欲望は精気（spiritus）に抗い、精気が望むものは肉に反するからである。肉と精気は対立しているのであり、それゆえあなたたちは自らがやろうとすることをなしえない」（"dico autem spiritu ambulate et desiderium carnis non perficietis caro enim concupiscit adversus spiritum spiritus autem adversus carnem haec enim invicem adversantur ut non quaecumque vultis illa faciatis"）。

☆82――『コロサイの信徒への手紙一』（III, 3）。

☆83――『詩篇』（ウルガータ版ではCXV, 15、日本語版聖書ではCXVI, 15）。

☆84――『詩篇』（ウルガータ版ではLXII, 2、日本語版聖書ではLXIII, 2）。

☆85――『フィリピの信徒への手紙』（III, 21）。

☆86――『ヨハネによる福音書』（XII, 24-25）。

☆87――ペトラルカ『叙情詩集』（Francesco Petrarca, *Rerum vulgarium fragmenta*, cit., XXVIII, 77-78, "Volanco al ciel la terrena soma."）。以下の日本語訳を参照しながら原文から訳した。ペトラルカ『カンツォニエーレ』前掲書、四六ページ。

パシパエ

☆1――カミッロの説明は簡潔すぎるので、プラトン『パイドロス』（245C-246A）の記述を挙げよう。「（ソクラテスいわく）すなわち、この恋という狂気こそは、まさにこよなき幸いのために神々から授けられるということだ。その証明は、単なる才人には信じられないが、しかし、真の知者には信じられるであろう。そこで、まず最初に、神や人間の魂が、どのような状態を経験したり、どのような活動をしたりするかを見て、魂というものの本性について、その真実をつきとめなければならぬ。証明は次のようにして始まる。魂はすべて不死なるものである。なぜならば、常に動いてやまないものは、不死なるものであるから。しかるに、他のものを動かしながらも、また他のものによって動かされるところのものは、動くのをやめることがあり、ひいてはそのとき、生きることをやめる。したがって、ただの自己自身を動かすもののみが、自己自身を見捨てることがないから、いかなるときにもけっして動くのをやめない。それはまた、他のおよそ動かされるものにとって、動の源泉となり、始原となるなるものである。ところで始原とは、生じるということのないものである。なぜならば、すべて生じるものは、必然的に始原から生じなければならないが、しかし始原そのものは、他の何ものからも生じはしないからである。事実、もし始原があるものから生じるとすれば、始原ではないものからものが生じるということになるだろう。そして、始原とは生じることのないものであるとすると、他方それはまた、必然的に、滅びるということのないものである。なぜならば、始原が滅びるようなことがもしあったとしたら、いやしくもすべてのものは始原から生じなければならない以上、始原そのものからは生じないであろうし、また他のものが始原から生じるということもなくなるであろう。このようにして、自分で自分を動かすものは、動の始原であり、それは滅びることもありえないし、生じることもありえないものである。もしそうでないとしたら、宇宙の全体、すべての生成は、かならずや崩壊して動きを停止し、そして二度と再び、生じてくるために最初の動きを与えてくれるものを持たないだろう。さて、自己自身によって動かされるものは不死であるということがすっかり明らかになった今、人は、この自己自身によって動かされるということこそまさに、魂のもつ本来のあり方であり、その本質を喝破したものだと述べることに、なんのためらいも感じないであろう。なぜならば、すべて外から動かされる物体は、魂のない無生物であり、内から自己自身の力で動くものは、魂をもっている生物なのであって、この事実は、魂の本性がちょうどこのようなものであることを意味するからである。しかるに、もしこれがこのとおりのものであって、自分で自分を動かすものというのが、すなわち魂に他ならないとすれば、魂は必然的に、不生不死のものということになるであろう」(引用は、プラトン『パイドロス』藤沢令夫訳、岩波文庫、一九六七年、五五〜五七ページからであるが、本書の様式にあわせて表記や語尾を一部改変した)。

☆2――『詩篇』(ウルガータ版ではCIII, 4、日本語版聖書ではCIV, 4)。

☆3――ここでもカミッロの記述は簡潔すぎるため、プラトン『パイドン』(81b)を挙げよう。「できるかぎり、自分自身の魂を肉体との交わりから浄化し、霊魂自身となるように努力すべきである」ことが論じられている。「……思うに、魂が汚れたまま浄化されずに肉体から解放される場合がある。というのも、そのような霊魂はいつでも肉体と共にあり、肉体に仕え、これを愛し、肉体とその欲望や快楽によって魔法にかけられて、その結果、肉体的な姿をしたもの、すなわち、人が触ったり、見たり、飲んだり、食べたり、性の快楽のために用いたりするもの、それら以外のなにものをも真実であるとみなさなくなるからである。そして、肉眼には暗くて見えないもの、しかし知性によって思惟され、哲学によって把握されうるもの、このようなものを、この霊魂は憎み、恐れ、避けるように習慣付けられてきたからである」（引用は、プラトン『パイドン――魂の不死について』岩田靖夫訳、岩波文庫、一九九八年、八〇ページからであるが、本書の様式にあわせて表記や語尾を一部改変した）。

☆4――ウェルギリウス『アエネイス』（VI, 730-751）。「これら生きている事物は、火的な活力（igneus...vigor）と、天上に由来する起源（caelestis origo seminibus）をもつが、それはあくまでも、毒に汚染された身体によって苛まれたりせず、さらに地上を動くための部位と死すべき手足によって動きを止められていない場合のみである。そのような場合、生きている事物は、恐れたり、欲望したり、苦悩したり、喜んだりしながら、何も見えない牢屋の暗闇に封じこめられてしまい、天上を見ることができなくなる。そしてさらには、生命が、最後の光とともにそれらの事物の内部から外へ出ていく場合にも、それらからすべての悪が去ることもなければ、すべての身体の罪が浄化されることもなく、それどころかむしろ、無数の悪徳が長いあいだに硬く固まり、不快な方法で身体の内部に入りこんでいくであろうことが運命によって定められている。それゆえ霊魂は罰によって責め苛まれ、古い罪の懲罰を償わなければならない。上から吊るされて、吹き荒れる風にさらされる霊魂もあろう。渦を巻く深遠において罪の汚れを清められたり、炎で燃やされる霊魂もあろう。あらゆる霊魂は自らの悪魔（demone）によって責められるのである。さらにのちには、われわれは広大なエリュシオン（神々に愛された英雄たちの魂が住まう場所のことで、ホメロスによれば、ハデスが支配する死者の国ではない別の場所にあるが、ウェルギリウスはここでは冥府の一部として考えている）へと送られることになるが、平和な喜びの場所に住むことができるのはわずかな霊魂のみである。なぜならば、染みついた汚れが清められ、エーテル的な感覚（aetherium sensum）と単純な火（simplicis ignem）が純化されるには長い時間がかかり、それは時の回転が終わるまでかかるからである。そして一〇〇〇年が過ぎたとき、神はすべての霊魂を召集し、群れをなさせ、レーテ河に集わせ、すべてを忘れさせて安心させ、再び天にある自らの顔を見させ、身体の内部に再び入ることを望むであろう」（Virgilio, *Eneide*, traduzione di Luca Canali, Introduzione di Ettore Paratore, Mondadori, Milano, 1997, pp.234-6, "Igneus est ollis vigor et caelestis origo seminibus, quantum non noxia corpora tardant terrenique hebetant artus moribundaque membra. Hinc metuunt cupiuntque, dolent gaudentque, neque auras dispiciunt clausae tenebris et carcere caeco. Quin et supremo cum lumine vita reliquit, non tamen omne malum miseris nec funditus omnis corporeae excedunt pestes, penitusque necesse est multa diu concreta modis inolescere miris. Ergo exercentur poenis veterumque malorum supplicia expendunt. Aliae panduntur inanes suspensae ad ventos, aliis sub gurgite vasto infectum eluitur scelus aut exuritur igni; quisque suos patimur Manis; exinde per amplum mittimur Elysium; et pauci laeta arva tenemus, donec longa dies, perfecto temporis orbe, concretam exemit labem purumque reliquit aetherium sensum atque aurai simplicis ignem. Has omnis, ubi mille rotam volvere per annos, Lethaeum ad fluvium deus evocat agmine magno, scilicet immemores supera ut convexa revisant rursus et incipiant in corpora velle reverti")。以下の邦訳を参照しながら原文から訳した。ウェルギリウス『アエネーイス』（上）、泉井久之助訳、岩波文庫、一九八二年、四〇九〜四一一ページ。

☆5——プラトン『パイドン』（81, b）によれば、パシパエの神話は、身体的・地上的愛（欲望）に囚われることの寓意である。これに対して、紀元前四世紀半ばに活躍したプラトン主義者パレファトスの『不思議な物語』（II）は、神話自体を否定する。「（パシパエが牡牛に恋をしたということについて）わたしはそのようなことが起こったということを否定する。まず第一の理由としては、ある動物が別の種に属する者に恋するなどということは、たとえその相手が自らの本性に適合する子宮をもっていたとしてもありえないからである。実際、犬、猿、狼、ハイエナ、あるいは水牛や鹿など（これらは実際に異なる種である）が結合することはありえない。もし異なる動物同士で結合したとしても、そこから生命を生むなどはありえない」（Anna Santoni, *Palefato. Storie incredibili*, Edizioni ETS, Pisa, 2000, p.54-55）。これに続けてパレファトスはパシパエの神話を史実としての合理的解釈を加えようとしている。またルキアノスは、プラトンともパレファトスとも異なるきわめて特異な解釈を示している。ルキアノス『天文学』ではこう書かれている。「疑いの余地なくパシパエもまた、星座群のあいだに出現する牡牛座について、そして天文学それ自体について、ダイダロスから聞き及んでいたのであり、その教説に恋をしたのである。そのことから人々は、ダイダロスが彼女を牡牛の妻にしたという考え方をを引きだしたのです」（Lucian, *Astrology*, 17, in Lucian with an English Translation by A. M. Harmon, in Eight Volumes, vol.V, The Loeb Classical Library 302, London-Cambridge (Mass.), 1972, p.358）。

☆6——ミノタウロスのイメージは、タラーリの階層の金星の扉に描かれる。

☆7——「ただ一頭の牡牛」、つまり霊魂であるパシパエが恋した牡牛は、霊魂と分離した身体の表徴を伝える。パシパエの扉では、各扉の上部のなんらかの場所にパシパエと牡牛が組みあわされた絵が描かれ、その下の扉に描かれたさまざまな絵は、それぞれの性質に応じてパシオパエと牡牛のどちらかに従属するものとして観察され、記憶されたのであろう。また、この箇所は、カミッロの劇場の構造と細部の仕組みを推察させる重要な記述のひとつでもある。

☆8——星座と人間の身体のあいだの照合関係については、ゴルゴンたちの階層も参照せよ。

☆9——アテネオス『神の知恵』（Ateneo, *Deipnosophistae*, XV, 674）。プロメテウスについては、プロメテウスの階層を参照のこと。

☆10——身体の各部分と各星座の照応関係については、解説を参照されたい。

☆11——人間の集団単位と個別単位が対置されるが、要するに前者は人間集団の各構成員の数を指し、後者は人間の身体比例を指すと考えることができよう。

☆12——実際にはルクレティウスはイクシオンについて言及していない。

☆13——カミッロはこの人間の身体における美徳としての「ディゼーニョ（素描）」（disegno）を新プラトン主義的な形而上学の中に位置づけている。これは、いわゆるマニエリスムの美術論者ヴァザーリやフェデリコ・ツッカリらによる「ディゼーニョの権威づけ」に先駆ける事例と考えられるかもしれない。さらに、絵画の発明者に挙げられることもある（たとえばアルベルティ『絵画論』）ナルキッソスの図像に含められている点も興味深い。洞窟の階層、および解説を参照されたい。

☆14——「二つの連鎖的註釈体系」（due catene）は、現代イタリア語として直訳するならば「二つの鎖」となる。これらについて、ボルツォーニはこう註釈する。「〈二つの鎖〉は、このイメージに託された素材が二重に区分されることを暗示しているように思われる。……（のちの火星のパシパエの記述では）このような素材の分割が〈指輪〉（anelli）のイメージで示されている」（Bolzoni, ed.cit., pp.200-201, n.9）。つまりカミッロはここで、記憶しなければならない素材を、指輪と鎖のイメージを用いて分割することを読者＝劇場の使用者に推奨していると考えられるのである。

☆15——バッカスのイメージについては解説を参照されたい。

☆16——「象徴神学」（teologia simbolica）の方法論は、詩や象徴的な図像による「神話」（favole）を媒介にして、その奥義を俗世間から隠蔽することにほかならない。これは、同時代のエンブレム学、神話解釈学、さらにヒエログリフ研究に密接にかかわっている。

☆17——「饗宴」の階層を見られたい。

☆18——プラトン『ティマイオス』（70a-b）。

☆19——ここでカミッロはいくつかの神話の構成要素を混合している。岩に結びつけられる神話の登場人物は、通常はシシュポスである。シシュポスは重い大きな石を押して坂をあがるが、丸い石は一度頂上に到達すると、すぐに下に転落する。他方、タンタロスは、満ち満ちた湖の水を飲もうとし、また、彼のすぐ近くの木に生えた果物を食べようとするが、それを果たせない。ホメロス『オデュッセイア』（XI, 582-592）ではこう書かれている。「耐え難い責め苦を受けつつ、水中に佇むタンタロスの姿も見た。水は顎のあたりに近づき、咽喉が渇いて飲まんと焦るが、水を捕らえて飲むこともできない。必死に飲もうとして老人が身をかがめるたび、水は吸いこまれたように消え、足下には黒い土が現れる——神の霊がことごとく干し涸らしてしまわれる。また、樹葉茂り高く聳え立つ、さまざまの果樹が頭上から果実を垂らしている——梨に石榴の樹、その実も艶やかな林檎の樹、甘いイチジクの樹や繁り栄えるオリーヴの樹。だが老人が手を差し伸べてその実を取ろうとするたびに、風が小暗い雲間めがけてそれを吹き飛ばしてしまう。また巨大な岩を両の手で押しあげつつ、無残な責苦にあっているシシュポスの姿も見えた。岩に手をかけ足を踏ん張って、岩を小山の頂上めがけて押しあげてゆく、しかしようやくにして頭上を越えんとするとき、重みが岩を押し戻し、無常の岩は再び平地へ転げ落ちる。彼は力をふりしぼって再び岩を押すが、その全身から汗が流れ落ち、頭の辺りから砂埃が舞いあがる」（引用は、ホメロス『オデュッセイア』松平千秋訳、岩波文庫、一九九八年、三〇四〜〇五ページからであるが、一部表記を改変した）。

オウィディウス『変身物語』（IV, 459-460）ではこうである。「ここは『罪人の家』と呼ばれる場所である。巨人ティテュオスが、九町歩にもわたって身を横たえながら、臓物を禿鷹に食い裂かれている。タンタロスは水をとらえることもできないし、頭上の果樹に手をとどかせることもできない。シシュポスは、絶えず転げ落ちようとする岩を、追いかけたり、押し上げたりしている。イクシオンは、車輪にくくりつけられて回転し、自分を追いかけながら、同時に自分から逃げてもいる」（"Locus appellatur Sceleratus. Tityus dabat praecordia discerpenda, et occupabat novem jugera. Tantale, nullae aquae a te inveniuntur, et arbor quae impendet, recedit. Aut petis, aut promoves lapidem ruiturum, Sisyphe. Ixion rotatur, et se vitat et urget. Et Belides non veritae parare necem suis patruelibus intentae repetunt aquas, quas profundant. Quos omnes postquam Saturnia aspexit infensis oculis, et ante omnes Ixionem, rursus ab illo spectans Sisyphon"〔引用は、オウィディウス『変身物語』〔上〕、中村善也訳、岩波文庫、二〇〇〇年、一五九〜六〇ページからであるが、一部表記等を改変した〕）。

ボルツォーニ（Bolzoni, p.201, nota 12）によれば、タンタロスと石の結びつきはパウサニアスの記述を源泉としたかもしれない。パウサニアス『ギリシアの記述』（Pausanius, *Descripitio Graeciae*, X, 31, 12）によれば、画家ポリュグノートスは、責め苦を与えられるタンタロスの絵を描いたが、その姿は、渇きと飢えに責めさいなまれたうえに、雌狼に脅かされていたという。

☆20——ゲリュオンについては、「洞窟」の階層を見られたい。

☆21——運命を回転させる三人のパルカたちについては、本書の「饗宴」の階層も見られたい。

☆22——「二つの鎖＝連鎖的註釈体系」と「指輪＝註釈断片」については前註☆14を見よ。

☆23——このイメージについては解説を参照されたい。

☆24——『詩篇』（ウルガータ版ではLXXX, 9-10、日本語版聖書ではLXXXI, 9-10）。

☆25――キケロの典拠は特定できなかった。

☆26――ウェルギリウス『アエネイス』(VI, 130)。「ユピテルは彼ら（オルペウス、テセウス、ヘラクレスら）の燃える徳力をエーテルの天まで昇らせた」("Iuppiter aut ardens evexit ad aethera virtus, dis geniti potuere")。以下の邦訳があるが、ここでは原文から訳した。ウェルギリウス『アエネーイス』(上)、泉井久之助訳、岩波文庫、一九八二年、三五八ページ。Cf. Virgilio, *Eneide*, cit., p.204.

☆27――ペトラルカは『叙情詩集』のなかでこの「燃える徳力」を繰り返し用いている。Cf. Francesco Petrarca, *Rerum vulgarium fragmenta*, Sonnet 19, 7; 182, 5-6; 271, 1. これに対応する邦訳の箇所を挙げる。ペトラルカ『カンツォニエーレ』前掲書、二二、二九七、四二五ページ。

☆28――ホラポッロ『ヒエログリフ集』(I, 47)。「聞くことを示すため、（エジプト人たちは）一頭の牡牛の耳の形象を描く。事実、牝牛が子どもを宿すことを望むとき（それは三時間以上は発情し続けないのである）、このうえなく大きな声で吼え、もしこの時間のあいだに牡牛がそのもとへと辿りつかなければ、牝牛は次回の出会いまで陰門を閉ざすのである。このことは、しかしながら、めったに起こらない。実際には、牡牛は、とても遠いところからでもそれを聞きつけ、牝牛が発情していることを知り、性交するために駆けつけるのであり、このようなことをするのは獣たちのなかでは牛のみである」(Orapollo, *I Geroglifici*, introduzione, traduzione e note di Mario Andrea Rigoni e Elena Zanco, testo greco a fronte, Rizzoli, Milano 1996, p.134)。

☆29――ディアナ（アルテミス）とエンデュミオンの物語は、ディアナ本来の処女神としての属性とは対照的であり、ディアナと月の女神との同一視が定着してのちに創案された比較的新しい神話であると考えられている。たとえば、アポロニオス『アルゴナウティカ』(Apollonius Rhodius, *Argonautica*, IV, 55-57) は、「折りしも地の果てから昇るティターン族の娘、月の女神は狂ったようにさまようその処女を見て意地悪く勝ち誇り、胸のなかでこう語る。なんと、わたしだけがラトモスの洞窟にさ迷っていくのでもないし、私だけが美しいエンデュミオンのせいで燃えあがるのでもなかった」（引用は、アポロニオス『アルゴナウティカ』岡道男訳、講談社文芸文庫、一九九七年、二五二ページからであるが、一部表記を改めた）。他方、アポロドロス『ビブリオテケ』(Apollodoros, *Bibliotheke*, I, VII, 5) はこう記している。「カリュケーとアエトリオスから一子エンデュミオンが生まれた。彼はテッサリアーからアイオリス人を率いてエーリスを創建した。一説によれば彼はゼウスの子であるという。彼は人に優れて美貌であったが、月の神が彼に恋をした。しかしゼウスが彼にその欲する所を授け、彼は不老不死となって永久に眠ることを選んだ」（邦訳は、アポロドーロス『ギリシア神話』高津春繁訳、岩波文庫、一九七二年、四三～四四ページ）。

エンデュミオンは天文学者の隠喩としても用いられた。その解釈はルキアノスにさかのぼることができるが、彼は必ずしもそれを全面的に主張してはいない。ルキアノスは『神々の対話』の「アプロディテとセレネの対話」では、月とエンデュミオンの関係を「愛の過ち」の寓意と解釈する。「（アフロディテ）わたしが聞くこの音はあなたのものなのか。月の貴婦人よ。人々は語る、あなたがカリア（小アジア南西部の都市国家）の上に登るときはいつでも、あなたはあなたの馬車を停めて、狩人のいでたちのまま扉の外で眠っているエンデュミオンを見つめ、時々はあなたの道をそれて、彼のもとまで降りていったと。（セレネ）あなたの息子（クピドないしエロス）に尋ねよ、アプロディテ。それは彼の過ちである。（アプロディテ）それはわかっている。彼はまことに傲慢である」。だがルキアノスは、他の著作のなかでは月を発見した天体観測者としてのエンデュミオンについて言及している。たとえば『天文学』（XVII）ではこうである。「ある者は月の詳細な細部を研究し、ある者たちは木星の、そしてある者は太陽のそれを調べ、それらの軌道や動き、力を研究した。エンデュミオンは月の動きを確定した。……」。さらにルキアノスは、この直前の一六節では、パシパエがダイダロスから天文学を学んでいたという神話解釈を記している。

☆30――「接吻による死」ないし「暗い死」の奥義は、ルネサンス人文主義の「普遍の哲学」（perenne filosofia）の思考パターンにきわめて合よく致したため、広く流布した。この奥義と美術の関係について指摘した先駆者はエドガー・ヴィントである。Edgar Wind, *Pagan Mysteries in the Renaissance. An Exploration of Philosophical and Mystical Sources of Iconography in Renaissance Art*, Revised and Enlarged Edition, New York and London 1968(1958), pp.152-70. 邦訳は、エドガー・ウィント『ルネサンスの異教秘儀』田中、藤田、加藤訳、晶文社、一九八六／一九九五年、一三〇～四一ページ。さらに次も参照されたい。Francesco Gandolfo, *Il "Dolce tempo". Misitica, ermetismo e sogno nel Cinquecento*, Roma 1978, pp.54-56. 最近ではこのテーマに関連する次の研究がある。Maria Ruvoldt, *The Italian Renaissance Imagery of Inspiration. Metaphors of Sex, Sleep, and Dreams*, Cambridge University Press, Cambridge University Press, 2004. カミッロと同時代の典拠については解題論文で論じている。

☆31――ゴルゴンたちの階層の土星の扉。

☆32――『雅歌』（I, 1）。

☆33――『フィリピの信徒への手紙』（I, 23）。

☆34――"nell'indeclinabile"と書かれている。ボルツォーニの版本も、Edizione RES の版本も、いずれもとくに註釈を加えていないが、そのままでは意味が通らない。原文どおりに訳せば（不可避的に）という意味になり、きわめて不可解である。ウェンネカーも、原文から訳して"in the indeclinable"としているが、註釈を加えて「綴りのミスだと思われ、カミッロの意図したものではなかろう」と述べている。訳者もこのウェンネカーの意見に賛成であり、本文の論旨を踏まえて、おそらくカミッロは、"nell'indecifrabile"ないし"indecifrabilmente"と述べていたと推測することができると思われる。それゆえ本書では、「容易に解明されることがないように」と訳すことにした。

☆35――Francesco Petrarca, *Rerum vulgarium fragmenta*, cit., CCCXLIX, 9-14, "O felice quel dì che dal terreno carcere uscendo, lasci rotta et sparta questa mia grave et frale et mortal gonna, et da sì lunghe tenebre mi parta, volando tanto in su nel bel sereno, ch'io vegga il mio Signore et la mia donna". 以下の邦訳を参照しながら、原文から訳した。ペトラルカ『カンツォニエーレ』前掲書、五二三ページ。

☆36――前註☆14を参照されたい。

タラーリ

☆1――ウェルギリウス『アエネイス』(IV, 239-241)ではこう書かれている。「両足に黄金で塗られたタラーリをつけ、タラーリは彼(メルクリウス)を天高く飛翔させ、地も海も越えさせ、まるで速い風のように運んでいく」("... et primum pedibus talaria nectit aurea, quae sublimem aliis sive aequora supra seu terram rapido pariter cum flamine portant")。訳文は以下の邦訳を参照しながら原文から訳した。ウェルギリウス『アエネーイス』(上)、泉井久之助訳、岩波書店、一九七六年、二二六ページ。

☆2――ホメロス『イリアス』(VIII, 1-27)。ユピテルが、オリュンポスの神々を集め、ギリシアとトロイアの戦いに神々が参加することがないように戒める。「あなたがたは、わたしがあらゆる神々において抜きん出て力をもつことを知るであろう……黄金の鎖を天から垂らし、男も女もそれにとりついてみたまえ。あなたがたがどんなに固執しても、最高位にして最も賢いゼウスを、天から地上へ引きずり下ろすことはできないであろう。それどころは逆に、わたしがそのつもりで鎖を引きあげれば、あなたがたをすべて大地ごと海ごと引きあげるであろう。そして、鎖をオリュンポスの峰のひとつに縛りつける。そうすれば全員、宙吊りになる。これほどまでにわたしは神々と人間とのあいだで至高の存在である」(引用は、『イリアス』[上]、二三五〜二三六ページからであるが、一部表記を本書の様式にあわせて改変した)。

マクロビウス『キケロの「スキピオの夢」への註釈』(I, XIV, 15)は、神を頂点とする宇宙の位階構造を説明するさいに、この黄金の鎖が比喩として用いられている。「知性は至高の神から、霊魂は知性から放出されるのだから、知性は実際にはすべての下位の存在を造り、それに生命を満たし入れるのである。そしてこれは、並べられた数多くの鏡同士で相対しあう反射のように、一瞬の輝きですべてを照らし、またさらにすべての内部において見いだされうる。そして、すべては、持続して連続的に起こり続け、段階を経て下降していく道を生成する。そのため、注意深い観察者は、至高の神から宇宙の最も下位にある塵にいたるまで、一本のつながりが存在することを発見するはずである。それは、あらゆる事物に結びつき、絶対に壊れることがない。これこそがホメロスの黄金の鎖である。彼が語るには、神はそれを空から地上まで垂らしてみよと命じた」（以下から訳した。Macrobius, *Commentary on the Dream of Scipio*, Translated with an Introduction and Notes by William Harris Stahl, Columbia University Press, New York and London, 1952, p.145）。

☆3——パシパエの階層の訳註☆14を参照せよ。

プロメテウス

☆1——プラトン『プロタゴラス』（320 d-322 d）。カミッロは、プラトンの記述をほぼまるごと引用している。プラトン以外のプロメテウスの典拠としてしばしば用いられたのは、オウィディウス『変身物語』（I, 76-88）である。「その大地の土を、イアペストスの息子（プロメテウス）は雨の水と混ぜ合わせ、すべての事物を支配する神々の姿に似せてこねて作った。そして、他の動物たちは眼を地面に寄せているが、人間だけが顔を上に上げて天を見るようにさせ、まっすぐに目を上げて空を見るように命じた」（引用は、オウィディウス『変身物語』［上］、中村善也訳、岩波文庫、二〇〇〇年、一四～一五ページ）。

☆2——背丈より高くなりすぎれば、そこに示された絵を見ることも、さらに「ヴォルーメ」の利用もむずかしくなるからであろう。

☆3——ヒュメナイオスは詩女神の一人。古代ギリシアでは結婚の祭式でこの女神の名前を呼ぶ習慣があった。

☆4——パシパエの階層。ボルツォーニはこの記述を、一五〇〇年代後半にカミッロを賞賛したオラツィオ・トスカネッラ（Orazio Toscanella）という人物による記憶術のための書物における「樹木」（alberi）の図に結びつけた。次のボルツォーニによる分析を参照のこと。Lina Bolzoni, "Alberi del sapere e macchine retoriche", in *La stanza della memoria. Modelli letterari e iconografici nell'eta` della stampa*, Einaudi, Torino, 1995, pp.26-86, esp.53-7. 邦訳は、リナ・ボルツォーニ『記憶の部屋——印刷時代の文学的-図像学的モデル』足達薫・伊藤博明訳、ありな書房、二〇〇七年、五七～一四四ページ、とくに九八～九九ページ。

☆5——ヘラクレスは雄弁術の象徴として語られることがあるが、カミッロが語る「三叉の槍をもつヘラクレス」という勇壮な図像は例外的であり、ルキアノスにさかのぼるこのユーモアを含んだ老いた賢人としてのヘラクレスの図像のほうがはるかに一般的である。一般的な図像を採用せず、あえて三叉の槍を持つ勇壮なヘラクレスのイメージを考案したという点で、カミッロは雄弁術の図像史の中では極めて特異な位置にある。解題論文を見られたい。

☆6——ウェルギリウス『牧歌』(II, 61-62)ではこう書かれている。「城砦を築いたパラスは、その城砦に住めばよい」("Pallas quas condidit arces, ipsa colat.")。以下の邦訳を参照しながら原文より訳した。ウェルギリウス『牧歌・農耕詩』(新装版)、河津千代訳、未来社、一九八四/一九九一年、七三ページ。

☆7——オウィディウス『変身物語』(VI, 129-145)。アラクネは腕の立つ織女であり、パラスと勝負し、その罰として、パラスによって蜘蛛に変えられてしまった。

☆8——ランディーノ『カマルドゥレンシス反論』(*Disputationes Camaldulrensis*)についての言及かもしれない。この書の第三書と第四書でランディーノはウェルギリウスを扱っている。Cristoforo Landino, *Disputationes Camaldulenses*, a cura di Peter Lohe, Sansoni, Firenze, 1980.

☆9——アリストテレス『分析論前書』(I, 35, 48a)。

☆10——カミッロが知っていたかもしれないアポロンと詩神たちの図像といえば、ラファエッロがヴァティカーノ宮殿「書名の間」に描いた壁画《パルナッソス》が想起されるだろう。この作品は周知のとおりすでに同時代から多くの版画として複製された。カミッロもそれを見る機会があったにちがいない。さらに、一五世紀後半から流行したいわゆる〈タロッキ〉にもしばしばパルナッソスの光景が示された。無論、作品を特定することはできないが、カミッロは〈タロッキ〉のような比較的民衆的イメージにも慣れ親しんでいたかもしれない。

☆11——「曖昧にではあるが」(per perplexionem)という言葉の意味は、要するに古典古代の典拠には鷹狩りについてはっきりと書いてある例が見当たらないという意味であろう。

☆12——ボッカッチョ『デカメロン』(V, 9)。ここでは、すばらしい狩猟用の鷹とわずかな領地を残して財産を失ってしまったある没落貴族が、愛するマドンナに御馳走するために、その鷹をばらし、その肉を焼いて食べさせるという物語が語られている。邦訳は、ボッカッチョ『デカメロン』(四)、「五日目第九話」、野上素一訳、岩波文庫、一〇一〜一一一ページ。ボルツォーニ(Bolzoni, p.202, nota 8)は、この扉では、ボッカッチョが記した「解剖された」鷹の部分すべてを記憶することがうながされたと解釈している。

☆13——「(劇場における叡智の)欠落が生じないようにするため、これをこの場所に置いた」("acciochè buchi non manchino, habbiam dato questo luogo")。ウェンネカーは、この文章を次のように訳し、劇場の構造と結びつけている。「われわれがこの場所を割り当てた小さな穴がそれによって埋められる」("so that cubby-holes are not lacking for them, we have given this place")。しかし、『劇場のイデア』を通じて「穴」（buchi）が物理的・構造的に語られた個所は（ウェンネカーが挙げる例以外に）存在しない。むしろ、中世騎士世界で確立した「技芸」としての鷹狩りの典拠を古代ギリシアやローマに探すことができなかったが、劇場に含めることにした理由についての弁解と考えたほうが自然であろう。フランス語訳も同様の解釈をしており、参照されたい。Giulio Camillo, *Le Théâtre de la méoire*, Traduit de l'italien par Eva Cantavenera & Bertrand Schefer, Editions Allia, Paris, 2001, p.155.

☆14――キケロの語彙を用いてキリスト教に関連する議論を語ることを可能とするためにキケロ主義者たちが考案した典型的な解決法である。このような方法はエラスムスの『キケロ主義者』（*Ciceronianus*）によって痛烈に批判されることになる。エラスムスはキケロ主義を異教崇拝的営みと判断したのである。解説を参照されたい。

☆15――『コリントの信徒への手紙一』（I, 17）。

☆16――"In principio erat Christus, et Christus erat apud Deum, et Deus erat Christus."『ヨハネによる福音書』（I, 1）を参照されたい。ウルガータ版では次のとおり。"in principio erat Verbum et Verbum erat apud Deum."

☆17――『ヨハネによる福音書』（I, 2）。

☆18――ホメロス『オデュッセイア』（IV, 564）では、ゼウスは地獄の監視者の一人としてラダマンテュスを指名している。

☆19――ダンテ『神曲』の「地獄篇」を参照のこと。

☆20――この時代のフィレンツェで使われていた「警察局」（Barigellato）ということばは、市内警備担当傭兵たちの統括機関である「バルジェッロ」（bargello）がある役所のことを指していた。

☆21――たとえば、オウィディウス『変身物語』（VI, 382-400）、『祭暦』（VI, 696-710）、アポロドロス『ビブリオテケ』（I, 4, 2）を見られたい。

☆22――実際には四つのイメージしか語られていないが、牡牛の上のエウロペを二つに数えまちがえたのかもしれない。

☆23――パリスの審判の代表的な典拠は、ホメロス『イリアス』（III, 39; XIII, 769）、エウリピデス『トロイの女たち』（920-932; 969-1072）、アポロドロス『ビブリオテケ』（E, 3, 2）である。

☆24――ここでの鞭とは、驢馬のような家畜を叩くための柔らかい竿や棒を指すようである。

☆25――定められた区間を歩いたり走ったりし続ける行為を指す「パスティーノ」（pastino）の綴りの間違いのようである。

ジュリオ・カミッロと記憶の劇場——その歴史的位置と構造

1　ルネサンスのことばとイメージをめぐる「記憶の学」の系譜

本書で訳されたテクスト、ジュリオ・カミッロ『劇場のイデア』の歴史的位置と構造は、美術史、哲学・思想史、文学史のような個別の分野意識を捨てなければ見えてこない。このテクストを読み解く最良の、そして最適な方法は、ルネサンスの時代におけることばとイメージをめぐる理論と実践――両者は相互作用を果たしながら循環的に生成していくのであり、それらの表現者は両者の相互作用を自在に支配・制御しなければならない――にさかのぼり、それを利用することである。そしてこの方法は、二〇世紀の偉大なルネサンス研究者たちによって確立された系譜に属している。本解題では、まずはそうした方法論的系譜を確認したのち、カミッロについての研究史を検討する。次にカミッロのテクストそのものに向かい、そこで語られた「記憶の劇場」の構造をめぐるさまざまな問題を考察する。最後に、このテクストで語られた四七個のイメージについて、一六世紀のエンブレム学・神話解釈学および美術作品との関連性という視点から註釈を加える。

ルネサンスにおけるイメージとことばの関係に関心をいだき、それぞれ二〇世紀のルネサンス研究に巨大な足跡を残した三人のマエストロたちには、いずれも「記憶」を題名にもつ計画ないし研究がある。先に述べた方法論的系譜は、この三者のはざまに成立し、またそれらと密接な関連性をもっている。一九二〇年代、アビ・ヴァールブルクがハンブルクで構想したイメージの地図帳《アトラス》は、まさしく「記憶の女神《ムネモシュネ》」と銘うたれていた。それは、古代から近世までのおびただしい数のイメージを占星術的世界観および秩序に基づいて配列したイメージ・アーカイヴであり、また同時に一種のスペクタクル、劇場として構想されていた（『ムネモシュネ・アトラス』ありな書房近刊）。それを見る／体験することによって、観者は、イメージ同士の連鎖や照合の論理を想起すると同時に、それらのイメージに変容をもたらした歴史の動力を追体験することができる。この魅力的なイメージ装置の考案者ヴァールブルクの図書館はロンドンに移転し、ヴァールブルク（ウォーバーグ）・インスティテュートとして機能していくが、そこに足しげく通った一人に、マリオ・プラーツがいる。偉大なエンブレム研究書『綺想主義研究』を同研究所から出版したこともあるマリオ・プラーツである（ありな書房刊）。彼の方法は、造形芸術と言語的芸術を、ともに様式と素材の問題として、つまり触覚的美的感性に訴える姉妹的媒体として把握し、ことばとイメージの総合的系譜を解明しようとするものだが、彼の方向性はヴァールブルクと至近距離で共鳴している。それを証明するのが、一九六七年、メロン財団の記念レクチャーでプラーツがおこなった「ムネモシュネ」と題する連続講義である。ここで彼は、ルネサンス以後の文学と美術における様式の並行（姉妹）関係——マニエリスムにおける蛇状曲線、ロココにおける貝殻等々——を視覚的に検証していく。プラーツはここで、文学と美術、ことばとイメージが円環的に戯れ、記憶されていた時代があること、そしてその時代を知るにはその二つの媒体を同時に想起しなければならないことをわたしたちに教えてくれる。そうした意味で、まさしくこの講義は、ヴァールブルクの「ムネモシュネ」のいわば研究書版といえる。プラーツは「ムネモシュネ」という象徴的な題名の理由を明確に述べていないが、この講義の中心的主題を考えればすぐに得心がいく。文学と美術の姉妹的関係の源泉はホラティウス（「詩は絵の如く」）とシモニデス（「絵はもの言わぬ詩、そして詩は語る絵」）だが、後者はまさしく、古代修辞学の構成要素として確立された記憶術の創始者と伝えられてきたのである（この講義ノートは一九七四年にプリンストン大学出版局から出版され、日本語版は『ムネモシュネ——文学と視覚芸術との間の並行現象』［高山宏訳、ありな書房、一九九九年］である）。それから一五年ほどのち、当時はピサ・スクオーラ・ノルマーレ・スペリオーレ（ピサ高等師範学校）の教授であったサルヴァトーレ・

セッティスは、『イタリア美術における古代の記憶』と題された三巻の巨大な論文集（一五〇〇ページを超える）を監修した（Salvatore Settis [a cura di], *Memoria dell'antico nell'arte italiana*, 3 vol., Einaudi, Torino, 1984-1986）。これは、古代美術が後世においてどのように受容（あるいは破壊）され、再解釈され、再利用されていったのか、そしてどのような影響を構成の美術にもたらしたのかを総合的に考察する目的で編集された。とくに焦点が当てられたのは、中世からルネサンスにかけての古代美術の受容とそれをめぐる言説の変化、そしてそのあいだの循環的構造（古代のテクストが、再発見された古代のイメージを選択・修正・変容させ、そのイメージが今度はいわゆるクラシックとして機能する）であった。この三巻本がモデルとして提案した総合的古代研究――考古学の実証的・科学的成果と美術史の様式学・図像学の融合――は、それ以後のルネサンス研究におびただしい影響を与えることになった。しかしそうした質の面とともに、この論文集は量の面でも研究者たちに衝撃を与えた。ここに保管されたおびただしい貴重な視覚的作例は、読者に、さまざまな連鎖な関係とともに継承されてきた古代の記憶を見る／体験することを可能にする。そうした意味では これもまた、ヴァールブルクの「ムネモシュネ」と至近距離で共鳴している。

ヴァールブルク、プラーツ、そしてセッティスが標題に選んだ「記憶」ということばは、ルネサンス――そしておそらくあらゆる時代――におけるイメージとことばの関係を考えるならば、きわめて示唆的であると同時に納得のいくものである。事実、ホラティウスとシモニデスに帰される文学と美術の姉妹性は、ルネサンスにおけるそれらの理論と実践の堅固な基盤と化したその結果、イメージの領域においてもテクストの領域においても、現代のわたしたちからすればきわめて異様に見える事態、異質なはずのことばがイメージと融合され、再び分離され、また相互に再利用されるという現象が頻繁に生じた。そしてことばとイメージのそうした循環的関係は、古代以来の心の三主要領域のひとつである「記憶」によって制御され、支配され、また発動されると定義され、実践されていた。本論ではこの方法論的認識をさしあたって「記憶の学」と呼ぶことにしよう。美術作品の内部に突如侵入する銘文（たとえばピサのカンポサントにおけるイメージと銘文の循環的構造）、文学作品や批評の内部で言語によって記述される美術作品（エクフラシス）、言語を語る肖像画や彫像という設定で歌われた詩（たとえばペトラルカによるラウラ頌）、そしてイメージとことばをまったく同一の価値をもつ何かとして自由に操作する記憶術――ルネサンスにおけるこれらの理論と実践は、美術史や文学史など個別の方法論ではとらえきれない。だが、ヴァールブルク、プラーツ、セッティスがそれぞれの立場から示唆した「記憶の学」は、まさしくそれらの問題を中心にすえる。

事実、ヴァールブルク、プラーツ、セッティスという三峰のあいだに、記憶そのものに焦点を合わせた尖鋭的な研究者たちが現われ、「記憶の学」を確立していく。彼らは、古代からルネサンスにかけてのイメージとことばの循環的構造を最も鮮明に示す、いやむしろ、その構造そのものであり、またその実践である記憶術《ムネモテクニカ》に焦点を合わせる。記憶術とは、次節で解説するように、シモニデスに帰せられ、アリストテレスによる修辞学体系の内部に位置づけられ、キケロやクインティリアヌス、そして無名の著者による『ヘレンニウスに捧げる修辞学書』によって理論化された修辞学の一要素・一理論のことである。これは中世を通じて継承され、ルネサンスにおいて強い影響力をもたらす。ルネサンスの偉大な思想家、たとえばジョルダーノ・ブルーノには『想起術』（*Ars reminiscendi*）のようにいくつもの記憶論考があるし、ジャンバッティスタ・デッラ・ポルタにおいても同様である。しかしながら、それらの例が系譜づけられ、分析されるのは、一九六〇年代、「記憶の学」の方法的確立を待たなければならなかった。

「記憶の学」の最初の方法論的マニフェストは一九六〇年代にさかのぼり、ここにはヴァールブルクの影響が如実に感じられる。フィレンツェ大学でルネサンス哲学史を講じていたパオロ・ロッシは、『普遍の鍵――ルルスからライプニッツにいたる記憶術と結合論理学』を上梓する（日本語版は、清瀬卓訳、国書刊行会、一九八三年）。これは、古代修辞学に由来し、中世を通じて伝承され、ルネサンスにおいて顕著な影響を残した記憶術的方法の伝統を再検討した、画期的な――事実、二〇世紀において記憶術に焦点を合わせた最初のアカデミックな――研究書である。この書物の序文でロッシは、資料提供と助言・批判に関して、ヴァールブルク・インスティテュートの所長、ゲルトルート・ビンクに感謝を捧げている。これを受けて一九六六年、今度はヴァールブルク・インスティテュート自体から、このうえない重要性をいまなお保つ基本研究が出る。フランセス・A・イエイツの『記憶術』である（日本語版は、玉泉八洲男監訳、水声社、一九九三年）。ジョルダーノ・ブルーノの思想の源泉を探究して悪戦苦闘していたイエイツは、ある日、ビンクの後任の所長であった盟友エルンスト・H・ゴンブリッチから一冊の書物、一六世紀に生きたジュリオ・カミッロという男が残したテクスト、『劇場のイデア』を手渡された。イエイツはこのテクストのなかに、そしてまたそこで構想されていた不可思議でありまた魅力的である装置、「記憶の劇場」のなかに、古代から中世を経てルネサンス、そしてブルーノまでをつなぐ解釈の鍵を見つけることとなった。そして翌年、先に見たプラーツの講義がおこなわれる。

六〇年代半ばからのロッシとイエイツの奮闘のおかげで明らかになったのは、一四世紀から一七世紀末にかけて、ジョルダーノ・ブルーノやジョヴァンニ・バッティスタ・デッラ・ポルタのように正面から記憶術を論じた有名な思想家ばかりではなく、本書の主役・語り部であるカミッロを含むおびただしい数の「記憶の教師」たちが、そののちほとんど忘れられてしまった大量の記憶術書を書いていたこと、そしてそれらに封じこめられたことばとイメージの循環的構造・様態は、ルネサンス研究の方法論的刷新を喚起しうるということである。イエイツとロッシが切り開いた認識は、さらに一人の重要な研究者を中心にして広げられ、深められ、磨きあげられる（と同時に、後述するように、とくにイエイツにおいて見られた資料解釈の飛躍や図式先行型の分析が批判・修正される）。

その研究者、リナ・ボルツォーニの活動拠点が、セッティスと同じくスクオーラ・ノルマーレ・スペリオーレ・ディ・ピサであることはきわめて意味深長に思われる。実際、筆者はボルツォーニ氏自身から、セッティスの存在をきわめて重要に思っていること、「互いに刺激をうけあっている」ことを伺った。ボルツォーニはもともとイタリア文学史、とくにトンマーゾ・カンパネッラの研究からスタートしたが、カンパネッラもまた記憶術とユートピア思想の大家である。つまり彼女は、ルネサンス文学におけることばとイメージの円環的構造を解明するための鍵として、早くから記憶術の重要性に着目していたのである。そして彼女は一九七〇年代末から八〇年代にかけて、今では忘れられた一四世紀から一六世紀にかけての群小作家たちの論考や文芸作品、あるいは「ゲーム集」のなかに、心の一機能領域としての記憶をめぐる、きわめて異様であると同時に魅力的な思考回路があることをみいだした。彼女はロッシとイエイツの記憶術研究を継承し、また同時にマックルーハンとオングから示唆された「印刷技術以前と以後の知の変容」という主題を、原典資料の読解に基づく実証的方法で探究する。その成果は、一九九三年の『記憶の部屋——印刷時代の文学的‐図像学的モデル』(ありな書房、二〇〇七年)、二〇〇二年の『イメージの網——黎明期からシエナのベルナルディーノにいたるまでの俗語による説教』(Lina Bolzoni, *La rete delle immagini. Predicazione in volgare dalle origini a Bernardino da Siena*, Einaudi, Torino 2002〔足達訳、ありな書房近刊〕)に結実する(後者では彼女の素材は中世まで広がっている)。またボルツォーニは、イエイツの研究の飛躍点となったジュリオ・カミッロについての研究をさらに推し進め、『劇場のイデア』の最初の現代的註釈・校訂版(一九九二年)を提示し、さらにそれ以外の多くの著作をめぐる基本研究をおこなってもいる。

これまでは論文によってなされてきた「記憶の学」のマニフェストを、さらに一般化、公式化することに成功したのもボルツォーニである。一九八九年、イタリア、英国、オランダ、ドイツ、スペイン、合衆国を巡回した大規模展覧会『思考の生成機構——記憶術から神経科学へ』(Pietro Corsi (a cura di), *La Fabbrica del Pensiero, Dall'Arte della Memoria alle Neuroscienze*, Electa, Milano, 1989)の編集に携わったボルツォーニは、盟友マッシミリアーノ・ロッシとともに、この展覧会の最初のコーナー「一六世紀までの記憶術」をまとめた。ここでついに、古代からルネサンスまでの記憶についての理論と実践は、過去の無謀な夢ではなく、現代にもかたちを変えながら生き続ける、人間の本性に触れるきわめて重要な、そして魅力的な主題であることが広く宣言されたのである。

このボルツォーニのアカデミックな盟友の一人に、現在はニューヨーク大学付属中世・ルネサンス研究所の所長をつとめるメアリー・J・カラザースがいる。カラザースもボルツォーニ同様、ロッシとイエイツの方向を原典資料の詳細な分析によって進化/深化させることを目指し、いくつもの重要な「記憶の学」研究を提示している。カラザースは、主著のひとつ『書物としての記憶――中世文化における記憶についての研究』（*The Book of Memory. A Studyu of Memory in Medieval Culture*［日本語訳は『記憶術と書物――中世ヨーロッパの情報文化』（別宮貞徳監訳、工作舎、一九九〇年）である］）では、自らをロッシとイエイツの系譜に位置づけており、彼らの正統的後継者としての自負が如実に感じられる。ボルツォーニの焦点が一六世紀にあるのにたいし、カラザースはおもに中世の記憶術を相手にしているが、それら既成の時代区分にとらわれる（惑わされる）ことなく、古代から近世にかけての記憶という広大な世界を見据えている点は両者に共通する。また、一九九〇年代における「記憶の学」のマニフェストとしてボルツォーニらにぜひとも付け加えておかなければならないのは、ヴァーモント大学教授パトリック・H・ハットンが一九九三年に著わした『記憶術としての歴史学』である（Patrick H. Hutton, *History as an Art of Memory*, University Press of New England, Hanover, 1993）。パトリックはフランス大革命を軸とするヨーロッパ近世史の研究者だが、この著作のなかの論文「再概念化された記憶術――ルネサンスからジャンバッティスタ・ヴィーコまで」では、ロッシ以後の「記憶の学」を要約しながら、ジュリオ・カミッロ『劇場のイデア』の歴史的重要性を踏まえながら、ヴィーコの「新しい歴史学」における記憶術的様態を論じている。また、ここではスペースの都合で書誌をあげないが、イタリアでもマリオ・コスタンツォ、アンドレア・ガレッフィ、ファブリツィオ・スクリヴァーノ、ジャンカルロ・マッツァクラーティのような文学研究者たちが、ルネサンスのことばとイメージの問題を記憶という視点から論じ、ボルツォーニらに援護射撃をおこなっている。

こうして、一九二〇年代から九〇年代にかけて、美術史、哲学・思想史、文学史、社会史のすべてを横断する方法としての「記憶の学」の系譜がこうして結ばれた。この方法論は、古代からルネサンスにいたるヨーロッパ的叡智の総体を、ことばとイメージのあいだの相互作用、そしてその作用を発生させる機能領域としての「記憶」をめぐるさまざまな理論と実践、という視点からとらえなおすことをめざしている。ここで本書にとって重要なのは、この系譜をたどる者は、ジュリオ・カミッロの名前と彼が構想した「記憶の劇場」、そしてその劇場の構造を述べたテクスト『劇場のイデア』といたるところで遭遇するということである。事実、一九六〇年代以来の「記憶の学」の構築過程において、カミッロとその劇場は、素材であると同時に誘因（行動喚起）であり、研究対象であると同時に一種の「研究者仲間」であった。なぜなら、のちに述べるように、カミッロの『劇場のイデア』を読むこと自体、ルネサンスにおけることばとイメージの循環的関係を知ることであり、同時にそれを体験することだからである。

　そのカミッロについての個別研究については次節で見ることにし、二一世紀の「記憶の学」の展開を簡単に見ておこう。そこでもカミッロと劇場はきわめて頻繁に引用され、論じられている。一九九五年、アカデミア・ナッツィオナーレ・デイ・リンチェイでは、ボルツォーニを中心として、国際研究学会『記憶力とさまざまな記憶形式』が開かれた（論文集は以下。Lina Bolzoni, Vittorio Erlindo, Marcello Morelli (a cura di), *Memoria memorie*. Convegno internazionale di studi, Olschki, Firenze, 1998）。ここでボルツォーニは、中世からルネサンスにかけての記憶、および記憶によって循環させられることばとイメージという基本的モティーフは、二〇世紀のさまざまな文化的側面（スタニスラフスキー式演技法やエリアス・カネッティの文学等々）に生きていることを論じている。他にもルネサンスで「新発見」されたアメリカ大陸に輸出された記憶術についての興味深い研究、マッシミリアーノ・ロッシ（彼も現代「記憶の学」の第一人者の一人である）による書肆ガブリエレ・ジョリト研究など、重要な論文が含まれている。一九九七年には、ピサのスクオーラ・ノルマーレから、イタリア美術文献学の巨人パオラ・バロッキとボルツォーニが監修した論文集『ことばとイメージの用例集——一六世紀の経験と近代データベース』がでる（Paola Barocchi e Lina Bolzoni (a cura di), *Repertori di parole e immagini. Esperienze cinquecentesche e moderni data base*, Scuola Normale Superiore, Pisa, 1997）。ここでは、記憶術的論考と、エンブレムや神話解釈学のようなイメージとことばを扱う論考が、基本的に同じ基盤にあるテクストして研究されるべきであるという主張が、実証的方法によって力強く主張されている。カミッロの『劇場のイデア』をめぐってとくに重要なのは、フランスのクローディ・バラヴォアーヌ「ピエリオ・ヴァレリアーノの『ヒエログリフ集』からチェーザレ・リーパまで、あるいは図像的表徴の地位の変容」であり、本解題でもそこから多くを学んでいる。ボルツォーニの序文とともに二〇〇〇年に出版された論文集『ことばとイメージの旅程（一四〇〇年から一六〇〇年）』も基本的にその方向にある（Angela Guidotti e Massimiliano Rossi (a cura di), *Percorsi tra parole e immagini (1400-1600)*, Maria Pacini Fazzi, Lucca, 2000）。イメージと言葉をめぐるあらゆる実践と理論を対象としながら、それらを相対主義的に配列するのではなく、あくまで各論にこだわり、各例の達成や目的、理想を実証的にとらえようとする「記憶の学」の基本的性格がとてもよく表われている。カラザースのほうも着実に研究を進展させており、二〇〇二年、『記憶の中世的技巧——テクストと描画のアンソロジー』を編纂する（Mary Carruthers and Jan M. Ziolkowski [ed.], *The Medieval Craft of Memory. An Anthology of Texts and Pictures*, University of Pennsylvania Press, Philadelphia, 2002）。中世の写本世界における記憶をめぐる理論と実践を伝える原典資料のすぐれた翻訳と図版は、中世からルネサンスにかけての文化に関心を寄せるあらゆる研究者にとって必携の用例集である。

最後に付け加えておかなければならないのは、ピサのスクオーラ・ノルマーレ・スペリオーレの付属研究機関として、ボルツォーニ率いる若き研究者たちによって運営されている「CTI、文学的伝統におけるテクストとイメージの情報科学的構築のためのセンター」(Centro Elaborazione Informatica di Testi e Immagini nella Tradizione Letteratura）の存在である。ボルツォーニによれば、パオラ・バロッキの推薦を受けて創設されたセンターである。とくに一六世紀のさまざまなテクストのことばとイメージがデーターベースしてデジタル的に収集・分析され、随時公開されている（サイトは以下。http://www.ctl.sns.it/）。

2 ジュリオ・カミッロの世界
――生涯、著作、研究史

1 ジュリオ・カミッロの生涯

この節の目的は、次の三つの視点から、『劇場のイデア』の歴史的位置の輪郭を描くことである。第一に、史実におけるジュリオ・カミッロの生涯と彼の著作。第二に、同時代から二一世紀までのカミッロをめぐる評価と研究史。第三に、『劇場のイデア』はいかなる歴史的文脈において語られたテクストなのか。

カミッロの生涯は、本人が書いた、あるいは口述筆記させた著作、同時代の文献資料、さらに一八世紀から一九世紀にかけて編纂された伝記的研究によってある程度までたどることができる。それらの資料は、『イタリア人伝記事典』におけるG・スタビレによる詳細な項目（G. Stabile, "CAMILLO, Giulio, detto Delminio", in *Dizionario biografico degli italiani*, vol.17, Istituto della Enciclopedia italiana, Roma, 1974, pp.218-230）のなかで検討され、整理されている。以下で要約するカミッロの生涯は、スタビレの労作に教えられながら、そこで示唆されたさまざまな情報を原典資料にさかのぼって訳者自身の眼でたしかめたものであるが、同時に、「記憶の劇場」の作者であると同時にキケロ派の文学論者であったというカミッロの二つの顔を結びつけるという独自の観点も加えてもある。彼の生涯は、一種の故郷喪失者のそれであり、彼はいずれかの場所の永住することを最初から拒んでいるように見える。彼がイメージとテクストにかかわる諸学知を駆使してかかわろうとするのは、民族や国家の垣根を超えた世界である。彼の生涯からは、ある種のユートピア的世界、出自や階級が学知のまえで無効化されるような世界を求めていたように思われてならない。そしてその内的ユートピアを外化・物質化したものが「記憶の劇場」(このことば自体はカミッロ自身のものではなく同時代人たちのものだが、便宜的に用いている)であったと思われる。あらかじめ述べるならば、カミッロの世界の支配原理は記憶と学知、イメージとことばであり、その原理は、聖人にも平信徒にも、王にも平民にも、国民にも異国民にも本質的にまったく同じように作用するはずである。さらに踏みこんでいえば、カミッロは「記憶の劇場」によって、誰しもが差別なく、即座に、そして容易に聖人、超人、あるいは預言者になれる——彼自身のことばを借りれば、「人間の神化」(l'humana deificatione)——装置を造りだそうとしたのである。

ジュリオ・カミッロ(Giulio Camillo)は一四八〇年頃に、イタリア半島北部の小村ポルトグルアーロで生まれた。ポルトグルアーロはヴェネツィアに近い内陸に位置し(現在はフリウリ州に属する)、カミッロの時代には事実ヴェネツィアの支配下にあった。例外として、一八世紀の歴史家G・チェザリーニは、ポルデノーネとポルトグルアーロに挟まれたカステッロ・ディ・ゾッポラという土地で生まれたと書いているが(G. Cesarini, *Dell'origine del castello di S. Vito*, Venezia 1771, p.66)、これは確証されていない。ただ、さらにその近くの小都市サン・ヴィトでカミッロは最初の学問的訓練を受けたのはたしかなことだと考えられている。彼の父は、当時のダルマチアの都市デルミニウム(Delminium)で生まれ、のちにポルトグルアーロへ移住したと伝えられている。カミッロの同時代の異色の人文主義者(アリストテレス主義、ダンテとペトラルカによる俗語文学、そしてキリスト教神学を記憶術的方法によって融合するという大胆な発想のため異端とされ、火刑を宣告されたことがある)、ルドヴィコ・カステルヴェトロ(一五〇五年〜七〇年)が書いているところによれば、カミッロの父は、「その村の教区司祭代理」(Pievano sostituito di Villa)を務めるほど信頼された人物であった(*Lettere di Ludovico Castelvetro*, in *Raccolta d'opuscoli scientifici e filologici*, CLVII, Venezia, 1763, pp.425)。この父親の出身地から、カミッロは「デルミニオ(デルミニウム出身の)」(Delminio)と表記されることがある。のちに見るように、彼の死後に編纂された一六世紀後半の『カミッロ全集』では、すでに「ジュリオ・カミッロ・デルミウニオ」という表記が題名に用いられている。

時期および師弟関係の詳細は不明ながら、一五世紀末から一六世紀初頭にかけてヴェネツィアとパドヴァに赴き、それらのあいだを行き来しながら、古代の修辞学・弁論術、自然科学（哲学）、さらにペトフルカのようなルネサンス新文学を学んだと思われる。さらにこのころ、ヘブライ語の学習もおこない、カバラ（ユダヤ神秘主義）を学んでいる。ヴェネツィアにはユダヤ人ゲットーがあり、改宗とまではいかないにせよ、通過儀礼に接した可能性はあるだろう。こうした古今東西の古代の学知を「記憶」することは、移民の子であり、一種の故郷喪失者といえるカミッロにとって、無から這いあがるための最良・最適の道具として、早くから認識されていたにちがいない。このころ、パドヴァ生まれの若き古典学者ジローラモ・ムツィオ（一四九六年～一五七六年）と知りあっていたと思われる。カミッロはそののちムツィオときわめて親しく交際し、「記憶の劇場」の構想と宣伝にも多大な協力を得ている。ムツィオはカミッロの構想にも、そして『劇場のイデア』のテクスト成立にも深くかかわる重要な人物である。

そのころ、若きカミッロにとって生涯を通じてのライバルとなる人物――そしてカミッロの「記憶の劇場」の仮想敵国である反「キケロ派」の旗頭――である、ロッテルダムのエラスムス（一四六七年頃～一五三六年）と出会うこととなる。一五〇六年秋から一五〇九年にかけてイタリアを旅し、一五〇八年にはヴェネツィアを訪れている。エラスムスは、出版者アルド・マヌツィオのもとから『格言集』を印刷出版する作業を進めており、彼の盟友であったアンドレア・トッレザーニの家に寄宿していた。そのさいカミッロもまた同家で、いや晩年のエラスムス自身の回想によれば、同じ寝台で幾晩かを過ごしたほどであった（一五三五年のジョン・チョーラーへ宛てた手紙）。「わたしはときおり、ジュリオ・カミッロと寝台を共にした」（Cum Iulio Camillo ne nonnumquam eadem iunxit cu cit a）のである（*Opus epistolarum Des. Erasmi Roterodami*, denuo recognitum et auctum per P. S. Allen, Oxonii in Typographeo Clarendoniano, 1947, p.177）。このころのヴェネツィアは、フィレンツェに劣らぬ文化的拠点であった。たとえば絵画の場合、ジョヴァンニ・ベッリーニから、ジョルジョーネとティツィアーノの世代への移行期間として機能した。そのようなまさに絢爛豪華に花開いたヴェネツィア文化のなかで、四〇代前半のエラスムスと三〇歳を眼の前にしたカミッロが出会ったことになる。すでに古典学者として汎ヨーロッパ的名声を得ていた北からきた巨匠と、人文主義的方法によって野心を抱く有象無象の一人にすぎなかった若きカミッロは、ヴェネツィアの新しい美術をどのように鑑賞し、何を思ったのであろうか――この問いは、イタリア美術史を考察するためにもきわめて本質的、意味深長な問いとなるであろう。それはさておき、これまで一六世紀イタリアにおけるエラスムス受容を跡づけた総合的基礎研究（Silvana Seidel Menchi, *Erasmo in Italia 1520-1580*, Bollati Boringhieri, Torino, 1987）からも見過ごされてしまったこの小さな出会いは、実は、ルネサンスにおける古代ギリシアおよびローマの叡智の「再生方法」、より明確にいえば「模倣の方針」をめぐる巨大な論争の内部で生じた注目すべき事件であり、カミッロとその劇場の意味を考えるためにもきわめて重要である。

冒頭で挙げたスタビレの基本研究では触れられていないが、この時期のカミッロには、ひとつの重大な危機が訪れている。エラスムスが去った翌年、一五〇九年春から、ヴェネツィアは、パドヴァの領有権をめぐって、カンブレ同盟との熾烈な戦争の時代に突入するのである。五月一二日のアニャデッロの戦いで圧倒的敗北を喫したヴェネツィアは、貴族階級にいたるまで多くの捕虜をとられ、七月一七日にようやく勝利するまで、国内では政治的にも精神的に異様な興奮状態となった。このときカミッロが体験したであろうヴェネツィアとパドヴァの状況は、美術史・文化史の視点からもきわめて興味深い。有名なマリン・サヌートの『日記』には、深夜に聖母子を幻視した貧しい未亡人の逸話が記録されている（*I diarii di Marino Sanuto*, pibblicato per cura di N. Barozzi, Venezia, 1887, vol.VIII, col.419-20）。精神的緊張がイメージとの戯れをうながし、さらにその体験が感染するように拡散していった顕著な一例である。またこのころ、若い男が女装して、女を模倣する身振りで街を闊歩するようになり、そしてそれに応じて女性もますます淫らに肌を露出した服装と華美な装飾品をきわめていったという報告がなされている（*I Diarii di Girolamo Priuli* [AA. 1494-1515], a cura di Arturo Segre, in *Rerum Italicum scriptores*, raccolta degli storici italiani dal cinquecento al millecinquecento ordinata da L. A. Muratori, nuova edizione riveduta ampilata e corretta con la direzione di Giosue Carducci e Vittorio Fiorini, Tomo XXIV, Parte III, Citta di Castello , S. Lapi, 1912, pp.35-7)。つまり、ある種の精神的危機は、たしかに「マニエラ（作法／仕方）」に影響を与え、変化をもたらすことがあるという実例である。そしてまた興味深いのは、戦争被害というきわめて深刻な、いわば暗黒と血の色で塗られた出来事が、精神と身体のマニエラにおいては、明るく、優雅で、華美な何かを生みだしたというある種の逆転現象である。いわゆるマニエリスムと呼ばれてきた様式的現象を新たに考える場合、この時期のヴェネツィア――往々にしてマニエリスムとは区別されてきたが――の意味を新たな観点から考察することが必要不可欠と思われる。

　こののち一五一九年まで、カミッロの足跡は消える。史料のなかで彼が再び登場するのはローマである。六月一六日、キケロのみを徹底的に模倣することによるラテン語教育を推進していた修辞学者ロンギーユのクリストフ（一四八八年～一五二二年）に対して、イタリアのチェルソ・メッリーニという人物がキリスト教信仰の観点から疑問を述べる演説会を、カピトリーノの丘で開催する。その最大の主賓はもちろん教皇レオ一〇世だが、集まった群衆のなかには、カバラ主義者として知られた枢機卿エジディオ・ダ・ヴィテルボ、そしてジュリオ・カミッロがいたと伝えられているのである（Théophile Simar, *Christophe de Longueil, humaniste, 1488-1522*, Bureaux de Recueil, Louvain, 1911. p.66）。のちに述べるように、カミッロはクリストフの側、つまり「キケロ派」の立場をとっていたので、この演説会に興味を示したのは当然であろう。同時に、彼のカバラへの傾倒を考えれば、ローマにおいてエジディオ師と直接語りあっていたとしても不思議ではない。

　次にカミッロが現われるのはボローニャである。現存するボローニャ大学の学生・教授名簿には彼の名前はないが、一五二一年から二三年まで、当地で学んだらしい。次章で述べるように、カミッロ自身、ボローニャでは解剖学にも関心を向けていた。ここでもまた、新たな出会いが起きる。ラテン語における「キケロ派」と並走する俗語運動としての「ペトラルカ派（ペトラルキスモ）」の主導者、ピエトロ・ベンボ（一四七〇年～一五四七年）が二一年から翌年まで同地に滞在し、カミッロは彼との交際を実現する（いくつかの詩や短編小説、あるいは以下に残るカミッロの手紙にその様子が記されている［Cod. Vat. lat.3214, ff.1-82］）。カミッロはこのころから、ラテン語における唯一無二の手本としてのキケロというそれまでの中心的命題に、ウェルギリウスというキケロと並ぶ手本を加えるようになったと考えられている。そしてまた、俗語におけるそれとしてのペトラルカというもうひとつのモティーフも採用し、それらを彼なりに組みあわせた文学理論を構築していくようになる（これは残された著作から明らかである）。彼が残した多くのテクストは、基本的に（1）聖書の教えを、（2）古今東西の学知との照合によって証明し、（3）キケロ、ウェルギリウス、ペトラルカの文体を用いて統合する、という目的をもち、そのための理論や実践となっている。カミッロのなかで一五二〇年代からペトラルカの重要性が増していった背景には、まずまちがいなく、ベンボからの薫陶があったであろう。

一五二八年にはヴェネツィアに戻り、さらに故郷であるポルトグルアーロへと戻る。おそらくこのころから、カミッロは問題の「記憶の劇場」を構想し、建築を開始する。その基本的性格については次章以降で詳しく分析することにして、ここではまず歴史的経緯を確認しよう。一五二九年春、カミッロは、ポルトグルアーロの近くのサン・ヴィトから書かれた手紙で、さまざまな研究と「壮大な」（magro）労苦に専心していること、しかしそれらは「わたしが望むものをまったくかなえてくれません」（non mi danno in punto, quello che io voglio）と述べている（以下からの引用。G. Stabile, in *Dizionario biografico degli italiani*, cit., p.220）。一五三〇年二月にはボローニャに赴き、教皇クレメンス七世による皇帝カール五世の戴冠式（二月二一日から二四日）に参列し、しばらく滞在してからまた故郷に戻っている。この旅行は、おそらく、「記憶の劇場」の構想の宣伝ないし売りこみを意図したものであったというのが定説となっているが、実際に誰にどのようなプレゼンテーションをおこなったのかはまったく不明である。また、この時点でどこまで劇場が完成していたのかもまったくわからない。しかし、一五二九年にはある程度実現し、故郷では相当知られていたらしい。そしてその状況はまさしく毀誉褒貶であったようである。おそらく一五二九年、まだ滞在していたボローニャからベルナルディーノ・フラティナという人物に宛てた手紙で、カミッロは自らについての噂、おそらく劇場構想についての噂をめぐって、こう書いている。「わたしについてのいくつかの根も葉もない噂が書かれたらしいですが……わたしたちの友情を引き裂こうとしているのでしょう……実はこれから旅行に出ようと思うのですが、そのまえに故郷に戻り、わたしに不実を働いているのが誰かをつきとめてきます」（*Tutte l'Opere di M. Giulio Camillo Delminio*; Il catalogo delle quali s'ha nella seguente facciata; nuouamente ristampate, ricorretta da Thomaso Porcacchi, 2 tomi, In Vinegia appresso Gabriele Giolito de'Ferrari, 1566, tomo 1, pp.309-10）。

ところがカミッロは劇場の仕事に専念することはできなかった。なぜならば、かつて寝台を共にしたエラスムスとの論争が起きるからである。すでに一五二八年、エラスムスは『キケロ派たち、あるいは理想的なラテン語様式をめぐる対話』（*Dialogus, cui titulus Ciceronianus, siue, De optimo dicendi genere*）を出版していた。彼はこのテクストにおいて、「キケロ派」のラテン語文学論――先にも述べたロンギーユを筆頭に、イタリアではトンマーゾ・フェドラ・インギラミとジュリオ・カミッロが主導的役割を果たしていた――に対する疑問を提示し、キケロの文体をひたすら模倣してキリスト教信仰を語るのは異端にほかならないという批判をおこなっていた。これに対してカミッロは『模倣論』（*Trattato della imitatione*）を書く（このテクストは手稿であった）。この論文は冒頭からエラスムスへの反論を明確に打ちだしている。カミッロによれば、エラスムスは得意の冗談として反キケロ派の主張をしているのであり、実はキケロに最も関心を寄せているのはエラスムスにほかならないという、ある意味でエラスムスのお株を奪うような転倒した論理を弄んでいる。

いずれにせよ、ボローニャから故郷に戻ったカミッロは、イタリア半島を出てフランスへの冒険旅行に出かける。これは枢機卿クラウディオ・ランゴーネの従者としてパリまで旅することになったムツィオに、カミッロが同行を願いでたものであるらしい。彼らはモデナで合流を果たし、一五三〇年五月一八日、フランスへ出発する（G.Stabile, in *Dizionario biografico degli italiani*, cit., p. 221）。一八世紀の歴史家たちが書いた伝記的研究群によれば、フランス王フランソワ一世に対して、カミッロは王を、「一日にわずか一時間の訓練をするだけで、ギリシア語でもラテン語でも語ることができる弁論家、古代のもっとも有名な例に匹敵する詩人にする方法を教える」と述べ、胸をはって見せたという(*Ibid.*, p.221)。王は年間二〇〇〇スクーディという高額の給与を受け入れたと伝えられ、一度故郷に戻るための支度金として六〇〇スクーディを渡したという。詳細については不明だが、故郷に戻って、王に約束した企画のための装置である「記憶の劇場」を完成させ、その成果を再びパリにもってきて実現するためであったと思われる。帰国は一五三一年末か一五三二年初頭と考えられている。この時期、フランソワ一世に所望された劇場の全体像を示す小冊子(Brevetto)を準備したと伝えられている。のちに見るように、ヴァザーリによれば、カミッロは画家フランチェスコ・サルヴィアーティに挿絵を依頼した(次章を見よ)。

カミッロはフランソワ一世のための試作品ともいえる劇場を、ヴェネツィアで造り、公開した。一五三三年エラスムスは、パドヴァに留学していた友人の古典学者ウィグリウス・ツィケムス(ツウィヘム出身のウィグル・ファン・アイッタ[Wigle van Aytta])をヴェネツィアのカミッロのもとへ送り、その劇場を見学させている。その詳細については次章で分析しよう。しかし重要なのは、ツィケムスがカミッロとその劇場を完全に嘲笑していることである。「これの作者の名前は以前にあなたに書きましたとおり、ジュリオ・カミッロと言います。この人は強いどもりで、ラテン語も少しばかり話しますが、いつも筆で書いてばかりいるので今ではあまり(ラテン語を)語ることはできなくなったと弁明しました。しかし俗語(イタリア語)には長けていて、上手に語るということを聞きました。というのも、彼はかつてボローニャでそれを教えていたことがあったからです。この仕事の目的、使用法、そしてその得られるところを、その仕事の奇跡に驚き、それを信じこんでいるようなふりをして彼に尋ねると、彼は(前述の書かれた)紙をわたしの前に並べてそれを読みだしました(この部分については次の「3」を見よ)。しかしイタリア語の数詞や語尾変化、そしてあらゆる表現方法や語り方でそれを言い換えようというのですから、はっきり語ることもできず、滞りがちでした。フランス王(フランソワ一世)はこの荘厳な仕事とともにフランスに来るように依頼したとのことです。しかし王の方ではラテン語で書かれたすべてのものがフランス語にされるべきだとして、王自身、それらを訳させたり書き写させたりするように手配したそうですが、彼（カミッロ）は中途半端な仕事を公開するより、（フランスへ）赴くことを先延ばしにしようと思っています」（*Opus epistolarum Des. Erasmi Roterodami*, denuo recognitum et auctum per P. S. Allen, Tom. X, ediderunt H. M. Allen et H. W. Garrod, Oxonii, in Typographeo Clarendoniano, 1941, Ep.2657, pp.28-30）。

事実、カミッロはすぐにパリに戻らず、しばらくヴェネツィアとポルトグルアーロで活動した。とくに目立つのは、やはりフランソワ一世に接近を図っていた文学者ピエトロ・アレティーノとの交流であり、二人のあいだで交わされた手紙が残されている（Pietro Aretino, *Lettere*, Tomo I, Libro I, a cura di Paoro Procaccioli, Salerno Editorice, Roma, 1997, Lettere 31, 40, 212, 242, XIV, XXXIII）。アレティーノは一五三五年の問題作『キリストの人間性』（*Umanità di Cristo*）の献呈文にジュリオ・カミッロへの謝辞を書いている（*Ibid.*, p.519）。またカミッロは、アレティーノの盟友である画家ティツィアーノについても強く意識し、交流していたようである。さらにのちの一五三七年五月七日、カミッロがアレティーノに書いた手紙では、ヴェネツィアで起きた水害をめぐり、いずれはこのうえない晴天と美しい自然が戻るであろうこと、そしてそれはティツィアーノの絵画と対等にわたりあうであろうという称賛が述べられている（*Tutte l'Opere...*, pp.306-7; Aretino, *Lettere*, cit., Lett.XIV）。

カミッロがパリに戻ったのは一五三三年の夏であり、三四年にかけて、フランソワ一世の宮廷で「記憶の劇場」を建築、公開する。一五三四年、ジャック・ボルダンという人物がこう書いている。「彼はここで、王のため、記憶を区分化するための円形劇場（amphiteatre）を建造中である」（イエイツ『記憶術』前掲書、一六六ページ）。しかし、カミッロをとりまく状況はきわめて危ういものと化していた。フランスでのカミッロの状況は、『劇場のイデア』で彼自身が語ったライオンとの精神的交流の逸話をめぐる分析から、ある程度推察できるであろう。本人は太陽の徳力をもつ魔術師としての自分を意気揚々と語っているが、この逸話にはまったく別の面からとらえられたヴァリエーションがある。一六世紀のイタリアの文学者ジュゼッペ・ベトゥッシ（Giuseppe Betussi）は、対話形式による女性論『ラヴェルタ』(*Laverta*, 1544) のなかで、こう書いている「ジュリオ・カミッロ氏だけが居残った。しかしながら、カミッロ氏は自分の勇気を示すために残ったのではない。そうではなく、身体の重さゆえである。彼は、他のすべての人よりも雄ライオンに気づくことに遅れてしまい、そこに居残ったのである。したがって、逃げることもできず、微塵も動くことなくただ立ち尽くしていた」(Giuseppe Betussi, *Raverta*, Venezia 1544, in *Trattati d'amore del Cinquecento*, a cura di G. Zonta, Bari, Laterza, 1912, p.133)。つまり、一方では魔術師的存在として彼の試みを支援する人々がいた一方で(本人の得意げな語りはその人々に対するものであろう)、まったくうさんくさい存在として、滑稽な喜劇的存在として見る派もあったということである。道化師はその素顔を見せないまま、いつも変わらない笑顔で人々を笑わせ、舞台から消える。しかし道化師は、どんな失敗をしても「真面目に笑うこと」を演技し、それによって笑わせるのである。カミッロ自身とその記憶の劇場もまた道化師のような、まさしくスペクタクルとしての性格を強くもっているということ、そしてそれゆえにこそ一部で支持されたということを、この逸話は示唆している。

そしてそのカミッロの真剣な側面、つまりこの章の冒頭で示唆したキリスト教信仰における意識改革——カトリック教会の権威と組織から離れ、誰しもが即座に聖人になるための道の探究——は、パリにおいて彼を、プロテスタント運動にまきこむ。ルターが錬金術師たちの解釈学的営みを肯定したように、プロテスタント派のジョヴァンニ・シュトルムは、キケロ・ウェルギリウス・ペトラルカの文体でキリスト教の神を語ろうとしたカミッロのいくつかの手稿をフランス語に翻訳して流布させたのである。実際のところ、フランソワ一世とのあいだにどのような摩擦や波紋が生じたのかはわからない。しかし、カトリック派の守護者を自認していた王は、カミッロとプロテスタントのかかわりをよくは思わなかったはずである(以下の研究による。G. Stabile, in *Dizionario biografico degli italiani*, cit., p.223)。

事実カミッロは一五三四年のうちにイタリアに戻り、レジナルド・ポール枢機卿やマルカントニオ・フラミニオ(のちに見るように、彼とカミッロのあいだの文通のなかで、「記憶の劇場」の初期構想が語られている)と積極的に交流するようになる。先に述べたように、記憶術の伝授によって年金二〇〇〇スクーディが保証されていたはずだが、イタリアに戻ってからもそうであったのかどうかはわからない。

これ以降のカミッロは、修辞学・弁論術をめぐるさまざまな論文、詩、そして彼が「記憶の劇場」の経験からさらに進化させてたどりついた「人間の神化」(deificazione)というきわめて異端的・神秘主義的ヴィジョンをめぐる論考を書いて過ごすことになる。これらはすべて生前には印刷出版されることがなかった。キケロの子孫としてのカミッロは、複製を広く流通させることよりも、自らの演説によってことばとイメージを伝達することを選んだのであろう。しかし、結果的にはそれが、彼の生活上の困難、経済的危機をうながした。身体を壊し(貧しかったわりに、奇妙なことに、一説には肥満のためであったという)、かつての友人たちのもとを転々としたらしい。一五四〇年ころ、盟友ムツィオの紹介によって、デル・ヴァスト侯爵アルフォンソ・ダバロス(Alfonso Davalos)に保護され、ミラノに移る。スペイン出身の侯爵は、カール五世からミラノの統治を命ぜられていたのである。ここでようやくカミッロは、親友と理解あるパトロンとの平穏な日々、しかしほんの四年ほどの短い幸運を得る。そして『劇場のイデア』が生まれるのもこの環境においてであった。ムツィオによれば、ダバロスから「記憶の劇場」の説明を望まれたカミッロは、七日間にわたってムツィオと寝起きを共にし、劇場の全体像を口述筆記させた。これこそが、現在知られる『劇場のイデア』のテクストである(Lu Beery Wenneker, *An Examination of L'Idea del Theatro of Giulio Camillo, including an annotated Translation with Special Attention to his Influence on Emblem Literature and Iconography*, Ph.D. Diss., University of Pittsburgh, 1970, pp.24-7)。

またこのころ、彼はこれまで「記憶の劇場」を軸として展開してきた一種の超人思想を、「人間の神化」(l'humana deificatione)と定義し、それをめぐる二つの論文を書いている(次節で挙げる『変容論』と『人間の神化について』のこと)。いよいよ人生の総決算、彼自身の夢の集大成をおこなう時期にきたと悟ったのであろうか。しかし一五四四年、カミッロは、ヴェネツィア、そして故郷ポルトグルアーロに帰郷し、五月一五日に急逝する。死因はよくわからない

(Stabile, cit., p.228)。ヴェネツィアとパリで建造した「記憶の劇場」が、彼の死後どうなったのかもよくわからないが、いずれにせよ失われた（ミラノのポンポニオ・コッタなる一六世紀の人物がそれを再現したという伝承があるが、詳細は不明である）。本訳書の献呈文でドメニキが書いているように、一五五〇年の時点でカミッロが夢見た何かは、すでに人々の記憶の外に消えてしまったようである。

2 『劇場のイデア』の版本について

すでに述べたように、カミッロのテクストはいずれも生前には印刷出版されることがなかった。また、彼自身の手で書かれた原本もほとんど見つかってはいない。ほとんどは写本として残された。些細なように見えて、このことは実はきわめて重要である。カミッロは、世界＝宇宙を図式化するためのトポスとして「劇場」を選んだ（のちに見るように初期は人体であった）。しかし他方、世界＝宇宙モデルの比喩としては、「書物」ないし「本」が用いられることも多い。たとえば、一六〇八年、ガリレオ（「哲学は、目の前に開けているこの広大きわまりない書物〔つまり宇宙〕に、数学のことばで書かれている」、『贋金鑑定官』）とシェイクスピア（「自然という無限の書物のなかで、わたしが読むことができるのはごくわずか」、『アンソニーとクレオパトラ』）は、奇しくも宇宙を書物でとらえる比喩を語っている。マクルーハン（『グーテンベルクの銀河系 活字人間の形成』森常治訳、みすず書房、一九八六年）が示唆したように、グーテンベルク以後の印刷技術の時代には、宇宙と人間のあり方、あるいは人間の心を規定するためには、書物／本モデルが圧倒的に多く用いられるようになる。これに対して、カミッロは宇宙を劇場ととらえ、そのために邁進した。それゆえ彼は、自らの作品を書物の形で世に問うことにはほとんど関心がなかったと考えられる。

カミッロの死後に印刷出版された最初のテクストが、『劇場のイデア』である。訳出した「献呈文」でドメニキが語るように、アルフォンソ・ダバロスのために口述し、ムツィオに筆記させたテクストである。以下の二つの版本がある。

1 （表紙）*L'IDEA DEL THEATRO DELL'ECCELLEN. M. GIVLIO CAMILLO*, In Fiorenza, MDL.（奥付）Stampato in Fiorenza appresso Lorenzo Torrentino impressore DVCALE del mese d'Aprile l'anno MDL. Con Priuilegi di Papa Giulio III. Carlo V. Imperad. Cosmo de Med. Duca di Fiorenza.（偉人ジュリオ・カミッロ氏の劇場のイデア、一五五〇年四月、大公国公認印刷者であるロレンツォ・トレンティーノのもとで、フィレンツェにて印刷される。教皇ユリウス三世、皇帝カール五世、フィレンツェ大公コジモ・デ・メディチの認可による）。

2 （表紙）*L'IDEA DEL THEATRO DELL'ECCELLEN. M. GIVLIO CAMILLO*, In Vinegia, appresso Baldassar Constantini al segno de San Georgio, MDL.（奥付）In Vinegia per Pietro & Gioanmaria Fratelli de Nicolini da Sabbio ne l'anno del Giubileo M. D. L.（偉人ジュリオ・カミッロ氏の劇場のイデア、一五五〇年、聖ゲオルギウスの印とともに、バルダッサル・コンスタンティーニのもとより。一五五〇年の聖年を記念し、ニコリーニ・ダ・サッビオ家の兄弟ピエトロとジョアンマリアによって、ヴェネツィアにて）。

この二つの版本は、献呈文も同じであり、きわめて類似した大きさ（テクスト部分は縦が約一一センチメートル、幅が約六センチメートル）である。しかし、2として挙げたヴェネツィア版はきわめて誤植が多く、ページ番号も混乱が頻繁に見られ、さらには惑星記号の形状も混乱をきたしている（基本的な観察は以下に譲りたい。Wenneker, *An Examination*..., cit., pp.183-84）。現代の研究者たちはすべて1に挙げたフィレンツェのトレンティーノ版をもっとも基本的なテクストとして用いている。ヴェネツィア版は前者が公刊されてから、それに基づいて制作された「剽窃」であるという推測さえされている。

本書でも、最も基本的なテクストとして用いたのは1のトレンティーノ版である。ローマ国立中央図書館に所蔵されるもの、大正大学図書館に所蔵されるもの、そしてウェンネカー（Wenneker, ibid）がファクシミリで再版したものを随時参照した。

次にあげるのは現代の各版本および訳書である。

1 Lu Beery Wenneker, *An Examination of L'Idea del Theatro of Giulio Camillo, including an annotated Translation with Special Attention to*

his *Influence on Emblem Literature and Iconography*, Ph.D. Diss., University of Pittsburgh, 1970.

2 Giulio Camillo Delminio, *L'IDEA DEL THEATRO*, a cura di Ugo Marchetti, Severgnini, (senza luogo), 1985.

3 Giulio Camillo, *L'Idea del theatro*, a cura di Lina Bolzoni, Sellerio editore, Palermo, 1991.

4 Giulio Camillo, *Le Théâtre de la me'moire*, Traduit de l'italien par Eva Cantavenera & Bertrand Schefer, Annote' et pre'ce'de' de Les Lieax de l'Image par Bertrand Schefer, Editions Allia, Paris, 2001.

5 Giulio Camillo, *La idea del teatro*, Edicio'n de Lina Bolzoni, Traduccio'n de Jordi Ravento's, Ediciones Siruela, Madrid, 2006.

1に挙げたウェンネカーのすぐれた研究は、ロッシとイエイツがそれぞれの記憶術研究に直接刺激されておこなわれたものであり、『劇場のイデア』の全貌を英語によって知らしめたという点で偉大な学問的貢献である。ヴェンネカーは、トレンティーノ版のファクシミリと英語訳を対訳形式で提示し、さらにカミッロによる無数の難解な引用に詳細な註釈を施し、さらには一六世紀のエンブレム文学との関係を視覚的な比較によって浮彫りにしようとした。本訳書を作成するさいにもおおいに参照し、助けられた。2に挙げたものは、ごく短い序文をつけて、テクストを再版したものである。形態もページも、トレンティーノ版とは完全に異なる印象となっている。3に挙げたボルツォーニの註釈つき版本は、ヴェンネカーの研究を踏まえながら、さらに註釈を深化させたものである。テクストはトレンティーノ版であり、できるだけ一五五〇年の版型に近づけているが、文字組みとページは完全には一致していない。現代のカミッロ研究の基盤はこのボルツォーニ版である。事実、6に挙げたスペイン語版は、ボルツォーニの版本を註も含めて訳したものである。5に挙げたフランス語版は、ボルツォーニの成果を踏まえながら、いくつかのきわめて興味深い観察（たとえばフランチェスコ・コロンナ『ポリーフィロの愛の戦いの夢』との類似性）を加え、またいくつかの難解な箇所について新しい見解を示している。これにも大いに助けられた。

また、以下のアンソロジーにも『劇場のイデア』の一部（第七階層）が収められている。

Scritti d'arte del cinquecento, a cura di Paola Barocchi, vol.1, Einaudi, Torino, 1977, pp.124-132.

以上が『劇場のイデア』のみの版本だが、実はこれ以外にも重要なテクストの系譜が存在する。一六世紀後半ヴェネツィアでは、『劇場のイデア』とそれ以外のカミッロの著作を集めた『カミッロ全集』がくりかえし印刷出版された。一五五二年、ロドヴィーコ・ドルチェの編集によってジョリトから出版された版本（Tutte le Opere）を皮切りに、訳者がアクセスできたかぎりで少なくとも九回（一五五二年、一五五四年、一五六〇年、一五六六年、一五六七年、一五七九年、一五八〇年、一五八一年、一五八四年）出版された。とくに重要なのは、それ以後の版本に収められたすべてのテクストが出そろった一五六六年のものである。本訳でもこれを入手し、おおいに参照した。

Tutte l'Opere di M. Giulio Camillo Delminio; Il catalogo delle quali s'ha nella seguente facciata; nuouamente ristampate, ricorretta da Thomaso Porcacchi, 2 tomi, In Vinegia appresso Gabriele Giolito de'Ferrari, 1566.

これらの『カミッロ全集』を再編集した以下の版本もある。

Giulio Camillo Delminio, *L'Idea del teatro e altri scritti di retorica*, Edizioni RES. Torino, 1990.

これらの全集に収められた修辞学をめぐる三つのテクスト――カミッロがエラスムス『キケロ派たち』に対抗して書いたきわめて重要な『模倣論』、ほかには『素材論』（*Trattato delle materie*）、『トピカ、あるいは雄弁について』（*La Topica, overo de lla elocuzione*）――は、以下のアンソロジーで再版されている。

Trattati di Poetica e retorica del Cinquecento, a cura di Bernard Weinberg, vol.1, Gius. Laterza & Figli, Bari, 1970.

近年、『模倣論』のフランス語訳が発表されている。これにはボルツォーニが序論を書き、註釈を加えている。

Giulio Camillo Delminio, *De l'imitation*, Traduction de Françoise Graziani, Intorduction et notes de Lina Bolzoni, Les Belles Lettres, Paris, 1996.

これらには収められていないいくつかの手稿が存在するが、カミッロの思想を知るうえでとくに重要な三つの論考――「人間の神化」を論じた『変容論』（*De trasmutatione*）のほか、『雄弁のイデア』（*L'idea dell'eloquenza*）、『劇場、あるいは新しい創意の書』（*Il teatro ovvero il libro delle nuove inventioni*）――は、ボルツォーニよって公刊され、詳細な註釈が加えられた。この研究では、カミッロの劇場が示す思考構造が、（同時代の雄弁家オラツィオ・トスカネッラなどを経由して）メディチ家のフランチェスコ一世の「ストゥディオーロ」と至近距離で共鳴していることをはじめ、多くの新知見が提案されている。まさにカミッロ研究の基本書である。

Lina Bolzoni, *Il teatro della memoria. Studi su Giulio Camillo*, Padova, Liviana Editrice, 1984.

さらに本格的にこの主題を論じた『人間の神化について』（*De l'humana deificatione*）は、チェーザレ・ヴァゾーリによって公刊された。

Cesare Vasoli, "Uno scritto inedito di Giulio Camillo «De l'humana deificatione»," in *Rinascimento*. Rivista dell'Istituto Nazionale di Studi sul Rinascimento, Seconda Serie, vol.XXIV, 1984, pp.227.

多くの研究からはなぜか洩れてしまっているが、カミッロはペトラルカの俗語詩における用例集も書いている。これは全集には収められていない。

Annotationi di M. Giulio Camillo sopra le rime del Petrarca, tavola di Ludovico Dolce, In Vinegia appresso Gabriel Giolito de' Ferrari, 1557.

コッラード・ボローニャは、カミッロが「記憶の劇場」のために書いた断片的草稿を、「原テクスト」（Urtext）として公刊した。これも興味深い資料であり、次章で触れることになろう。

Corrado Bologna, "Il Theatro segreto di Giulio Camillo: I'Urtext ritrovato", in *Venezia cinquecento*, Bulzoni, 1991, pp.217-271.

3　同時代以降のカミッロ評価

（1）一六世紀

すでに記したように、カミッロとその業績についての評価は、すでに同時代から正負いずれもの方向でおこなわれていたようである。しかし、一六世紀後半にはたしかにカミッロを支持する人々がいた。その一人が、トレンティーノ版『劇場のイデア』の献呈文におけるルドヴィコ・ドメニキである。彼によればカミッロは「ディヴィーノ

（神のごとき）」存在である。アリオストやミケランジェロに冠せられた形容詞が応用されるほど、カミッロは一部では崇拝されていたのである（この主題についての総論は以下。Patricia A. Emison, *Creating the "Divine" Artist from Dante to Michelangelo*, Brill, Leiden-Boston, 2004）。前章で挙げた世紀後半のおびただしい『カミッロ全集』の出版もまたカミッロの名声を証明している。その『全集』の最初の版本（一五五二年）を編集した人文主義者、ロドヴィーコ・ドルチェは、『アレティーノ、または絵画問答』（一五五七年）の冒頭に、実際には一五四四年に死んだカミッロを登場させている。対話者アレティーノは、「博識の誉れ高い」ジュリオ・カミッロと、ヴェネツィアのサン・ジョヴァンニ・エ・パオロ聖堂にいき、ティツィアーノの祭壇画《殉教者聖ペトルスの殺害》——ティツィアーノがいわゆるマニエリスム的方向へ進んだ時期の典型的な例のひとつ——を見学したと述べている（日本語版は以下。『アレティーノ、または絵画問答——ヴェネツィア・ルネサンスの絵画論』森田義之・越川倫明訳、中央公論美術出版、二〇〇六年、三ページ）。この一節になぜカミッロが登場させられたのかについてこれまでの研究者は沈黙しているが、マニエリスム的傾向を示していた時期のティツィアーノ、アレティーノ、そしてジュリオ・カミッロという三項関係は、この問題の祭壇画を解くひとつの鍵となるかもしれない。加えて、親しい交流のあったドメニキとドルチェは、いずれも「カトリック内改革派（リフォルマ・カットリカ）」にかかわったことが知られている。彼らもパリのシュトルムと同様に、カミッロの劇場とそこで展開された「人間の神化」に、プロテスタント的理想をみいだしたのかもしれない（カミッロと同時代の美術については次章を参照せよ）。さらに、カミッロの最大のプロモーターである盟友ムツィオは、フランスとイタリアをやすやすと行き来する国際的名士としてカミッロを描きだし、フランチェスコ・カルヴォやアルフォンソ・デステのような権力者に推薦している（Girolamo Muzio, *Lettere*, Ristampa anastatica dell'ed Sermartelli, 1590, a cura di Luciana Borsetto, Arnaldo Forni Editore, 1985, pp.66-73, 160-172）。

一六世紀におけるカミッロとその劇場、さらに『劇場のイデア』の影響を示す例を以下に挙げていこう。その筆頭は、一五九〇年に出版されたジョヴァンニ・パオロ・ロマッツォ『絵画の神殿のイデア』（*Idea del tempio della pittura*）

である。題名それ自体がカミッロの模倣であると同時に、七人の画家（「絵画の支配者」［governatori］）に捧げられた神殿の記述というテクスト構造それ自体が、『劇場のイデア』の模倣となっている。ロマッツォ自身こう書いている。「この世界は七つの惑星によって、あたかも七本の円柱によって支えられ支配されており、それらの惑星はそれぞれ最初の光、つまり神から光を受けとり、その光を眼に見えるかたちにして下方へと降らせ、あらゆる被造物に恩恵を与える。これと同じように、このわたしの絵画の神殿もまた、七つの絵画の支配者によって、あたかも七本の円柱によって支えられ支配されるが、わたしはこれを、『劇場のイデア』におけるジュリオ・カミッロから模倣することにしよう。もっとも彼の建築に比べたらわたしのそれはきわめて質素で粗末であるが」（Giovanni Paori Lomazzo, *Idea del Tempio della pittura*, edizione commentata e traduzione di Roberto Klein, 2 vol., Istituto Palazzo Strozzi, Firenze, 1974, vol.2, p.101）。

このロマッツォやアレティーノにも比すべき異色のポリグラフォ、アントン・フランチェスコ・ドーニは、古今の著述家の簡単な略歴と作品を一種の用例集としてまとめた奇妙な作品『図書館』（*Libraria*）のなかで、こう書いている。「人はみな、自分が世界に降り立ったフェニックスであると感じたとき、何世紀も待つことなく、ただちに自分の教説で世界を照らそうとするものである。だからわたしは、このうえなく博識なジュリオ・カミッロの教説が、この世界のために十分なほど多くの、そしてさまざまな書物の種を産まなかったことをとても悲しく思う。なぜならば人は誰しも、価値の高い、そして高次元のものを読むべきだからである」（Anton Francesco Doni, *La Libraria*, Ristampa dell'edizione di Venezia, 1580, fol.22v）。

やはりイタリアの著述家トマーゾ・ガルツォーニ（一五四九年～一五八九年）も、ヨーロッパの著名人たちの生涯や噂話をめぐる書物『世界の多種多様の才能たちの劇場』に劇場のメタファーを採用している（*Il Theatro de' vari, e diversi cervelli mondani*, Venezia 1585）。多作で知られたガルツォーニの最大の奇書、古今の学問および技芸をめぐる伝承を集めた一種の百科事典『世界のあらゆる職業が集う普遍の広場』では、劇場のメタファーを広場へと展開させている。もちろんカミッロについてもくりかえし記述されている（*La Piazza universale di tutte le professioni del mondo*, a cura di Paolo

Cherchi e Beatrice Collina, 2 vol., Einaudi, Torino, 1996, pp.35-6, 86, 161, 440, 1484-1486, et passim)。

ヴェネツィアを中心に記憶術を伝道した記憶の教師の一人、アレッサンドロ・チトリーニ（一五二〇年ころ生まれ）は、『劇場のイデア』の構造をそのまま利用し、さらにおびただしい衒学主義的蘊蓄をたたきこんだ大著、『象徴世界論』（*Topocosmia*）を一五六一年に出版している（その一部は以下に掲載されている。Wenneker, *An Exemination*..., cit., pp.403-05）。しばしばカミッロの弟子として記述されるが、ムツィオの場合と異なり、彼がカミッロと直接会ったかどうかはまったくわからない。おそらく、のちに述べるように、カミッロが残した手稿を盗用したという噂まで流されたことがある（イエイツ『記憶術』前掲書、一七八ページ）ものの、いずれにせよ、チトリーニもまたカミッロとその劇場の名声の証言者の一人である。Cf. Anna Antonini, "La *Tipocosmia* di Alessandro Citolini: un repertorio linguistico", inBarocchi e Bolzoni (a cura di), *Repertori di parole e immagini*, cit., pp. 161-231.

そのほかのカミッロ崇拝者たちの系譜は、ボルツォーニ（『記憶の部屋』前掲書）が明らかにしているので、そちらを参照してもらいたい。

（2）一七世紀から一九世紀

一七世紀になると、カミッロの名前はほぼ黙殺されるようになる。印刷技術という外部の記憶装置の発展が、カミッロが夢見た心の内部の記憶装置による世界支配と、それを活性化する物理的な「記憶の劇場」による知識伝達を、過去のものにしてしまったと考えるのが最も自然であろう。

その状況が変わるのは一八世紀後半から一九世紀にかけての啓蒙主義的近代である。イタリア半島全体を視野に入れて、その文化史を統一的に記述することへの関心が新たに高まってきたのである。歴史研究の対象としてのカミッロの再浮上は、次の三つの研究によって促進された。ひとつは、フェデリゴ・アルタンティの論文「ジュリオ・カミッロ・デルミニオの生涯と著作について記憶されている事柄」（Federigo Altanti, "Memorie intorno alla vita, ed all'opere di Giulio Camillo Delminio", in *Nuova raccolta d'opuscoli scientifici e filologici*, I, Venezia, 1775, pp. 239-288）。もうひとつは、ジャン＝ジュゼッペ・リルーティのフリウリ地方文学史『フリウリの文人たちの生涯と著作について知られていること』（Gian-Giuseppe Liruti, *Notizie delle vite ed opere scritte da' letterati del Friuli*, vol.III, Venezia, 1780, pp.69-134）。そして最後は、一九世紀に入りイタリア文学史の礎を築いたジローラモ・ティラボスキの大作『イタリア文学史』のなかの項目（*Storia della letteratura* italiana di Girolamo Tiraboschi, 4vol., Nicolò Bettoni e comp., Milano, 1833, vol.4, Lib.3, pp.286-291）である。

　アルタンティとリルーティは、主として一六世紀に書かれた文献を渉猟し、カミッロの足跡を跡づけようとしたものである。先に挙げたG・スタビレやヴェンネカー、ロッシやイエイツも、この二つの基本文献をおおいに参照している。彼らの貢献によって、実証的歴史学の観点からのカミッロへの注目が高まったといえるであろう。また、カミッロの夢と野望に対して基本的に好意的な解釈をしながらも、文献学の方法を徹底し、できるだけ過剰解釈や牽強付会におちいらないようにしている点が文面から伝わってくる。それらに対して、ティラボスキも独自の文献学的方法によってカミッロの生涯と作品を浮彫りにしているが、評価自体はきわめてきびしいものである。「この劇場なるもの、単にペンであいまいに書かれただけのものではないであろうか。それとも絵画術を用いて実際に構想されたのであろうか。木で建造されたのか、石で造られたのであろうか。誰がそれを当てることができるであろうか。わたしの考えでは、カミッロ自身がそれを理解していない。彼がイデアとして提示するものも、所詮は、彼自身も理解していなかったものにすぎないのである……彼が王にその装置（macchina）を献呈し、王から多くの休暇と給料をもらったなどということを、わたしは容易には信じることができない。なぜならば、その装置が完成したと断言する著述家は誰もいないからである」（*Ibid.*, pp.286-91）。

　近代という時代が、ひたすら目に見える何か、外的に実証しうる何かの勝利を謳った時代であったとすれば、その時代の申し子であるティラボスキが、ことばとイメージを姉妹とみなし、心のなかで自由自在に変形・加工し、融合・分離をおこなおうとする記憶術の操作を理解したがらないのは当然であろう。透明で均質的なことばによって世界を客観的に記述し、さらには支配しうると信じる近代の「活字人間」（マクルーハン）たちは、古代からカミッロまでをつなぐ記憶術と神秘主義の系譜を忘却し、カミッロとその劇場についても忘却していくのである。

（3）二〇世紀から現在まで

このような見取図からすれば、一九世紀末から二〇世紀にかけてウィーンで定式化された近代的美術史学もまた、きわめてパラドクシカルなことに、「活字人間」のための美術史であったといえよう。彼らは、かつて信仰のため、思想のため、あるいはなんらかの通過儀礼のために制作され、使用されていた作品から、宗教性や物神性、呪術性を悪魔払いし、物質的実存と様式に還元し、「客観的」にとらえていく。この方法は、一八世紀後半に成立した近代世界の公的美術館の論理と結合し、支配的になっていく。これに対して前章で挙げたアビ・ヴァールブルクは、そのような美術史によって忘却されていくイメージとことばの関係性を再想起する必要性を明敏に見抜き、図像解釈学（イコノロジー）の方法と「ムネモシュネ」構想を提示した。彼の「ムネモシュネ」は、イメージをことばと感性の力学のなかに再び戻そうとする装置であり、イメージを客観的にまるで標本のように無菌室に置きたがる美術館的立場とは、似ているようで実はまったく逆の方向にある。

客観的実証学として自己制度化した美術史が、カミッロをほとんど相手にせず、それどころか嘲笑しさえしたのは当然かもしれない。ウィーン美術史学派のひとりユリウス・シュロッサーは、今でも西洋美術史の基本文献として参照される『美術文献――近代美術史の原典資料マニュアル』（原著の初版は一九二四年）でこう書いている。『劇場のイデア』には「カバラと神話学についての混濁した博識があふれている……この代物は、神秘的なもの、人工的なもの、寓意的でヒエログリフ的なものに傾倒した時代の趣味と一致し、一部のまじめな人々からも愛されたが、われわれにとってはほとんど理解しがたいものとなっている。いくら説教調でまくしたてても、造形芸術はそれを許容しなかったのである」（Julius Schlosser Magnino, *La letteratura artistica. Manuale delle fonti della storia dell'arte moderna,*

Traduzione di Filippo Rossi, Terza edizione italiana aggiornata da Otto Kurz, La Nuova Italia-Kunstverlag Anton Schroll & Co., Firenze, p.245)。一九二〇年代以後のマニエリスム再評価の時代においてさえ、同時代の興味深い装置であるカミッロの劇場は無視され続けた。あの博識なグスタフ・ルネ・ホッケでさえ、カミッロには触れていない。

だが、前章で系譜づけた「記憶の学」においてカミッロが論じられるようになる直前の一九五〇年代後半から、幾人かの偉大な研究者が、ウィーン学派的客観主義の壁を突破し、カミッロに再注目する。そのうちの二人が、ヴァールブルクの影響を強く受けていたこと、そしてフランセス・イエイツと交流していたことはきわめて重要である。彼らはいずれも記憶という鍵概念を用いていなかった。しかしいずれにせよ、「記憶の学」の系譜成立のための重要なパスを蹴りだしていたのである。

一九五六年、アメリカの美術史家リチャード・バーンハイマーが、アメリカ美術史学会（現在のCAA）紀要に、「世界という劇場」という短い題名の論文を発表する（Richard Bernheimer, "Theatrum Mundi", in *The Art Bulletin*, XXXVII, 1956, pp.225-247）。この論文は、ジュリオ・カミッロとその劇場を正面から論じた、二〇世紀最初の研究として永遠に記憶されるであろう。バーンハイマーは、「世界という劇場」という古くから存在するトポスの視覚的例としてカミッロの劇場をとりあげ、カミッロの著作と一八世紀後半から一九世紀にかけてまとめられた文献学的伝記研究に基づいて、構造を解き明かそうとした。彼は『劇場のイデア』における難解な細部について具体的な解釈をおこないながら、アルベルティが『建築論』で解説した古代劇場のような半円形の劇場であり、入口は人間の身長よりやや低めながら、実際の建築として建てられたであろうという仮説を示した。次章で述べるように、バーンハイマーは、同時代の目撃証言として、今では信憑性が否定され、細部においてきわめてあいまいなジルベール・クーザン（あるいはコニャート）の一五五八年の手紙を用いていた点が問題である。またバーンハイマーは、次節で見るキケロ派としてのカミッロという文脈が劇場に結びついていることに気づかなかったという恨みが残る。しかしいずれにせよ、現代カミッロ研究の最初の重要な一撃である。

さらに側面から援護射撃を加えたのが、ハンブルクからアメリカに移住した偉大な美術史家エルヴィン・パノフスキーである。ヴァールブルクから薫陶を受け、独自の図像解釈学（イコノロジー）を定式化したことで有名な彼は、アメリカの美術史学会にもきわめて強い影響をもたらした。その彼が、一九五八年、当時の細君ドラと共著で英語とフランス語の双方で発表した論文「フランソワ一世のギャラリーの図像学」は、まさしくカミッロと同時代にフランソワ一世によって招かれたイタリアの画家、ロッソ・フィオレンティーノを中心として制作された連作絵画装飾を扱うものであった（Dora and Erwin Panofsky, "The Iconography of the Galelie François Ier at Fontainebleau", in *Gazettes des beaux-arts*, tome LII, Septemnre, 1958, pp.113-190）。そこでパノフスキー夫妻は、《フランソワ一世の紋章である白百合をともなう象》のなかに描かれたロッジャに、カミッロの「記憶の劇場」からの影響を仮定した。なおパノフスキー夫妻は、二年前のバーンハイマーの論文を引用している。

翌年一九五九年、ロベール・クラインは、ロマッツォの『絵画の神殿のイデア』における七人の「絵画の支配者」というモティーフとカミッロの関係を指摘する論文を発表する（Robert Klein, "Les Åssept gouverneurs de l'artÅt selon Lomazzo", in *Arte Lombarda*, IV(1959), pp.277-287）。これは前節で挙げたロマッツォの版本へと結実することになる。他方、ルネサンスにおけるカバラの影響についての研究者、フランソワ・スクレが、カミッロにおけるカバラの重要性を分析したすぐれた論文を発表する（François Secret, "Le Théâtre du Monde de Giulio Camillo Delminio et son influence", in *Rivista critica di Storia della filosofia*, XIV, 1959, pp.418-36）。スクレはさらにのちに体系的な著作『ルネサンスにおけるキリスト教的カバラ』を著わすが、そこでもカミッロは重要な存在として脚光を浴びせられている（François Secret, *Les kabbalistes chrétiens de la Renaissance*, Dumond, Paris, 1964）。スクレの奮闘によって、ルネサンス思想史・哲学史のほうでもカミッロを無視することはできなくなっていく。さらにもうひとつの重要な貢献は、文学史家マリオ・コスタンツォの『世界の大劇場』と題する研究である。彼はカミッロを中心に据え、「劇場としての世界」というトポスの包括的歴史を記述している（Mario Costanzo, *Il «Gran Theatro del Mondo»*, All'Insegna del Pesce d'Oro, Milano, 1964）。

このの流れが、前章で見た六〇年代後半の二人の巨人、パオロ・ロッシとフランシス・イエイツに接合し、カミッロとのその劇場は、「記憶の学」の重要な研究対象であり、また同時にある種の「研究者仲間」となる。カミッロのテクストを読み、劇場の姿に夢をはせること自体が、彼がイメージとことばをどのように操作し、どのように記憶を活性化しようとしたのかを追体験することになる。このような意味で、カミッロの生涯と著作、そしてその劇場は、二〇世紀の「記憶の学」の象徴的存在である。

現在のカミッロ研究のひとつの到達点が、一九九一年のボルツォーニによる註釈つき版本であった。彼女は現在ではさらに一四世紀の俗語説教師たちにおけることばとイメージの問題へ、さらには一六世紀の詩におけるイメージとことばの循環的関係へと関心領域を広げているが、その飛躍の踏み台としてカミッロはきわめて重要な意味をもった。「カミッロについてはいまなお、わからないことが多い。しかし、あそこにはさまざまな可能性が今も詰まっていると思う」。二〇〇七年、ボルツォーニは筆者にこう述べている。実際、ボルツォーニは、カミッロの劇場についてはは不明な点を無理に解釈しようとはせず、きわめて冷静な立場をとっている。だがその一方で、カミッロの劇場に深く入りこみ、それぞれの再構成案を探ろうとする研究者たちもいる。それらは、カミッロの劇場そのものを論じる次章以降で考察されるだろう。ここでは、それらとはまた別の観点からカミッロをとりあげた人々を見ておこう。

マリオ・トゥレッロは、次章で引用するカミッロの発言――劇場は外化された霊魂、人為的霊魂である――に注目し、現代のコンピュータ、あるいはヴァーチュアル・リアリティの祖先として位置づける（Mario Turello, *Anima artificiale. Il Teatro di Giulio Camillo*, Avioni Editore, Tricesimo, 1993）。ケイト・ロビンソンは、トゥレッロと同じ主題を、さまざまな古今のイメージを引用しながら展開している（Kate Robinson, *A Search for the Source of the Whirpool of Artifice. The Cosmolofy of Giulio Camillo*, Duneden Academic Press, Edinburgh, 2006）。トゥレッロの研究は実証主義的・文献学的方法に基づく興味深いものであり、総合的なカミッロ論としては出色である。ロビンソンの著作は、残念ながらカミッロのテクストから遊離しすぎており、実際、精読したとは思えないレヴェルである。一九九五年から翌年にかけて、ローマ大学「ラ・サピエンツァ」の美術史学科で企画された文化的イニシアティヴ活動でもカミッロがとりあげられた（*Il mondo virtuale di Giulio Camillo*, Iniziativa culturale e sociale proposta dagli studenti, Universita-degli Studi di Roma "La Sapienza", a.a.1995 / 1996, a cura di Viviana Normando e Natascia Moroni, Festina Lente, Roma, 1997）。筆者はこの企画が進行しているあいだに偶然にも同学科に留学していた。そのため、研究発表会を二度ほど聴講することができたが、内容はここに挙げた冊子と同様で、カミッロが語った奇妙なイメージの図像的・テクスト的源泉に焦点を絞ったものであった。先述の「原テクスト」を公刊したコッラード・ボローニャや、御大マウリツィオ・カルヴェージが寄稿している（後者は、カミッロの劇場を、例によって『ポリーフィロの愛の戦いの夢』に結びつけている）。また、ヴェンネカー以後、二つの博士論文が出版された。Lisa Renee Jepson, *Giulio Camillo and the Rhetoric of Memory*, Ph. D. Diss., Yale University, 1990; Linda Theresa Calendrillo, *The Art of Memoryt and Rhetoric*, Ph. D. Diss., Purdue University, 1988. 前者はカミッロのさまざまなテクストを要約し、古代修辞学の源泉と照合する研究。後者は修辞学の歴史を要約したものであり、カミッロ研究にはほとんどかかわらない。

4　記憶術の歴史と「キケロ派」としてのカミッロ

最後に、カミッロとその劇場、さらに彼の著作群が含まれる重要な歴史的文脈を確認しよう。すでに何度か触れたように、カミッロは、すでに一五世紀から系譜を結んでいたラテン語文学をめぐる理論、いわゆる「キケロ派」の理論を信奉していた。同時代の他の論客としては、やはりすでに触れたロンギーユのクリストフ、イタリアのとくにローマで権威をもったトンマーゾ・フェドラ・インギラミ（ラファエッロによる肖像画がフィレンツェのピッティ美術館に残されている）がいる。彼らはいずれも、キケロのラテン語（カミッロの場合はそこにウェルギリウスが加わる）を唯一無二の手本として用い、それを模倣反復することでラテン語を書くべきだと主張した。

しかし、この理論が主張されるときには、常になんらかの論争が生まれた。この主題についての基本研究であるアイゾラ・スコット『キケロの模倣をめぐる論争』によれば、代表的なものは、（1）ポッジョ・ブラッチョリーニとヴァッラ、（2）ポリツィアーノとパオロ・コルテージ、（3）ジャン＝フランチェスコ・ピコ・デッラ・ミランドラとピエトロ・ベンボのあいだでおこなわれた議論である（Izoora Scott, *Controversies over the Imitation of Cicero as a Model for Style and Some Phases of their Influence on the Schools of the Renaissance*, Columbia University, New York, 1910）。いずれの項でも、前者が反キケロ派――キケロのみを模倣することは不可能であり、仮に実践した場合は無益ないし有害であると説く――であり、後者がキケロ派である。この論争は、キケロという名前を外して考えれば、唯一の理想的手本を模倣するべきか、多数の手本から最良・最適なものをとりだして融合するべきかという対立でもある（皮肉なことに、後者の立場の象徴となった古代の画家ゼウクシスによるヘレネ像の逸話を伝えた一人がキケロであったが）。この論争は、文学ばかりではなく、たとえばラファエッロの有名なカスティリオーネ書簡のように、同時代の視覚芸術についても影響を見ることが可能である。この主題についてはバッティスティが重要な先駆的研究を著わしている（Eugenio Battisti, "Il concetto d'imitazione nel Cinquecento italiano", in *Rinascimento e Barocco*, Einaudi, Torino, 1960, pp.175-215）。近年この主題をさらに深化させたものが以下である。Pasquale Sabbatino, *La bellezza di Elena. L'imitazione nella letteratura e nelle arti figurative del Rinascimento*, Olschiki, Firenze, 1997; Martin L. McLaughlin, *Literary Imitation in the Italian Renaissance: The Theory and Practice of Literary Imitation in Italy from Dante to Bembo*, Clarendon Press, Oxford, 2001. さらに以下を参照せよ。G. W. Pigman III, "Versions of Imitation in the Renaissance", in *Renaissance Quarterly*, vol.XXXIII, No.1, 1980. pp.1-32. さらに以下のアンソロジーも見よ。Wayne A. Rebhorn, *Renaissance Debates on Rhetoric*, Cornell University Press, Ithaca and London, 2000.

先にふれたように、一五二八年、古典学者として名声を極めていたエラスムスが、まさしく『キケロ派たち』と題する対話篇を上梓し、この論争に参入してくる（以下に収められているテクストと英語版を参照した。*Opera omnia Desiderii Erasmi Roterodami*, recognita et adnotatione critica instructa notisque illustrata, Ordinis Primi, Tomus Secundus, MCMLXXI, North-

Holland Publishing Company, Amsterdam; *Collected Works of Erasmus*, Literary and Educational Writings 6, Ciceronianusu / Notes/ Indexes,. ed. A.H. T. Levi, University of Toronto Press, Toronto-Bufffalo-London, 1986)。ここでエラスムスは、とくにイタリアのキケロ派に対して、(1)唯一の理想的文体があるとしても、それを模倣反復することですべてを論じることは不可能である、(2)そして非キリスト教信者であったキケロの文体でキリストを語ることは異端に等しい、(3)それゆえ最も適切な文体を、多様な著述家のテクストから摂取し、それを自分の気質に合わせて熟成させ、純粋に自分のものといいうる独自の文体を生成すべきであると主張する。つまりエラスムスは、ルネサンスの伝統である「デコールム（文章作法／格調）」の順守を主張しながら、彼の理想とする文学者像——あらゆる障害を排して天与の気質を最大限に育成することで生まれる——を提示しているのである。また、イメージの問題をめぐって興味深いのは、エラスムスが、イタリア滞在で見たであろうさまざまな美術作品を暗に示しながら、キリスト教主題の美術でありながら、古代ギリシアやローマの神像の様式を模倣し、まるでマリアが異教の女神のように、キリストがアポロンのように描くこともまた異端であるとみなしていることである（エラスムスの同時代美術への意識は、すでにパノフスキーの主題となっている。Erwin Panofsky, "Erasmus and the Visual Arts", in *Journal of the Warburg and Courtauld Institutes*, 32. 1969, pp.200-227)。

これに対してカミッロは、先に挙げた『模倣論』というテクストを書き、反論する。その仔細についてはここで論じることができないが、カミッロはこう述べている。「彼ら（キケロを筆頭とする古代人）もまた地上に到来するとき、霊魂のみは（キリスト教の）教義を理解したにちがいない」(*Tutte l'opere*...cit., 1566, p.218)。また、『劇場のイデア』の終結部でも、次のようにキケロ派として弁明している。「わたしはこれまで、今という時代の状況について、そしてわれわれの信仰についての自説を語りながら、（キリスト教信仰以外の）数多くの事例をわれわれの慣習に適合させるように努力してきたつもりであり、その例をここで示そう。キケロはキリストについても聖霊についてもまったく語っていないが、わたしは神聖な存在たちについては存在の広がりの像の下で語り、記述する必要性があると考え、キケロの著作から引きだされた偉大な象徴体系をそれらの存在に与えることにした。そうすることによって、キケロ派的方法で、神の息子の名、および聖霊の名を身にまとうことができるようになる」。さらに次章で見るように、劇場を実況したウィグリウス・ツィケムスもまた、カミッロが劇場のなかで、キケロの価値を興奮しながら語り、劇場そのものをキケロの文体と同一視するような発言をしていたと伝えている。

つまりカミッロの「記憶の劇場」の目的のひとつは、「キケロ派」文学論を擁護し、キケロの文体の万能性を強調し、ウィグリウスのような反対派を説得することであった。劇場は、記憶術の最大の理論家であり実践者と目されていたキケロを再現し、その記憶システムの秘密を開示し、王にも平民にも、イタリア人にもアルプスの北の人々にも等しく体験させるための装置という性格をもっているのである。事実、キケロは一六世紀まで、記憶術の集大成者として認められていた。古代の記憶術の源泉は、事故で損壊した無数の死体を直前の座席の記憶から特定したケオスの詩人シモニデス（紀元前五五六年頃～四六八年）に始まり、逸名著述家『議論集』（紀元前四〇〇年頃）やアリストテレス、クィンティリアヌによる修辞学的位置づけを経て、キケロの修辞学関連の論文で確立することになる。そして古代における最も実践的な記憶術教本、逸名著述家による『ヘレンニウスに捧げる修辞学書』（紀元前八六～八二年頃の書）は、まさにカミッロの時代までキケロに帰されていたのである（イエイツとロッシの前掲書を参照されたい）。

カミッロは、かつて寝床をともにした偉大なエラスムスを説得することができると思っていたにちがいない。そうでなければ、エラスムスの盟友ツィケムスを劇場に招いて体験させ、さらには具体的な野心を語ってみせるということはしないであろう（実際には嘲笑されるという結果に終わったが）。

さて次章では、そのツィケムスの報告、さらにさまざまな資料を手がかりにしながら、カミッロの「記憶の劇場」の姿に迫っていこう。

3 「記憶の劇場」の諸問題

——構造と機能

1 『劇場のイデア』とツィケムスの手紙に基づく構造と細部

本章では、次の三つの視点からカミッロの劇場の輪郭を描いていく。第一に、その全体的な構造。第二に、各細部の特質と機能。第三に、カミッロはこの劇場でいかなる魔／記憶術を起動させようとしたのか。

まず全体的構造から見ていこう。すでに述べたように、本訳書の底本であるトレンティーノ版『劇場のイデア』の献呈文によれば、すでに一五五〇年の時点で「記憶の劇場」は失われていた。現在、その構造について触れた、あるいはそれを示唆する原典資料は、次のように分類されうる。

（1）カミッロが残したテクスト。『劇場のイデア』以外に、次のテクストがある。コッラード・ボローニャによって公刊されたカミッロの「原テクスト」としての手稿（前章にて前掲）、『ジュリオ・カミッロ氏による彼の劇場の素材をめぐる演説』（*Discorso di M. Giulio Camillo in materie del suo theatro*）、『マルカントニオ・フラミニオへの手紙』（*A. M. Marcantonio Flaminio*）。最後の二つは『カミッロ全集』に収められている（*Tutte l'Opere...*, cit., 1566, pp. -37, 298-305）。「原テクスト」はきわめて部分的であり、劇場の構造にかかわる部分が見当たらない。『演説』も構造自体には触れておらず、『イデア』で展開される折衷主義的註釈の補足であり、ここでは踏みこんで触れる必要はないだろう。最後のフラミニオへの手紙は、劇場の最初の構想（カミッロは当初は劇場を「人体」モデルに基づいて構築する予定であった）

を伝える点で重要である（次節を見よ）。

（2）同時代の証言。これには、先に部分的に引いたウィグリウス・ツィケムスのエラスムスあての手紙（一五三二年）、一五三四年のジャック・ボルダンの短い記述（前述）、一五五八年のジルベール・クーザン（あるいはコニャート）の手紙（すでに強調したように、信頼できない源泉である）がある。これについては次節で論じる。

（3）「記憶の劇場」ないし『劇場のイデア』からの影響を受けた著作。すでに見た、ジョヴァンニ・パオロ・ロマッツォ『絵画の神殿のイデア』（一五九〇年）、アレッサンドロ・チトリーニ『象徴世界論』（一五六一年）がそれである。これらはカミッロの劇場を実際に見た結果というより、一五五〇年以後に印刷出版された『劇場のイデア』のテクストを参照したものである可能性が高い。実際、劇場の構造を伝える決定的な記述も見当たらず、ここでは論じる必要がないであろう。

したがって、わたしたちの手元にある確実かつ、まとまった資料は、『劇場のイデア』とツィケムスの手紙しかないということになる。この二つの手がかりから可能なかぎり客観的に確認しうることを引きだし、失われた劇場の記憶を想起していこう。

『劇場のイデア』のテクストによれば、劇場の構造は、天動説的宇宙図（太陽を含む七惑星が地球を同心円的に囲む）を下敷きとしている。この劇場では、基本的に一人の観者しか想定されていない。通常の劇場ならば、ひとつのスペクタクルを多くの観客が見つめるが、ここでは逆に、複数のスペクタクルを一人の観客が渉猟する。劇場の観者（カミッロは「学び手」と呼ぶ）の前あるいは周囲に配されるそのスペクタクルの数は全部で四九個のイメージ・ユニット（後述するように、「扉」［porta］の上部と下部に分離して描かれていたと考えられる）である。それらは、横七列×縦七列に組みあわされ、秩序的に配列される。それらのユニットはそれぞれ、宇宙のあらゆる知識の「表徴」である。そしてそれらを秩序づける原理は、旧約聖書で語られた神による七日間の天地創造であるが、カミッロはそれに、占星術、ヘルメス主義、カバラ、古代神話および哲学（とくにアリストテレスとプラトン）、そして錬金術に基づくおびただしい註釈を加えている。カミッロの劇場は、それらの学知によって註釈が施され、再解釈された天地創造の過程を再現したものにほかならない。カミッロの劇場は、いわば「古代神学」の物質化であり、表象である（「古代神学」の主題については以下の基本文献がある。D・P・ウォーカー『古代神学——一五 - 一八世紀のキリスト教プラトン主義研究』榎本武文訳、平凡社、一九九四年、同『ルネサンスの魔術思想——フィチーノからカンパネッラへ』田口清一訳、平凡社、一九九三年、伊藤博明『神々の再生——ルネサンスの神秘思想』東京書籍、一九九六年）。カミッロはまさに、最後の審判をまちながら救済のための道をキリスト教会から受動的に示唆されることに満足せず、古今東西の学知を結集し、能動的に世界＝神と一体化する道を探った、ルネサンスの神秘思想家／魔術師たちの一人であり、その典型である。

カミッロによって再解釈された天地創造の過程の基本原理は、観者に最も近い最下の階層、「扉」（porta）と呼ばれる階層において規定される。この階層は、カバラにおける至高原理、神の顕現形式としてのセフィロート（本来は一〇個あるが、カミッロは惑星数に合わせて七個のみ使用）——つまり天地創造をもたらす原理——を表象するが、実態的・視覚的にとらえることができないセフィロートの「代理物」として七つの惑星がイメージとして描かれることになる。ここに並べられた七つのイメージ・ユニットを規定する定式は、惑星、古代ギリシアの神々、そしてそのアトリビュートである。「それぞれの惑星が人間の姿によって表象され、それぞれの惑星によって表象された円柱の扉の上（sopra la porta）に描かれる」。しかし、中央の太陽の「扉」のみはそうではなく、第一階層のイメージ定式である「饗宴」——存在の広がり——が描かれるという。これは、カミッロが想定する天地創造の出発点および中心点がここにあるからである（カミッロは劇場のなかで「最も高貴な場所」と呼ぶ）。

こうして、劇場全体が再現する天地創造の過程は、観者に最も近く最も正面に位置するこの「太陽の扉」（実際に描かれるイメージは「饗宴」）から開始し、そこから左右および上方へと拡散していくことになる。「扉」の階層の上に積み重なっていく六つの階層はそれぞれ、天地創造の順番を再現している。カミッロは最下層（出版のさいには「ジユリオ・カミッロ氏の劇場のイデア」というタイトルが付された）については単に「扉」とのみ語っていたが、第二階層からはもっと具体的なイメージ定式が提案される。劇場の観者は、まず最初に惑星＝セフィロートの扉を（心によって）通過し、さらに各階層の扉を順番に通過しながら上昇することによって、天地創造の過程を神の視点から追体験することになる。その心的上昇は、七惑星によって示唆される占星術的かつ神人同形論的な照応過程であり、また同時に、カバラの教説を通じてモーセの霊魂の上昇に比されてもいる。劇場の観者は、世界そのものという媒体を通じて、まさにモーセのように、一人の預言者、聖人、超人として、神と一体化する。

第二階層を統べるイメージ定式は「饗宴」であり、ホメロスが歌ったオケアノスの宴会を指している。カミッロは、古代からライプニッツにいたるまでアリストテレスに帰された（しかし実際には彼は明確に論じていない）「マテリア・プリマ」の理論によって、四大元素（本訳書では、カミッロの時代のニュアンスを出すためにあえて「原素」と訳した）がいかにして創造されたかを解説する。物質世界の諸現象を支配した古代神たちが集う饗宴のイメージはこの階層にふさわしい。

しかし、カミッロはここでひとつの困難を乗りこえなければならなかった。アリストテレス的な世界観では、霊魂は各生命体の起動原理として論じられるが、世界の創造過程においては能動的な役割を果たさない。したがって、キリスト教の神が天地創造に介入する余地がほとんどなくなってしまう。そのためカミッロは、プラトン哲学（というよりも、どちらかといえば新プラトン主義）と『ヘルメス文書』を根拠とする世界霊魂論および精気（スピリトゥス）論――宇宙全体をひとつの生命機構としてとらえる――を駆使して、アリストテレス的世界観とキリスト教の神を融合させようとする。彼はここで、概念変換の図式を提示しながら、きわめて細心に（より正しくいえばきわめて迂回的に）アリストテレス語彙を抹消し、そのニュアンスを否定しようとしている。人間のコモン・センス（共通感覚）に適合しやすい実証的なアリストテレス的世界創造論を下敷きにしながら、霊魂の能動的作用を付与し、キリスト教的神の徳力を際立たせることに腐心している。ここには、カミッロの同時代に生きた異色のアリストテレス学者、ピエトロ・ポンポナッツィ（一四六二～一五二五年）の悲劇的な経験のこだまを見てとることも可能である。ポンポナッツィは『霊魂の不滅性についての論考』（一五一六年）という著作において、キリスト教信仰の最大の秘儀のひとつ「霊魂の不滅性」とアリストテレス哲学との共訳不可能性を証明してしまった。彼はそこで、古代ギリシア・ローマの原典から中世イスラムの哲学、さらにトマス・アクィナスに結実するスコラ学までの多様な教説においていかに論じられているかを検証し、結論としてそれは実証できない問題であり、ひたすら信仰の問題であると論じたのである（Pietro Pomponazzi, *Trattato sull'immortalità dell'anima*, a cura di Vittorio Perrone Compagni, Olschki, Firenze, 1999, esp. pp.114-18）。この書をはじめとするポンポナッツィの著作は、教会や公式の政治体制から強く警戒された。教皇レオ一〇世はアヴェロエス主義者のアゴスティーノ・ニフォを起用してポンポナッツィ批判をおこなわせ、またヴェネツィアのドージェ（統領）は彼の著作を広場で焚書に処した。カミッロはその事態を知っていたはずであり、パドヴァ大学でも教えたことがあるポンポナッツィと直接語りあったことがあるかもしれない。いずれにせよ、カミッがこのデリケートな問題の処理に苦心しているのはテクストそのものからも、よくわかることである。

第三階層を支配するイメージ定式は、ホメロスが歌った「洞窟」である。そこは、ニンフたちの機織りと蜜蜂の蜜作りの拠点である。この階層は四大元素の混合とそれによって生じる具体的物質に割りあてられる。カミッロはその過程を、布と蜂蜜が生産される過程に喩えたわけである。こうして、それぞれのイメージ・ユニットは、「惑星に属する混ぜられた事物と、原素のように単純な事物」、つまり四大元素の混合によって生成する原初的な事物を表象する。この階層についての説明は、個々のイメージについての、いかにもルネサンス的な古今東西の引用の織物となっており、『劇場のイデア』全体を通じてもっとも長大なものである。また注目に値するのは、縦列および階層の異なる「扉」に、同じイメージが描かれることについてのカミッロの弁明である。「それゆえわれわれは、同一の事物にいくつもの異なるフィグーラ／図像（figura）を与えることによってメモリア／記憶（memoria）がかき乱されることがないようにするため、同じイマージネ／像（imagine）が異なる複数の扉で見いだされることを選ぶ」。これは、古典的記憶術で推奨された、印象に残りやすい「力強いイメージ」（imago agentes）の使用の宣言であるとともに、同時代の美術におけるいわゆるマニエリスムの傾向、つまりアクロバティックな姿勢を規格的に反復する一種のイメージ経済学との並行関係を見ることもできよう。

第四階層には、「内なる人間」、すなわち人間の霊魂についての表象が配列される。カミッロは、カバラや新プラトン主義に基づいて、霊魂は上下三分割されるという理論を採用する。その三重の霊魂を表象する定式が「ゴルゴンの三姉妹」である。ゴルゴンの三姉妹は、たったひとつの目を三人で共有したと伝えられる。カミッロにおける霊魂もまた、ひとつの目／視座を共有する三重の存在として規定されているのである。

これ以後のカミッロの説明は、次第に断片化してくる。さきほど触れたイメージ経済学に基づいて、同一のイメージが頻繁に用いられるため、個々のイメージについての詳細な註釈が省略されるからである。第五階層のイメージ定式は「パシパエ」であり、「外なる人間」、つまり人間の身体の表象が配列される。第六階層の定式は「タラーリ」であり、ここで表象されるのは、技芸および学問以外の人間による捜査——つまり人間の本性的な活動や行為である。そして最後、劇場の最上部である第七階層を支配する定式は「プロメテウス」である。人間に技芸と学問をもたらし懲罰を加えられた悲劇的英雄としてのプロメテウスがここで召喚され、自由学芸を含むさまざまな人間の叡智がここに配列されることになる。

以上が『劇場のイデア』で述べられる劇場の構造の基本的枠組みである。続いて、これに準じる重要なテクスト、ツィケムスによる一五三二年の証言を見よう。

まず、パドヴァから書いた三月二八日の手紙では、ツィケムスは、パドヴァで交流した学者たちから、エラスムスのかつての友人ジュリオ・カミッロの噂を聞いたことをエラスムスに報告している。それによればカミッロは、キケロ派理論の重鎮として、エラスムスに対する弁明（おそらく『模倣論』のこと）を書き、キケロの文体の完全性を証明するために、次のような企画を公表していた。「一人の友人（イタリアの人文主義者バッティスタ・エニャツィオのこと）がわたしに謎めいたことを教えてくれました。……このカミッロは、ある種の円形劇場（Amphitheatrum）を制作したと語られており、それは称賛すべき仕事だそうです。それを観ることを許可された人ならば誰しもが、キケロに負けないくらい、あらゆる事物を語ることができるようになるのだそうです。わたしは、バッティスタ・エニャツィオから詳細に教えてもらうまでは、作り話だと思っていました。彼が語るには、この建築家は、ある種の場所に、（キケロにおいて）みいだされるあらゆる事物を配置したので、人はいつでもすぐにそこからあらゆる論題を引きだすことができるといいます。さらに、いくつもの像（figuram）がある種の秩序（ordines）ないし階層（gradusque）のなかに、驚嘆すべき方法によって、いやそれどころかむしろ神のごとき方法で配列したので、これまでキケロに関心をもたなかった人たちの注目を集めています。また同時に、そこからひきだしたり、語りだすことができるものを、**カルティス（chartis）に記述し**、それらのカルティスは、その円形劇場の間仕切り（parietes）からつりさげられ、そこで**探究する人に即座に利用**されうるのだそうです。これ以上何を語りましょうか。彼はまるで、（『キケロ派たち』の対話者で、異様なほどのキケロ模倣者である）ノソポヌスのようだということには、あなたも同意してくれるでしょう（強調訳者）」（*Opus epistolarum Des. Erasmi Roterodami*, denuo recognitum et auctum per P. S. Allen. Tom. IX. ediderunt H. M. Allen et H. W. Garrod, Oxonii, in *Typographeo Clarendoniano*, MCMXXXVIII, Ep.2632, pp.475-480, esp.479-480）。

『劇場のイデア』の基本的構造がとらえられていると同時に、カミッロの劇場がキケロ派理論の擁護装置という性格をもっていることが明確に語られている。また、古代の劇場を想起させる「円形劇場」という名称を与えられていたこと、さらにきわめて興味深い細部が語られている。各扉には、「カルティス」（いうまでもなく、ラテン語の「紙」［charta］の複数形）、つまりイメージによって表象される内容を註釈する一種の使用マニュアル、あるいは解説書が「つりさげられ」ていたのである（この細部についてはさらにのちに述べる）。

そして六月八日、実際にツィケムスはヴェネツィアを訪れ、こう書いている。「先に約束したとおり、例の円形劇場（Amphitheatro）について伝えます。……わたくしウィグリウスは、その円形劇場に入り（fuit et Viglius in Amphitheatro）、そのすべてを慎重に見てきました。それは木で制作された作品であり（Opus est ligneum）、おびただしい数の像（imaginibus）で飾られ、それらと同じ数のカプスリス（capsulis）であふれていました。さらに、そこにはさまざまな秩序（oridines）と階層（gradus）があります。彼は、それぞれの図像（figuris）と装飾（ormanentis）に、それぞれひとつずつ場所を与えていました。彼は私に、何かが書かれた、カルタルム・モレム（chartarum molem）を指し示します。雄弁術の源泉であるキケロのことについてはかねがね聞いていましたが、そうだとしてもこの作品の作者がたった一人でこれほどまで広範に引用することができるものとは思えませんでしたし、そしてそれほどまで多くの事物がキケロから引用され、ヴォルミーナとして縫いあわせられうるとは信じがたいものでした。この作者は、その劇場（theatrum）を多くの名称でで呼んでいます。たとえば、建築された心性および霊魂（mentem et animam fabrefactum）、窓がとりつけられた心性や霊魂（aliquando fenestratum）などと呼んでいます。彼によれば、人間がその身体の目では見ることはでみないが、その心性の内部に描くことができるあらゆる事物は、集中して思考することにによって凝縮させられうるそうであり、通常は人間の心性の奥深くに隠されているそれらの事物は、表徴（signis）を用いて外に示すことができるそうです。彼がこれを劇場と呼ぶのは、これを用いることによって、自分の身体を媒介にして、それらの事物を外において観察することができるからですからです。……（強調訳者）」（*Opus epistolarum Des. Erasmi Roterodami*, denuo recognitum et auctum per P. S. Allen, Tom. X, ediderunt H. M. Allen et H. W. Garrod, Oxonii, in *Typographeo Clarendoniano*, MCMXLI, Ep.2657, pp.28-30）。

いくつかの目新しいモティーフ――何かの容器を指す「カプスリス」、おびただしい数の紙を指す「カルタルム・モレム」、パピルスの巻物から冊子本までの書物形態を幅広く指し示す「ヴォルミーナ」――が登場するが、その実際の形状や仕組みはともかく、先の手紙における「カルティス」と同様に、劇場の観者のためのマニュアルであったことはきわめて明確である。これらが『劇場のイデア』でどのように述べられていたかについては、のちに考察することにしよう。

いずれにせよツィケムスの二つの証言――噂で聞いていたものと、実際に見たものが基本的に一致している点で、信憑性を疑う余地はない――は、劇場が少なくとも二人の人間が入ることができる規模の木製の部屋、ないし建造物であったことを証明している。そして、一種のマニュアルをカミッロ自身が手でツィケムスに指し示すことができたとすれば、四九枚の「扉」からなる劇場は、手が届かないほど巨大ではなく、せいぜい平均的人間が手が届く範囲の規模であったことがわかる。先に引用したベトゥッシの報告（ライオンの逸話）でわかるように、どちらかといえばカミッロは肥満体であったらしく、軽やかに身動きして劇場を移動できたとは思えず、これもまた、劇場は基本的にきわめて小さな木造空間であったことを示唆している。

カミッロとツィケムスは、小さな木造建造物の内部に二人で入りこんだ。ツィケムスの目の前には、統一的規格をもつ単位を反復する秩序と階層構造が広がっていた。それらを構成するイメージ・ユニット（＝「扉」）には図像と装飾がほどこされていた。それらのイメージを見ながら、カミッロによるきわめて錯綜した註釈とともに天地創造の過程を記憶する観者の便宜のためには、各「扉」ごとに完備されたなんらかの形式で制作された解読マニュアル――カルティス、カルタルム・モレム、ヴォルミーナ――が準備されていた。これを通じて観者は、キケロの文体によって天地創造のすべてを記憶し、語ることができるようになる――少なくともカミッロはそう信じていたのである。ツィケムスに語ったように、この劇場は、「建築された心性および霊魂、窓がとりつけられた心性や霊魂」、つまり世界と一体化した人間の霊魂そのものであり、真に覚醒して聖人や預言者のような超人へと変容した霊魂の表象なのである。

全体的構造と規模に続いて、細部を検討しよう。

『劇場のイデア』と記憶の劇場をめぐるこれまでの研究では、カミッロが語ったいくつかの細部が謎とされてきた。（1）各「扉」の機能、およびその「上」（sopra）と「下」は、いかなる意味をもつのか。そこに描かれるイメージの性格を規定する重要な要素だが、意外にもこれまであまり論じられてこなかった。（2）『イデア』にでてくる

「カンノーネ」（cannone）という用語――端的に訳せは「大きな円い筒」――は何を指すのか。（3）また、その「カンノーネ」の内部に保管される「ヴォルーメ・オルディナート・ペル・タリ」（volume ordinato per tagli）とは何か。これを端的に訳せば、「複数の切られたものによって秩序づけられた紙葉束ないし巻本」となる。そして（4）端的に訳せば（複数形の）鎖である「カテーネ」（catene）とはいかなる意味をもつのか。

扉の「上」と「下」については、カミッロの記述を参照しよう。一番下の「扉」の階層ではこう規定されている。「第一の階層ではそれぞれの惑星が人間の姿によって表象され、それぞれの惑星によって表象された円柱の扉の上（sopra la porta）に描かれる。……それぞれの惑星の扉の下には（sotto la porta）、それぞれに対応する天上界の尺度／セフィロートに属するあらゆる事物、惑星に属する事物、そしてその惑星について詩人たちが歌う物語（fintioni）に属する事物」が描かれる。各「扉」は、基本的に「上」と「下」に分割され、上には各階層を規定するイメージ定式（たとえば「惑星」、「饗宴」、「洞窟」、「ゴルゴンたち」、「タラーリ」、「パシパエ」、「プロメテウス」）、下には個別の事物や事象、技芸や学問を表象するイメージが描かれていたことが見てとれる。そしてこの「扉」は、まずまちがいなく、実際の可動式扉ではなく、天地創造への心の通過儀礼のための象徴的・隠喩的な扉である。劇場を実体験したツィケムスは、イメージ・ユニットとしての「扉」そのものが開閉されたり、出し入れされる様子をまったく記していない。もし箪笥や引き出しのように扉そのものが可動式であったならば、その鮮明な使用法をツィケムスが書かないとは思われない。扉が開閉式であったとしたら、それは使用マニュアルをしまっておくためだと想定されるが、しかし、イメージを見ながらそれが描かれた扉を開閉するなどという作業は、カミッロが自慢げに語った、即座に記憶を活性化することができる装置としての劇場の機能を裏切ることになるからである。

次に問題となるのは、その使用マニュアルの形式および機能である。これについて、カミッロ自身はトレンティーノ版『イデア』でこう述べている。「そのカンノーネ（cannone）の中には、ヴォルーメ・オルディナート・ペル・タリ（un volume ordinato per tagli）が入れられ、このことはあらかじめ指示されるだろう（ci aviserà）」（省略されることもあるが、それ以後も同様の用語で語られている)。ところが、そののちの『カミッロ全集』では、ここに重大なスペルの変更がおこなわれている。ドルチェが編集した一五五二年版から始まり、二〇世紀におけるボルツォーニ版および『全集』の復刻版では(いずれも前掲)、素直に訳せば大きな筒を意味する「カンノーネ」が、なんらかの秘密の原理や奥義を示唆する「カノーネ」(canone)へと変えられているのである。カミッロの神格化を進める過程で、むしろ不可解な部分が強調された可能性も高い。

　研究者たちのなかには、この改変を支持し、ある種の飛躍にいたった例もある。たとえばカミッロ研究の第一人者であるボルツォーニは、次のような解釈を試みている。「『カノーネ』の意味は明確ではない。それぞれのイメージによって秩序的に表象される論題の一覧表のようなものであったかもしれない。『ヴォルーメ・オルディナート・ペル・タリ』は、綴じられていない側の余白に切れこみが設けられた書物を指すのであろう。それによって、各ページに書かれた論題の参照が楽になるであろう(住所録や電話帳のために用いられる現代のアルファベット表示に似た何かである)」(Giulio Camillo, *L'Idea del theatro*, a cura di Lina Bolzoni, Sellerio editore, Palermo, 1991, p.189, nota 47)。他方、トレンティーノ版のスペルを採用したウェンネカーは、「カンノーネ」を「筒」(tube)、そこに入れられる「ヴォルーメ……」は「斜めに立てかけられた書物」(volume placed slantwise)と訳している。ウェンネカーはこの部分でほとんど明確な答えをだすことができず、とりあえずイタリア語を英語に換えることに徹したように思われるが、成功しているとは思えない。そもそも、イタリア語の単語をすべてカヴァーしていない。彼は一種の弁明として、斜めに立てかけられた書物ならば、イメージを見ることを妨げることなく簡単に開くことができたからだと述べている(Wenneker, *An Examinatio*..., cit., pp.83-84)。他方、フランス語版『イデア』の編者ベルトラン・シェファーは、「カンノーネ」に関してはボルツォーニのように「原理」(canon)と訳し、解釈を加えていないが、そこに収められたものについては、ツィケムスの報告に基づいて、「項目ごとに秩序づけられた書物」(volume ordonné par sections)と訳している(Giulio Camillo, *Le Théâtre de la mémoire*, Traduit de l'italien par Eva Cantavenera & Bertrand Schefer, Annoté et précédé de Les Lieux de l'Image par Bertrand

Schefer, Editions Allia, Paris, 2001, p.71)。

しかし、最も単純で最も自然な（あるいは最も意外な）答えは、おそらく『イデア』の語彙および論理とツィケムスの報告そのものにあるように思われる。つまり、カミッロが「カンノーネ」と呼ぶものは、ツィケムスが目撃した、各「扉」になんらかの形式で「つりさげられた容器（カプスリス）」であり、おそらくはなんらかの筒状のものであった（しかし、その具体的な接続方法はわからない）。そこには「多くの紙（カルタルム・モレム）」が、「紙葉束ないし巻本（ヴォルミーナ）」の形式で——劇場の規模を考えれば、それほど長くなく、両手で広げられる程度のものであろう——保管されていた。劇場の観者は、場合に応じてその使用マニュアルを開き、そこに「項目ごとに秩序づけられた（オルディナート・ペル・タリ）」註釈（ツィケムスが語るようにキケロの文体によるラテン語で書かれていた）を読むことができた——このように考えられるのである。

残念ながら、コッラード・ボローニャが公刊した「原テクスト」（前掲）にはこの部分の記述がない。そのためカミッロが語った口述筆記における「カンノーネ」のスペルが確認できないが、本訳書では、初出であるトレンティーノ版のスペルを最も重要視し、このような結論にいたった。さらにこの結論は、カミッロ自身が生前、いわゆるページ形式の冊子に興味を示さなかった点とも一致している。古代から現代までの書物の形式史を総括したフレデリク・バルビエによれば、紙葉束ないし巻物形式（volumen）と紙葉綴形式（pagina）は、すでに古代ローマ時代からきわめて錯綜した用法で用いられ、ことばそのものからどちらの形式であったかを特定するのはむずかしい（Frédéric Barbier, *Storia del libro. Dall'antichità: XX secolo*, tr.Rita Tomadin, Edizioni Dedalo, Bari, 2004, pp.32-35）。しかし、劇場という隠喩をすでに獲得していたカミッロにとっては、それと競合しうる媒体である冊子本をそこに組みこむことは想定外であったのではないだろうか。

それでは、そのような使用マニュアルはどのように書かれていたのであろうか。項目ごとに（「ペル・タリ」）、おそらく素早く目を通すことができるように整理されていたはずである。その一例を示すのが、「連鎖的註釈体系」

（catena）である。カミッロは「タラーリ」の階層でこう語る。「ナルキッソスは、美、愛らしさ、かわいらしさ、愛、素描、愛すること、欲望、希望などを含意し、さらにこの像は、『ドゥエ・カテーネ』（due catene）をもつであろう」。カラザースによれば、「連鎖的註釈体系」は、中世スコラ学で用いれられた形式であり、たとえばトマスもその伝統に属する『黄金の鎖』という著作を書いている。福音書の註釈の場合、各章が鎖を構成する各輪に対応し、その内部にはきわめて恣意的＝記憶術的に、さまざまな節が引用される（邦訳一七ページ）。カミッロもこの形式を採用したにちがいない。

2　劇場の形状

以上が、残されたテクストからわかる劇場の構造と細部、および機能である。しかしながら、四九個のイメージとそれらに付属する使用マニュアルの集積体としての劇場が、実際にどのような形状であったかはまったくわからない。カミッロ自身も、ツィケムスも述べていないからである。ここでは、次の三点の註釈を加えておきたい。第一に、カミッロの劇場を古代劇場と同一視することは不可能であり、「劇場」ないし「円形劇場」はあくまで隠喩であったと考えるべきだということ。第二に、劇場を解読するために最も適切な図式は、一六世紀の記憶術書でもっとも親しまれ流通していた、フラットなグリッド構造であるということ。第三に、カミッロの劇場には、フランチェスコ・コロンナ『ポリーフィロの愛の戦いの夢』（ありな書房近刊）からの影響が感じられるということである。

これまで研究者たちは、全体の形状と細部、さらに描かれたはずのイメージの本性について、さまざまな解釈を試みてきたが、いまだに一致した再構成案にはいたっていないが、ツィケムスが「円形劇場」と書いたことによって、実際に円形劇場であったと推測する人が多い（前述のバーンハイマーとイエイツがその例である）。さらに、ジュゼッペ・バルビエーリは、「人為的車輪――ジュリオ・カミッロの劇場」と題する論文で、カミッロの劇場を、一六世紀の記憶術において頻繁に用いられた回転式円環図といくつかの同時代のユートピア像に結びつけて解釈している（Giuseppe Barbieri, "L'artificiosa rota: Il teatro di Giulio Camillo", in *Architettura e Utopia nella Venezia Cinquecento*, a cura di Lionello Puppi, Electa, Milano, 1980, pp.209-22)。ライナルド・ペルジーニ（原著は一九八三年、日本語版は『哲学的建築――理想都市と記憶劇場』伊藤博明訳、ありな書房、一九九六年）は、カミッロの劇場は古代建築さながらの円形劇場でありえたと論じている。

彼らに共通するのは、ツィケムスによる細部の記述（とくに「カンノーネ」と「ヴォルーメ」）については看過ないし無視するにもかかわらず、「円形劇場」については逆に異様なほど注目するという点である。またそれぞれの程度もあるにせよ、劇場を巨大な存在として見積もろうとする点も共通している。なかには、きわめて巨大な劇場建築であった可能性を示唆する人もいる（たとえばペルジーニ）。

しかし、カミッロにとって「劇場」ないし「円形劇場」はおそらく、実体的なイメージというより、隠喩である。『劇場のイデア』で、「劇場」の秩序をみいだすために相当の苦労があったことをカミッロは語っている。これは、これまでの研究者からは強調されてこなかったが、きわめて重要である。カミッロが苦労を強調したのは、構造と形式を定める過程であり、実際の構築ではないのである。事実、カミッロは「劇場」の隠喩に到達するまえは、「人体」を用いて装置を構築しようとしていた。マルカントニオ・フラミニオへの手紙（年代不詳）でカミッロはこう書いている。記憶術のためには「二通りの方法があります。ひとつは、キケロによって支持されたなんらかの建物、もうひとつはメトロドロスが用いた黄道十二宮です……しかし前者には威厳がなく、後者はきわめて困難です。おそらくどちらの場合も、文章の構築よりも暗誦にこそふさわしいと思われますので、われわれは、人間の身体という驚異の構造体（la meravigliosa fabrica del corpo umano）にすべての考えを向けることにしました。つまり、この人間の身体という驚異の構造体がそれ自体のなかに世界のすべての事物に照応する諸部分をもっているという理由から小さな世界（picciol mondo）と呼ばれてきたのだとすれば、そのあらゆる部分にはその本性に応じて世界のあらゆる事物が、そして結果としてそれら事物の意味を伝える語彙もまた適切に置かれうることに思いいたったのです。そして、それらの諸部分があまりに近いところにあると、区画がもたらす明瞭さが影で隠されてしまうでしょうから、もしちょうど本の中にそれら部分が配列されているように見えるようにするには、心から絶対に逃げていくことがなく、そして世界にあるすべての事物とものの言い方すべてをしまっておくことができるような秩序のもとで、数多くの箱（arche）、あるいは保管箱（conserve）と呼んだほうがいいものが、互いに分け隔てられて、大いなる驚異とともに見られるようにしなければなりません。そして、身体の諸部分は場所と同じように理解されうることをガレノスは教えています」（*Tutte l'opere*..., cit., pp.300-01）。

『劇場のイデア』では、たしかに古代劇場の構造についての解説が述べられている。これまでの研究者たちは、しばしば、この一節を根拠に、カミッロの劇場が巨大な建築であったかのように語る。そして、その形状が古代どおりの円形劇場であったのか、それともそれ以外の形式であったのかという議論へと進む。しかし、イエイツ自身が指摘したように、これはおそらくウィトルウィウス『建築書』に基づくカミッロらしい衒学的註釈と解釈するべきである。実際に古代の円形劇場を立てるための指南をカミッロが語っているとはとうてい思われない。なぜならば、そのような巨大な規模は、誰しもが迅速に利用できるという劇場の性格、「カンノーネ」と「ヴォルーメ」、人間の等身大サイズを示唆するツィケムスの証言のいずれをも裏切るからである。

カミッロがあまりに古代劇場に精通していたことも誤解の原因になったといえる。研究者たちは、カミッロの源泉がなんであったのかを突き止めようと努力してきた。イエイツはウィトルウィウス『建築書』、ヴェンネカーはそれに対してアルベルティ『建築論』やセバスティアーノ・セルリオとの個人的交流を示唆する。ロレダーナ・オリヴァートもヴェンネカーの方向で註釈を加えている（Loredana Olivato, "Al teatro della memopria al grande teatro dell'architettura. Iulio Camillo Delminio e Sebastiano Serlio", in *Bollettino del Centro internazionale di Studi d'architettura A. Palladio*, vol. 21 [1979], pp. 233-52）。彼らが混乱したのもむりはなく、なぜならば、カミッロが古代劇場の秩序を語るさいに述べた、「職人たちの出す悪臭」は、ウィトルウィウスにもアルベルティにも、さらにセルリオにも書かれておらず、カミッロはあたかも、独自の古代建築論を確立していたかのように思われたからである。ウィトルウィウスによれば、ローマの劇場は円形であり、さらに七つの通路によって分割されていた。最も重要な貴賓の席についてはこう書かれている。「オルケストラ（劇場中央の舞台と観客席の間の空間であり、平地となっている）では元老院議員の席に場が指定される」（『ウィトルーウィウス建築書』、森田慶一訳註、東海大学出版会。一九六九年、一二三ページ以下）。しかし、ここには「悪臭」の記述はない。ウェンネカーは、セバスティアーノ・セルリオの『建築論』（一五四五年）の第二書における古代建築についての記述との類似を挙げ、こう書いている「『職人たちの悪臭』を省略していることを除けば、この記述はカミッロのそれとまったく同じである」と書き、『建築論』執筆時期のセルリオと晩年のカミッロが交流し、古代建築についてのヴィジョンを共有していた可能性があると述べている（Wenneker, p.66）。

だが、この興味深い追加項目は、カミッロの建築研究の成果というより、ウィトルウィウス研究者からの耳学問であった可能性も否定できない。事実、カミッロの記述は、それらのウィトルウィウス註釈とよく似ている。たとえば、一五二一年コモで出版された、チェーザレ・チェザリアーノによるイタリア俗語訳版本の註釈ではこう書かれている。「（古代劇場では）その中の諸階層に上がって見物することが喜ばれ、また快適なものと考えられた（もっとも、太陽の光によって責めさいなまれないかぎりであるが）。人々はその各階層に座るが、通常は異なる階層に座る者は、互いに顔を合わせないこととなっている。……オルケストラは元老院議員の席があるべき場所として指定されるが……そこに元老院議員以外の人間が割りこむことは、カエサル・アウグストゥスの命令によって禁じられている。なぜならば、もしそれを禁じなければ、（自由で高貴な人々のみが許されている）その場所に、それ以外の人間たちが足を踏み入れ、自分たちの席を勝手に定め、その階層に座るべき元老院議員たちの秩序と寛大さとを傷つけかねないからである。……また、ユウェナリスもまたこう語っている。オルケストラに座ることを認められた人々（元老院議員たち）は、劇場の階層と席を分割し、無学なる者たちから博識な者たちを、凡庸な者たちから高貴にして軍事に秀でた者たちを、庶民から職人を、そして無知なる俗人から分別と知識とを兼ね具えた者を区別した。こうして、高貴かつ賢明な人間たちが、オルケーストラの元老院議員たちの席に最も近い階層に座ったのである」（DI Lucio Vitruuio Pollione de Architectura Libri Dece traducti de latino in Vulgare affigurati: Comentati: & con mirando ordine Insigniti: per il quale facilmente potrai trouare la multitudine de li abstrusi & reconditi Vocabuli a li soi loci & in epsa tabula con summo studio expositi & enucleati ad Immensa utilitate de ciascuno Studioso & beniuolo di epsa opera..., Como 1521, Lib. 5, Cap. 3, commento, fol.LXXVr）。ここでは、「職人たちの悪臭」についてこそ記されていないが、「通常は異なる階層に座る者は、互いに顔を合わせないこととなっている」という記述は、カミッロに示唆を与えたかもしれない。

しかしながら、最も興味深い例は、『劇場のイデア』初版の出版より数年後、ダニエレ・バルバロがイタリア語訳した版本（一五五六年初版）である。こちらでは、カミッロの記述との類縁性がもっと明らかとなっている。「ところで観客たちについてだが、まずなによりも数多くの高貴なる人々がそこに見いだされるだろう。かつては、俗人たちも高貴な人々とともに劇場に出かけ、同じ場所に座ったが、いつしか区別されたらしい。しかし、それでもやはり多くの俗人たちが劇場に入り、多くが観客席に上がり、同時にまた多くが外に出ていく様子が見られるはずである。観劇には長い時間がかかり、また座り心地のよさが必要不可欠であるため、高貴な人々は彼らに定められた一箇所に座り、俗人たちはそれとは別に定められた一箇所に座る。高貴な人々は劇場の下部に席を有する。それゆえ彼らは、庶民たちが発し、空気によって立ち上ってくる悪臭によって責めさいなまれることがなくなるであろう。他方、俗人たちは劇場の上部に座ることになる」（*I dieci libri dell'architettura di M. Vitruvio*, Tradotti & commentati da Mons. Daniel Barbaro eletto Patriarca d'Aquileia, da lui riueduti & ampliati; & hora in piu commoda forma ridotti., In Venetia, Appresso Francesco de' Franceschi Senese, & Giouanni Chrieger Alemano Compagni. MDLXVII, Libro 5, Cap.III, p.224）。バルバロの註釈では、「庶民たちが発し、空気によって立ち上ってくる悪臭」について明記されている。発表年代から考えて、ダニエレ・バルバロがカミッロの『劇場のイデア』を読んで、そこから学んだのかもしれない。あるいは、カミッロとバルバロがともに同じなんらかの伝統ないし典拠——今の時点では、知られざるウィトルウィウス註釈の類がその最有力候補であろう――に触れた可能性も否定できない。ウィトルウィウス『建築書』の翻訳および版本については、次の研究を参照のこと。Manfredo Tafuri, "Nota introduttiva", in *Scritti rinascimentali di architettura*, a cura di Arnaldo Bruschi, Corrado Maltese, Manfredo Tafuri, Renato Bonelli, Milano 1978, pp.389-458.

いずれにせよ、これらの比較は、カミッロが独自の古代劇場論を確立していたという可能性はほぼ否定されるであろう。

イエイツの円形劇場としての再構成案はきわめて広く流布している（図1）。フランス語版『劇場のイデア』でも、その翻訳版が同封されている。しかし、この解釈は、『劇場のイデア』のテクストにおける個々のイメージ・ユニット同士のフラットな関係、位階構造に属していながらも互いに独立した関係を乱し、本来は観者が心の飛翔によって旅するべき過程を、きわめて形式的に固定してしまうことになる。カミッロが求めていたのは、観者の心を固定するのではなく、自由に解放し、天地創造の過程を追体験させるという遊戯的作用である。仮に、カミッロから影響を受けた一六世紀後半の記憶術師たちの著作から、カミッロの劇場に最も調和する形式を選ぶとすれば、おそらくフラットなグリッド構造である。ボルツォーニ（『記憶の部屋』前掲書）が分析した一六世紀「記憶のための図式」は、グリッド構造から車輪や系統樹へと派生し、複雑化していった。結論とすることはできないが、少なくとも、安易に古代劇場やロバート・フラッドの世界劇場をあてはめるよりも、カミッロのテクストを読むさいにはもっとも適切なガイドラインになると考えてよいはずである。

最後に、今後の研究のための課題を指摘しておこう。それは、フランチェスコ・コロンナが一四九九年に著した『ポリーフィロの愛の戦いの夢』からの影響の可能性である。ヴェネツィア文化に強い影響をもたらしたこの綺想小説において、主人公ポリーフィロは、夢の世界で恋人を捜し求める過程で、三人の人間の心の力を司る女性に出会う。一人はチノシア（Cinosia［理性］）、もう一人はインダロメナ（Indalomena［想像力］）、そして最後はムネモシュネ（Mnemosne［記憶］）であり、彼女たちの上位にいる自由意志を司る女神エウテリリデの宮殿へとポリーフィロを導く

図1——きわめて広く流布しているイエイツの円形劇場としての再構成案

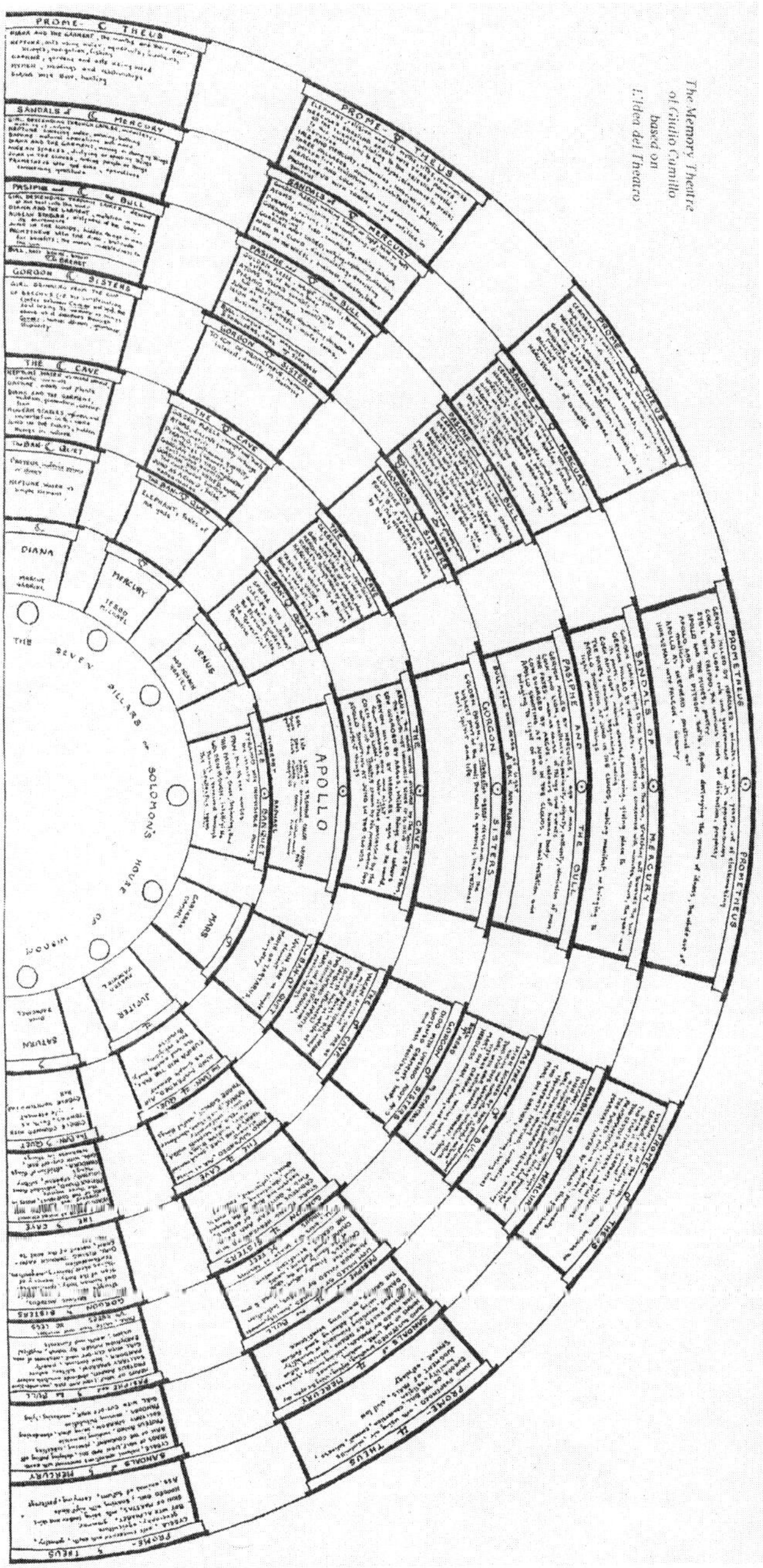

のだが、その宮殿の記述が、カミッロが『劇場のイデア』で語った天地創造を表象する四九個の「扉」によく似た構造を伝えているのである。

「さて、わたし（ポリーフィロ）は例外としてその宮殿の中に入ることを許された。するとわたし目にはすぐさま、人間のものというより、神のものというべきものがとびこんできた。それは眩い光に包まれた広い中庭の豪華きわまりない眺めであった。この中庭は最初の宮殿に向かいあって立つもうひとつの宮殿に繋がっており、完全な正方形をしていた」(Francesco Colonna, *Hypnerotomachia poliphili*, a cura di Marco Ariani e Mino Gabriele, 2 tom., Adelphi Edizioni, Mikano, 1998(1999). p.94)。この中庭を囲む壁は、「冠」(corona)と呼ばれるユニット（挿絵によれば円形の花状装飾）の組みあわせによって構成されている。

正面の壁では、「その冠の内部には、七つの惑星がそれぞれ生まれながらにして備えているものとともに(gli sette planete cum le sue innate proprietate)焼き絵の技によってこのうえなく美しく描かれていた。……七つの冠の中には、それぞれの惑星たちによって支配される者たちの七つの勝利が、前述のとおりの描き方によって見事に描かれていた。……右側の壁でも私は同じように、七つの惑星の調和、天層の力を受けとった霊魂の移行、そして天界から降りてくる天界の作用が信じれらないほど見事に物語として表わされていた。宮殿につながる第四の翼面は、中央の区画を占めるものが他とちがって扉である以外は、他の翼面と同じように配列され、中央以外の六つの区画は他の翼面と同じ規則と調和によって統一されている。そして、この面に相対する翼面の(六つの)惑星に対称となるように(六つの)冠が置かれていた。これらの冠の中にはそれぞれ惑星によってもたらされるさまざまな徳力の働きが描かれていた。それらは優雅なニンフの姿で表現され、惑星がもたらす効能の名称およびそれを示す表徴が書かれていた。七番目の区画、つまり中央の区画は、扉の飾り枠ないし破風の中にあった。この区画は、相対する翼面にある惑星としての太陽を内包する七番目の冠とまっすぐ向きあっている。しかしこちらの翼面ではこの区画に女王の玉座が置かれているので、太陽の冠は他の冠よりも上の方にもちあげられているのであった。これらのすべての部分は、素材、数、形、そして線のいずれにおいても厳密な規則性をもち、いかなる小さな細部もすべて緻密に並べられ、水平方向で照応していた。そのため、右翼面と左翼面、正面と背面はまさに厳密な対称関係にあった。この壮麗極まりない場所は左右から翼面で囲まれ、それらの翼面はそれぞれ二八歩分の長さであった。このような優雅な配列によって、この屋根のない中庭は左右対称的となり、そのいたるところはこのうえなく純粋な金で塗られていた。まさしく驚嘆すべき、言葉では語りえない仕事である。付け柱、あるいは半角柱はそれぞれの間が四歩となるように分かたれ、七つの等しい区画をつくりだし（それは自然がもっとも好む数である）、高価なること極まりない東方のラピスラズリで飾られ、その（青い）色の上には、金による飾りが放つ細やかな瞬きがまことに巧みに重ねあわされるので、青い色が鮮やかに際立ち、このうえなく見事であった」(*Ibid*)。

七つの惑星によって支配される宇宙の事物が位階構造によって配置されていること、それぞれに絵画が描かれていること、太陽の位置においてイレギュラーな変更が加えられていること、さらに「優雅な配列」の強調は、カミッロの『劇場のイデア』を想起させる。もちろん、細部において相違があるし、また全体的にもカミッロの四九個のイメージ・ユニットとは一致していない。しかし、一六世紀ヴェネツィアの想像力を喚起してやまなかったこの綺想小説に、カミッロの「記憶の劇場」と類似する構造体が登場することはきわめて意味深長である。カミッロもこの重要なテクストの少なくとも存在は知っていたはずである。さらにまた重要なのは、『劇場のイデア』とツィケムスの報告が示唆する比較的フラットな構造が、ポリーフィロが体験した宮殿の中庭と一致するという点である。

しかし、これ以上カミッロのテクストから離れて飛翔するべきではないだろう。コロンナとカミッロの関係は、また改めて論じるべきであろう。わたしたちはそろそろ、カミッロの劇場のなかで見ることができた四九個のイメージに向かわなければならない。それらはいかなる性格をもっていたのか。そして同時代のイメージ文化とどのような関係にありえたのだろうか。

4　四九の「扉」
——イメージとしての本性

1　秘儀としての「強烈なイメージ」

これまでの分析で明らかになったことを改めて整理しよう。カミッロの「記憶の劇場」を客観的に把握し、そこに配されたさまざまなイメージを解読するために念頭の置くべき最適な図式は、縦七列×横七列、計四九の区画に分けられた、フラットなグリッド構造（一六世紀の記憶術書における、もっとも一般的な「場所」[loci]のひとつ）である。これは劇場の再構成案そのものではないが、すでにアルベルティにとってもまた「古代劇場」は実際の建築物であると同時に、思考の枠組みを規定する隠喩として機能していたことを考えれば（Lucia Cesarini Martinelli, "Metafore teatrali in Leon Battista Alberti", in *Rinascimento*, Nuova serie, XXIX, 1989, pp.3-51）、少なくとも『イデア』に基づいて劇場の姿を解釈／想起するためにはきわめて有効なフォーマットとなるはずである。

この解釈は、カミッロの劇場を、ルネサンス人文主義のひとつの象徴的形式であるストゥディオーロ（寓意的装飾のプログラムによって秩序化された書斎と解することができる）へと近づけるであろう。事実ボルツォーニはすでに一九八四年、フィレンツェのパラッツォ・ヴェッキオ内のストゥディオーロ、すなわちメディチのフランチェスコ一世の寓意的書斎は、いわばカミッロの「記憶の劇場」を再現する企画であったという仮説を提示している。実際、その天井の中心には人間に神的叡智の炎をもたらしたプロメテウス、そしてそれを囲むように四大元素から錬金術のような技芸までが寓意的に表象されており、カミッロの劇場との類縁は否定しがたい（Bolzoni, "Il «teatro» di Giulio Camillo e l'«invenzione» per lo studiolo di Palazzo Vecchio", in *Il teatro*..., cit., pp.27-57）。さらに、フラットな壁面を寓意的絵画連作で覆いつくすストゥディオーロという形式そのものが、世界をめぐる認識をイメージとして鑑賞／記憶するための装置として解せられる。事実一五世紀から一六世紀にかけてのストゥディオーロは、少なくとも『劇場のイデア』のテクストの印象と比較的容易に結びつくはずである（ストゥディオーロ一般についてはたとえば以下を参照せよ。Wolfgang Liebenwein, *Studiolo*, tr. Alessandro Califano, Franco Cosimo Panini, 1992, esp.pp.VII-XXX(Prefazione scritta da Claudia Cieri Via). ルネサンスの修辞学的伝統とストゥディオーロ形式については、次にあげる今後のルネサンス研究者すべてにとって必読となるであろう基本研究を見よ。Heinrich F. Plett, *Rhetoric and Renaissance Culture*, Walter de Gruyter, Berlin-New York, 2004, pp.251-292. さらに以下も見よ。Norman K. Farmer, Jr., *Poets and the Visual Arts in Renaissance England*, University of Texas Press, Austin, 1984）。

では、その一種のストゥディオーロとしての劇場内で、イメージは物理的にはどのように描かれていたのか。これには現時点では結論をだすことができない。「カンノーネ」、大きな筒を意味するこの物体は、実際に何からつくられていたのか、どれくらいの大きさだったのか、そして各「扉」にどのような向きや角度、あるいは状態で「つりさげられていた」のか、そしてそこに保管された紙の使用マニュアルはどのような形状であったのか（すでに述べたように巻物か紙の束かも断言できない）――これらについては、まったくわからないからである。ひょっとしたら、『ポリーフィロの愛の戦いの夢』のエウテリリデの宮殿の中庭の「冠」のように、各「扉」の中央に据えつけられていたのかもしれない。あるいは、たとえばピサのカンポサントのいわゆる「死の勝利」連作のように、各「カンノーネ」は一種のキャプションのように、主要なイメージのそばにとりつけられていたかもしれない。いずれにせよ、確実なところはわからない。

だが前章で指摘したように、カミッロのテクストそのもののなかに、確実なことが存在する。各「扉」は基本的に上下二分割され、上部には各階層を規定するイメージ定式が一様に描かれ、下部に具体的な複数のイメージが描かれたということには疑問の余地がない。そしてカミッロが、上部のイメージについては各階層で一律に設定することにとどめているのに対し、下部については詳細に論じていることから、上部は比較的狭く、下部が大部分を占めていたと推測できるであろう。

以上のことをふまえて、ここではカミッロの劇場を、ストゥディオーロ形式に似た何か、つまり絵画プログラムによって装飾された部屋ないし空間であったと仮定しよう。その内部の四九個の「扉」に描かれた各イメージは、いかなるものであったと考えられるのであろうか。

カミッロは、『劇場のイデア』のテクストでは、イメージの本性について論じていない。それらは「像」(imagine)、「形象」(figura)、「形態」(forma)といった用語で語られるが、いかなる線や色によって、あるいは様式によって描かれるかはまったくふれられていない。しかし、カミッロが様式的問題をまったく念頭に置かなかったと考えるのはきわめて近視眼的であり、古代以来の記憶術の伝統を無視する狭量な立場である。先に触れたティラボスキやシュロッサーは、まさに記憶術的伝統を喪失した近代人である。彼らは、古代以来の記憶術におけるイメージ観の核心、「強烈なイメージ」(imago agentes)を忘れている。

『ヘレンニウスに捧げる修辞学書』の著者(カミッロおよび一六世紀人にとってはキケロ自身)はこう語る。少々長くなるが、カミッロが『イデア』では語っていないイメージ観として解釈されるため、ここで検討しておこう。

自然それ自体がわれわれになすべきことを教える。われわれが毎日の暮らしの中で、陳腐で、ありきたりで、つまらない事物を見るとき、われわれは一般的にいってそれらを覚えることができない。なぜならば、心が、何か新しいものや驚嘆すべきものによって揺さぶられないからである。しかし、もしわれわれが、例外的なほど卑しかったり、不名誉だったり、非凡だったり、偉大だったり、信じがたいものであったり、あるいは賞賛すべきものだったりするものを見たり、聞いたりするならば、われわれはそれらを長いあいだ覚えているだろう。

だから、われわれの眼や耳に直接入ってくる事物をわれわれはたいてい忘れてしまうのに、子どものころの出来事はしばしばとてもよく覚えているのである。このことは、日常的な事物は記憶から簡単に抜け落ちるのに、直接的で新規な事物はもっと長く心の中にとどまるからにほかならない。日の出、日の巡り、日の入が誰にも驚きを与えないのは、それらが毎日起こっているからである。しかし、日食はほとんど起こらないので驚異の源となるし、さらにはもっとしばしば生じる月食よりももっと驚異的なのである。このようにして、自然は次のことを示している。すなわち、彼女は平凡で日常的な出来事によっては煽られず、新しい出来事や直接的な出来事によって動かされる。だからわれわれは、技に自然を模倣させ、彼女が欲しがるものを探させ、そして彼女が導くとおりに進ませよう。というのは、着想に関しては、自然が後だったとか、逆に教育が先だったとかいうことはないからである。むしろ、あらゆる事物の始まりは天与の才能であり、その終わりには訓練によってたどりつくと言ったほうがよいであろう。したがってわれわれは、記憶の中にもっとも長く付着しうるような種類のイメージをつくりあげるべきである。そして、もしできるかぎり直接的に似像（similitudine）をつくりだすならば、あるいは、もしわれわれが漠然としたり不明瞭であったりせず、そのかわり、強烈なイメージ（agentes imagines）を構築すれば、そうすることができるであろう。もしわれわれがそれらに、非凡な美や特別なほどの醜さを与えるならば、あるいはまた、もしそれらのうちのいくつかに、たとえば王冠や紫色の衣装を身につけさせるならば、それゆえにその模像はわれわれにとってますます際立つものとなるであろう。あるいはさらに、もしも、われわれが、たとえば血で汚したり、泥をなすりつけたり、赤い絵の具を塗りたくったりして、それらの形を歪める（deformabimus）ならば、それによってその形はもっと直接的になるであろう。あるいは、われわれのイメージになんらかの喜劇のような効果を加えることによって、それらをもっと簡単に覚えることができるようにもなるであろう（強調訳者）」（*Rhetorica ad Herennium*, with an English Translation by Harry Caplan, The Loeb Classic Library 403, 1999, III, 36-38, pp.218-220）。

ここで定式化された「強烈なイメージ」とは、リアリズムの制約を突破し、誇張された美醜、鮮明な色彩の対照、残酷性や怪物性、ときには笑いを誘うような滑稽性、そして日常ではありえない形態の歪曲を表現するイメージである。そのような操作を通じてイメージは、記憶者の心の内部で、さまざまなことば・意味・象徴と結びつけられるのである。ボルツォーニ（『記憶の部屋』前掲書）が分析したように、一六世紀の記憶術論考では、古代以来の基盤である「場所」（loci）の使用およびそこに配置される「強烈なイメージ」については、語るまでもない当然の手続きとしてほとんど詳細に触れられない。彼らはすでにそれを実践し、前提としているからである。『劇場のイデア』におけるカミッロもまた、その前提に従ったと考えるべきである。「場所」（loci）の定式を七×七の四九の区画という新機軸に定めたため、それについては詳細に論じる必要があったが、「強烈なイメージ」についてカミッロはとくに新しい創意を加える、あるいは改変する必要を感じなかったと考えるべきである。

日常的視覚体験ではまったく想像もできないさまざまな事物や現象、行為、学問と技芸を視覚化するそれらのイメージは、必然的に寓意的なものとなる。寓意的イメージ一般が正しく作用するためには、つまりそこで設定されたことばとイメージの融合ないし接続の関係性が正しく把握されるためには、可能なかぎり明確に描かれているべきであり、曖昧な形象は避けられるべきである。記憶術の「強烈なイメージ」はその典型的な例である。カミッロの目的は、それらの「強烈なイメージ」を媒介にして、劇場の観者に天地創造の過程を追体験させることである。事実のちに見るように、カミッロは古代神話の解釈を軸としながら、同時代のエンブレムやインプレーザ、そして「ヒエログリフ（神聖文字と訳しうるが、一六世紀にはいまだ絵画記号として認識されていた）」の伝統をふんだんに駆使して「強烈なイメージ」を構築していく。

しかしながら、カミッロが語るイメージには、同時代のエンブレムやインプレーサの範囲を超える、極端かつ異様な性格があることも事実である。カミッロによるイメージとことばの接続はあまりにも大胆（より正確には強引）

である。その接続の仕方は、しばしば観者／読者の予想をはるかに超えるものであり、詳細な註釈なしには把握しえない。事実、カミッロは、イメージのみによって迅速に天地創造を追体験しうると自負しながら、実際には、劇場内の各「扉」に使用マニュアルをとりつけていたのである。カミッロの同時代人パオロ・ジョーヴィオの『戦いと愛のインプレーサについての対話』（一五五五年）におけるインプレーサ構築の五原則には、「身体（＝図像）と霊魂（＝モットー、つまりことば）の間に適正な均斉がなければなら」ず、「その解釈のために巫女を必要とするほど曖昧であってはならないが、また民衆がすべて理解しうるほど明瞭であってもならない」ことが規定されている（Paolo Giovio, *Dialogo dell'imprese militari e amorose*, a cura di Maria Luisa Doglio, Bulzoni, Roma, 1978, p.37. 以下も参照せよ。伊藤博明『綺想の表象学――エンブレムへの招待』ありな書房、二〇〇七年、一一八ページ）。このような「デコールム（用語作法）」（decorum）の要求と比べた場合、カミッロが語るイメージは、はるかに選良主義的であり、神秘主義的である。

『劇場のイデア』のとくに第一階層についての説明のなかでカミッロは、さまざまな引用を組みあわせながら、劇場の真の目的、つまり聖人や預言者などある種の超人のみにゆるされた霊魂の上昇体験を、基本的にはあらゆる人間に対して開示するという夢を語っている。しかし同時に、冒頭から強調されているように、その体験が許されるのはあくまでもカミッロの思想を認める人間である。キリストが比喩をもちいて語った難解な秘儀を理解した「聞く耳をもつ者」がごく少数であったように、カミッロが設定したことばとイメージの接続法もまた、きわめて難解であった。それらは、まさしく「巫女」の助け――カミッロの場合は使用マニュアルである「ヴォルーメ・オルディナート・ペル・タリ」――なしには、容易に解釈しえないものだったのである。

2　誰が描いたのか――マニエリスムとヴェネツィア派のはざま

それでは、そのような「強烈なイメージ」としての四九の「扉」は、誰によって描かれたのだろうか。実証不可能な問題だが、このことをまったく推測せずに、個々のイメージに進むのはむしろ視野狭窄だろう。事実、少なくとも二人の画家が候補としてあげられる。またきわめて細い線によるつながりながら、可能性としてはさらにもう一人が含まれる。

その三人のなかでもっともカミッロの劇場に（物理的意味で）接近したのが、フランチェスコ・サルヴィアーティ（一五一〇年～六三年）である。フィレンツェ出身のサルヴィアーティは、ブジャルディーニやバッチョ・バンディネッリ、アンドレア・デル・サルトに師事し、一五三〇年代前半のある時期にローマに出て、サルヴィアーティ枢機卿の保護をうける（これが彼の異名となった）。続いて一五三九年にはフィレンツェとボローニャを経由して、ヴェネツィアへと赴く。その主たる理由としては、メディチ家を中心とするフィレンツェのパトロンたちがフロンツィーノに最高の栄誉を与えていたため、サルヴィアーティは別天地を探したと推測される（サルヴィアーティについては以下を参照せよ。Catherine Dumont, *Francesco Salviati au Palais Sacchetti de Rome et la décoration murale italienne (1520-1560)*, Institut Suisse de Rome, Genève 1973; Caterina Monbeig Goguel (a cura di), *Francesco Salviati (1510-1563) o la Bella Maniera*, Electa, Milano 1998; Luisa Mortari, *Francesco Salviati*, *Cassa di Risparmio di Firenze*, Leonardo-De Luca, Roma 1992）。ヴェネツィアではグリマーニ家のような貴族たちに接近して、いくつかの仕事を手がけ、ピエトロ・アレティーノのような当地の知識人、文化人たちからもある程度の注目が寄せられた。事実サルヴィアーティはこのころからアレティーノと手紙のやりとりをおこなうようになった。一五四六年、画家のかつてのパトロンであるサルヴィアーティ枢機卿が死去すると、アレティーノはその悲しみを慰める手紙を画家に送っている（Pietro Aretino, *Lettere*, tomo III, Libro III, a cura di Paolo Procaccioli, Salerno Editrice, Roma 1999, Lettera 640, p.480）。

したがって、少なくとも一五四〇年代に、カミッロとサルヴィアーティが知りあっていた可能性はきわめて高いが、それよりも早く二人が接触したという歴史的証言がある。それは、「記憶の劇場」計画およびそこで描かれたはずのイメージに密接に結びついているため、きわめて重要である。それによれば一五三四年、パリから半島へ戻ったカミッロは、ヴェネツィアとポルトグルアーロから離れてローマを訪れ、フランソワ一世から要求された劇場の内容をまとめた「小冊子」(Brevetto) に挿絵を掲載することを企画し、サルヴィアーティに依頼したというのである。証言者は、サルヴィアーティときわめて親しく交流したことが知られているジョルジョ・ヴァザーリである。彼は『美術家列伝』のサルヴィアーティの生涯(一五五〇年の初版にはなく、一五六八年の増補版で追加された)で、こう書いている。「このころ(ローマでサルヴィアーティが活動していた時期のこと)、当時やはりローマにいたジュリオ・カミッロが、フランスのフランソワ一世王に送るために自分が構想したさまざまな構図(composizione)を収めた書物(libro)を制作することになり、そのすべてに物語/歴史画を描く(storiare)ことを、フランチェスコ・サルヴィアーティに依頼し、サルヴィアーティは、その仕事のために最大限の努力を惜しまなかった」(Giorgio Vasar, *Le vite de più eccellenti pittori scultori ed architettori*, a cura di Gaetano Milanesi, tomo VII, Sansoni, Firenze, 1906, pp.15-6)。

一五六八年というカミッロの死から二〇年以上隔てた時期の文献であるにせよ、一五三〇年代前半にローマで活動していたというサルヴィアーティの経歴とも一致すること、さらにカミッロの盟友ムツィオが存命中であることを考えれば、この証言を疑問視する余地はないと思われる。加えて、一五三九年の例になるが、サルヴィアーティは実際アレティーノの著作『聖母マリアの生涯』の挿絵のデザイナーとして起用されており、挿絵画家としても認識されていたことがうかがわれる(Pietro Aretino, *la vita di Maria Vergine di Messer Pietro Aretino*, Francesco Marcololini, Venezia, 1539; cf. Mortari, *Francesco Salviati*, cit., pp.306-7, e tavoe 52-56)。

残念ながら、この「小冊子」は失われてしまったため、そこに描かれていたであろうイメージの実態はわからない。だが少なくとも、「劇場の挿絵画家」としてのサルヴィアーティの絵画様式が、一六世紀中期の典型的なトスカナ派、すなわちいわゆるマニエリスムであることには注目すべきであろう。サルヴィアーティは、ヴェネツィア派を積極的に模倣した時期(一五三〇年代末)を除いて、一貫してミケランジェロ的身体言語「蛇状形象《フィグーラ・セルペンティナータ》」を模倣した(以下で様式の問題を論じている。足達薫「マニエリストはアルベルティをどう読んだか――ドメニキ版『絵画論』とサルヴィアーティの関係についての研究」、弘前大学人文学部編『人文社会論叢(人文科学篇)』、第二一号、二〇〇九年、一一~一二四ページ）。マニエリスムが寓意的図像と相性がよいことは、先に挙げたフランチェスコ一世のストゥディオーロ（その絵画装飾はナルディーニ、ストラダーノ、ヴァザーリらが担当した）、あるいはブロンツィーノの有名な《愛の寓意》（ロンドン、ナショナル・ギャラリー）が証明している。さらにマニエリスムのひとつの特質は、物体の質感をきわめて明確に、まるで顕微鏡で接近したかのように微細に再現することである。その結果、まるで真空状態に物体が置かれているかのような世界、まるで空気や温度のない世界が現われた。この様式は、先に触れた記憶術における伝統的な道具立て「強烈なイメージ」とも調和するであろう。したがって、劇場の画家を、サルヴィアーティないし彼に準じるマニエリストと仮定することは不可能ではない。そして事実、サルヴィアーティに帰される《三人のパルカ》は、カミッロが語るイメージに対応しているのである（この問題についてはのちに図とともに具体的に検討しよう）。

しかし、カミッロの交流関係からは、もうひとつの可能性が発見される。それは、ほかならぬ巨匠ティツィアーノが劇場を装飾したという仮説である。一見大胆（無謀）に見えるかもしれないが、先に述べたように、カミッロはティツィアーノとも交流をもったと考えられるし、巨匠の親友にして独自の美術愛好者であったアレティーノとは確実に交流していたからである。さらにカミッロは、ティツィアーノに肖像画を描いてもらい、自ら所有して楽しんでいたのである。

一五四二年頃に帰される手稿『人間の神化について』（*De l'humana deificatione*）で、彼はこう書いている。「ちなみに、わたしが所有しているわたしの肖像を見にきてもらいたいものである。あなたは鏡の中に浮かびあがるわたしの肖像を見るであろう。空気の中のイメージのほうが鏡の中で輝くイメージよりも精巧であると考えてはならない。もし偉大なティツィアーノが大いなる驚異とともにわたしに描いてくれたその絵を見てもまだこのことがわからないというなら、あなたはご自分の感覚を見失っていると疑ったほうがよろしい」（Fingiamo adunque che tu venga veder il viso mio che io meco porto, tu lo vedessi vagar in uno specchio; non credi tu che immagine sia più sottil nell'aere di quella che nello specchio rilucesse, e se la istessa vedessi ancor poco appreso nella pittura, che con tanta meraviglia fece di me il gran Titiano, non credi tu che il tuo senso meglio abbracciasse?, Udine, Biblioteca Comunale, Fondo principale, cod. 2648, c.13)。このテクストは、カミッロの肖像画が「鏡」を利用したトリッキーなものであったことを示唆しており、同時代のさまざまな鏡を用いた絵画――パルミジャニーノの《凸面鏡の自画像》、サヴォルドの紳士の肖像、ソフォニスバ・アングイッソーラの愛らしい小さな自画像など――を想起させる点でも興味深い。

たしかに、カミッロの同時代のヴェネツィア絵画の様式は、エンブレムやインプレーサ、寓意的図像とはあまり結びつかないように思われる。ジョルジョーネの創意に帰される油彩画様式の革命は、前提とされた主題の拘束から画家たちを少なからず解放した。厳密な下書きに基づかざるをえないというテンペラ画やフレスコ画の技法上の限界が突破され、画家が身体と心と筆を即興的に連動させる過程が全景化した。さらに、ジョルジョーネ、そしてその盟友ティツィアーノ、さらにティントレットらによるそうした絵画世界に描かれる物体は、マニエリスムの真空状態とは正反対に、空気と温度、湿度とにおおいに浸される。光によってあまりに強く照らされたために、あるいは逆に暗い闇にのみこまれて、輪郭を消失する。このような様式はたしかに、寓意的イメージとは相性が悪そうである。一五〇〇年から一五一〇年頃のジョルジョーネの絵画、たとえば前者なら《嵐》や《三人の哲学者》、あるいはティツィアーノ初期に帰属されるルーヴルの《田園の奏楽》は、寓意的意味をもちそうに見えながら、具体的には意味がよくわからない（これについては以下を見よ。サルヴァトーレ・セッティス『絵画の発明――ジョルジョーネ「嵐」解読』小佐野重利監訳、晶文社、二〇〇二年、エドガー・ウィント『ジョルジョーネ解読』森田義之他訳、中央公論美術出版、二〇〇九年）。これはエンブレム／インプレーサ、あるいは記憶術的「強烈なイメージ」にはたしかにそぐわない。

だが、ティツィアーノ、そしてヴェネツィア派が、寓意的主題を苦手としていたわけではない。たとえばジョヴァンニ・ベッリーニが、「忍耐」、「運命」、「賢慮」、「虚栄（または虚偽）」と解釈される四点の小テンペラ画（それぞれ約三二センチ×二二センチ）を描いたことは有名である（ヴェネツィア、アカデミア美術館）。これらはレステッロ（小化粧台）のための装飾物であり、ある意味では、カミッロの木製劇場とその内部のイメージの関係とよく似ている。

ティツィアーノの場合は、アルフォンソ・デステのストゥディオーロのために描いた「バッカナーレ」連作（これについては以下を見よ。ジョン・シアマン『オンリー・コネクト……――イタリア・ルネサンスにおける美術と観者』足達薫他訳、ありな書房、二〇〇八年、四一一～三〇ページ）やフェリペ二世のための「ポエジア」連作のように、古代神話（前者の場合はピロストラトスによる「エクプラシス」）を定式としたものがある。これらも広い意味では寓意的機能を果たしていたはずである。さらにティツィアーノをカミッロの劇場に決定的に近づける作例が存在する。それは《賢明によって支配される時の寓意》である。パノフスキーがティツィアーノの代表的作品のひとつとして論じたこの絵画作品は、カミッロが語る「本性／自然的な必要性、つまり食べること、飲むこと、眠ることの表徴」と至近距離で共鳴しているからである。この興味深い例についてはのちに検討するが、いずれにせよ、カミッロの劇場の装飾をティツィアーノが手がけた可能性は否定できない。「そのようなうさんくさい計画に、あの大ティツィアーノが荷担したはずがない」というような先入観にはほとんど根拠がないし、むしろきわめて危険であろう。ローマで発掘されたラオコオン像とそれに対する熱狂（先に登場したジョーヴィオやミケランジェロも含まれる）に対して、人物像を猿に変えて愉快なパロディを構想したこともあり、さらに文化的問題児アレティーノと意気投合したティツィアーノのような人こそ、誰にもましてカミッロの野望に興味を抱いたかもしれない。

最後の候補がロッソ・フィオレンティーノ（一四九四年～一五四〇年）である。サルヴィアーティとティツィアーノの場合と異なり、ロッソとカミッロをつなぐ線はきわめて細く、しかも実際にはとぎれている。ロッソは、一五二七年五月に生じる「サッコ・ディ・ローマ（ローマ劫掠）」のためにイタリア各地を転々としたが、おそらく一五三〇年、ヴェネツィアにたどりつく。アレティーノと同郷のヴァザーリによればこうである。「……ヴェネツィアでは、ピエトロ・アレティーノ氏から手厚くもてなされ、彼のために一枚の紙を素描した。それはのちに版画化された。それには、ウェヌスとともに寝ているマルスが描かれており、アモルたちとグラツィアたち（三美神のこと）がマルスから甲冑をとりさり、裸にしてしまったのである」（Vasari, *Le vite*..., cit., vol.V, p.167）。この版画は現存する（たとえばルーヴル美術館[n.1575])。この愉快なパロディ的作品を描いたのち、ロッソはおそらくアレティーノの推薦を受けて、一五三〇年、フランスのフランソワ一世の宮廷に招かれ、フォンテーヌブロー宮のギャラリーの寓意的装飾計画の主任に任命される。フランソワ一世のギャラリーはきわめて複雑な寓意的意匠で飾られた。この連作は一五四〇年の死まで制作が続けられることになる(フランス時代のロッソはこれまであまり体系的に研究されてこなかったが、最近の以下の研究がきわめて有益である。Antonio Natali, *Rosso Fiorentino. Leggidra maniera e terribilità stravaganti*, Silvana Editoriale, 2006, pp.225-255)。

アレティーノとの交流とフランスへの進出の野望は、カミッロときわめて類似している。カミッロがフランスを訪れた時期にまさしくフランソワ一世のもとにいて、しかも複雑な寓意的絵画連作を手がけていたという事実は、一五三四年にパリで制作したと考えられる劇場でロッソが起用された可能性を高める。事実、先に触れたように、すでにパノフスキーがロッソの作品とカミッロの劇場の関係を示唆していたことも重要である。加えてロッソの絵画様式の常識破りの色彩と荒い筆致、さらに彼にしか無理と思われるような天の邪鬼な主題解釈は、「強烈なイメージ」を少なからず想起させる。

具体的な文献資料がない以上は、このあたりでわたしたちの記憶力を休ませなければならない。しかし少なくとも、カミッロの劇場が、サルヴィアーティ、ティツィアーノ、ロッソという三人の個性的な一六世紀の画家の周辺に存在したことは事実である。このことは、カミッロが美術史の文脈においても重要な存在であること、そして今後の研究のための宝たりえることを示唆している。

3　チェリオ・アウグスト・クリオーネによる『ヒエログリフ集』補論とヴィンチェンツォ・カルターリ『神像論』

四九のイメージ・ユニットに進むまえに、カミッロの『劇場のイデア』と至近距離で共鳴する、あるいは直接的に関連する、それぞれがきわめて重要なサブテクストたりえている二つのテクストを確認しておこう。

第一のテクストは、カミッロとほぼ同時代を生きた人文主義者、ピエリオ・ヴァレリアーノ（一四七七年〜一五六〇年）の著作、『ヒエログリフ集、あるいはエジプト人たちの神聖な文字、およびその他の人種の文字についての註釈』（初版はフィレンツェないしバーゼル、一五五六年）の付録としてのちにつけ加えられた（二つの）テクストである。

ヴァレリアーノのこの著作は、ホラポッロ以来、絵文字として理解されたエジプトのヒエログリフに、古代神話とキリスト教世界のさまざまな寓意的イメージの用例を加えた巨大な総覧書であり、一七世紀まで、おびただしいほど再版され、各国語に翻訳された（以下を参照せよ。伊藤博明『綺想の表象学』前掲書、八二ページ）。長いあいだ、初版は一五五六年のバーゼル版（Michael Isingrin）とされてきたが、一六世紀におけるヴァレリアーノの著作の全調査を実現したパオロ・ペッレグリーニ（「ジュリオ・カミッロ氏の劇場のイデア」の階層の訳註☆59）によれば、おそらく同じ一五五六年の、フィレンツェのトレンティーノ版のほうが先である可能性がきわめて高い。実際、カミッロの『劇場のイデア』を一五五〇年に出版したトレンティーノこそが、ヴァレリアーノのテクストに目をつけた可能性は高いであろう。また興味深いのは、この著作にはおびただしい木版画による挿絵が存在し、絵文字として理解されたヒエログリフの視覚的実例が示されていることである。すべてのヒエログリフに挿絵があるわけではないが、一六世紀におけるイメージとことばの循環的関係を端的に示すきわめて貴重な例となっている。制作者はまったく不明ながら、それらの挿絵は、一五五六年の二つの（?）初版本に基づいて、くりかえし印刷されていった。

『劇場のイデア』のサブテクストとして重要なのは、一五六七年のバーゼル版から付録のかたちで追加された二つのテクスト、「チェリオ・アウグスト・クリオーネによる二つの論考」（以下「補論」と呼ぶことにする）である（その版の書誌は以下。*Hieroglyphica sive de sacris aegyptiorum, aluarumque gentium literis commentarii*, Joannis Pierii Valeriani Bolzanii, Bellunensis, A Celio Augustino Curione duobus libris aucti...Basileae, Per Thomam Guarinum, M.D.LXVII）。これは、ヴァレリアーノが収集しなかったヒエログリフを追加するためにもうけられたものだが、それらのなかには、カミッロが『劇場のイデア』で語ったイメージと重複するものが数多く含まれている。テクストとして完全に一致するわけではないが、カミッロのテクストと同じ内容・解釈・引用を述べている例もある。そして最も興味深いのは、なかには初版本の様式に基づいて新たに制作された版画挿絵が付されているものがあることである。

チェリオ・アウグスト・クリオーネ（一五三八年〜六七年）がいかなる人物であったのかについてはいまだに研究が進んでいないため、彼がカミッロとどのような関係にあったのか、「記憶の劇場」を見たことがあるのかどうかはわからない。しかし、テクストの類似度（事実、ほぼ完全な引用であることが多い）と発表年代を考えれば、クリオーネがなんらかの媒体を通じて（手稿ないし印刷板）カミッロの『劇場のイデア』を読み、そこから取材したと考えるのが最も自然であろう。ヴァレリアーノはヴェネツィアとパドヴァで研鑽したことが知られているため、カミッロと知りあっていた可能性が高いが、逆にそちらではカミッロのテクストと類似する部分がほとんどないのである。

クリオーネ（あるいは今では名前のわからなくなってしまった木版画デザイナー）が視覚化したカミッロに由来するイメージが、「記憶の劇場」を飾ったイメージと同一であったかどうか、実際の劇場のイメージをどの程度まで反映しているかはまったくわからないが、カミッロのテクストを読みながらイメージを構築していたことはたしかであろう。クリオーネは、いわば現代のわたしたちカミッロ読者と同じ過程、ことばとイメージを接続・融合する同じ作業を体験していたといってよい。それゆえわたしたちも、カミッロの四九のイメージを想起するために、四五〇年前の偉大な先輩クリオーネのイメージを参照しない手はないであろう。なお、わたしが参照したのは、次に挙げる一七世紀初頭のイタリア語版である。

Ieroglifici, overo Commentari delle occulte significationi de gli Egittij, & d'altre Nationi, composti per l'eccellente Signor Pierio Valeriano da Bolzano di Bellune. Accresciuti di due Libri dal Sig. Celio August(sic)ino Curione. Et hora da varij, & eccellenti Leterati in questa nostra lingua tradotti; & da noi con bellissime Figure illustrati: Opera degna, & vtilissima ad ogni sorte di persone virtuose. Con due Indici, vno de nomi de gli Authori, & l'altro delle cose trattate, & notabili in questi sessanta libri. In Venetia, Appresso Gio. Antonio, e Giacomo de' Franceschi, MDCII.

なお、クリオーネのテクストの存在を最初に指摘し、わたしたちに教えてくれたのは『劇場のイデア』英語版の

◎──北方近世美術叢書

北方近世美術叢書I　尾崎彰宏監修解説
ネーデルラント美術の魅力
──ヤン・ファン・エイクからフェルメールへ
5000円

北方近世美術叢書II　尾崎彰宏監修解説
ネーデルラント美術の光輝
──ロベール・カンパンから、レンブラント、そしてヘリット・ダウへ
4800円

北方近世美術叢書III　石井朗企画構成
ネーデルラント美術の誘惑
──ヤン・ファン・エイクからブリューゲルへ
5000円

北方近世美術叢書IV　今井澄子責任編集
ネーデルラント美術の精華
──ロヒール・ファン・デル・ウェイデンからルーベンスへ
4500円

北方近世美術叢書V　今井澄子責任編集
ネーデルラント美術の宇宙
──ネーデルラントから地中海世界、パリ、そして神聖ローマ帝国へ
4800円

北方近世美術叢書VI　今井澄子監修　木川弘美責任編集
天国と地獄、あるいは至福と奈落
──ネーデルラント美術の光と闇
4800円

木川弘美──著
異世界への憧憬
──ヒエロニムス・ボスの三連画を読み解く
4800円

◎──叡知／知識を伝えるアルテ　リナ・ボルツォーニ

L.ボルツォーニ著／足達薫+伊藤博明訳
記憶の部屋
──印刷時代の文学的＝図像学的モデル
7500円

L.ボルツォーニ著／石井朗+伊藤博明訳
イメージの網
──起源からシエナの聖ベルナルディーノまでの俗語による説教
6400円

L.ボルツォーニ著／足達薫+伊藤博明+金山弘昌訳
クリスタルの心
──ルネサンスにおける愛の談論、詩、そして肖像画
8000円

◎——マリオ・プラーツ　碩学の旅

パリの二つの相貌——建築と美術と文学と
碩学の旅Ⅰ　マリオ・プラーツ著／伊藤博明監修・他訳　2400円

オリエントへの旅——建築と美術と文学と
碩学の旅Ⅱ　マリオ・プラーツ著／新保淳乃責任編集・他訳　2400円

ギリシアへの旅——建築と美術と文学と
碩学の旅Ⅲ　マリオ・プラーツ著／金山弘昌責任編集・他訳　2400円

古都ウィーンの黄昏——建築と美術と文学と
碩学の旅Ⅳ　マリオ・プラーツ著／新保淳乃責任編集・他訳　3600円

ピクチャレスクなスペイン——五角形の半島Ⅰ
碩学の旅Ⅴ　マリオ・プラーツ著／金山弘昌責任編集・他訳　3000円

セゴビアの奇跡——五角形の半島Ⅱ
碩学の旅Ⅵ　マリオ・プラーツ著／伊藤博明責任編集・他訳　3000円

イギリスという水彩画——建築と美術と文学と
碩学の旅Ⅶ　マリオ・プラーツ著／伊藤博明責任編集・他訳　3300円

○イタリアの光と闇(仮)——言葉のエリュシオンの中に
碩学の旅Ⅷ　マリオ・プラーツ著／金山弘昌＋新保淳乃共同編集・訳　予価　未定

編者ウェンネカーである。カミッロとのクリオーネに思いをはせるとき、わたしたちはウェンネカーの偉大な貢献を忘れるべきではない。

第二のサブテクストは、ヴィンチェンツォ・カルターリ『神像論』（初版は一五五六年にヴェネツィアで刊行）である。この、ボッカッチョの『異教の神々の系譜』に連なる古代神話総覧の傑作もまた、カミッロの『劇場のイデア』で語られるイメージと重複するものをいくつか含んでいる。ただカルターリの場合はクリオーネの二つの「補論」とは異なり、カミッロが構築した「強烈なイメージ」を反復することはない。カルターリとカミッロが交錯するのは古代神話の神々についての文献学的註釈においてである。

カルターリの生涯とその思想について、確実に知られる情報はきわめて少ないが、彼がおそらくその生涯をフェッラーラのエステ家宮廷に仕えたこと（外交官としてフォンテーヌブローとブリュッセルに派遣されたこともあった）は確実である。カルターリは、一五五〇年頃にヴェネツィアで結成されたと考えられる文学アカデミー（組織の実態についての資料は少ない）、アッカデミア・デイ・ペッレグリーニ（巡礼者たちのアカデミーの意）にかかわったと考えられる。カルターリは、このアカデミーに参加し、ヴェネツィアで一五五三年に出版された『驢馬にされてしまったペッレグリーノのアカデミー会員の驢馬的栄光』（*Asinesca gloria dell'inasinato Accademico pellegrino*）という諷刺的な物語を書いたと考えられてきた。アントン・フランチェスコ・ドーニは、アッカデミア・デイ・ペッレグリーニの立ちあげを呼びかけた奇妙な一種の書籍ガイド『書店』（*La libraia*, 1557）の中で、この著作をほかならぬカルターリに帰属している（*La libraria del Doni fiorentino*, divisa in tre trattati, In Vinegia appresso Gabriel Giolito de' Ferrari. MDLVII, p.103）。もっとも、現在の研究では、それはドーニ自身の著作であり、一種のジョークとしてカルターリの名を引き合いに出したのだろうという推測もなされている。いずれにせよ、このような状況的証拠から、カルターリはおそらくこのアカデミーのメンバーか、あるいはそれに近しい存在だったと推測されている。実際、『神像論』の中で、カルターリ自身がこのアカデミーとの関係についてほのめかしている。ミネルヴァの図像を扱った第一〇章で、美徳の擬人像としての女神について語りながら、カルターリは次のように書いている。「そしてわたしは、われわれの時代についても少しだけ述べよう。現代では美徳を巡礼者の姿で描く人もいる。というのは、美徳は地上に部屋をもたず、歩み去ってしまうからである」（後掲するテクスト1の三二九ページ）。

　ジュリオ・カミッロは一五四四年にミラノで逝去したが、一五五〇年以前、本拠地をヴェネツィアに置いていたこのアカデミーに結実する知識人サークルに彼がかかわったことは想像にかたくない。一方カルターリも、アッカデミア・デイ・ペッレグリーニとの交流の中で、カミッロとその『劇場のイデア』の評判を耳にすることがあったにちがいない。

　先に示唆したように、カルターリがカミッロと類似するのは、古代の神々の図像について古代の源泉を引用する場合である。そこでは彼らはきわめて類似した内容を語ることになるが、カルターリは、イメージとことばの循環的関係を能動的に支配し、新たなイメージを構築するというカミッロの目的をもっていない。彼の目的は、可能なかぎり客観的に古代神たちの姿の定型をつきとめ、用例化することである。記憶術という魔術を用いてイメージとことばに戯れるカミッロと異なり、彼は実証主義的な文献学者・考古学者として古代神に向きあったのである。そうした意味で『神像論』は、カミッロの（そして記憶術一般の）「強烈なイメージ」がもつ、きわめて人為的で歪曲的な性格、すなわちファンタズマ的本性を逆照射するのであり、カミッロのテクストを客観視するためのサブテクストとして役立つはずである。現代の版本はいくつか存在するが。わたしは以下の二つの版本を参照した。

1　Vincenzo Cartari, *Le imagini de i dei de gli antichi*, a cura di Ginetta Auzzas, Federica Martignago, Manlio Pastore Stocchi, Paola Rigo, Vicenza, 1996.

2　Caterina Volpi, *Le immagini degli dei di Vincenzo Cartari*, Edizione de Lucca, Roma, 1997.

　以上の考察および仮説をふまえていよいよ、カミッロの劇場のなかの四九個の「扉」に向かおう。

5 四九のイメージ・ユニット
――同時代のイメージ文化との比較

1 「扉」の階層

これからカミッロの劇場の観者が経験した天地創造への通過儀礼を追体験しよう。カミッロの劇場が、「場所」にイメージとことばを配列していくという古代記憶術の手続きを逆転し、あらかじめ各「場所」に表象されたイメージを観察することによって成立していたとすれば、ここではさらにその手続きを逆転することになる。わたしたちにとっての「場所」は、それぞれ均等な四九のグリッド（「扉」）が縦七列、横七列で組みあわせられたフラットな構造である。これを心の中に構築し、カミッロの註釈に基づきながら、それぞれの階層ごとにイメージを「配列」していこう。もちろんこれは劇場の再構成案ではなく、そこに示されたさまざまなイメージを明確にとらえるための仮想の劇場である。

最下層の各「扉」は、それぞれ惑星とセフィロートを表象し、それらは占星術的・カバラ的な、天地創造の原理であり、出発点であり、そして劇場の基台である。カミッロはすべての階層において、月、水星、金星、太陽、火星、木星、土星という順序で語っているため、ここでもその順序を踏襲し、またヨーロッパの伝統的な方向認識を採用し、左から右へとイメージを並べていくことにしようよう。いずれの階層でも、中心に置かれるのは太陽であり、カミッロの占星術的着想の中心が太陽であることが示されている。さらにまたカミッロに従って各「扉」を基本的に上下二分割し、上部には各階層のイメージ定式、下部には具体的な事物や現象、学問や技芸を表象するイメージを配列していこう。この最下層では、上部には各惑星の擬人像が描かれる（第二階層の「饗宴」についての先の解説から察すると、おそらく古代の神々が用いられた）。具体的にはほとんど想像できないようなイメージが多いが、なかには古代から同時代までの伝統をふまえた図像がある。いくつかの場合はクリオーネやカルターリのような同時代人たちと至近距離で共鳴している。

月の扉――マルフート、大天使ガブリエル、惑星としての月とその属性、ディアナ、ディアナの御旗、ディアナの数

水星の扉――イェソード、大天使ミカエル、惑星としての水星とその属性、メルクリウスとその持物

金星の扉――ホードおよびネツァハ、天使ハニエル、惑星としての金星とその属性、ウェヌスと小クピド、およびそれらの持物と数

太陽の扉――この扉のみ、上部が饗宴のイメージ定式となる。下部には以下のイメージが置かれる。ピラミッド（存在の広がりないし広さ、さらに神とキリストと精霊の三位一体を表象する）、パーン（地上界、天界、天上界を表象する）、三人のパルカ（運命を表象する）、黄金の枝を生やした樹（ウェルギリウスにもとづき、知性によってとらえられる事物を表象する）

このなかで、ピラミッドがクリオーネによって挿絵化されている（図1）。彼は『ヒエログリフ集』「補論」で、明らかにカミッロの記述から引用して、こう書いている。「ピラミッド。事物の本性／自然、あるいは最初の素材。古代人たちは、ピラミッドによって、事物の本性／自然の表徴を伝え、さらに形象とさまざまな（生成のための）種子を受胎する以前の（最初の）素材の表徴を伝えようとした。なぜならば、ピラミッドの形成は点によって開始され、続いて高さを与えられ、しだいにさまざまな部分に広がっていく。これと同じように、すべての事物の本性／自然もまた、ただひとつの、そして分割されえない原理、源泉、すなわち至高の創造者である神から、さまざまな形象を受けとるからである。そしてあらゆる事物はその形象と種子を受けとることによって分散しながら、あらゆる事

物の発生源である至高の創造者の頂点と結合しているのである」（*Ieroglifici*, ... cit., Libro Prima, pp. 9, 13-14）。

世界全体としてのパーンのイメージは、古代からルネサンスにかけての神話解釈学では広く知られていたようである。古代の典拠はマクロビウス『サトゥルナリア』（I, 22, 7）である。「パーン（Inui）が愛してかわいがった女性はエコーと呼ばれた。これは、誰も目にすることができない天の調和の表徴を伝える。天の調和は、その調和を生みだすあらゆる天層の支配者である太陽にとってこのうえなく大切であるが、われわれの感覚ではとらえきれない」（Macrobio Teodosio, *I Saturnali*, a cura di Nino Marinone, Unione Tipografico-Editrice Torinese, Torino 1977（1967）, p. 296）。

ボッカッチョ『異教の神々の系譜』の一版本（パリ、一四九八年版）の挿絵（図2）には、宇宙全体を表象するパーンが描かれている。このパーンは全身に恒星を表わす星印をまとい、右手で鍬のように曲がった長い棒を抱え、左手でにぎったザンポーニャ（羊飼いなど、牧畜で用いられる管楽器の一種）を吹き、牛や羊を統率している。ボッカッチョはこう書いている。「わたしの考えによれば、パーンの像によって古代人たちは、本性／自然によって統べられる、つまり能動的な事物と受動的な事物のどちらをも含む、世界全体を説明しようとしたのである。彼らは、（パーンの）空に向かって突き出た角で、天界よりも上にある世界の表象を伝えようとしたのであろう。……彼（パーン）の燃えたぎる顔は火の原素の表象であるが、わたしの考えでは、彼ら（古代人たち）はこの火には空気が結合しているべきであり、そのほうが好都合だと考えたらしく、（パーンは）ユピテルと同じ神として述べている者さえ存在する。さらに、わたしの見たところ、彼らは、男性性の表徴である髭によって、そのようにして結びついた二つの原素（火と空気）の能動的な徳力を伝えようとしたのであろう。そして彼らは、髭を胸まで長く伸ばしたが、これはさらに下方に存在する土と水へ、それら二つの原素が作用することを暗示している。そしてこれ（パーン）は斑点をともなう皮を身にまとっていたが、彼らがそのようにしたのは、この皮によって恒星の絶えまない輝きによって飾られた第八の天層の驚異的な美を暗示するためである。人間が衣服によって包まれるように、この第八の天層によって、本性／自然的なあらゆる事物が覆われるのである。さらにわたしの想像によれば、この杖によって、本性／自

図1―――ピエリオ・ヴァレリアーノ『ヒエログリフ集』のクリオーネによる「補論」、「事物の本性／自然、あるいは最初の素材」の表徴としてのピラミッド

図2―――ジョヴァンニ・ボッカッチョ『神々の系譜』パリ、一四九八年版の「パーン」

図3――ピエリオ・ヴァレリアーノ『ヒエログリフ集』のクリオーネの「補論」における「世界全体の表徴」としてのパーン
図4――アキッレ・ボッキ『象徴命題集』、一五七四年版における「パーン」

然を支配する力が伝えられるはずである。その支配する力によってすべての事物が、とりわけ理性をもたない事物が支配され、この力がもたらす作用によって定められた目的へと導かれる。彼らはさらに、それ（パーン）に牧笛を与えたが、これは天の調和を構築するための道具である。また腹部は剛毛で覆われ、下半身も毛むくじゃらだが、これは地上の表面および山として理解され、背中の瘤は岩、覆っている毛は森、花、草として理解される」（*GENEOLOGIA DE GLI DEI.* I QVIN DECI LIBRI DI M. GIOVANNI BOCCACCIO SOPRA LA ORIGINE ET discendenza di tutti gli Dei de' gentili. IN VINEGIA DEL POZZO AL SEGNO .M.DXLVII, Libro Primo [Cap.IIII], fol.9v-10r）。

カルターリ『神像論』でもボッカッチョの記述が引かれている。「セルウィウスはパーンに（二本の）角を与え、古代人たちはそのようにしてパーンの身体に太陽の光線と三日月の先端を描くことを選んだ。ボッカッチョはこう考えている。パーンの角は額から天に向かって生えており、天上界を示している。われわれは天上界を二つの方法で認識する。ひとつは天文学者の道具によって恒星が進む軌道と距離を測定する技によってである。もうひとつは恒星によって算出された影響力が、下方の事物に浸透すると考えることによってである。パーンの顔は赤く火照って燃えたぎり（彼ら［古代人たち］はそのような色でパーンを塗った）、それによって、他のすべての原素よりも上にあり、天層と接する純粋な火の表徴が伝えられる。胸まで伸びる長い髭は、上方にある二つの原素、空気と火が、男性的本性／自然および力を有することを示す。この二つの原素はそれぞれ自らの印象を、女性的本性／自然を有する他の二つの原素に送りこみ、刻み付ける。胸と肩を覆う斑点のついた皮は、煌く恒星が一面に描かれた第八の天層を表象する。第八の天層は事物の本性／自然に属するすべてを内包する。牧畜において用いられる杖を片手に握るが、これは、ボッカッチョによれば、本性／自然的事物すべてを支配する力である。……もう片方の手には七本の管によってつくられた牧笛をもつ。なぜならば、パーンはいくつかの管を蠟でつないで笛を作る方法を発見した最初の者であり、またウェルギリウスが語るように、それを吹いた最初の者だからである（ウェルギリウス『牧歌』［II, 32］）。この笛は天の調和を意味する。この牧笛は七つの音と七つの異なる声を発するが、その音と声は七つの天層が発する音と声と似ている」（Cartari, *Le imagini de i dei de gli antichi*, cit., Libro 4, pp.123-124）。

クリオーネもパーン（図3）を世界全体の構造のヒエログリフとしてとらえている。「パーンと呼ばれるアルカディアの神、あるいはサテュロスたちやファウヌスたちの神。古代人たちは、次のような方法によって、神であるパーンを描いた。彼らはそれをインヌオス、ファウノなどとも呼んだ。彼らは次のようにパーンを描いた。山羊に似た赤い色の顔、ざらざらした毛深い二本の角、さまざまな色からなる豹の皮を身にまとい、下半身はすべて山羊の足の皮で包まれていた。片方の手では七つの管でつくられたザンポーニャ、別の手には羊飼いの棒の真似をしてねじれた棒をもつ。彼らはこうした姿によって、世界全体の図が含意されることを望んだのである。それゆえ、赤い顔はエーテル、すなわち天界の星々の多様性の表徴を伝える。下半身が皮で包まれたのは、樹木、若芽、そして獣たちの表徴を伝えるためである。山羊の足は地の固さと不動性を示す。七つの管のザンポーニャは天上の調和を示し、天上には七つの音と七つの異なる声がある。捩れた杓は、常に出発点に戻ってくる年を表徴を伝える。それゆえ、パーンはすべての事物と呼ばれた。エウゼビウス、フルヌートス、そしてセルウィウスが、この図像を以上のように解釈している」（*Ieroglifici*..., cit., Libro Primo, in Valeriano, Ieroglifici..., cit., p.888）。

ヴェネツィアのフランチェスコ会修道士、フランチェスコ・ジョルジョ・ヴェネトが、一六世紀前半を代表する神秘主義文献のひとつ『世界の完全なる調和について』の中で、パーンについての同様の解釈を記している。「パーンは宇宙の象徴であり、すなわち、すべてであるものと呼ばれる」（Francesco Giorgio, *De harmonia mundi totius*, Venetiis in AEdibus Bernardini De Vitalibus Chalocographi. An. D.M.D.XXV, Mense Septemb, Cantica II, tono II, foli621r, "Universi simboli Pana, idest totum dixere."）。

カミッロと交流があったと考えられるボローニャの人文主義者、アキッレ・ボッキ（一四八八年〜一五六二年）の著作『象徴命題集』（*Symbolicarum Quaestionum*）のパーン（図4）は、「外からの音を聞かず、内からの音を聞け」（"NON EXTRA, AT INTVS AVDIO."）という象徴命題（LIB.II, Symb. XLV）の挿絵となっている。この挿絵は、初版（1555）では版画家ジュリオ・ボナゾーネによって描かれたものであり、第二版（1574）ではアゴスティーノ・カラッチによって「リタッチ」が施された。ここでのパーンはボッカッチョ、カルターリ、クリオーネらが語った「世界全体の象徴としてのパーン」を踏襲し、角、牧笛、星の記号が斑点のようにともなう胸と腹、山羊の下半身をもっている。ボッキによればこれは「理性の判断は安定し、確実であり、理性より下にあるすべてがそれに従う」（"CERTVM EST INDICIVM RATIONIS OBEDIANT HVIC SVBDITA"）という意味をもつ（Stefania Massari [a cura di], *Giulio Bonasone*, cit., vol.2, p.64, LIB.II, Symb.XLV）。またボッキがカミッロに捧げた象徴命題もある（*Ibid*., vol.2, p.109, Liber III, Symb.LXXXVIII）。

フランチェスコ・サルヴィアーティに帰属される《三人のパルカ》（図5）が、フィレンツェのパラティーナ美術館にある。この絵の来歴は一七世紀後半までしかさかのぼることができず、カミッロの劇場とのあいだに直接の結びつきがあったかどうかはわからないが、このきわめて珍しい主題を扱った板絵が存在すること、さらにそれが様式的にサルヴィアーティに帰されるという点はまことに興味深い一致である（Cf. *Francesco Salviati (1510-1563) o la Bella Maniera*, a cura di Catherine Monbeig Goguel, Electa, Parigi-Milano, 1998, Cat.72, pp.204-205）。また、糸を紡ぐ三人のパルカは、一五三〇年頃、ジュリオ・ロマーノ工房によってパラッツォ・デル・テ「ストゥッコの間」に描かれている。その細部は、ジョルジョ・ギージ《三人のパルカ》（一五五八年、エングレーヴィング、フランクフルト）で確認できる。パルカの図像については次を見よ。Paolo Bellini (a cura di), L'*opera incisa di Giorgio Ghisi*, Presentazione di Mario Guderzo e Claudio Salsi, Tassotti Editore, Bassano del Grappa, 1998, Cat.39, pp.170-2, figg.125-128. Sergio Rossi, "Sodoma, Marco Bigio e l'alchimia", in idem., *Il fuoco di Prometeo. Metodi e problemi della storia dell'arte*, Bagatto Libri, Roma, 1993, pp.147-171.

火星の扉——グヴィラー、天使カマエル、惑星としての火星とその属性、マルスとその持物

木星の扉——ヘセド、天使ザドキエル、惑星としての木星とその属性、ユピテルとその象徴物

土星の扉——ビナー、天使ザフキエル、惑星としての土星とその属性、サトゥルヌスとその象徴物

図5——フランチェスコ・サルヴィアーティ《三人のパルカ》一五四〇年～一五五〇年頃、フィレンツェ、パラティーナ美術館

2　「饗宴」の階層

第二階層の各扉の上部にはいずれも「各惑星に属する饗宴」が描かれていた。これは、オケアノスが開いた神々の宴をさすが、実際にどのようなものであったのかはまったくわからない。第一の階層では、各惑星の擬人像が描かれていたので、各惑星を表象する神を中心とする群像であったかもしれない。他方、各扉の下部に描かれたイメージについてはカミッロは具体的に語っている。それらは、天地創造における物質の生成を表象し、「最も単純な原素」（四大元素）およびそれに属する事物を表わしている。

月の饗宴――プロテウス（マテリア・プリマ）、三叉の鉾をもつネプトゥヌス（最も純粋で単純な水）

カミッロは、フランスに滞在していたころ、ベンヴェヌート・チェッリーニがフランス王フランソワ一世のために制作した有名な《フランソワ一世のための塩入れ》（一五四〇～一五四四年）を見ることができた。この作品の制作背景およびその過程については、チェッリーニ自身が『自伝』（*La vita*）においてくわしく語っている。またチェッリーニは、のちのフィレンツェ大公国時代（一五六〇年頃）、大理石の《ネプトゥヌス》をバルトロメオ・アンマンナーティと競作した。そのための習作のひとつと考えられるブロンズ製の小さな作品が、ラレイフ、ノース・キャロライナ美術館に所蔵されている（John Pope-Hennessy, *Cellini*, Principal Photography by David Finn, Abbeville Press Publishers, New York, 1985, Plate 152）。さらに、カミッロは、フランチェスコ・プリマティッチョとその助手たちが、フォンテーヌブロー宮殿の「オデュセウスのギャラリー」の天井に描いた壁画《嵐を起こすネプトゥヌス》（一五四一年～四七年、一七三八年～三九年に破壊）も見たかもしれない。現在、プリマティッチョの準備素描（パリ、ルーヴル美術館）と、テオドール・ファン・チュルダンによる模写版画（一六三三年）によってかつての姿を垣間見ることができる。そこには、馬たちの上で身体を強くひねりながら三股の槍をふるって嵐を起こすネプトゥヌスが描かれている。プリマティッチョの素描については以下を見よ。Sylvie Bèguin, Jean Guillaume, Alain Roy, *La galerie d'Ulysse à Fontainebleau*, Introduction de Andrè Chastel, Pressed Universitaires de France, Paris, 1985, p.133, fig.6. ファン・チュルダンの版画については次を見よ。Marco

Lorandi, *Il mito di Ulisse nella pittura a fresco del Cinquecento italiano*, Jaka Book, Milano, 1995, pp.349-351, Cat.XXI.1.

水星の饗宴——象（信仰）

人間に次ぐ知性を兼ね具えた動物としての象に注目した同時代の例としては、フィレンツェの文学者、ジャンバッティスタ・ジェッリの諷刺的な対話編『チルチェ』（一五五〇年）の第一〇章における象の扱い方が挙げられる。そこでは、魔女キルケによって動物に帰られてしまった人間たちを助けにやってきたオデュセウスが、動物たちに今の気持を質問していく。しかし、キルケーが予告したように、ほとんどの動物は動物のままでよい、人間に戻りたくないと答える。人間に復帰することを選んだのは知恵のある象のみであった。Giambattista Gelli, *Circe*, in *La Circe e I capricci del bottaio*, a cura di Severino Ferrari, nuova presentazione di Giuseppe Guido Ferrero, Firenze 1957, cap.X, pp.123-42.

カミッロが象のイメージを具体的にはいかなるものとして考えていたかは定かではないが、彼に霊感を与えた可能性がある作品としては、ロッソ・フィオレンティーノとその助手たちが、フランスのフォンテーヌブロー宮殿、「フランソワ一世のギャラリー」に描いた壁画《百合の花をともなう象》（一五三五年〜四〇年）がある。修復と加筆がくりかえされたので現在では不自然な印象が否めないが、イタリアの版画家アントニオ・ファントゥッツィが模写した版画があり、それによって本来の姿をある程度観察することができる。詳しくは次を見よ。Dora and Erwin Panofsky, "The Iconography of the Galerie Francois Ier at Fontainebleau", cit., pp.131-135; W. S. Heckscher, "Bernini s Elephant and Obelisk", in *The Art Bulletin*, XXIX, 1947, pp.155ff.

ド・テルヴァラン、およびドーラとエルヴィン・パノフスキーによれば、この象は、フランスとフランソワ一世の賢明さとその偉大さの象徴である。フランス国花とフランソワ一世の紋章を身につけて、画面の中で堂々と立つ象は、王と王国の威信そのものであるといってよい。Guy de Tervarent, *Les enigmes de l'art*, IV, l'art savant, Tempel, Bruges, 1948, pp.28-45; Dora and Erwin Panofsky, cit., pp. 113-190.

カミッロのテキストの解釈に関連して興味深いのは、パノフスキー夫妻が、この図像全体の意味を、ジュリオ・

カミッロの「劇場」との類縁性、さらにはこの図像がカミッロの「劇場」構想の霊感源になった可能性を指摘していることである。パノフスキーによれば、フランソワ一世それ自体である象の周囲に、彼が支配する世界の象徴が示される。象の右側にはケルベロスをともなうプルートスであり、これは四つの原素中、とくに地の支配の表徴となる。中央よりもやや左側、象よりも少し奥まったところには、三股の槍を足元に置くネプトゥヌスがいて、これは水の支配の表徴である。前景の曲がりくねった不思議なステージの上には、稲妻と炎の槍を足元に置くマルスがいて、これは火の支配の表徴である。それぞれの持物が、象に対して攻撃の矛先を向けられていないことは、これら三つの原素を象が支配していることを暗示している。……象と神々によってくりひろげられる一種のスペクタクルを、左側の劇場のような建築に群がっている人々が見ている。パノフスキーはこの建築を「一種の円形劇場」と呼び、その上の階層には庶民がひしめきあい、下層部のもっとも舞台に近い場所に高貴な人が座るという古代劇場の構造が示されていると語る。そして彼は、この作品がカミッロの「劇場」の霊感源になったのではないかと指摘している。「この円形劇場は、フランソワ一世の宮廷で重要な役割を演じたジュリオ・カミッロ（一五四四年に死亡）ならば〈世界の劇場〉と呼んだであろうものへと、奇跡のごとく変容させられている。雑多な観衆はバルコニーに限定され、数人の高貴な人たちだけが舞台に近い下層にいることが許される」(Panofsky, *op. cit.*, p.134)。カミッロがゴルディオンの結び目について言及していることも、ロッソとカミッロの影響関係を示唆しているように思われる。

金星の饗宴——一〇個の輪をともなうひとつの球（天上界の霊魂）

カミッロが想定していたイメージを推察させる、同時代の興味深いテキストがある。ミケランジェロ・ビオンドが著わした絵画論『このうえなく高貴な絵画について』（*Della nobilissima pittura*, Venezia, 1549）である。

ビオンドは、第二六章「第二の絵の題材について」において次のような空想的な絵の主題を書いている。現実性の希薄なきわめて奇妙な図像を語る彼の口調は、カミッロの劇場を語る語調と似ていないこともない。ビオンドは、その絵には「影とも素材とも判別できないような精気（quei spiriti che ne esser ombre ne corpi si potesseno giudicare）が描かれるべきである」と書いている。これはカミッロの「小さな精霊たち」（spiritelli）を想起させる。「第二の絵は円形であり、円周に沿ういくつかの環状部分に分割され、それらの各部分にはローマのコロッセオやエジプトのピラミッドなどが多く描かれることを希望する。この絵画の中央部には、ぜひとも、ソロモンの神殿のような、鋳造によって建造された巨大な建築が描かれていてほしい。……その寺院の周囲には四つの原素が、互いに分離した状態で見いだされるべきである。……さらに、これらの原素の周りには、黄道十二宮をともなった天界が描かれ、できることならば太陽の軌跡が、太陽が春分と秋分の位置に達する距離、いかにして夜をつくりだし、そして消すのか、春夏秋冬の季節をいかにして変化させるのか、その様子が描かれるべきである。絵画のその他の部分には、影とも素材とも判別できないような精気（quei spiriti che ne esser ombre ne corpi si potesseno giudicare）が描かれるべきである。そして、これらのことは、これまでの絵画技術がいまだ用いていないようなある種の色彩で描かれるべきである」（初版本のファクシミリ版によった。*Della nobilissima pittura, et della sua arte, del modo, & della dottrina, di conseguirla, ageuolmente et presto, opera di Michel Angelo biondo*. MDXLIX. In Vinegia Con priuilegio decenale. Alla insegna di Appolline,Westmead, Farnborcugh, Hants 1972, Cap.26, fol.22r-v)。

太陽の饗宴——上部は、惑星の擬人像（アポロン）　下部は、ティフェレト、天使ラファエル、太陽とその属性（光、明り、輝き、光線）、アポロンとその持物

火星の饗宴——ウルカヌス（単純な火）、タルタロスの口（煉獄と地獄）

タルタロスは古代ギリシギリシア神話における、地下世界に放逐された巨人族の末裔だが、ここでは冥界それ自体と同一視されている。巨大な獣の口としての死後世界というイメージははるか古代より世界各地に存在しており、古代ギリシアで信じられた「タルタロスの口」もその一例にすぎない（ジャック・ル・ゴッフ『煉獄の誕生』渡辺香根夫・内田洋訳、法政大学出版局、一九八八年、二五～七九ページ）。そしてこのようなイメージは、キリスト教思想の中にも受け継がれた。たとえば、旧約の義人ヨブが幻視した巨大な海獣レヴィアタンの深遠なる口が、死後の世界

のイメージとみなされた（『ヨブ記』XL, 4-26）。具体的な視覚的作例としては、一二世紀半ばに制作されたと考えられる《ブロワのアンリの詩篇》（ロンドン、大英博物館）が最も明確である。

　カミッロが例に挙げた一五世紀フランドル絵画では、「最後の審判」の場面に「怪物の口」として地獄が表象されることがある。たとえば、カミッロの『劇場のイデア』の優れた英訳を発表したウェンネカーは、ペトルス・クリストゥスによる二連祭壇画《受胎告知、降誕、最後の審判》（一四五二年、ベルリン、国立絵画館）を例として挙げている（Wenneker, p.141）。この作品では、「最後の審判」はこの作品の左翼板に描かれている。武装した天使ミカエルが、悪魔たち、および罪人たちを、下方に開いた地獄の穴に放逐している。穴の左隅では、巨大な獣が大きな口を開けて、悪魔たちや罪人たちを吸いこんでいる。このような「怪物の口」としての地獄は、クリストゥスのこの作品に強い影響を与えたと考えられるヤン・ファン・エイクの二連祭壇画《キリストの磔刑と最後の審判》（一四三五年頃、ニューヨーク、メトロポリタン美術館）にも踏襲されている（Maryan W. Ainsworth with contributions by Maximiliaan P. J. Martens, *Petrus Christus. Renaissance Master of Bruges*, New York 1994, fig. 9）。フランス宮廷にも出入りし、ヴェネツィアを中心とする北イタリアに活動拠点を置いたカミッロは、いずこかでこうしたフランドル絵画を見たのであろう。カミッロのようなイタリアの人文主義者がフランドル絵画を視覚的例として挙げたという事実は、一六世紀前半のイタリアにおける一五世紀フランドル美術の受容の広さと深さを推測するうえでも注目に価しよう。

木星の饗宴――天から吊るされたユノ（単純な空気）、エウロペ（天界から地上界へ降りる霊魂）

　エルヴィン・パノフスキーは、古代ギリシアではしばしば引用された「吊るされたユノ」という神話モティーフが、ローマ時代になるとほとんど見られなくなることを指摘している（Erwin Panofsky, *The Iconography of Correggio's Camera di San Paolo*, The Warburg Institute, The University of London, London, 1961, p.26, note 1）。それによれば、現在知られている唯一の古代ラテン世界の典拠は、ウァレリウス・プロブスという人物に帰属されるウェルギリウス註釈である。この註釈の初出は一五〇七年、ヴェネツィアの出版業者イグナティウスによって出版されたウェルギリウスの『牧歌』

註釈版である。それによればユノは、カミッロの記述とほぼ同じように、四つの原素、とくに空気を表徴するものとしてとらえられている。「ユノの吊り下げは、空気によって釣りあいを保たれた（それ以外の土、水、火の）原素以外のいかなる表徴を伝えるというのであろうか。彼女の足から吊り下げられた錘は、地と海の広がり以外のなんであろうか。黄金の鎖は火以外のなんであろうか」（Cit. in Panofsky, *ibid.*, p.87, note 1）。しかし古代ローマ以後、キリスト教中世においては、「吊るされたユノ」というモティーフは本質的に忘れ去られたと考えられる。

一六世紀の神話研究者や図像解釈学者、そしてわれらがジュリオ・カミッロが、このかつて一度忘却されたモティーフを再発見し、それぞれの文脈で図像化し、再生させたのである。ボローニャの博識な人文学者、大フィリッポ・ベロアルディは、アプレイウスの『黄金のロバ』の註釈版（一五一〇年初版）の中で、おそらくキケロの記述をふまえながら、次のように記している。「ユノは、ユピテルによって鎖で縛られ、鉄の重石をつけられたが、解釈者たちは、それを、空気および天界にある火が、もっと下方にある二つの事物と、つまり水と地に結合することだと考えようとしている。なぜなら、水と地のいずれも、それらよりも上にある事物より重いからである」（*Apuleius cum commento Beroaldi & figuris nouiter additis.* Venetiis per Philippum princium Mantuanum impressum. Anno domini M ccccx, fol. XCIXr）。

フェッラーラの人文学者リリオ・グレゴリオ・ジラルディは、『異教の神々の歴史』の中で、カミッロとよく似た記述をしている。「テオポンポスと……ヘラニコスが……書いているところによれば、ユノはユピテルによって黄金の鎖で縛られ、鉄の重石によって吊り下げられた。しかし、彼ら（古代人たち）がそこで語ろうとしたのは、空気は天界にある火にとても密接に結びつけられていると同時に、もっと下にある原素、すなわち水と地とも混合しているということなのである。それらは、もっと上にある原素よりも重いのである」（*De deis gentium varia & multiplex Historia,* Lilio Gregorio Gyraldo Ferrariensi Auctore..., Cum Caes. Maiest. gratia & priuilegio ad quinquennium, Basiliae, per Ioannem Oporinum, 1548, Syntagma III, p.158）。

ミラノ生まれで、のちにヴェネツィアに移ったということ以外、生涯についてほとんど知られていない神話学者、ナターレ・コンティは、一五五二年にヴェネツィアで上梓した著作『神話学』の中で、次のように記している。「彼女(ユノ)は、ユピテルによって足枷をはめられたと語られるが、なぜならばそれは、空気はそれよりも下にある本性的事物とも、それよりも上にある物質(火)とも結びついているからであり、このことは、プラトンが『ティマイオス』の中でそう主張したとおりである。彼女がつけられた錘は水と土であり、それらは空気に結びついてぶら下がる。なぜならば、空気はすべての事物の上にあるからである」(*Natalis Comitis Mythologiae sive explicationis fabularum libri Decem*, Patavii, apud Petrumpaulum Tozzium, 1616, Liber II, Caput.4, p.71)。なお、プラトンは『ティマイオス』(XXXIII)の中で、デミウルゴスは四つの原素(地水火風)のあいだに置いたとは書いているが、コンティが述べるように、ユノと空気を同一視しているわけではない。

クリオーネの「補論」は挿絵を挙げ(図6)、こう書いている。「ユノ。四つの原素。ユピテルによって縛られ、一本の鎖で天から吊るされ、両足に石のようなものをつけられたユノは、ホメロスによれば、一方の足が一方よりも上にもちあげられた姿で描かれる。その像は四つの原素の表徴を伝える。なぜならば、ユノは空気、鎖は火、すなわち他のすべての原素を結びつけ融合させ、それぞれを混合する原素の表徴を伝えるからである。上にもちあげられた片足につけられた石は水の表徴、もう一方の足につけられた石は地の表徴を伝えたのであり、天の統括者、支配者の表徴を伝えるユピテルは、これらのすべてを天に結びつけた。それゆえすべては天に依拠し、それらの支配者である天は、兆候を用いてそれらすべてを動かすのである」(*Ieroglifici*..., cit., Libro Primo, p.903)。

カルターリは『神像論』でこう記している。「空気はユノによって暗示される。……ユピテルはかつて、彼女の足を黄金の鎖で縛り、きわめて重い鉄の錘をつけた。こうして彼女は空気の中に吊るされた。これが伝える表徴はこうである。すなわち空気のなかでも下方の部分は火の原素よりもどちらかといえば遠ざけられているため、濃密であり、そこでは雲や霧やその他の類似した現象が生じる。そしてこの部分は、重くて常に下にある原素である水や地と容易に結合するのである」(Cartari, *Le imagini*..., cit., Cap.V, p.165: Volpi, Le immagini..., cit., p.204)。

図6——ピエリオ・ヴァレリアーノ『ヒエログリフ集』に付された、チェリオ・アウグスト・クリオーネによる「補論」における「四大原素の表徴としてのユノ」

図7——ジュリオ・ボナゾーネ『ユノーの卑しい愛と嫉妬』における「ユノ」、一五六〇年代後半～一五六八年

ボローニャの版画家ジュリオ・ボナゾーネが上梓した連作版画集『ユノの卑しい愛と嫉妬』（一五六〇年代後半～六八年まで）にも吊るされたユノが描かれている（図7）。彼女の足もとの空白部分には、次のような銘文が記されている、「怒ったユピテルによって天から吊り下げられたユノは、どれほどまで神は畏れられるべきであることか、そしてそれに逆らうものは天で復讐されるということの明らかな例である」（Giulio Bonasone, *Amori sdegni et gielosie di Giunone*, Iulio Bonasone Inuentore, Istituto Nazionale per la Grafica-Calcografia, Fondo Corsini, 5530, vol.26M26, in Stefania Massari (a cura di), *Giulio Bonasone*, 2 vol., Edizioni Quarsar, Roma 1983, vol.1, Cat195）。

コレッジョことアントニオ・アレグリが、パルマのサン・パオロ女子修道院の修道院長ジョヴァンナ・ダ・ピアチェンツァのストゥディオーロだったと考えられるカーメラ・ディ・サン・パオロに描いた連作寓意壁画の一点、《ユノ》（一五一八年～一九年頃、パルマ、カーメラ・ディ・サン・パオロ、東壁ルネット）は、その図像の成立に関してはいまだに不可解な点が残されている。ユノは全裸で、両手を頭の上で交差させ、その手首を黄金の鎖で縛られて上から吊るされている。両足は紐のようなもので縛られ、両足にはそれぞれ、いくつかの突起部分をともなう鉄の錘がつけられている。このユノの姿は、足をほぼそろえて吊り下げられているという点で、もちろんカミッロの記述や、その他の典拠とは正確に一致してはいない。さらに、図像こそ古代の典拠に負うものの、彼女の身体比例それ自体は、「魅惑的なまでに非古典的」であると指摘されてもいる（David Ekserdjian, *Correggio*, New Haven and London 1997, p.90; Mario di Giampaolo, Andrea Muzzi, *Correggio*. Catalogo completo, Firenze 1993, Cat.26, pp.68-71; Cecil Gould, *The Painting of Correggio*, Ithaca 1976, pp.51-59）。コレッジョのユノの図像的源泉はいまだに解明されてはいないが、これを含む装飾プログラム全体については、エルヴィン・パノフスキーの前掲書が詳しい考察を加えている（Panofsky, *The Iconography...*, cit., pp.26, 85-88）。さらに次の研究も見よ。Francesco Barocelli (a cura di), *Correggio e la Camera di San Paolo*, Electra, Milano, 1988. なおゴンブリッチは、カーメラ・ディ・サン・パオロ全体を「ローマ教皇庁に対する政治的対抗の寓意」とみなすパノフスキーの解釈への強い疑念を表明している。E. H. Gombrich, *A Lifelong Interest. Conversations on Art and Science with Didier*

Eribon, Thames and Hudson, London, 1991, p.153.

誘拐されたエウロペを「肉体によって（天上界から下へと）連れ去られた霊魂」とみなすカミッロの解釈は、オウィディウスの詩をキリスト教の文脈で教訓的に解釈して註釈を加える、いわゆる『教訓化されたオウィディウス』の伝統と、新プラトン主義的な霊魂論を折衷させたものといってよい。エウロペの誘拐の解釈は、大きく分けて次の五つに分類される。（1）史実として、あるいは史実の反映。（2）人間の獣性の寓意。（3）キリストの受肉の奇跡を傍証する寓意。（4）愛の勝利、あるいは結婚の勝利を暗示するエロティックな物語。（5）キリスト教的・プラトン主義的な立場からの霊魂の寓意。カミッロの解釈は最後のパターンに属することになるであろう。

最初の合理的解釈（1）の最も著名な例は聖アウグスティヌス『神の国』であり、それによれば、エウロペ神話は「他愛もない作り話」となる（邦訳は、アウグスティヌス『神の国』第四巻、服部英次郎・藤本雄三訳、岩波文庫、一九八六年、二七六〜七七ページ）。カミッロに近い時代の例としては、一四九七年に印刷出版されたジョヴァンニ・ダ・ボンシニョーリによる『変身物語』のイタリア俗語訳および註釈（テキストは一三七〇年に完成）が挙げられる。このテキストは、挿絵をともなう最初の印刷版本としても重要であり、一六世紀前半にしばしば再版され、多くの人たちから読まれたことが知られている。「寓意。雄牛に変化したユピテルの寓意。フルゲンティウスがこの神話を彼の書物に収めている。彼が主張するには、ユピテルはクレタの王であった。この女性、つまりエウロペの名声と美しさを耳にして、クレタ王は一艘の船とともにその女がいる王国にでかけた。その船には一頭の雄牛が描かれていた。王はこの船を海岸にとめ、賢明で、優れた弁舌をもつある男をアゲノールの王宮に派遣した。そしてその男は言葉を尽くしてエウロペを（海岸に）見物に連れだした。少女は船に近づいていった。そして、彼女が海岸にしだいに近づいていくのを、商人たちが眺め、見つめていた。ユピテルは娘を攫い、クレタまで連れさった。そして（船に）雄牛が帆に描かれていたため、詩では、ユピテルが雄牛に変身して攫い、彼女を運んだという神話が創作されたのである。エウロペはアゲノールの娘である。そしてここで第二の書が終わる」（*Ouidio metamorphoseos vulgare*. Stampato ab

Venetia per Zoane rosso uercellese ad instantia del nobile homo miser Lucantonio Zonta fiorentino del .M.CCCC.LXXXXVII. Adi .X. del mese de Aprile, Libro II, Cap.XLVII, fol.XVIIIv）。

ドルチェは、『変身物語』を八行連句式のトスカーナ語の詩として訳し、さらに逸話の進行を重視して章立てを構成しなおした版本を制作した。ドルチェによる第一書部分は一五三九年に上梓され、続いて、二四点の挿絵をともなう完全版が一五五三年に出版された。ドルチェ版『変身物語』は、その美しいリズムと読みやすさで親しまれ、一五五五年には字句の誤りを修正した最終版が出され、それは一五五八年までに五回にもわたって再版された（挿絵は八五点に増やされた）。この版本をもとにして一五六八年には、フランチェスコ・サンソヴィーノによって、おそらくドルチェではない人物による意味解釈が加えられた版本が出版される。これも合理的解釈である。「牡牛に変身してエウロペをカンディア（クレタ島の港、ヘレクレイオンのイタリア語による地名）まで運ぶユピテルによって、詩人たちは次のような史実をほのめかしている。つまり、タウロと名乗るある高貴なクレタの男がトスカーナの地までやってきた。そしてそこにいた多くの美しい若者たちから王の娘であるエウロペを攫い、自分ともに連れさった」（*Le trasformationi di M. Lodovico Dolce trattate da Ovidio*. Con gli argomenti et allegorie al principio & al fine di ciascun canto. Di nuovo rivedute, corrette , et di molte figure adornate a suoi luoghi. In Venetia. Appresso Francesco Sansovino, MDLXVIII, Canto Quinto, folio 30r）。

これらの合理的解釈の系譜には、神話を無理に寓意的に解剖せず、あくまで語源学的に註釈をほどこそうとする一種の考古学的系譜も一部で交錯したであろう。たとえば、ボローニャ大学で古典学の講師を務めた人文主義者ジョヴァンニ・デル・ヴィルジリオが、一三二一年から二三年にかけての学期におこなったオウィディウス『変身物語』講義では、一切の寓意的解釈は捨象されている（Giovanni del Virgilio, *Allegorie librorum ovidii metamorphoseos*, Lib.II, cap.14, in Fausto Ghisalberti, "Giovanni del Virgilio espositore delle Metamorfosi", in *Il Giornale dantesco direttoi da Luigi Pietrobono*, Vol.XXIV, Nuova Serie IV, Leo. S. Olschki, Firenze, 1931, p. 51）。一五世紀から一六世紀にかけて活動したイタリアの文法学者・修辞学者ラファエレ・レージョもそこに含まれよう。彼は、一四九三年にヴェネツィアで出版された註釈つきラテン語版『変身物語』を上梓した。一五一〇年の版本からは、前述のダ・ボンシニョーリのイタリア語訳版本にやや遅れながら、挿絵をともなうようになった。レージョは、ここでは、語源学的註釈に集中しながら、寓意については論じていない（*P. Oudii Metamorphosis cum luculentissimis Raphaelis Regii enarrationibus*: Impressum Venetiis; [Presso Giovanni Tacuino], M.D.XIII., Fabulae primae tertii libri argumentum, fol.38r）。

エウロペ神話の第二の解釈——牛と人間との交接の暗示を、人間の獣性の寓意とみなす——の源流は、ローマの諷刺詩人マルティアリス（Martialis, c.40-c.104）の『短詩集』（XIV, 180）のような古典にさかのぼる。それによれば、「エウロペの絵。神々の最も卓越した父よ、イオが雌牛になったならば、あなたのほうでは牡牛になることができればよかったであろう」（Martialis, *Epigrammata*, XIV, 180）。ユピテル神話における性的暗示については、次を参照せよ。Leonard Barkan, *Gods made Flesh. Metamorphosis & the Pursuit of Paganism*, Yale University Press, New Haven and London, 1986, pp.218-9.

第三の解釈はキリスト教神学において形成されたと考えられる。エウロペの逸話は、異教の教説を否定するのではなくむしろ利用し、キリスト教の奇跡を擁護するための武器として用いられた。たとえば、フランツ・フォン・レッツは、キリストの受肉の奇跡を擁護するべく、『聖マリアの無垢なる処女性の擁護』（*Defensorium inviolatae virginitatis b. Mariae*）という教訓絵文字集を一三四三年に編纂した。このテクストは、一五世紀になると版画によって広い範囲に流布した。フォン・レッツは、ユピテルの雄牛への変身を、キリストの受肉の奇跡の一種の予型とみなしている。「アゲノール王の息子であるユピテルが、もし雄牛の姿になって戯れるなら、主がそうされないはずがあるだろうか。オウィディウス『変身物語』より」（Franz von Retz, *Defensorium inviolatae virginitatis b. Mariae*, 49, in Julius von Schlosser, "Zur Kenntnis der kunstlerischen Uberlieferung im spaten Mittelalter. Defensorium inviolatae virginitatis b. Mariae", in *Jahrbuch der kunsthistorischen Sammlungen des allerhochsten Kaiserhauses*, 23, 1902, pp.279-313）。

第四の解釈のパターンは、一五世紀半ばからイタリアにおいて多く制作された結婚記念画に描かれた、エウロペの略奪主題の絵画によって典型的に示される。文献としては、一四九九年にヴェネツィアで出版された、フランチエスコ・コロンナ『ポリーフィロの愛の戦いの夢』が挙げられるだろう。夢のなかで恋人ポリアを探す青年ポリーフィロは、その遍歴の途中で、ユピテルに捧げられた勝利凱旋行進を見る。それは、宝石で飾られた豪華な四台の勝利凱旋車によって構成されていた。最初の一台の戦車にとりつけられたダイヤモンドによる浮彫り装飾の主題がエウロペの誘拐であった。右側面には、仲間とともに草原にいる「一人の高貴なニンフの姫」が、「威風堂々とした牛たちに花の冠を与えている。左側面（図8）では、そのニンフの姫が「おとなしくて無邪気な牡牛」の上に乗り、海に運ばれていく。車の前面には、神々が住む天に向かって愛の弓矢を放つクピドが描かれている。車の背面では、クピドが、玉座に座るユピテルの前に立っている。ユピテルは「誰もいない」（NEMO）という銘文を手にしている（Francesco Colonna, *Hypnerotomachia Poliphili*. Riproduzione ridotta dell'edizione aldina del 1499, Introduzione, traduzione e commento di Marco Ariani e Mino Gabriele, 2 tomi, Adelphi, Milano, 1998, tomo 1, pp.159-160; Francesco Colonna, *Hypnerotomachia Poliphili*, Edizione critica e commento a cura di Giovanni Pozzi e Lucia A. Ciapponi, 2vol., Editrice Antenore, Padova, 1980, vol.1, Cap.XIV, pp.150-152）。

第五の解釈パターン――カミッロの解釈は基本的にはここに含まれる――は、少なくともダンテ『神曲』の「天国篇」（XXVII, 82-84）までさかのぼる。ダンテは、天国のなかで、キリストの受肉に象徴される、天国から地上への霊魂の降下を暗示しながら、次のように記している。「すると、ガデス（イベリア半島南端近くの港街）の彼方に、ウリッセ（オデュセウス）の荒れ狂う船が見えた。そして近くには、エウロペが甘美な荷物になったあの海岸があった」（Dante, *Divina Commedia*, Paradiso, XXVII, 82-84［ダンテ『神曲』〔下〕天堂、山川丙三郎訳、岩波文庫、一九五八／二〇〇〇年、一七四ページ］）。

ダンテのこの着想をさらに発展させたテクストが、ペトルス・ベルコリウスのラテン語による散文の『教訓化されたオウィディウス』（*Ovidius moralizatus*）である。この書物は、オウィディウスの『変身物語』全体を扱うと同時に、その第一五書第一章の註釈で、ゼウスを筆頭とする一二の神の図像定式をまとめた「神々の形と姿」（De formis figurisque deorum）という重要な記述を含んでいる。このテクストは、一五〇九年、一五一一年、一五一五年、そして一五二一年にくりかえし印刷出版されており、オウィディウス『変身物語』に基づく神話図像のための基本的典拠としておそらくしばしば用いられたであろう。ユピテルによるエウロペの誘拐について、ベルコリウスは次のように註釈している。「王と神によって命の息吹を与えられた娘は霊魂の表徴である。至高の神であるユピテルは、無垢な、つまり理性的な霊魂である神の子の表徴である。それは、美しい牡牛に、つまり人間の身体に変化し、死すべき人間の肉を身につけ、人格として地上に降りるのである」（Petrus Berchorius, *Ovidius moralizatus naar de Parijse druk van 1509*, ed. J. Engels, Instituut voor Laat Latijn der Rijksuniversiteit, Utrecht, 1962, Liber.II, Fol.XXXa)。このテキストの文献学的研究史および神話学研究上の位置づけ、さらにベルコリウスの草稿については、以下を参照のこと。Fausto Ghisalberti, *L'Ovidius moralizatus di Pierre Bersuire*, Ditta Tipografia Cuggiani, Roma, 1933.

クリオーネもカミッロとほぼ同様の解釈をしるし、挿絵を付している（図9）。「エウロペ。身体の中での人間の霊魂の状態。一人の女が、一頭の牡牛の背の上に座り、それによって海まで運ばれ、顔を肩越しに後ろに向け、遠くなってしまった海岸を見つめている。これは、人間の霊魂の表徴を伝える。身体は霊魂を、この（地上の）世界の海まで運ぶが、霊魂は別れてきた地、すなわち創造主であり、すべての操縦者である神を熱心な眼で見つめる。そして、これは、プラトンが語る霊魂の円環と理性の運動のことでもある。すなわち、われわれの知性が神聖な事物から離れ、人間および創造されたものへと向かい、最終的には神についての瞑想へと回帰するという意味である。そして、それゆえ詩人たちは、フェニキアの王アゲノーネ「ママ」の娘エウロペが、一頭の若い牡牛の姿をしたユピテルによって誘拐され、海を通じて、カンディア（クレタ島の港、ヘレクレイオンのイタリア語による地名）まで運ばれたと歌った。この寓話の神秘的教説は今しがた述べたとおりである」(*Ieroglifici...*, cit., Libro Primo, in Valeriano, Ieroglifici..., cit., p.903)。

エウロペの誘拐の図像史についての基本的考察は、美術史家エルヴィン・パノフスキーによっていくつかの著作においてなされている。パノフスキーの研究については次を参照せよ。Erwin Panofsky, *Meaning in the Visual Arts*, Penguin

図8――フランチェスコ・コロンナ『ポリーフィロの愛の戦いの夢』における「エウロペの略奪」
図9――ヴァレリアーノ『ヒエログリフ集』のクリオーネによる「補論」における「エウロペの略奪」
図10――ヴィンチェンツォ・カルターリ『神像論』一五七一年版における「キュベレー」

Books, London et.al., 1970, pp.80-1. Erwin Panofsky, "Letter to the Ediotor", *The Art Bulletin*, XXX, pp.242ff; Erwin Panofsky, *Renaissance and Renascences in Western Art*, Harper & Row, New York and Evanston, 1960, p.190. Erwin Panofsky, *Problems in Titian Mostly Iconographic*, The Wrightsman Lectures, Under the Auspices of the New York University Institute of Fine Arts, Delivered at the Metropolitan Museum of Art, New York, N.Y., New York University Press, New York 1969, pp.165-6. これらのパノフスキーの研究や、クラウディア・チェーリ・ヴィアが編纂した一六世紀イタリアの室内装飾画における神話主題作例のカタログ（Claudia Cieri Via, *L'arte delle metamorfosi. Decorazioni mitologiche nel Cinquecento*, Lithos, Roma, 2003）、さらにエウロペの誘拐を主題にした画期的な展覧会のカタログ（AA.VV.,*Die Verfuhrung der Europam*. Katalogbuch zur gleichnamigen Ausstellung im Kunstgewerbemuseum Berlin Staatliche Museen Preussischer Kulturbesitz 3. August bis 30. Oktober 1988, Ullstein GmbH, Frankfurt am Main, 1988）も見よ。

カミッロがほぼ確実に見ることができた視覚的作例としては、フィラレーテが一四三三年から一四四五年にかけて制作した、ローマのサン・ピエトロ大聖堂のブロンズ扉の部分（左翼の左扉の下方右端）がある。ここでは、右手で牛の角をつかみ、左手を背に乗せ、後方を振り返っているエウロペが、牛の背中に乗っている。彫刻家は、彼女に薄い古代的な衣襞を与え、彼女の身体を官能的に示そうとしている。とても大きな扉なので細部を見ることはむずかしいが、この位置ならば、容易に観察することが可能である（Joachim Poeschke, *Die Skulptur der Renaissance in Italien*, Hirmer Verlag, München, 1990, Ab.176）。

土星の饗宴——戦車に乗るキュベレ（単純な土ないし地）、火を吐きだすキュベレ（地獄および呪われた霊魂）

クリオーネにおいては、キュベレは「農業、あるいは民衆の勝利」の表徴とされている。「キュベレ。農業、あるいは民衆の勝利。いくつもの塔を戴いた冠をかぶるキュベレの彫像によって、地、および地の上にあって地が支え、地によって制圧され支配される街の表徴が伝えられる。あるいはまた、不屈の農民たちによって得られた（地への）勝利、あるいは農業によって制圧されるべき地の表徴が伝えられる。人間たちによって住まれている地のほうが、人間が足を踏み入れない地よりも肥沃である。なぜなら、人間が足を踏み入れる地は技芸と仕事に向く地であるべきだからである。さらに古代の大理石像やメダルに見られるように、キュベレの戦車にはライオンが結びつけられているが、これは、努力と仕事によって肥沃にされえないほど不毛で荒れた地はないということ、あるいはライオンは太陽的な本性／自然をもつ動物であるため、地は太陽からものを生みだす徳力を受けとるということの表徴を伝える。このキュベレが戦車の中にではなく、地に座ったり地の上に立ち、手にコンパスをもつ姿で描かれる場合は、幾何学の像となるだろうし、四分儀をもつなら地理学の像、鍬をもったり、そばに牡牛がいる場合は農業の擬人像になるであろう」（*Ieroglifici*..., cit., Libro Primo, p.905-06）。

カルターリは『神像論』の中で、キュベレを、「地母神」の一例として、たとえばウェスタやケレスと同一視する解釈を伝えている（Cartari, *Le imagini de i dei de antichi*, cit., Lib.VI, p.180）。一五七〇年の版の挿絵では、二頭のライオン立ての戦車に乗る地母神が描かれている（図10）。

カミッロは、ロッソ・フィオレンティーノとその助手たちが、一五三五年から一五四〇年にかけて、「フランソワ一世のギャラリー」で描いた壁画《アドニスの死》の横に置かれたストゥッコ《キュベレの神殿での信者たちの祭》から影響されたかもしれない。この作品でも、二頭のライオン立ての戦車に乗るキュベレが描かれている。そして、その周りではキュベレの信者たちが祭をおこなっている。ところで、なぜこのロッソ工房の浮彫りのキュベレが、アドニスの死の逸話の隣に置かれたのであろうか。オウィディウスの『変身物語』（X. 519-739）で語られるアドニスの死の顛末の中で、ウェヌスが彼を戒めるために、かつてヒッポメネスとアタランタが走る速さを競争するあまり、嫉妬したウェヌスの策略にはまって、キュベレの神殿を荒し、その罰としてライオンに変身させられてしまう。ロッソは、この逸話を念頭に置いて、アドニスの物語とキュベレの神殿とを組みあわせたと推測できよう。

3　「洞窟」の階層

この階層は、「すべての混ぜられた事物、原素化された事物」を表象する。扉の上部には「洞窟」という定式が描かれるが、その実態はまったくわからない。

美術史の文脈から興味深いのは、カミッロがここで、同一のイメージでさまざまな意味を表象することについて弁明していることである。「ホメロスが語っているように、オデュッセウスは天の神々のあいだにいるヘラクレスと、地獄にいるヘラクレスのいずれをも目撃した。もしこのことがホメロスにとって矛盾したことでなかったとすれば、われわれにとっても矛盾ではない。それゆえわれわれは、同一の事物にいくつもの異なる図像を与えることによって記憶がかき乱されることがないようにするため、同じ像が異なる複数の扉で見いだされることを選ぶ」。この発想はミケランジェロ的な人体像を無差別に利用／反復したマニエリスムの様式とも似ているかもしれない。

月の洞窟——プロテウス（形成された形象、主体的事物、本性的／自然的事物）、ネプトゥヌス（混合された水）、ダフネ（森と植物、その成長過程）、メルクリウスから衣服を差し出されるディアナ（人間の身体や意見の変容）、アウゲイアスの家畜小屋（事物の汚れやかび、腐敗、卑しさ、不完全性など）、雲の中のユノ（空気）

クリオーネは、挿絵（図11）を挙げながら、カミッロの記述を反復している。「ディアナ。事物の変容。メルクリウスから衣服を差しだされるこの処女はディアナであり、彼女は増大と縮小によって生みだされる変化の表徴を伝える。それゆえ、ギリシアの詩人たちはこのように歌っている。ユピテルは、ディアナが裸で、つまり処女にはふさわしくないと思われる姿で外を歩いているのを見て、メルクリウスに命じて彼女のための衣服をつくらせた。メルクリウスは数多くの衣服をつくったが、そのいずれによっても、彼女に似合わせることも、快適に着させることもできなかった。なぜならば彼女は、彼が一着を準備しているあいだ、あらゆる時間ごとに姿形を変化させ、背丈を伸ばしたり縮めたりし、それを着ることができなくしてしまったからである。以上のように、この像は、事物、意志、霊魂、あるいは心の増大および減少の表徴であり、ヒエログリフである」（*Ieroglifici...*, cit., Di Celio Augusto Curione, *De i Trattati de Gieroglifici...* Libro Primo, p. 904）。カミッロの記述とクリオーネのそれの内容は基本的に一致している。さらに、古代の神話に典拠を求めているにもかかわらず、具体的な情報を示さない点（カミッロによれば「ギリシア神話」、クリオーネによれば「ギリシアの詩人たち」）も共通している。おそらくクリオーネがカミッロを典拠に用いたのであろう。カミッロが参照したギリシアの源泉はいかなるものであったのか。その伝統の正体はいまだ謎に包まれている。『劇場のイデア』に関する優れた註釈版をそれぞれ編集したウェンネカーとリナ・ボルツォーニも、この謎を前にして沈黙を余儀なくされている。しかし、カミッロが残した手稿『卜占への反論』（*Adversaria rerum divinarum*）のなかの一節は、この問題を考えるための重要なヒントとなる。この手稿でカミッロは、錬金術的世界観に基づいて、占星術の諸原理を省察する。そしてある一節で、彼はこのように主張している。「……もし、（錬金術の過程を実現に導く「石」の純白色が）強く変化するのを見たら、次のことを思いだすがよい。すなわち、太陽が石の父であるのと同様に、月が石の母であるということを。諸君も周知のとおり、メルクリウスはいかなる方法をもってしてもディアナに衣服を着せることができない。なぜならば、彼女の変化しやすさが、彼に彼女の尺度を測ることをさせなかったからである」（Giulio Camillo, *Adversaria rerum divinarum*, c.26v, cit. in Bolzoni, p.191, n. 9）。この記述では、「メルクリウスから衣服を差しだされる（そしてそれをことごとく拒否する）ディアナ」という図像ないし物語が、錬金術の過程である「作業」における女性原理を司る月の隠喩として想起されている。そうだとすれば、カミッロの『劇場のイデア』における記述、およびクリオーネの『ヒエログリフ集』における記述（および挿絵）もまた、そのような錬金術的思考に基づいていたかもしれない。

水星の洞窟——金の羊毛（重さと触覚によってとらえられる事物）、原子（事物の集団単位）、ピラミッド（事物の個別単位）、解かれていないゴルディオンの結び目（分割されていない事物、解かれていない事物）および解かれたゴルディオンの結び目（解かれた事物、明示された事物）、雲によって造られたユノ（視覚的にとらえられるが実物ではない事物）

クリオーネは、ヴァレリアーノ『ヒエログリフ集』のための「補論」において、マクロビウスを源泉としながら、ゴルディオンの結び目を「必然性」の象徴として解釈し、その切断を美徳として論じる。「結び目。必然性。マクロビウスによれば、結び目によって必然性が含意される。なぜならば、必然性はそれ自体としては解かれえないもの

図11――ピエリオ・ヴァレリアーノ『ヒエログリフ集』のチェリオ・アウグスト・クリオーネによる「補論」における変化の表徴としての「メルクリウスから衣服を差し出されるディアナ」
図14――ピエリオ・ヴァレリアーノ『ヒエログリフ集』のチェリオ・アウグスト・クリオーネによる「補論」における世界全体の表徴としての「アルゴス」

図12——ジョヴァンニ・ボッカッチオ『神々の系譜』一四九八年パリ版における「プルートーの王国」
図13——ヴィンチェンツォ・カルターリ『神像論』一五七一年版の「プルートーの王国」

だが、もしナイフが与えられ、それを断ち切ることができたならば、幸運、運命、そして必然性を超越する美徳を示すことができるからである。それゆえアレクサンドロス大王はナイフによってゴルディオンの結び目、つまり運命の結び目を切断して自らの必然的運命を超えた。そして古代の箴言はこう語る、〈賢者は星々を支配するであろう〉」（*Ieroglifici...*, cit., Libro Primo, p.432）。マクロビウスの典拠は不明であり、少なくとも、『サトゥルナリア』にはそのような逸話は記されていない。カミッロは、ロッソ・フィオレンティーノとその助手たちが、フォンテーヌブロー宮殿の「フランソワ一世のギャラリー」で制作したストゥッコ浮彫り《ゴルディオンの結び目を切るアレクサンドロス大王》を想起したかもしれない。

金星の洞窟――ケルベロス（本性／自然的な必要性、つまり食べること、飲むこと、眠ること）、香草の壺を頭にのせる娘（あらゆる匂い）、アウゲイアスの家畜小屋を清めるヘラクレス（本性／自然的に清められた事物）、ナルキッソス（世界の本性的／自然的かつ魅惑的な事物を通じてわれわれの目に触れる美）、岩の下のタンタロス（重さを加えられた事物、揺さぶり動かされている事物、あるいは吊り下げられた事物）

クリオーネにおいてもケルベロスは本性／自然にとって必要な事物の表徴となる。「本性／自然にとっての三つの必要性。詩人たちが歌うところによれば、三つの頭をもつケルベロスは地獄の家の入口を監視していた。このヒエログリフによって、三つの本性／自然的な必要性の表徴が伝えられる。つまり、飢え、渇き、眠気は、永遠に続く事物をめぐる瞑想から人間を引き離す。そしてそれゆえ、ウェルギリウスは、巫女にアエネイアスへの助言をさせている。巫女によれば、アエネイアスが巨大な問題についての瞑想に心を向けようと思うならば、このケルベロスの前に蜜と香のよいライ麦を混ぜこんだ練り菓子を与え、すぐにそこから立ち去らなければならない。あたかもこの巫女は、アエネイアスはこれら三つの必要性を満足させなければならないにせよ、全身までそれらに浸ってはならないと喝破していたかのようである」（*Ieroglifici...*,cit., Libro Secondo, p.910）。

カルターリは、フルゲンティウスに基づきながら、カミッロの解釈とは異なる（しかしそれ以上に謎めいた）説を紹介している。「三つの首をもつ犬、つまりケルベロスは、同じくフルゲンティウスが記すように足で立つ。……そしてこれは、本性／自然、偶然、あるいは事故という異なる三つの原因で死すべき存在が抱く嫉妬の表徴を伝えている。あるいは次のような意見をもつ人たちもいる。ケルベロスは、果実を産出するためには種に欠かすことのできない三つの必要性の表徴を伝える。つまり、果実はまず大地に放り投げられ、覆いをかぶせられ、最後に発芽する」(Cartari, *Le imagini de i dei de gli antichi*, cit., Libro VIII, p. 248)。また、ケルベロスの姿は、ジョヴァンニ・ボッカッチョ『神々の系譜』一四九八年パリ版における「プルートの王国」(図12)、およびカルターリ『神像論』一五七一年版の「プルートの王国」(図13)に見いだすことができる。

太陽の洞窟――アルゴスの単独像（世界全体）、アルゴスによって見張られる雌牛（目に見えるすべてに事物と色）、ヘラクレスによって殺されるゲリュオン（太陽によって生まれる時の始まり［日の出］、持続［昼］、終わり［日没］）、鶏とライオン（本性／自然的な事物についての、比較による優劣）、ユノを弓矢で射るアポロン（明示された事物）

クリオーネもアルゴスを「世界の機構」とみなす解釈を記述し、挿絵を挙げている（図14）。「アルゴス、世界の機構。アルゴスは頭部のまわりすべてに多くの目をもっている。これについてはオウィディウスがこう歌っている。アルゴスは頭部のまわりすべてに一〇〇個の目をもち、そのうちの二つのみが稀に休むが、それら以外の眼は見張りのために常に開かれ、一瞬たりとも見逃さなかった。スタティウスはこう語っている。すなわち、アルゴスはその眼に映るあらゆる時を見張る、と。これは、わたしの考えでは、すべての世界の仕組みの形であることを表徴している。その頭は天の像を表象し、眼はこの地上のあらゆるものを支配して守護する星々を表象する。神秘的な象徴神学者たちは、世界が一匹の動物であることを望んでいたので、それをアルゴスの像によって表徴させたのであり、大地もまたやはり動いていると主張した。また、なぜならば、ヘルメス・トリスメギストスが、その『ピマンデル』において、大地は、動いているのみならず、さまざまな諸運動によって、その動きが遅いという点は異なるにせよ、他の諸原素に準じる仕方によってやはり揺り動かされているのだと語っているからでもある。……かくして、星々はこの世界の眼であり、同様に樹木およびあらゆる植物が頭の位置にあり、そして金属や石が骨である。かくして、エジプト人たちの神学がアルゴスの像によって世界全体を理解し、表徴をもたせたことに驚く必要はない」(*Ieroglifici...*, cit., Libro Primo, p. 895)。

カミッロは、フランス滞在時にフランチェスコ・プリマティッチョがフォンテーヌブロー宮殿のポルト・ドレに描いた《ヘラクレスとゲリュオン》を見ることができた。この作品は、一九世紀に加筆されてしまったが、一六世紀の様子は、ヘンドリック・ホルツィウスによる同時代の版画《ヘラクレスとゲリュオン》によってたしかめることが可能である(図15[Cf. Walter L. Strauss, *Hendrik Holtzius 1558-1617*. The Complete Engravings adn Woodcuts, 2 vol., Abaris Books, New York, 1977, vol.1, Cat.5, p.29])。この非常に珍しい作品では、戦いは船の上でおこなわれている。棒を振り回して暴れているヘラクレスの背後から、三身三頭のゲリュオン(甲冑を身につけている)が襲いかかっている。この絵で、プリマティッチョは、フランソワ一世をヘラクレスに、そして彼のライヴァルとみなされたスペインのフェリペ二世をゲリュオンに見立てて、政治的含意を表現したと考えられる。はるかに後の時代の例だが、エドマンド・スペンサー『神仙女王』(V, 10, 9-10)では、フェリペ二世がゲリュオンという名をもつ巨人であったと歌われる。

火星の洞窟——ウルカヌス(宇宙全体において燃える原素としての火、われわれの地上界で燃える個々の火、火の粉、炎、炭、灰火およびエーテル)、天に逆立つ髪をもつ娘(精気を呼吸することで活力をえる事物、真実によって満たされた事物)、争う二匹の蛇(諸事物のあいだの不一致、相違、多様性)、ドラゴンの上のマルス(有害な本性/自然をもつ事物、害毒となる事物)

クリオーネは、次のようなヒエログリフを記述し、挿絵(図16)を示している。クリオーネはカミッロの『劇場のイデア』からほとんどそのまま引用している。「髪の毛を逆立てている処女。人間の本性。プラトンはこう語った。すなわち、人間は一本の木に似ているが、それとは異なる点があり、木は根を大地に置くが、人間は天に向けている。頭の髪はこのことをはっきり示しており、髪は木の根にある種の類似性をもっている。しかし人間の真の根は

図15——ヘンドリック・ホルツィウス《ヘラクレスとゲリュオン》一五七七年頃（フランチェスコ・プリマティッチョ原作の一九世紀に加筆された壁画に基づく）

図16——ピエリオ・ヴァレリアーノ『ヒエログリフ集』のチェリオ・アウグスト・クリオーネによる「補論」における活力と活力を与えられたものの表徴としての「天に逆立つ髪を持つ娘」

霊魂であり、それが（天から地上へと）送られてくると、髪を通じてわれわれはそれに触れ、吸いこみ、生命の実りをつくりだす。これは樹木が根から生命を受けとるのと同じである。このことについて、『雅歌』（VII, 5）のなかでは彼女の髪の毛が結びつけられて運河となる、という言葉が書かれている。この運河は、天の海岸のことであると理解されなければならず、そこから徳力は降下してくる。髪の毛と葉についてのこれらの事柄は、聖書でも語られているとおりであり、そのすべてが霊魂についての説明なのであり、このことはオリゲネスと聖ヒエロニムスが証言しているとおりである。それゆえ、ある者がかつて天に向かって髪を逆立てている一人の処女を描いたことがあるが彼はそれによって、霊魂を、言い換えれば人間の本性を、とても適切に表現し、示したのである」（*Ieroglifici*..., cit., Libro Primo, p. 907）。

木星の洞窟——吊るされたユノ（宇宙の四原素、とくに空気とその種類）、リラの二つの穴（聞くことができるあらゆる事物、あらゆる雑音、本性的／自然的な音）、カドゥケウス（融和された事物、ひとつに結合した事物、葛藤しない事物、さらに同質の事物）、腹部に黄金の雨を浴びるダナエ（事物の幸運や充実、豊富化）、三美神（慈善の授受によってもたらされる有益な事物）

リラについては、クリオーネはこう書いている。「リラ。聴覚。二つのアーチ型の穴をもつリラは、耳および聴覚の表徴を伝える。その理由はこうである。リラの弦、つまり（人間の身体の）神経にあたるものを弾くと、それによって周囲の空気が震えさせられ、その空気は二つの穴に送られ、リラの内部に入りこみ、そのなかに入っていた空気に反響し、音を外に出すのである。これと同じように、声もまた、われわれの耳の外の空気を動かし、それを鼓膜へと押しこむ。われわれの鼓膜は、なめした動物の皮に似て、あたかも太鼓のように張られており、その鼓膜がさらに内部に入っていた生得的空気を震わし、その震えた空気がさらに、聴覚へとつながる何本もの神経を揺らす。こうした類似性ゆえに、リラは耳および聞くことのヒエログリフである」（*Ieroglifici*...,cit., Libro Secondo, p. 911）。

カドゥケウスについては、ピエリオ・ヴァレリアーノ（クリオーネによる「補論」ではなく、ヴァレリアーノによる本編)がこう書いている。「カドゥケウスの形状はほぼまちがいなくエジプトに由来する。古代人たちはこれを主にメルクリウスに奉納した。これは、二匹のドラゴンのような姿の蛇をともなうものであり、一匹は雄で、もう一匹は雌であった。それらの蛇たちの身体の中央部分は『ヘラクレスの結び目』と呼ばれる結び目によって互いに結ばれていた。それぞれの身体の先端は螺旋状にねじりを描きながら円をかたちづくり、互いに口付けし、その円が閉じられた。蛇たちの尻尾は、カドゥケウスの柄まで伸ばされた。また、その柄からは翼が伸び、杖を飾っていた」(Valeriano, *Gli ieroglifici...*, cit., Libro Decimoquinto, p. 243)。また、これとは異なる箇所でヴァレリアーノは、カドゥケウスを「平和」ないし「争いの調停」の表徴とみなす解釈を紹介している。「さまざまな地域で、結びつけられて一塊となった蛇たちが見いだされる。それらは、山の頂上から平地まで絡みあい、もつれあいながら跳ねまわるのである。語り継がれるところによれば、エチオピアには無数の蛇のつがいがいて、互いに絡みあいながら動きまわるのだそうである。そのため、それらを遠くから見たら、まるでひとつの山のように見えるほどだという。このようにして図像化された蛇たちの結びつき、およびその豊かな調和ゆえに、(プリニウスが断言するように)異国の人々は、蛇の形象によって囲まれたカドゥケウスを平和の象徴としてもちいたようである」(Valeriano, *op. cit.*, Libro Decimoquinto, p. 201)。

クリオーネもカドゥケウスは「力と強さ」、および「調和」の表徴として語っているが、カドゥケウスの柄から(翼ではなく)多くの蛇の頭が生えているという珍しい記述を付け加えている。「カドゥケウス。力と強さ。メルクリウスに与えられるカドゥケウスは、ピエリオ(・ヴァレリアーノ)が語る以外にもうひとつの表徴をも伝えている。カドゥケウスは力、あるいはなんらかの神聖な本能の力の表徴も伝えるのである。この力によって、われわれの心性ばかりではなく、創造されたあらゆる事物が動かされ、統べられるのである。さらに、われわれが神とのあいだに、そしてわれわれ人間同士のあいだに結ぶあの固い絆、あらゆる事物を拘束し強制する運命の表徴も伝える。ウェルギリウスはこれらの詩句によってこのことをまことに見事に示しているようである。「(メルクリウスは)その杖をつかみ、この杖で暗い地獄の中心から青ざめた霊魂を引きあげ、また別の霊魂を恐ろしげなタルタロスの口の内部へと送りこみ、さらにこの杖によって霊魂から深い眠りを奪いもすれば、与えもする。そしてこの杖で死者の目を開かせもする。そしてこの杖の力を借りて風を動かし、渦巻く暗い雲を押しやり消し去る（ウェルギリウス『アエネイス』[IV, 242-245]）。また、マクロビウスが語るところによれば、このカドゥケウスはエジプト人たちからこのように描かれた。すなわち、一匹は雄、一匹は雌の二匹の蛇の形をし、それらは互いに結合している。蛇たちはその中央で絡みあい、お互いにヘラクレスの結び目と呼ばれる結び目で結ばれていた。そして身体の先のほうは螺旋状にとぐろを巻きながら、互いに接吻して円をつくりあげている。そして蛇たちの尻尾はカドゥケウスの握りにつながり、このカドゥケウスの握りからさらに数多くの別の蛇たちが生まれてきているかのような飾りがつけられていた」。（*Ieroglifici*..., cit., Libro Primo, p. 896）。

カミッロの時代には、すでにメルクリウスの典型的な持物としてカドゥケウスはすでに多くの美術作品の中に描かれるようになっていた。しかし美術の伝統の傍らには、常に神話解釈学と古代考古学のそれぞれの流れがあり、この三つの潮流は一六世紀を通じて幾度も交錯しながら互いに影響しあった。メルクリウスとカドゥケウスを含むその持物の図像定式もまた、文献学と考古学双方の方法論によってしばしば再解釈され、修正され、より「真正な」、つまり古典的古代の遺物とみなされ、「古典」として聖化されていった。人文主義者ペトルス・アピアヌスによる古代のメルクリウス彫像の再構成をめぐる事例は、一六世紀前半のヨーロッパにおけるそのような「古典」の確立、あるいはむしろ創造の過程の例として興味深い（Volpi, *Le immagini*..., cit., pp.342-3）。くわしくはそれを参照されたい。

ダナエについては、カミッロは「高き秘儀」――彼の持論である「人の神化」および錬金術の「作業」を指すであろう――の存在を暗示しているが、その具体的な意味は明かさない。カミッロの真意を推察する手がかりとなるのがクリオーネであり、彼によれば黄金の雨とディアナの結合は「霊魂の美、天から与えられる善の豊富さ」の表徴である。「黄金の雨をともなうダナエ。霊魂の美、そして天の恵みの豊富さ。詩人たちは、このうえなく美しい乙女ダナエの腹に黄金の雨が降ったと歌ったが、彼らはダナエによって霊魂の美の表徴を伝えようとした。霊魂の美は本性／自然によって与えられる徳力のひとつであり、神はそれらの徳力をきわめて好む。さらに彼らは、天の雨を媒介にして天から与えられる豊富な善性の表徴も伝えようとした。神の神聖な愛と善意によって天から善性がもたらされるように、われわれは祈らなければならない。なぜならば、あらゆる善性との完全な結合は神のみによってわれわれにもたらされるからである」（*Ieroglifici*...,cit., Libro Primo, p. 904）。

ダナエの図像については以下を参照せよ。Erwin Panofsly, *Problems in Titian Mostly Iconographic*, The Wrightsman Lectures, Under the Auspices of the New York University Institute of Fine Arts, Delivered at the Metropolitan Museum of Art, New York, N.Y., New York University Press, New York 1969, pp.145f. Eric Jan Sluijter, "Emulating Sensual Beauty: Representations of Danae: from Gossaert to Rembrandt", in *Simiolus. The Netherlands Quarterly for the History of Art*, Volume 27, 1999, Number 1/2, pp.4-45; Augusto Gentili, *Da Tiziano a Tiziano. Mito e allegoria nella cultura veneziana del Cinquecento*, Seconda edizione, Bulzoni Editore, Roma, 1988, pp.162-6.

カミッロの三美神についての解説、とくに「顔を隠す」という箇所は、古代の基本的な源泉であるセネカとは一致しない。ウェンネカー（Wenneker, *op. cit.*, pp.148ff）は、カミッロがセネカ『慈善について』（Seneca, *De beneficiis*, I, 3）から空想的に演繹したせいではないかと指摘する。たしかにセネカは、三人の女神は、それぞれ慈善の恩恵を与え、受けとり、また別の人に返す行為を、自分を主張しながらおこなわないように、互いに顔を見合わせることをしないと主張しているが、カミッロが言うような「顔を観者から隠す」という要素については述べていない。だが、セルウィウス『アエネイス註解』（I, 720）では、一人の女神は観者に対して背中を向けて立ち、三人は左右対称的に並ぶべきだと記されている。たとえばポンペイから出土し、現在はナポリの国立考古学博物館にある三美神の壁画では、完全にではないにせよ、顔を背けて隠している美神が中央に立ち、三人は左右対称的に結びついている。この点でカミッロはセルウィウスを典拠にしたと考えるべきであろう。

三美神についてクリオーネは、カミッロを引きながら挿絵を挙げている（図17）。「三美神は姉妹であった、そして顔に微笑を浮かべる若い処女たちとして描かれたと伝えられる。次のように考える人たちがいる。彼女たちの一人は慈善を与え、もう一人がそれを受けとり、第三の娘がそれを返す、と。またこう考える人々もいる。彼女たちは慈善の三種類、つまり、価値あるものとみなして与えること、それを受けとること、そしてそれを返すことである。だが、そのなかで、どの慈善が好ましいであろうか。どれが真実なのか判断されうるであろうか。利益をもたらすことか、利益をうけること、そして利益を返すこと、いずれが真実ということはない。慈善とはまさにそうしたものなのである。他人に与える慈善はそれをおこなった本人に帰ってくる。そして、この流れが一度でも中断されてしまうと、慈善の美は失われ、続けられなくなる。しかし、維持されるならばそれはこのうえなく美しく、絶えることなく続けられるはずである。彼女たちが微笑む顔で描かれた理由は、慈善を受けるべき人々の顔と姿は感謝の気持で喜ばしいものとなるであろうし、与える人々もそのことを望むであろうからである。そして、慈善を与えあうことが若い乙女である理由は、慈善の記憶はいかにしても老化してはならないからである。彼女たちが処女である理由は、慈善は腐敗せず、誠実で、すべての人に対して純粋な愛情と安定した心によって与えられるべきだからである。それらのあいだには、なんらかの強制や義務感が混じることは適切ではなく、義務感や強制された必要性などからなされるべきではない。彼女たちの衣が柔らかく透きとおって見える理由は、慈善は目撃されるべきだからである。……彼女たちの一人は顔を背けて隠している姿で描かれるが、これは贈りものを与えて慈善をおこなう人は、われわれの救世主の「あなたは施しをするときには、自分の前で喇叭を吹き鳴らしてはならないし、旗を立ててもならない」ということばに従って、あるいはまた別の箇所の「施しをするときには、右の手のすることを左の手に知らせてはならない」ということばにしたがって、自分の姿を隠しておこなうべきだということの表徴を伝えている。もう一人の美神は顔をまっすぐ正面に向けているが、その理由は、慈善を受ける者はそのことを明らかにして、公に伝えるべきだからである。そして第三の美神は顔の一部分のみを隠すのは、受けとられた慈善に対するお返しおよびその確認は隠されるべきだが、慈善がなされたことは明示されるべきであり、そのことの表徴を伝えるためである」(*Ieroglifici...,cit.*, Libro Primo, p.906)。ところが、挿絵(図17)では、クリオーネの記述とは相違して三人ともが全裸である。左の美神がこちらに背を向け、顔を隠しながら慈善を与え、正面を向いて立つ中央の美神がそれを受けとりながら感謝し、右側の横顔で描かれた美神が慈善を返している。

カルターリは『神像論』ではセネカ型の三美神について説明をしている。「デルフォイでは、メルクリウス、バッカス、アポロンのそれぞれの像とともに美神の像も置かれたが、その数は三人とされていた。アテネの城砦の入口に置かれた美神も同じく三人であった。それらのことから、美神は常に三人であると考えられるようになった。事実われわれは、自分が受けとった慈善と等しい慈善を誰かに返すのではなく、受けとったよりも多くの慈善、通常では二倍の慈善を返すべきだからである。このことから、三人の美神の一人はわれわれに背を向け、二人はわれわれに顔を示している。こうすることによって彼女たちは、恩恵を与えあえば、慈善を誰かにほどこすのみで終えるよりもはるかに大きな雅量を示すことになるということを含意しているのである。しかし、慈善をおこなった者はそのお返しを期待してはならない。なぜならば、利益を求めて慈善をおこなう人間は雅量ある慈善者とは呼ばれえないからである」(Cartari, *Le imagini...*, cit., Libro XV., pp.487-495)。

土星の洞窟――キュベレ(全体的な土ないし地、およびその種類、さまざまな地形、そこに含まれる鉱物や生物)、狼とライオンと犬の三頭(過去、現在、未来、さらにそれらに含まれる事物)、契約の箱(三世界)、束縛されたプロテウス(不動の事物、静止した事物、あるいは停止した事物)、孤独な雀(単独の事物や見捨てられた事物)、パンドラ(事物同士の対立)、天に逆立つ髪を切られた娘(あらゆる弱い事物)

カルターリはこの多頭像をエジプトの神セラピスの持物として論じており、一五七一年版では挿絵を付している(図18)。「その像(セラピス)の傍らにはマクロビウスが書いているように、ただひとつの身体に三つの頭が結合された像が置かれていた。そのまわりには一匹の蛇が巻きついていた。それは胴部すべてを隠すようにして巻きつき、頭はそれ(セラピス)の右手の下にあった。これは先に述べたように、これが三つの頭によって示されるすべての時

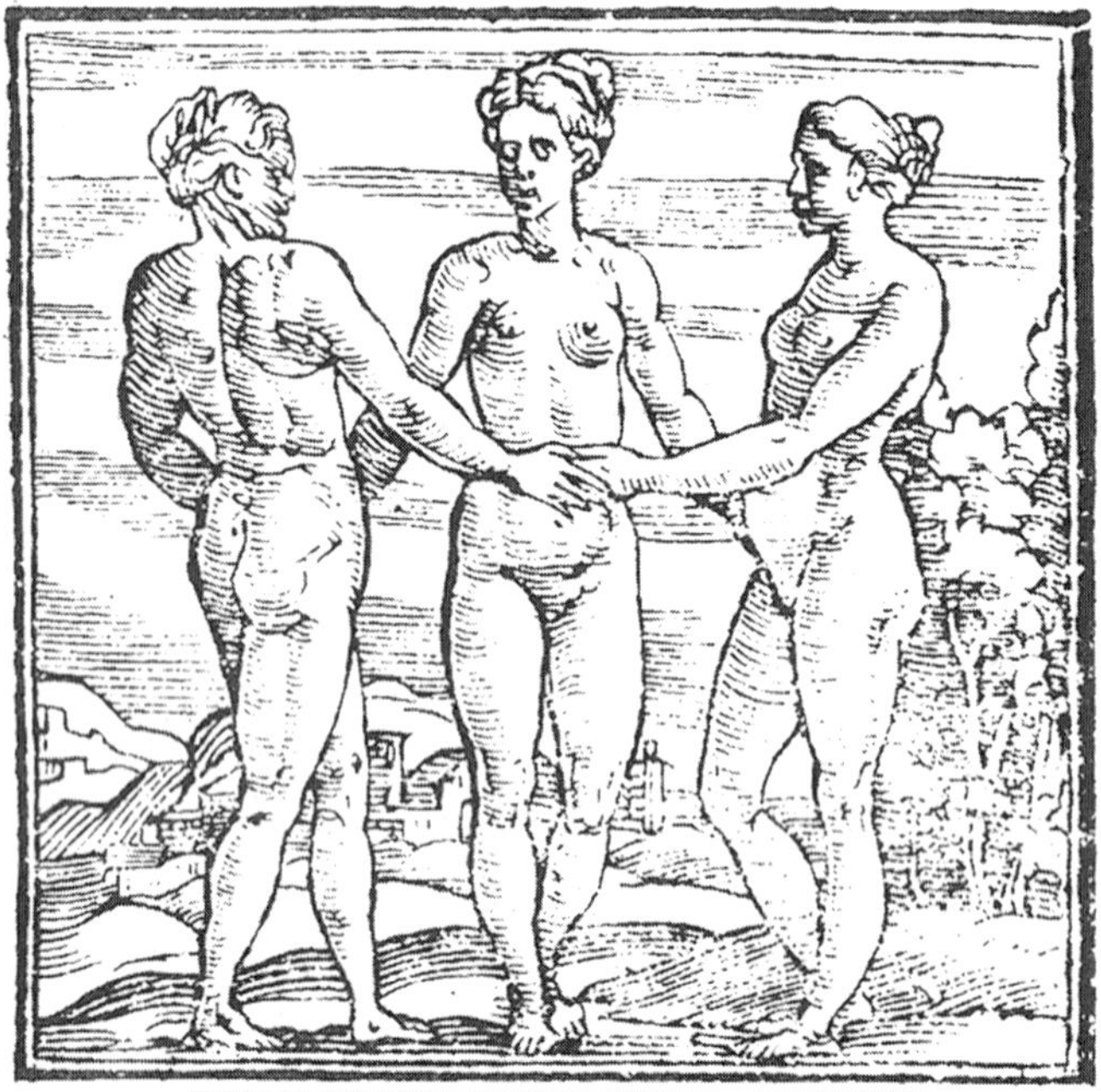

図17——ピエリオ・ヴァレリアーノ『ヒエログリフ集』のクリオーネによる「補論」における恩恵の授受の表徴としての「三美神」
図19——ピエリオ・ヴァレリアーノ『ヒエログリフ集』一五五六年版における「三頭獣」

図18——ヴィンチェンツォ・カルターリ『神像論』一五七一年における「セラピスと三頭獣」

間を支配する主人だからである。頭のひとつは中央にあり、ライオンの頭であった。これは現在の時の表徴を伝えた。なぜならば、現在はまさにこのように過去とこれからやってくる時とのあいだに置かれており、さらに他の二つの時よりも強い力をもつからである。もうひとつの頭は右側にあり、機嫌のよい犬の頭であった。これは、これからやってくるであろう時は、いつも希望ともに期待されていることを表象していた。第三の頭部は左側にあり、貪欲な狼の頭だった。これは、過去の時はあらゆる事物を奪い去り、多くの事物について記憶さえ残さないほどにむさぼりつくすということの表徴を伝えた」(Cartari, *ibid.*, Libro Secondo, p.71)。

ヴァレリアーノは『ヒエログリフ集』本体で、次のように記し、挿絵を付している(図19)。「三つの生物の頭によって構成された三頭体についてはくわしく述べるべきであろう。その中央にはきわめて大きなライオンの頭があり、右側には犬の頭があり、これは迎合し、喜んでいるように見えるように描かれる。左にある頭は、狼のそれである。これらの三つの頭上にはひとつの籠が置かれ、さらに一匹の蛇がこの像の全身に巻きついている。この像の源泉は、これを太陽の表徴として用いようとした人たちにあり、次のように解釈されている。ライオンの頭は現在の時の表徴を伝える。それはなぜならば、現在という時の本性/自然は今この瞬間に作用し、過去と未来のあいだに置かれていることからもわかるように、きわめて力強いからである。狼の頭は、彼らが語るところによれば、過去の時の表徴を伝える。これは、狼がきわめて物覚えが悪い獣であり、忘却は過去の事物についてであるということから理解されよう。犬が愛想よく媚びるのは、未来のできごとへの希望、喜ぶべきものとして期待され欲望される希望が、未来を表象するからである。この三つの頭の像が太陽の表徴を伝えるのは、時についての思考は太陽を尺度にするのが合理的だからである」(*Ieroglifici...*, cit., Libro XXXII, p. 405)。

マクロビウスにさかのぼるこの三頭獣の視覚的作例はどのような変遷を示しているだろうか。カミッロに比較的近い時代では、ジョヴァンニ・ボッカッチオ『神々の系譜』(パリ、一四九八年版)に例があり、「アポロと三美神」の挿絵の片隅に慎み深く忍びこんでいる(図20)。さらに、ハンス・ホルバインによるヨハン・エック『ペテロの教皇権について』（一五二一年）の扉頁における「三頭獣」も挙げられる。ここではヨハン・エックの聡明さや知恵、思慮の深さがこの三頭獣によって象徴的に誇示されている（図21）。ヴァレリアーノ『ヒエログリフ集』一五五六年版における「三頭獣」（図19）、ヴィンチェンツォ・カルターリ『神像論』一五七一年におけるそれ（図18）も、基本的にはマクロビウスが語った図像を応用したものである。また、カルターリが示した挿絵（図18）では、セラピスが、右手をこの多頭体とともに描かれている。

さらにこの三頭獣は、ティツィアーノ・ヴェチェッリオの《賢明によって支配される時の寓意》（一五六五年～七〇年頃）の源泉となった（図22）。ティツィアーノの作品はマクロビウスの記述を正確に視覚化しておらず、三匹の動物の上に、三世代の男性の頭部をそれぞれ乗せ、さらに蛇を省略している。このような図像の源泉については、パノフスキーとザクスルによる解釈が広く知られている。Erwin Panofsky and Flitz Saxl, "A Late Antique Religious Symbol in Works by Holbein and Titian", in *The Burlington Magazine*, vol.XLIX, 1926, pp.177ff; Erwin Panofsky, "Titian's Allegory of Prudence: A Postscript", in *Meaning in the Visual Arts*, Penguin Books, 1993(1955), pp.181-205. Erwin Panofsky, *Problems in Titian. Mostly Iconographic*, The Wrightsman Lectures, Under the Auspices of the New York University Institute of Fine Arts, Delivered at the Metropolitan Museum of Art New York, N.Y., New York University Press, New York 1969, pp.102-8. 彼ら（とくにパノフスキー）は、ティツィアーノはマクロビウスを直接参照したというよりは、クリオーネやカルターリを典拠にしたと考えている。これに対して、イエイツは、カミッロの洞窟の階層における記述をティツィアーノの可能な源泉として挙げている（Frances A. Yates, *The Art of Memory*, cit., p.165）。より詳細に多くの文献と比較した説得力ある議論は、ウェンネカーを見よ（Wenneker, pp 163-77）。さらに、ティツィアーノ作品の研究史については次を見よ。Filippo Pedrocco, *Titian*, Rizzoli, New York 2001, Cat.244, p.281.

契約の箱についてカミッロは、主題的にとりあげた手稿『契約の箱に関する解釈』（*L'interpretatione dell'arca del patto*）も書いている（ナポリ、ジェロラミーニ図書館［cod.S.M.XXVIII, 2-13］）。

パンドラについては、クリオーネはこう書いている。「パンドラ。口のあいた壺を手にもち立ちすくむ女、すなわ

図20――ジョヴァンニ・ボッカッチオ『神々の系譜』一四九八年、パリ版における「アポロ、三美神、三頭獣」
図21――ハンス・ホルバインによるヨハン・エック『ペテロの教皇権について』（一五二一年）の扉頁における「三頭獣」

図22——ティツィアーノ・ヴェチェッリオ《賢明によって支配される時の寓意》一五六五年〜一五七〇年頃
ロンドン、ナショナル・ギャラリー

ちパンドラは、逆境の運命、子孫たちの無知、不幸、貧しさ、悪評、虚弱、無駄な希望、人間の状態の尺度の表徴を伝える。なぜならば、ヘシオドスが語るように、この女は壺のなかにすべての事物を封じこめていたが、そこに入っている事物を見たくなり、壺を開けてすべてを外に出してしまったが、残ったのは悪い事物ばかりであり、ただひとつ、希望だけが壺の隅にとどまって、悪い事物たちから責めさいなまれていたからである。また、この女はウルカヌスによって造られ、あらゆる神々からすべての贈りものをふんだんに与えられ、それらの贈りものが壺の内部に封じこめられていた。そしてこの女はそののち、エピメテウスの妻にされたと語られている」（*Ieroglifici*....cit., Libro Primo, p.905）。

ボッキが、その著作『象徴命題集』のなかで、カミッロの友人でもあったマルカントニオ・フラミニオに捧げたエンブレム（ボッキの用語では「象徴命題」）にパンドラが扱われている。その象徴の題名は「宮廷人たちが味わう栄誉の悲惨、それは決して常に望まれるものではない」である（初版ではLiber III, Symb.CXXIIに、第二版ではLiber IIII, Symb.CXXIIIIに、"MISERIAM HONORATAM ESSE CVRIALIVM, NEC EXPETENDAM VLLATENVS"とある）。そして挿絵には、壺の蓋を開けるパンドラが版画によって描かれている。カミッロのパンドラについての記述を考えるさいに、この作例への注目をうながした最初の研究者はウェンネカーである（Wenneker, p.381）。Stefania Massari (a cura di), *Giulio Bonasone*, 2 vol., Edizioni Quarsar, Roma 1983, vol.2, p.146. ボッキによるパンドラのエンブレムについては、以下の基本研究を見よ。Dora and Erwin Panofsky, *Pandora's Box. The Changing Aspects of a Mythical Symbol*, Princeton University Press, Oxford 1991(1978), esp.p.67.（ドーラ、エルヴィン・パノフスキー『パンドラの匣――変貌する一神話的象徴をめぐって』尾崎彰宏・阿部成樹・菅野晶訳、法政大学出版局、二〇〇一年、六二〜六五ページ）。

クリオーネは、「髪を切られた処女」を「弱さ」と「死」のヒエログリフとして書いている。内容はカミッロの記述とほぼ同一である。「髪を切られた処女。弱さ、および死。髪を切られた処女は、生得の才気や霊魂の弱さ、あるいは死の表徴を伝える。なぜならば、サムソンの強さは髪の中にあり、髪が切られてしまうとサムソンは簡単に捕らえられたり負かされるということを聖書において読むことができるからであるが、そればかりでもない。エウリピデスもまた、アルケスティスは天から遣わされたメルクリウスによって髪を切られるまで死ぬことができなかったと歌っている。これらに加えて、ニュソスは、頭に生やしていた運命を司る毛を彼の娘から切りとられることがなければ、ミノスによって殺されることはありえなかった。ウェルギリウスにおいても、ディドは、ユノから遣わされたイリスによって頭の黄金の頭髪が切りとられるまで死ぬことができなかった」（*Ieroglifici ..., cit.*, Libro Primo, p.908）。

4 「ゴルゴンたち」の階層

この階層には「内なる人間（霊魂）にかかわる事物が、それぞれの惑星の本性／自然に基づいて」イメージ化され、配列される。例によって、扉の上部に配置された定式「ゴルゴンたち」の具体的なイメージについてはまったくわからない。

クリオーネの解説はカミッロよりも理解しやすい。「ゴルゴンたち。彼女たちは人間内部の三つの霊魂である。ゴルゴンたちはそれぞれ、鱗で覆われたドラゴンたちを頭からはやし、野生の豚の歯によく似たきわめて巨大な歯をもち、手と翼をもつ姿で描かれる。彼女たちはポルコスの娘たちであったと語られている。彼女たちの名前はエウリュアレ、ステンノ、そしてメドゥーサであった。そのなかではメドゥーサのみが死すべき者で、他の二人は不死身であったと語られている。ペルセウスがメドゥーサの頭を切り落としたのはまさしくそうした理由からである。このゴルゴンたちは霊魂のヒエログリフである。なぜならば、エジプト人たちの神学がそのように教示するからである。そしてこれは、人間には霊魂が三つあると考えるプラトン学派とも一致している。三つの霊魂はヘブライ語ではそれぞれ固有の名前をもち、それによれば霊魂のひとつはネペスであり、これはわれわれの言語では生ける霊魂ないし感じる霊魂と呼ばれる。われわれはこの霊魂を獣たちと共有しており、この霊魂は死すべき存在であり、メドゥーサはこの霊魂を暗示し、その表徴を伝えると考えられるであろう。この霊魂は身体に強く結びつけられており、身体と一体化し、混合しているため、感覚や身体によって感じられる情念や感情によって支配される。キリストを理解した最も卓越した神学者たちもまたこの霊魂の存在を認めており、こう語っている。「わたしの霊魂は死ぬほどに悲しい」（『マタイによる福音書』［XXVI, 38］）。そして別の箇所ではこうである。「自分の内部にあるその霊魂を憎まない者はそれを失うだろう」（『ヨハネによる福音書』［XII, 25］のパレフレーズ）。そして彼ら（カバラ主義者）はこうも語っている。すなわち、神聖な精気、およびわれわれの最良の生得の才気、あるいはよき天使の表徴を伝えるペルセウスがこれ（ネペス）を殺した。なぜならば、天界の事物や神聖な事物を瞑想しようとする者は、これ（ネペス）を完全に殺さなければならず、そうすることによってこの霊魂は理性を共有するようになり、感覚はいかなる場合でもこの霊魂に対して悪事を働くことができなくなるからである。もうひとつの霊魂はルアフ、つまり精気である。この霊魂は理性を授けられている。第三の霊魂はネッサマ、つまり光であり、ピュタゴラスとダヴィデからそう呼ばれたのである。聖アウグスティヌスはこの霊魂を聖性の一部分と呼び、プラトンは心性と呼ぶ。さて、彼ら（エジプトの神学者たち）はこの三人の姉妹はその眼差しで人間を石に変えてしまったと語っている。つまり、われわれはすべて、自分の内部にこれらの三つの霊魂をもつが、それらの本性／自然はいずれも、メドゥーサを殺さないかぎりは、つまり身体のさまざまな情念および感情の束縛から解き放たれないかぎりは、完全に探求されたり、理解されたりしえない。さもなければ、たとえいくらこれらの霊魂を凝視しようとしても、その人は他のなにより も石に似たようなものになってしまうはずである。そして、これら三姉妹が互いに貸し与えた目は、神によってわれわれの外部から貸し与えられた、あの神の光の表徴を伝える。その光は、霊魂から霊魂へと伝わっていく」(*Ieroglifici....cit.*, Libro Primo, p. 907)。

　なお、カミッロの解釈にはひとつの留保が必要である。カミッロは、異なる神話に関連する二つの人物群をひとつにまとめてしまっている。ひとつの目を共有する三人の娘は、ゴルゴンたちの姉妹とみなされるグライアイ（老婆を意味する名詞であり、パムプレード、エニューオ、デイノの三姉妹である）である。ヒュギヌス『天文論』（II, 12）によれば、グライアイたちが所有していた、ただひとつの眼（および一本の歯）を奪ったのがペルセウスであり、彼はその眼（と歯）を彼女たちに返すという約束のもとでメデューサ（ゴルゴンたちのなかでもっとも古く、もっとも恐ろしいとされた）を倒すための道具を手に入れる（次を見よ。Eric M. Morman, Wilfried Uitterhove, *Miti e personaggi del mondo classico. Dizionario di storia, letteratura, arte, musica*, Edizione italiana, a cura di Elisa Tetamo, 1997, p.589）。ボルツォーニ（Bolzoni, pp.198f）によれば、それぞれ別の三姉妹にまつわる二つの神話を融合させるにあたってカミッロは、ペルセウスのメドゥーサ退治に続く神話の細部を想起したかもしれない。

月のゴルゴンたち――蟹座と獅子座のあいだに挟まれたバッカスの杯（地上界に降下する霊魂、人間が何かを忘れることとその結果、たとえば無知や無教養）

クリオーネはこう書いている。「天の杯。忘れること。天文学者たちによって獅子座と蟹座のあいだに置かれた天の杯は、忘れることの表徴を伝える。なぜならば、プラトン主義者たちによれば、霊魂が人間の身体へと送られるときは、蟹座の扉を通じて天から降下し、身体から解放された霊魂は山羊座を通じて再び天に上昇するからである。下降するときにはこの杯から忘却の飲みものを飲むため、彼ら（プラトン主義者たち）はこれをバッカスの杯と呼ぶ。それを飲んだため霊魂は天の事物について忘れてしまう。しかし、すべての霊魂が同じように忘れるのではなく、比較的多くを忘れる霊魂もあれば少なく忘れる霊魂もあり、その忘れる分量は、その霊魂がその杯の液体をどれだけ飲んだかによる。こうしてこの杯が忘却の飲みものであることが明らかになったであろう。この像によって、忘れることの表徴が伝えられる」（*Ieroglifici...*, Libro Secondo, p. 911）。

クリオーネは山羊座と蟹座を通じて上昇と下降をおこなう霊魂についてもカミッロとほぼ同じことを記述しているが、きわめて奇妙な――まさに記憶術的な挿絵を付している（図23・24）。「山羊座。死、死者の霊魂、幸運。皇帝アウグストゥスのメダルの多くに見いだされる山羊座は、（天文学者たちが語るように）この星座のもとに生まれた人間たちに大いなる幸せがもたらされるように祝福する。これはプラトン主義者たちからは神々の門と呼ばれる。なぜならば、彼らが語るところによれば、山羊座を通じて身体の束縛から解放された霊魂が再び天に昇り、天において神の本性／自然に内包されるからである。それゆえこの天の星座によって、死者の霊魂、死、そしてすでに述べたように幸運および大いなる幸せのいずれかの表徴が伝えられる」(*Ieroglifici...*, Libro Secondo, p.910)。さらにクリオーネはこう書く。「蟹座。人間の誕生ないし生。蟹座によって（同じくプラトン主義者たちによれば）人間の誕生ないし生が含意される。なぜならば彼らが語るところによれば、霊魂は蟹座を通じて人間の身体に送られるからである。そして彼らは、山羊座を神々の門と呼ぶのと同じように、蟹座を人間たちの門と呼ぶ。なぜならば、霊魂はこの門を通過してから人間の本性／自然へと移行するからである」(*Ibid.*)。

水星のゴルゴンたち——火を灯された松明（天分、つまり潜在的知性ないし受動的知性、さらには言語を学ぶために必要な素直さ）

金星のゴルゴンたち——蛇によって足を噛まれるエウリュディケ（人間の意志）

クリオーネはカミッロをほぼまるごと引用し、挿絵（図25）を付している。「エウリュディケ。欲求。一匹の蛇から足をかまれているエウリュディケは、霊魂のさまざまな感情によって刺激されたり、支配される人間的欲望の表徴を伝える。なぜならば、足、そしてそれ以上にかかとは、われわれの（肉体的な）愛のヒエログリフだからである。われわれの救世主は弟子たちの足を洗おうとしたが、それは地上界でのさまざまな感情を洗い清めるためだった。そして彼は、足を洗わせようとしなかったペテロにこう語る。「もしわたしがあなたの足を洗わなければ、あなたはわたしとの結びつきを失う」(『ヨハネによる福音書』[XIII, 4])。聖書の『創世記』では、「神は蛇に向かって述べた。おまえは彼（アダムとエヴァの子孫たち）の踵を砕くであろう」(III, 15)。われわれはこれと同じことを聖書のみならず、ギリシア神話でも読むことができる。ギリシア人たちは、アキレウスがまだ幼子のときに、冥府のステュクス川の水中に浸され、その水につからなかった両踵以外のいかなる部分も傷つけられえないものとなったと語る。これは、もし自分自身のさまざまな感情によって支配され、負かされてしまわなかったならば、彼（アキレウス）は強いまま、価値ある存在のままであり続けただろうということを伝える神話である。この感情と似ていなくもない感情として、彼ら（ギリシア人たち）が語るイアソンの感情がある。イアソンは黄金の羊毛を手にするために出かけたとき、いかなる風によっても波立たせられないはずの水の流れのなかに、世界でたった一足の靴の片方を失くしてしまった。これは、美徳と不死性が彼に与えられたため、彼の感情の一部が欠落してしまったことを伝える表徴である。そして、ウェルギリウスが書いているように、ディドは死ぬ寸前、片足の靴を脱いでこのように述べた。「彼女は挽かれた麦を手にとり、犠牲を捧げ、聖なる祭壇のまわりに撒いた。哀れな両腕を天に向けて敬虔にも差し伸べ、片足の靴を脱ぎ、きつく結ばれていたその服を緩めた。彼女の来たるべき死を見届けてくれるように、彼女の不幸な運命を見て、そして知っているすべての神々と星々に語りかける」（ウェルギリウス『アエネイス』[IV, 517-20]）。これは、片足の靴を脱ぐことによってひとつの感情としての死への恐れが彼女から去り、彼女が清められたという表徴を伝えており、さらにこのディドの像は、思いがけないが確信的な忠告の表徴を伝えることもある」（*Ieroglifici*..., Libro Primo, p.905）。

太陽のゴルゴンたち――黄金の枝（能動的知性、ネッサマー、三つの霊魂、理性的霊魂、精気、生命）

火星のゴルゴンたち――片足を露出し、結び目を解かれた衣をまとう娘（決心、つまり揺らがない自発的意志）

木星のゴルゴンたち――カドゥケウスを加えながら、足からは矢筒と矢をこぼしながら天をめざして飛ぶ一羽の鶴（覚醒した霊魂、選挙、審判、忠告）

土星のゴルゴンたち――アンタイオスを胸の上に抱きあげるヘラクレス（霊魂と身体の闘争、そして霊魂の勝利と上昇）

カミッロの解釈の源流はフルゲンティウス『神話学』（II, 4）にさかる。フルゲンティウスによれば、アンタイオスは肉欲の象徴であり、それに打ち勝つヘラクレスは精神の美徳の象徴である（cf. Brumble, *Classical Myths and Legends*, cit., pp.26-27）。フルゲンティウスによる教訓的解釈はキリスト教世界で広く継承されていった。たとえば、ボッカッ

図23――ヴァレリアーノ『ヒエログリフ集』のチェリオ・アウグスト・クリオーネによる「補論」における山羊座の門
図24――ヴァレリアーノ『ヒエログリフ集』のチェリオ・アウグスト・クリオーネによる「補論」における蟹座の門
図25――ピエリオ・ヴァレリアーノ『ヒエログリフ集』のクリオーネ「補論」における「人間への欲望」の表徴としての「蛇によって足を噛まれるエウリュディケ」

チョの『異教の神々の系譜』(*Genealogiae deorum gentilium*, I, 13)が挙げられる。ボッカッチョは次のように記している。「しかし、フルゲンティウスは、この逸話の下にある教訓的意味を示すため、次のように語る。大地から生まれたアンタイオスは、肉のみから生まれる性欲であり、性欲に触れられると(情けないことだが)力が沸いてでる。しかし、美徳をもつ人間によって、肉の接触は拒絶され、負かされる」(Giovanni Boccaccio, *Genealogiae deorum gentilium*, Venetiis inpressum anno salutis. M.CCCC.LVII. Nicolao Throno Duce Foecilissimo Imp., Liber I, Cap.13, fol. 49)。

フランチェスコ・ジョルジョ・ヴェネトは、『優雅な詩とそれへの註釈』の序文で、ヘラクレスとアンタイオスについて、このように記している。「……高い事物が結合を欲望するときには、自らのもとに、秘されたいくつかの道を媒介にして、まるで磁石のように低い場所から地上にある事物を引きあげる。このことは、ヘラクレスの象徴によって理解されていた。彼は、地の息子であるアンタイオスを地からもちあげ、胸の上で、つまり叡智が住まう場所の上で締め殺すのである」(Francesco Giorgio Veneto, *L'Elegante Poema ...*, cit., p. 6)。

一五世紀から一六世紀にかけてのヘラクレスとアンタイオスの戦いの表現の例は多い。次を参照せよ。Jane Davidson, *The Oxford Guide to Classical Mythology in the Arts, 1300-1900s*, cit, vol.1, pp.533-535; A. Pigler, *Barockthemen. Eine Auswahl von verzeichnissen zur Ikonographie des 17. und 18. Jahrhunderts*, Zweite, erweiterte Auflage, 2 band., Akademiai Kitado, Budapest, 1974, Band II, pp.111-113.

5 「パシパエ」の階層

この階層は人間の身体とそれに属するさまざま事物を表象する。扉上部にはパシパエ、下部には身体の断片を含むきわめて記憶術的なイメージが描かれる。また、この階層から、これまでの階層ですでに登場したイメージがほかの意味を表すために再利用される傾向が強まっていく。

カミッロは、『模倣論』においてもパシパエの神話をとりあげている。カミッロはルクレティウスが語った霊魂の肉化のトポスをめぐって次のように記している。「ここでわたしはプラトン主義者たちを踏襲することもできるのであり、その場合、「それ（霊魂）はいくつものの天層から降りてくる」と語ることもできるであろうし、「不動の天らいくつもの天層を通過しながら下降し、地上の四肢ないし人間性を身にまとい、世界に現われる」と語ることもできるであろう。さらに、もしこの素材が許すならばではあるが、わたしは神秘的神学の方法を用い、牡牛と結合したパシパエの神話をここで強調することもできるであろう。この神話については、象徴哲学の書において述べられることになるであろう。そこでわたしは、詩人たちが語るまことに博識な神話のみならず、わたしの「劇場」（Theatro）の各場所（lochi）を飾る像をも含め、それらの神秘的な意味を解明するだろう。そして、パシパエと牡牛の結合については、パレファトス（おそらく『不思議な物語』が典拠であろう）がそう信じて書いているような制御を失った性欲の表徴を伝えるのではなく、身体内部への霊魂の下降の表徴を伝えることを明らかにするであろう」（Giulio Camillo, *Trattato dell'imitatione*, in *Tutte L'Opere* ..., cit., pp. 214-15）。カミッロが当時「象徴哲学の書」を準備していたことがわかり、きわめて興味深い。その書が『劇場のイデア』そのものを指すか、それともまた別の著作のことなのかは定かではないが、少なくともパシパエの神話をめぐる同一の解釈が提示されているという点で、『模倣論』と『劇場のイデア』はきわめて類縁性の高い、いわば類縁的テクストであることはたしかであろう。ルネサンス人文主義はパシパエの神話についてはとくにプラトン主義的立場を採用したようであり、カミッロもまたその系譜に属していると考えられるであろう。たとえばダンテは、『神曲』「地獄篇」（XII, 12）ではパシパエの恋を「クレタの不名誉」と呼び、さらに「煉獄篇」（XXVI, 40-41）では、「新しくやってきた集団はソドムとゴモラと呼ばれ、残りの集団は牡牛を誘って自分の欲望を遂げるため、牝牛の内部に隠れたパシパエと呼ばれる」と記している。ボッカッチョ『異教の神々の系譜』（IV, 10）ではこう記されている。「わたしの考えでは、実のところ古代人たちは、獣的性質がもたらす悪徳がどのようにしてわれわれを支配するかを示したかったのであり、それはこうした理由からである。すなわち、きわめて美しい女性、太陽の娘でもあったパシパエは、わたしの考えによればわれわれの霊魂である。彼女は真の太陽の娘、つまり全能の神の娘であり、あらゆる純粋な美を神から与えられ、輝かしい存在として生みだされていた。霊魂としての彼女は、法の制定者であるミノス王、つまり人間の理性と結合をとげ、その神聖な妻となった。王はその法をもって彼女を支配し、彼女をまっすぐに歩かせようと試みた。ところが彼女のことを、ウェヌス、つまり性欲が嫉妬したのである。性欲は常に官能に結びつき、霊魂の結合相手である理性の敵となる。それによって霊魂は理性から切り離されてしまい、遠ざかってしまい、愛撫と説得から簡単に騙されるようになる。こうしてユピテルから彼女に与えられた牡牛とのあいだの肉欲へと流されてしまうのである」(Giovanni Boccaccio, *Genealogiae deorum gentilium*, cit., Liber IV, Cap.10, fol.129-130)。

クリオーネはこう書いている。「パシパエ。空気の車をともなう霊魂。太陽の娘、カンディアの王ミノスの妻となったパシパエは、造られた牝牛の内部に隠れ、牡牛によって孕ませられ、下半身は人間で上半身は牡牛であるミノタウロスを出産した。パシパエは空気の車をともなう霊魂、つまりプラトン主義者たちが語る、身体と結合した霊魂の表徴を伝える。なぜならば、プラトン主義者たちが語るところによれば、われわれの霊魂はエーテルの車、あるいは火の車を有しており、その車によって運ばれ、動かされ、それ以外の、身体をもたない事物によっては動かされえないからである。預言者ダヴィデはこう歌い、このことを証明する。「あなた（神）は天使たちを風にし、自らに仕える者たちを燃える火にした」(『ヘブライ人への手紙』[I, 7])。さらにプラトン主義者たちはこう付け加える。(三つの) 霊魂はいずれもがこの火の車に乗ることができるが、身体、すなわち地の車とは結合しえない。なぜならば、火の希薄さと地の濃密さが相容れないためである。もし結合しえるとすれば、それはそのいずれかの本性／自然をも共有するなんらかの媒介物をもつ場合のみである。しかし、霊魂は各天層と各原素を通過しながら順次下降していくうちに、次第により濃密な衣を身にまとっていき、いずれ空気の車へと変化する。この空気の車を通じて霊魂はこの地上の身体と結合するのである。プラトン主義者たちが語るところによれば、この空気の車は、この身体を身にまとうべきであるという感情を霊魂に喚起し、身体を愛するようにうながす。したがって牡牛は身体の表徴を伝え、造られた牝牛は空気の車の表徴を伝え、パシパエは霊魂それ自体の表徴を伝え、霊魂と身体の融合からはミノタウロス、すなわち霊魂と身体によって構成される人間が生まれるのである」(*Ieroglifici* ...cit., Libro Primo, p. 904)。

このパシパエの逸話を視覚化した珍しい作例のうち、カミッロが見ることが可能であったと思われる代表的なものとしては、以下が挙げられよう。バルダッサーレ・ペルッツィに帰属される《パシパエのために牛を作るダイダロス》(一五二一年〜二三年頃、フレスコ、ローマ、ヴィッラ・マダーマ [Christoph Luitpold Frommel, *Baldassare Peruzzi als Maler und Zeichner*, 2 vol., Anton Schroll, Wien-Munchen 1967-8, vol.1, Abb.58a, 1])、ジュリオ・ロマーノに基づき、その助手(リナルド?)によって描かれたフレスコ画《ダイダロスによって造られた牛のなかに入るパシパエ》(一五二八年頃 [Frederick Hartt, *Giulio Romano*, Hacker Art Books, New York 1981, fig.264])、ベルナルド・ペレンティーノ《ミノスとダイダロス》(一五三一年以前、ケンブリッジ、フィッツウィリアム美術館 [Jane Davidson Reid, with the Assistance of Chris Rohmann, *The Oxford Guide to Classical Mythology in the Arts, 1300-1990s*, 2 vol., New York-Oxford 1993, vol.2, p.843])。

月のパシパエ――蟹座を通過して降下する一人の娘(天界と天上界から地上界へ下降する霊魂、霊魂の身体内部への侵入、身体内部における出産以前の霊魂の生活、誕生、さらにそれらに関連する事物)、メルクリウスから衣服を差しだされるディアナ(霊魂ないし身体の形象変化)、アウゲイアスの家畜小屋(身体の汚れと排泄物)、雲のなかのユノ(人間の隠蔽)、鎖でつながれた山頂のプロメテウス(感謝、義務、脆弱性、そしてそれらに類似した事物)、一頭の雄牛(髪、髭、身体のすべての皮、脳髄、胸と乳房)

古代の指輪の神秘的な力については、彫刻家のベンヴェヌート・チェッリーニが『自伝』(I, 31)で述べている。「このころ(ペストの流行が終息を迎えた一五二四年後半のローマで)、灰がつまった古代の骨壺であったいくつかの壺のなかに、古代人たちによって金の象嵌細工を施された鉄の指輪が見つかったが、それらの指輪にはそれぞれひとつの貝が組みこまれていた。博識な人たちに尋ねてみると、吉凶いずれにおいても、何か不思議なことが彼らに生じたとしても、心を乱さず落ちついていられるように願って、彼らはそれらを身に着けたのだと語っていた」(『チェッリーニ自伝』[上]、前掲書、一〇四ページ)。

水星のパシパエ――黄金の羊毛(人間の身体の重さと軽さ、肌の肌理の粗密、脆弱性、硬直性)、原子(人間の集団単位)、ピラミッド(人間の個別単位)、雲によって造形されたユノ(模倣者、欺瞞者、狡猾で欺瞞的な本性/自然)、車輪に縛りつけられたイクシオン(死すべき存在の労苦、商業、勤勉、そして産業に関わる本性/自然)、一頭の雄牛(舌と言語、話法、さまざまな舌の機能と結果、両肩、腕と手)

金星のパシパエ――ケルベロス(飢え、渇き、眠気)、アウゲイアスの家畜小屋を清めるヘラクレス(身体から汚れが清められたこと)、ナルキッソス(美、愛らしさ、かわいらしさ、愛、ディゼーニョ、愛すること、欲望、希望)、木蔦が絡みつく棒を握るバッカス(諍いを避けること、余暇を過ごすこと)、ミノタウロス(悪徳に傾きながらもそれを実践しない本性/自然)、岩の下のタンタロス(臆病、優柔不断、猜疑、小心の本性/自然)、一頭の雄牛(鼻、匂いに関連する徳力、頬、唇、あるいは口のような美を伝える部位、首、喉、喉仏、貪ること、腰から臀部にかけての背面)

太陽のパシパエ――ヘラクレスに殺されたゲリュオン(人間の年齢)、ライオンをともなう雄鶏(優秀性、優位性、尊厳、権威、名誉に値する事物を人間が支配すること)、三人のパルカ(人間がなんらかの事物の原因となること)、アルゴスによって見張られる雌牛(人間の身体の色)、雲のなかのユノを射るアポロン(人間を明示すること、人間が光に触れること)、一頭の雄牛(両目、何かに見惚れること、見ることのような目による操作、背中と脇)

火星のパシパエ――雲によって造形されたユノを抱擁しようとするイクシオン(うぬぼれ、尊大、横柄、高慢、自惚れ、傲慢等の本性/自然、侮蔑、悪戯、さらに嘲笑の本性/自然)、争いあう二匹の蛇(争いの本性/自然)、天に向かって逆立つ髪をもつ娘(強い、活力に満ちた、嘘をつかないなどの本性/自然)、ドラゴンの上のマルス(毒の本性/自然)、頭部をもたない人間(狂乱や発狂の本性/自然)、一頭の雄牛(頭、性器およびおよびそれを用いた操作)

アーニョロ・ブロンツィーノ《愛の寓意》(一五四四年~四五年頃、ロンドン、ナショナル・ギャラリー)のなかに、時の翁と争うようにして青い布をとりあっている（あるいは与えあっている）人物は、脳髄どころか、眼球や内顎と歯さえもたない姿をしているように見える（しばしば仮面とも呼ばれる）。カミッロはこの作品を見たかもしれない。あるいは逆に、カミッロのイメージが画家ブロンツィーノに転移した可能性もあるだろう。この作品については最近のモーリス・ブロックの総括的な分析を参照のこと。Maurice Brock, *Bronzino*, Translated from French by David Poole Radzinoqicz and Christine Schutz-Touge, Flammarion, Paris, 2002, pp.214-237.

木星のパシパエ——ヘラクレスに殺されたライオン（慎ましさ、恥じらい、善性を志向する本性／自然、徳力と呼んで差し支えのない事物を志向する本性／自然）、迷宮のなかでテセウスに殺されるミノタウロス（徳力を志向することの表徴）、カドゥケウス（友好、家族、および国家を志向する本性／自然）、ダナエ（幸運、幸福、健康、富、高貴性、欲望を満足させること）、三美神（互いに慈善をおこなう本性／自然）、一頭の雄牛（耳とその操作、さらに聾唖のようなその耳の故障、腿、足とその操作）

土星のパシパエ——狼、ライオン、そして犬の三頭像（時によって支配された人間）、束縛されたプロテウス（粘り強さと不動の本性／自然）、孤独な雀（孤独の本性、孤独な人間、孤立した人間）、パンドラ（悪運、不幸、無知、貧困、非行、不健康、欲望を満足させえないこと）、毛髪を切り取られた娘（おそらく、天に逆立つ髪を切られた娘のことで、これは人間の脆弱性、疲労、嘘を含意する）、山上で眠りディアナから接吻をされるエンデュミオン（接吻による死、霊魂の肉体からの離脱）、一頭の雄牛（白髪および皺、膝、足）

　エンデュミオンについてクリオーネは挿絵を挙げながら（図26）、こう書いている。カミッロから引用したことは明らかである。「エンデュミオン。聖人の死。多くの種類の死が伝えられているとおりであるが、異教徒の賢者たちからも、そして聖書の証言からも最も推奨され、称賛されてきたのは、聖人として生きた人々の最後の死である。しかし、すでに述べたアンタイオスを殺すヘラクレスの像においても触れたことであるが、このような死を死んだ人たちは、堕落した愛欲と歯止めを失った愛情を克服し、神を享受するために地上を去り、神と結合を遂げることを望んで(それは、この身体という牢獄にわれわれが閉じこめられているあいだは起こりえない)あえぎ苦しみながら、神によって身体とともに天へと引きあげられ、略奪される。これはまさしく、高い場所での眠りによって眠らされ、死ぬことである。聖パウロは、「わたしはこの霊魂が身体から解放されて、キリストとともにいることを望む」(これは『フィリピの信徒への手紙』[I, 23]の意訳であり、ウルガータ版の原文は"Cupio dissolvi, et esse cum Christo"である])と述べる

図26――ピエリオ・ヴァレリアーノ『ヒエログリフ集』のチェリオ・アウグスト・クリオーネによる「補論」における接吻による死の表徴としての「ディアナに接吻されるエンデュミオン」

とき、まさにそのように死ぬことを望んだのである。さらに神秘的・象徴的神学者たちは、この種の死は接吻であると述べている。ソロモンは、彼の『雅歌』のなかでこう述べているが、それはまさにこの死について触れているように思われる。「どうかあの方が、その口づけをもってわたしに口づけしてくださるように」。この死はエンデュミオンの像の下に隠され、形象化される。エンデュミオンは、このうえなく深い眠りのなかに沈み、ディアナによって接吻された。それはなぜならば、彼ら（神秘的・象徴的神学者たち）が語るところによれば、ディアナは星々の美徳を受容すると同時に、低い場所の事物にその美徳を送って影響を与えるのであり、天界の比例、あるいはそのさまざま様相、さらに知性を司る女王だからである。そして、彼らが語るには、エンデュミオンは聖人の霊魂の表徴を伝える。その霊魂を天界の精気は愛によって包容し、そうすることによって聖人の霊魂と天界は結合し、それに接吻することができるのである。すなわち、（エンデュミオンの）霊魂が高い山上にあったということは、彼の思考と彼の心が天上に向かって上昇しながら、他方では深い眠りに沈潜していたということ、つまり死せる身体の内部にあったということである。なぜならば、身体はひとつの障害物であり、身体ゆえにわれわれは神に結合することができず、それだからこそわれわれは身体から解放され、自由に天上へ向かうことを望むのである。もしそれが実現したら、われわれはすぐさま神に最大限の感謝を捧げなければならないが、それでもなお、神に受け入れられるようになるまでは、この身体という牢獄に耐えることを拒否してはならず、絶えまなく神に祈らなければならない。神のみが、あらゆる善なる事物をわれわれに与えてくれるのであり、いずれわれわれの愛欲を殺してくれる。われわれの愛欲は、神との結合からわれわれを遠ざけ、神の妙なる抱擁を邪魔する。そのため、天に向けて手を差し伸べることが神にとって好ましい行為なのである。……」（*Ieroglifici*...cit., Libro Primo, pp. 897-98）。

カミッロが参照することができた同時代の典拠は多い。まずジョヴァンニ・ピコ・デッラ・ミランドラは、『九〇〇の論題』のなかの「ゾロアスターとカルデア人たちによるその釈義の意味についての自分自身の見解に基づく一五の論題」第七番で、こう記している。「釈義者たちが一四番目の警句について述べていることは、カバラ主義者たちが「暗い死」について述べていることにそれを結びつけることによって完全に理解される」（Giovanni Pico della Mirandola, *Conclusiones nongentae*. Le novecento Tesi dell'anno 1486, a cura di Albano Biondi, Olschki, Firenze,1995, p. 114）。さらにジョヴァンニ・ピコは、ジョヴァンニ・ベニヴィエーニの詩への註釈において、この教説について詳しく論じている。「注目されるのは、恋する者が天上の恋人と遂げる完全で親密な結合が、接吻による結合によって含意されることである。……接吻による死は、アブラハム、イサク、ヤコブ、モーセ、アーロン、マリア、さらにその他の人々について語られている。そして、先に述べられたわれわれの土台を理解しない者は彼ら（カバラ主義者）の意図を完全に理解することがないであろうが、彼らの書物にはビンシカ、すなわち接吻による死以外のことしか読むことはできない。それは、霊魂が、知性の略奪の過程において、きわめて遠く離れていた事物に結合し、身体から完全に分離して上昇させられ、身体を置き去りにすることである。しかし、このような死を呼ぶにふさわしい名称は、今までのところ、わたしが読んできたかぎりでは、誰からも示唆されてこなかった。この死は、われわれの神聖なソロモンが『雅歌』において説明しようとしているものでもある。『どうかあの方が、その口づけをもってわたしに口づけしてくださるように』」（Giovanni Pico della Mirandola, *Commento dello Illustrissimo Signor Conte Joanni Pico Mirandolano sopra una canzona de amore composta da Girolamo Benivieni cittadino fiorentino secondo la mente et opinione de' Platonici*, Libro Quarto, Stanza Quarta, in G. Pico della Mirandola, *De hominis dignitate. Heptaplus.* De ente et uno e scritti vari, a cura di Eugenio Garin, Vallecchi Editore, Firenze, 1942, pp.557-558）。ここでのプラトンについての言及は、プラトンの著作自体ではなく、ディオゲネス・ラエルティオス（III, 32）のような二次的な源泉に由来する。

ヴェネツィアのカバラ主義者にして新プラトン主義者レオーネ・エブレオ（ユダ・アバルバネル）も、著作『愛についての対話』（印刷出版は一五三五年）においてこの秘儀的教説を論じている。レオーネは、エンデュミオンとディアナの神話それ自体については言及していないが、第三対話の途上で「接吻の死」について触れている。レオーネの代弁者である哲学者フィロンが歩いているところを見かけた弟子の女性ソフィアは、彼に声をかけるが、彼はまったくそれに反応しない。不思議に思ったソフィアが真相を問いただしたところ、哲学の師匠はこう語る。すなわち自分は眼を開けたまま、塞がっていない耳をもちながら、なお外界と絶縁して思考のなかに沈潜していたのだというのである（なお、フィロンとソフィアが「フィロソフィア〔哲学〕」からそれぞれ切りだされた名前であることはいうまでもない）。その状態は「甘美な死」と呼ばれ、こう説明される。「これがわれわれの至福者たちの死であったのです。つまり大いなる欲求でもって神の美を観照し、霊魂すべてを神の美と化して肉体を捨て去ったわけです。かくて聖書は聖なる牧者モーセとアロンについて話すさいに、彼らが神の口を通して死んだと述べています。賢者たちは彼らが神に接吻して死んだと比喩的に表現しましたが、あなたも聞いてのとおり、情愛に満ちた観照と神との合一によって命を奪い去られてしまったのです」（Leone Ebreo [Giuda Abarbanel], *Dialoghi d'amore*, a cura di Santino Caramella, Laterza, Bari,1929, Dialogo Terzo, p.178［レオーネ・エブレオ『愛の対話』木田誠二訳、平凡社、一九九三年、第三の対話、二〇五〜〇六ページ〔なお、一部の人称表記を本書の様式にあわせて改変した〕］）。レオーネ・エブレオの思想が画家ジョルジョーネに与えたかもしれない影響について論じたマウリツィオ・カルヴェージによれば、レオーネは一五〇八年から一五一〇年にかけて草稿を完成させていたと考えられるという（Maurizio Calvesi, "La 'morte di Bacio'. Saggio sull'ermetismo di Giorgione", in *Storia dell'arte*, II, 1970, fasc.7-8, pp.180-233）。

カスティリオーネ『宮廷人』（一五二五年）の第四書では、対話者の一人であるピエトロ・ベンボがこう語っている。「……接吻は肉体と霊魂との結合ですから、官能的恋人が霊魂の部分よりも肉体の部分であることを知ってはいても、唇によって霊魂の通訳者である言葉に出口が与えられ、それもまた霊魂と呼ばれうる、あの内なる喘ぎの通路となっていることも知っているからです。それゆえ、接吻によって愛する女性の唇に唇を接合して喜ぶのです。それは不正な欲望へ近づくためではなくて、この接合が霊魂への通路を開くことを感じるためです。この欲望に導かれて二人はお互いに自分を相手の肉体の中に沈め、こうして互いに一体となって融合しあうと感じるのです。このとき二人は互いに二つの霊魂を持ち、こうして二つの霊魂から合成された、ただ一つの霊魂が、いわば、二つの肉体を支配することになります。したがって接吻とは、端的に言えば、肉体の結合というよりむしろ霊魂の結合というべきです。というのは、この一体化の中で、相手の霊魂を肉体から引き離すほどの力を持つからです。そのためにすべての純潔な恋人たちは霊魂の結合として接吻を欲するのです。それゆえ、神聖な恋をしたプラトンは、霊魂は接吻することによって肉体から離れ出るべく唇にやってくる、と言っています。かくして、霊魂が感覚的なものから離れ、全面的に知的なものと合一することが、接吻によって表されることになります。ソロモンは、雅歌の書で言っています。〈唇のくちづけをもって我にくちづけよ〉と、その表さんとするところは、美と親しく内的に結合することによって肉体を放棄するように、聖なる愛によって天上の美の瞑想へと魂を奪われたい、ということです」（カスティリオーネ『宮廷人』清水純一、岩倉具忠、天野恵訳註、東海大学出版会、一九八七年、第四の書、七四八〜五一ページ）。

フェッラーラ宮廷で活躍した博学な人文主義者、チェリオ・カルカニーニは、一五四四年に出版された『作品集』（*Opera aliquot*）に含まれた演説のなかでこう記している。「なぜならば、ヘブライ人たちの秘儀において読むことができるように、アブラハム、アロン、エノク、エリヤ、そしてその他の人々は、瞑想することによって、あたかも身体の内部で死んだようにして、あるいはもし生きているとしてもその内部にはいないかのようにして、天上界へと運びあげられたからである。これは、（神の）抱擁による死、すなわち暗き消滅である。このことについて、ソロモンは最初の雅歌（I, 1-2）でこう歌っている。『どうかあの方が、その口のくちづけをもって、わたしにくちづけしてくださるように』」（Caelii Calcagnini Ferrariensis, Protonotarii Apostolici, *Opera aliquot*. Basileae MDXLIIII. Cum Imp. Maiestatis autoritate & priuilegio, p.552）。

フランチェスコ・ジョルジョ・ヴェネトの『優雅な詩とそれについての註釈』でも、『エノク書』および『コリントの信徒への手紙一』（XV, 40）、『雅歌』（I, 1-2）の引用をまじえつつこの奥義が論じられている。「したがってわたしはこう結論する。すなわち、（キリストの）復活において宇宙全体に火災が生じるだろう。そして、ある者たちは愛の力を通じて（キリストの）身体の生命のなかに吸収されるが、そこにはまさしく死がともなう。これについてパウロは、コロサイ人たちに宛てた手紙の第三節で、「あなたたちは死んだのであり、あなたたちの生命はキリストとともに神の内側に隠されている」と述べている。この死を、われわれは知性の誘拐、あるいは遊離と、ギリシア人たちはビネシカ（bi-neshikah）と、そしてヘブライ人たちは接吻による死と呼ぶ。ソロモンは、『どうかあの方が、その口のくちづけをもって、わたしにくちづけしてくださるように』と語るとき、神聖な事物を理解するためにそれを望んでいたのである」（Francesco Giorgio Veneto, *L'Elegante Poema & Commento sopra il Poema*, cit., Canto XIV）。

エドガー・ウィントによれば、ピコ・デッラ・ミランドラのカバラ主義者的側面の後継者とも呼ばれるべきエジディオ・ダ・ヴィテルボも、この「接吻による死」の奥義について述べている（Wind, *Pagan Mysteries in the Renaissance*, cit., p.155, note 11）。さらにジョルダーノ・ブルーノは、『英雄的狂気』（*Eroici furori*, Paris, 1585）のなかで（II, 1, 7）、「二つの燃える眼」によって「生と死」を意味するエンブレムを説明するさい、「カバラ主義者たちによって暗い死と呼ばれる死」を引き合いに出している（Giordano Bruno, *Eroici furori*, Introduzione di Michele Ciliberto, Testo e note a cura di Simonetta Bassi, Laterza, Roma-Bari 1995, Parte seconda, Dialogo Primo, VII, p.108）。

6 「タラーリ」の階層

第六の階層では、扉の上部にはメルクリウスの黄金の翼のついた靴であるタラーリとそれ以外の持物が描かれる。下部には人間が「本性的／自然的に実践しうるあらゆる操作」がイメージとして配置される。学問や技芸は、最上階層の「プロメテウス」で扱われることになる。

タラーリは、クリオーネによれば「速さ」の表徴を伝える。「翼をともなう長靴。速さ。ラテン人たちからはタラーリと呼ばれた、メルクリウスの翼のついた長靴は、速さと運動の表徴を伝える。なぜならば、メルクリウスはそれらを用いて天の高い場所まで上昇したからであり、それについてウェルギリウスがこう語っている。「両足に黄金で塗られた翼をともなう長靴をつけ、長靴は彼を天高く飛翔させて運び、地も海も飛び越えさせ、まるで速い風のように運んでいく」（ウェルギリウス『アエネイス』〔VIII, 239-241〕）。それゆえ、もしわれわれが、速く移動するなんらかの行為を表徴として伝えようとするなら、このタラーリを描くと都合がよい。また、逃げることの表徴を伝えようとする場合、「足に翼をともなうように」と語る習慣が広く伝えられており、それについてはやはりこの詩人がこう語っている。「足に翼をつけて逃げ去る」（『アエネイス』〔VIII, 224〕〔*Ieroglifici*..., cit., Libro Primo, p.896〕）。

またこの階層から、扉の下部に描かれるイメージがますます増え、しかも互いにきわめて異質なもの同士が組みあわされていくようになる。劇場の観者は、セフィロートと惑星から拡散しながら生成していく天地創造の過程を、視覚的なダイナミズムとともに体験することになるはずである。

月のタラーリ――蟹座から下降してきた娘（子供を育てる乳母、および子供を育てる仕事）、ネプトゥヌス（浅瀬を歩くこと、水の上を進むこと、水で洗うこと、水浴すること、飲むこと、しぶきをあげること）、ダフネ（木材に関連する本性／自然的操作）、メルクリウスから衣服を差しだされるディアナ（事物を動かすこと、事物を変化させること、何かを受容すること、何かを返却すること、瞬時にしてなされる操作、素早くなされる操作）、アウゲイアスの家畜小屋（醜悪にすること、汚すこと、あるいは染みをつけること）、雲のなかのユノ（人や事物を隠すこと）、指輪を嵌めたプロメテウス（感謝や義務に関連する操作）

水星のタラーリ――黄金の羊毛（重くすること、軽くすること、固くすること、柔らかくすること、表面を粗くすること、表面を滑らかにすること）、原子（小さくすること、分断すること、散りばめること、分解すること）、ピラミッド（高くすること、低くすること）、解かれていないゴルディオンの結び目（ごまかすこと、混乱させること、結ぶこと）、解かれたゴルディオンの結び目（説明すること、解決すること、解くこと）、雲によって造られたユノ（似像や欺瞞を利用すること、狡猾や欺瞞それ自体）、車輪に縛りつけられたイクシオン（売買すること、供給すること、調査すること、警戒、精勤、勤勉、忍耐、苦労）

金星のタラーリ――ケルベロス（食べること、飲むこと、眠ること）、アウゲイアスの家畜小屋を清めるヘラクレス（清めること、浄化すること）、ナルキッソス（美しくすること、愛させること、欲望させること、希望させること）、香草の壺を携えた少女（香をだすこと）、木蔦が絡みつく棒を握るバッカス（余暇をすごすこと、楽しむこと、笑うこと、笑わせること、慰めること、陽気にさせること）、岩の下のタンタロス（揺らすこと、震えさせること、疑わさせること、恐れさせること）、ミノタウロス（悪徳に関連するさまざまな操作）

太陽のタラーリ――黄金の鎖（太陽の下におもむくこと、太陽から光を浴びること、太陽に向かって手を広げること）、ヘラクレスによって殺されたゲリュオン（分、時間、年、年の各部分、世代に関連する本性的／自然的操作）、ライオンをともなう鶏（何かを優位にすること、栄誉を与えること、地位を与えること）、三人のパルカ（原因を与えること、始めること、目的に導くこと）、ユノを射るアポロン（人や事物を明示すること）

黄金の鎖について、クリオーネはカミッロよりも神話的な意味を論じている。「ホメロスの黄金の鎖。人間に属する事物と神聖な事物との結合、あるいは神の摂理。『イリアス』の第八歌で言及されているこのホメロスの黄金の鎖が、神が命じて天から地へと降ろされ、結びつけられた鎖であることには疑問の余地がなく、ホメロスはその詩句でその意図をこのように語っている。『おまえたち（ユピテル以外の神々）は天から下方へ黄金の縄（鎖）を垂らし、男神も女神もすべてそれをにぎり、わたしを地から引きあげてみよ。おまえたちがいかに力を込めて頑張ろうと無理であろう。しかし、わたしがそうしたいと思うなら、おまえたちすべてを地ごと、海ごと引きあげるだろう。そしてさらに縄をオリンポス山の頂上に結びつけ、すべては高い場所まで引きあげられるであろう。それほどまでにわたしは神々すべて、人間たちすべてに勝っている』。マクロビウスとルキアノスもこれについて証言しており、それらによるならば、これ（ホメロスの黄金の鎖）が人間に属する事物と神聖な事物の結合の表徴を伝えることに疑問の余地はない。それらの結合はこのうえなく固い絆となり、神、すなわち至高の父は、この絆を用いて、その気になったならば、われわれを自らのところまで引きあげ、われわれの心性を、われわれ独自の力や努力では上昇しえない天にまで引きあげる。これはつまり、われわれ自身の心性が神の意志によって支配されるということであり、このことを表徴として適切に伝えるとすれば、この鎖がひとつの星から垂れ下がり、その星によって引きあげられているように描くことができるであろう。それゆえ、この鎖は神聖なる霊感の力であり、またその小さな炎の力である。プラトンは、もし心性を創造主の方向へと向け、天を仰ぎ見たならば、すべての人間がこの力を共有するであろうと考えた。そしてプラトンはこう付け加える。あらゆる人間はこの天の煌きを共有しており、なぜならば、その煌きを共有しないものは人間の姿をもたず、それゆえ人間ではなく、獣より劣る下位の存在だからである。さらにこの鎖の表徴はさらにもうひとつの方法によって、つまりマクロビウスの解釈のようにも理解されるべきである。先ほどわれわれはルキアノスの名を挙げたが、ルキアノスもこれらについてその対話編で語っているのである。そこでは、この鎖をめぐってメルクリウスがユピテルを恨んだこと、そして運命の力と神の霊感についても語られている。マクロビウスの語るところによれば、この鎖はこのようにしてつくられた。すなわち、至高の神から心性が生まれ、心性から霊魂が生まれ、霊魂はそれに続くすべての事物を秩序立てて生命で満たしていき、ひとつの光があらゆる事物を照らし、さらにあらゆる事物の内部で輝きを発する。逍遥学派たちの見解によれば、それはまるで秩序立てて並べられた多くの鏡の中にひとつの顔が映るようなものである、と彼は語る。さらにマクロビウスは語る。すべての事物は一つひとつ、途切れることなく連続しながら下方へと、秩序に基づいて降りていくであろう。そしてそれを熱心に眺める者は、至高の神から最後の事物にいたるまで、一本の鎖となっていることを発見するであろう。この鎖はそれぞれが固く結びつけられた絆からなり、まったく途切れることなく連なっている。この鎖はルクレティウスからは金の縄と呼ばれ、次のようなことばで暗示している。『（わたしの目が正しいならば）上にではなく、黄金の縄は地へと事物を降ろす』」（*Ieroglifici...cit.*, Libro Secondo, p. 912）。

火星のタラーリ――ウルカヌス（火を起こすこと、火口に火をくべること、着火すること、火事を起こすこと、火を消すこと）、ユノによって欺かれたイクシオン（横柄、横柄にさせること、自惚れ、自惚れさせること、誉めそやすこと、誉めそやさせること、傲慢になること、傲慢にさせること、侮辱、ふざけること、悪戯すること）、天に向かって髪を逆立てた娘（活力や強さを与えること、真実にかかわる操作）、争う二匹の蛇（訴訟を起こすこと）、ドラゴンの上のマルス（傷つけること、残酷なことをすること、復讐、邪魔）

木星のタラーリ――吊るされたユノ（呼吸すること、ため息をつくこと、空気を使うこと）、リラの二つの穴（雑音をだすこと）、ヘラクレスによって殺されたライオン（慎ましさ、善性、単純性、羞恥心の育成）、テセウスによって殺されたミノタウロス（徳力を育成すること）、カドゥケウス（友人と交わること、談笑すること）、ダナエ（幸運に関連する操作、幸運の成就）、三美神（好意、恩恵、助力を与えること）

土星のタラーリ――キュベレ（土ないし地にかかわる、技芸を用いない操作）、狼、ライオン、犬の三頭像（遅れること、遅れさせること、中断すること、いつの日にか再開すること）、契約の箱（置くこと、そして配置すること）、束縛されたプロテウス（事物を動かなくすること）、孤独な雀（一人で出かけること、一人でいること、誰かを見捨てること）、パンドラ（苦悩を与えること）、髪を切られた娘（これもおそらく、天に向かった逆立てていた髪を切られた娘のこと、事物を衰弱させること、裏切ること）

7　「プロメテウス」の階層

第七階層において、七つの惑星から出発した天地創造の過程が完成する。ここでは、人間のために天の叡智の炎を盗みだしたプロメテウスが定式として用いられ、扉の上部に描かれる。下部には、人間の実践的知識や理論、「高貴な技芸および卑しい技芸ばかりではなく、さらに政治的能力と軍事的能力」が表象される。

プロメテウスの悲劇的運命は、ルネサンスの想像力に強く訴えかけたようである。たとえば、先に触れたピエトロ・ポンポナッツィは、哲学者の象徴としてプロメテウスを理解していた。「プロメテウスは真の哲学者である。彼は神の諸秘儀を探求しながら、やむことのない不安と思考とによって苦しめられる。彼は渇きも飢えも知らず、眠らず、食べもしなければ吐きもせず、あらゆる人間の物見の的となる……」(*Pietro Pomponazzi libri quinque de fato, de libero arbitrio et praedestinatione*, a cura di R. Lemay, Lucani, 1957, p.262)。ポンポナッツィの人間論のルネサンスにおける重要性については、ジョルジョーネ《テンペスタ》をめぐる研究においてサルヴァトーレ・セッティスが強調している(Salvatore Settis, *La «Tempesta» interpretata. Giorgione, i committenti, il soggetto*, Einaudi, Torino, 1978, pp.134-5［サルヴァトーレ・セッティス『絵画の発明――ジョルジョーネ「嵐」解読』小佐野重利監訳、石井元章・足達薫訳、晶文社、二〇〇二年、二三三ページ］)。

プラトンとオウィディウスの記述が『創世記』(I, 26)における人間の創造――「わたしを真似、わたしに似せて人間を造ろう」――と平行関係をなしていたため、キリスト教の文脈でプロメテウスを教訓化する伝統が生まれた。たとえば、ボッカッチョ『異教の神々の系譜』(IV, 44)もプラトンの記述を丸ごと引いている(Boccaccio, *Genealogia*..., cit., Liber IX, Caput 44, fol.148-150)。

ジョヴァンニ・ピコ・デッラ・ミランドラが、『人間の尊厳についての演説』(第二節)で、神の口を借りてアダムに話しかけるとき、そこで神によって任命された人間の存在意義は、まるで、神によってさまざまな徳力の配分を任せられた新しいプロメテウスのようである。「アダムよ、我々は、お前に定まった席も、固有な相貌も、特有な贈り物も与えなかったが、それはいかなる席、いかなる相貌、いかなる贈り物をお前自身が望んだとしても、お前の望み通りにお前の考えに従って、お前がそれを手に入れ所有するためである。他のものどもの限定された本性／自然は、我々が予め定めたもろもろの法の範囲内に制限されている。お前は、いかなる束縛によっても制限されず、私がおまえをその手中に委ねたおまえの自由意志に従ってお前の本性／自然を決定すべきである。私はお前を世界の中心に置いたが、それは、世界の中に存在するいかなるものをも、お前が中心からうまく見回しうるためである。我々は、お前を天上的なものとしても、地上的なものとしても、死すべきものとしても、不死なるものとしても造らなかったが、それは、お前自身のいわば自由意志を備えた名誉ある造形者・形成者として、お前が選び取る形をお前自身が作り出すためである。お前は、下位のものどもである獣へと退化することも出来るだろうし、また上位のものどもである神的なものへと、お前の決心によっては生まれ変わることも出来るだろう」（ジョヴァンニ・ピコ・デッラ・ミランドラ『人間の尊厳について』、前掲書、一六〜一七ページ）。ピコ・デッラ・ミランドラは、さらに第三節で、こうした人間存在を「カメレオン」および「プロテウス」に喩えている（前掲書、一八ページ）。

クリオーネも、プラトン『プロタゴラス』からほぼまるごと引用し、プロメテウスを「技芸、才能、あるいは技芸の発明者たち」のヒエログリフとして、次に「受けとった慈善についての喜ばしい思い出」、そして第三に「犯してしまった過ちへの罰」のヒエログリフとして解釈している。記述はとても長いが、ほとんどプラトンからの引用である。最後にこう締めくくられる。「われわれはこの神話から、火が灯る松明を手にするプロメテウスによって（神々の炎と叡智の）盗みが含意され、その松明が、技を発見し発明する天与の能力および徳力、さらに技の発明者の表徴を伝えるということを知り、理解するであろう。なぜならば、この松明はアリストテレスが媒介的知性と語ったあの霊魂の徳力であり、プラトンとエジプトの神学者たちはこれを天の炎、および外から訪れる光と呼んだ。この火と光の果たす役割がまさしく技を発明するである」（*Ieroglifici*... cit., Libro Primo, pp.893-895）。

クリオーネが語る「技芸、および才覚ないし技芸の発明者たち」のヒエログリフとしてのプロメテウス（*Ieroglifici*..., cit.,Libro Primo, p.893）は大地の上に立ち、天の炎に直接手を差しこんでいる（図27）。プラトンに由来し、カミッロやクリオーネが幻視した崇高な人間的英雄としてのプロメテウスは、パルミジャニーノが一五二四年から一五二七年にかけて描いた素描と至近距離で共鳴している。ここではほとんど殉教者キリストのようないでたちと風貌のプロメテウスが、右手でもつ松明によって天を走る戦車（おそらくミネルヴァのもの）に触れ、そこから火を「盗んで」いる。そして、左手では、傍らに座っている裸の人間の手をもち、天の徳力をまさに直接配分しようとしている。この素描はラッジョによって、プラトンの『プロタゴラス』の物語の具現化としてはボッカッチョの記述よりもはるかに優れていると評されたことがある。この素描については最近の優れたカタログを見よ。Carmen C. Bambach, Hugo Chapman, Martin Clayton, George R. Goldner, *Correggio and Parmigianino. Master Draughtsmen of the Renaissance*, British Museum Press,

London, 2000, Cat.95, p.144.　さらに以下も見よ。 Reinhard Steiner, *Prometheus. Ikonologosche und anthropologische Aspekte der bildenden Kunst*, Boer, München 1991; Olga Raggio, "The Myth of Prometheus. Its Survival and Metamorphoses up to the Eighteenth Century", in *The Journal of the Coutauld and Warburg Institutes*, XXI, 1958, pp.44-62.

月のプロメテウス――メルクリウスから衣服を差しだされるディアナ（暦における各月、および各月の各部分［祝祭日のことか］）、ネプトゥヌス（水道、人工噴水、橋、港、井戸、船の操縦、魚釣りのような、水を用いる技芸）、ダフネ（庭と木に関連する技芸）、ヒュメナイオス（結婚すること、婚約すること）、弓を手にするディアナ（狩り）

水星のプロメテウス――一頭の象（古代神話によって語られる信仰、儀式、祭式、関連する事物）、三叉の槍をもつヘラクレス（天界と地上界と地獄に存在するさまざまな事物に関連するあらゆる技芸、とくに雄弁術）、メルクリウスをともなう虹（私的伝言、隠密命令、外交術、手紙のやりとり）、三人のパラス（ディゼーニョ、建築、絵画、遠近法、鋳造技法の彫刻、塑像技法の彫刻、そしてそれらに関連するあらゆる事物）、一羽の雄鶏をともなうメルクリウス（商業、および商業に関連する事物）、松明をにぎるプロメテウス（技芸全般、技芸によって造られた事物）

雄弁術としての「三叉の槍をもつヘラクレス」は、カミッロがおそらく意図的に伝統を破壊した例である。これについては少し詳しく検討しなければならない。なおヘラクレス図像については次の基本研究を参照のこと。Erwin Panofsky, *Hercules am Scheidewege und andere antike Bildstoffe in der neueren Kunst* , mit einem Nachwort zur Neuauflage von Dieter Wuttke, Gebr. Mann Verlag, Berlin 1997; Karl Galinsky, *The Herakles Theme. The Adaptations od the Hero in Literature from Homer to the Twenteenth Century*, Rowman & Littlefield, Totawa, New Jersey, 1972.

まず、雄弁術（および修辞学）の象徴にヘラクレスを用いる伝統の源泉は、ルキアノスの短編喜劇（現在は序文のみが残されている）『ヘラクレス』（I-VIII）である。それによれば､、ガリア地方では雄弁術を含む弁論の徳力は、ギリシアのようにメルクリウスではなく、老人として表象されたヘラクレスによって司られていた。この喜劇は、ガリア人たちが描いたヘラクレスの絵の記述およびその意味に関する論争から始まる。ルキアノスによれば、ガリア人はヘラクレスを、「オグミオスと土地の言葉で呼び、その神の像を非常に風変わりに描くのである。彼らにとってヘラクレスはよぼよぼの老人で、禿頭で、髪の残っている部分はすべて灰色で、肌は皺だらけであり、それどころかまるで海辺の老猟師のように真っ黒に日焼けし、カロンやタルタロスの口の住人イアペトスのような者、あるいはヘラクレスではないあらゆるものを思いだすであろう。しかし、それでも服装はヘラクレスのものであり、ライオンの皮を身にまとい、右手に棍棒をもち、矢筒を背負い，張り詰めた弓を左手にさげ、どこからどこまでもヘラクレスなのである。……しかしこの絵のいちばん奇妙な点をわたしはまだ語っていなかった。驚くべきことにこの年老いたヘラクレスは多数の人の群れを引き連れ、彼らはすべて耳でつながれていた。彼らの耳をつないでいるのは金と琥珀で細工された細い紐であり、きわめて美しい首飾りのようである。……この絵の画家は、この神の舌の先に穴を開け、そこから鎖によって引っ張られていく人たちを描いていた。それなのにヘラクレスは連れられていく者たちのほうを向いていて笑顔を見せているのである」。そこの一人のケルト人がやってきて、ルキアノスにこう語る。ガリア人たちは「演説はヘラクレスその人であると思っている。それゆえ、もし老人が描かれていたとしても驚くべきではないのである。なぜならば、老年期における弁舌のみが完成に到達した絶頂の時代を示すのが世の慣わしであり、もしあなたがたの詩人（ホメロス）が語ること、つまり若者たちの心は浮わついているが（『イリアス』[III, 108-110]）、老人は若者たちよりも聡明な言葉をもっている（『イリアス』[III, 150] およびエウリピデス『フェニキア人たち』[530]）ということが真実ならばなおさらである。まさにこのようにしてネストルの舌からあなたがたに蜂蜜が流れだし（『イリアス』[I, 249]）、トロイの雄弁家たちは、満開の花のような声をあげる（『イリアス』[III, 152]）。なお、わたしの記憶が正しければ、その花は百合と呼ばれている。だからもし耳から舌へとつながれた人々をこの老人ヘラクレスその人がひっぱっていたとしてもそれに驚くべきではない。あなたは耳と舌の近親関係を知っているのだから。たとえ舌に穴が開いていても彼を軽視すべきではない。わたしは覚えている、……あなたがたのもとで習い覚えた、ある喜劇の短長格詩の何行かを。あらゆる饒舌な人々の舌先には穴が開けられている。あらゆる点で

図27——ピエリオ・ヴァレリアーノ『ヒエログリフ集』のチェリオ・アウグスト・クリオーネによる「補論」における「プロメテウス」
図29——ペトルス・アピアヌス『古代の神聖な銘文集』一五三四年における「ガリアのメルクリウス」

図28――『ギリシア語辞典』一五一九年のバーゼル版のためのハンス・ホルバイン（父）による扉頁（部分）

図30――ヴィンチェンツォ・カルターリ『ヒエログリフ集』における「ガリアのヘラクレス」

われわれは彼、すなわちヘラクレスを、弁舌ですべてを実現した賢者として、たいていの場合説得術によって勝利したものとみなす。言葉こそが彼の矢なのであるとわたしは思う。それは、鋭く，的確で，迅速で，霊魂を射抜く言葉である。実際、その言葉に翼が生えているとあなたがたも語るであろう。……したがって、耳から舌へとつながれた人々をこの老人としてのヘラクレス自身が引いていたとしても驚く必要はない」（Cf. *Lucian with an English Translation by A. M. Harmon*, I, [Loeb Classical Library], Willam Heinemann L.T.D-Harvard University Press, London-Cambridge [Mass], 1961, pp.61-71)。

このルキアノスの文章は、カミッロの論争相手エラスムスおよび盟友トマス・モアによってラテン語に訳され、他のルキアノス作品とあわせて一五一七年にバーゼルのフローベンから出版されている。カミッロはそれを読むことができたはずである。 *Luciani Samosatensis Saturnalia, Cronosolon, id est, Saturnalium legum lator, Epistolae Saturnales, De luctu, Abdicatus..., Pro tyrannicida declamatio*, Erasmi declamatio, Lucianicae respondens... *Hercules Gallicus... De Astrologia*, Des Erasmo Roterod. interprete. Aliquot item ex eodem commentarij, Thoma Moro interprete..., Basel: Johannes Froben August 1517. フローベンはこの時期のいくつかの印刷本にハンス・ホルバイン（父）にデザインさせた「ガリアのヘラクレス」をエンブレム的に用いている。たとえば、『ギリシア語辞典』（バーゼル、一五一九年版）のタイトル・ページ（図28）、およびペトルス・アピアヌス『古代の神聖な銘文集』（一五三四年）のそれである（図29）。

「ガリアのヘラクレス」はアンドレア・アルチャーティの『エンブレム集』でも、「雄弁は強さに勝る」（ELOQVENTIA FORTITVDINE PRAESTANTIOR.）というエンブレムとして図像化されている（アンドレア・アルチャーティ『エンブレム集』伊藤博明訳、ありな書房、二〇〇〇年、一〇二ページ）。

ヴィンチェンツォ・カルターリ『神像論』でも、「ガリアのヘラクレス」は雄弁家として書かれている。その挿絵はルキアノスの語る図像を踏襲している（図30）。「これと同じこと（ギリシア以外の場所で図像改変されること）はヘラクレスにも生じた。ガリア人たちによって描かれたその像から確認されるように、ヘラクレスはガリア人たちにとってはメルクリウスとほとんど変わらない存在だった。ガリア人たちは、ヘラクレスにルキアノスが語っているような姿をさせ、節制と雄弁術の神として崇拝した。それはほとんど最晩年の老人であり、わずかの髪の毛を残してすべて禿頭であり、顔色は黒ずみ、全身皺だらけで罅割れ、ライオンの皮を一枚身につけ、右手には棒を、左手には弓をもっていた。彼は両肩には箙を背負い、舌の先端にはこのうえなく美しい金と銀の鎖が数多く結びつけられ、それらの鎖によって彼の背後にはまことに数え切れないほどの多くの人々が耳で結びつけられているが、彼らは自分たちから進んでヘラクレスに追従していた。この像が伝える表徴を識別するのは容易なことである。それは、つながれている人々がヘラクレスに与えた、雄弁術の力の表徴なのである。なぜなら、ルキアノスが語るように、ヘラクレスはメルクリウスよりもはるかに強く、勇敢であったと信じられていたからである。そして彼ら（ガリア人たち）はヘラクレスを老人として描いたが、それはなぜならば、雄弁術は若者よりも老人においてはるかに完成にいたるからであり、このことをホメロスはネストルを通じて示している。ネストルが語れば、彼の口からはまるで甘い蜜が流れだすように見えたというのである」（Cartari, *Le imagini...*, cit., Libro IX, pp.301-303）。

クリオーネもルキアノスの記述をほとんどそのままくりかえしている。「ヘラクレス。雄弁術。ここでは、ガリア人たちが雄弁術の強さおよび効力を表現し、主張するために用いたヒエログリフについて語ることにしたい。われわれはこのヒエログリフを、『ガリアのヘラクレス』と題されたルキアノスの小さな書物で語られている内容すべてから引きだすであろう。なおこの書物はエラスムスによって訳されている（*Ieloglifici*...cit., Libro primo pp.891-2）。

アキッレ・ボッキも、『象徴命題集』の第二書、象徴命題XLIIIでこの「ガリアのヘラクレス」を象徴化している。「第二書。これが耳をもつガリアのヘラクレスであることを理解せよ」（LIB.II. HIC HERCVLES EST GALLICVS: INTELLEGAT, QVI AVRES HABET. Symb.XLIII.）。

『劇場のイデア』におけるカミッロは、これら一六世紀の図像学における精神的同志たちと決別し、青春の強さ以上の力を発揮する賢明な老人である「ガリアのヘラクレス」を、「三叉の槍をもつヘラクレス」という剛毅の図像にとりかえた。カミッロの古典古代の真の継承者というプライドは、ガリア由来のユーモラスな図像を拒否させたであろうし、「ガリアのヘラクレス」をラテン語にして広めたエラスムス派への対抗意識もそれを裏打ちしたであろう。ここでカミッロがしようとしたことはおそらく、サルヴァトーレ・セッティスが『古典の未来』で喝破した、ローマ成立以後のイタリアにおける「ギリシア＝ローマの古典古代」という概念が捏造されていく歴史的文脈のなかで理解されるであろう（Cf. Salvatore Settis, *Futuro del 'Classico'*, Giulio Einaudi Editore, Torino 2004）。セッティスの洞察を応用するならば、カミッロは、ルキアノスのギリシア語のテキストの内容と、キケロのラテン語による雄弁術を恣意的に結びつけ、それを隠蔽するために「三叉の槍をもつヘラクレス」という勇猛な、しかし同時に非伝統的な図像で雄弁術を表象させた。そして結果として、カミッロの「三叉の槍をもつヘラクレス」は、「ガリアのヘラクレス」よりもはるかに精彩を欠いたものになってしまったのである。「ガリアのヘラクレス」を含む雄弁術の図像の変遷については次を見よ。Heinrich F. Plett, *Rhetoric and Renaissance Culture*, Walter de Gruyter, Berlin-New York 2004, pp. 501-52.

金星のプロメテウス——ケルベロス（料理、宴とその関連物、熟睡）、絹糸を造る虫たち（衣類の制作、下準備としての裁縫や布制作の技術、衣装を着たり脱いだりする婦人部屋）、アウゲイアスの家畜小屋を清めるヘラクレス（浴場と床屋）、香草の壺をたずさえた娘（香水工房）、ミノタウロス（悪徳を用いる技芸、女衒術、売春宿、売春術）、木蔦がからみついた棒をにぎるバッカス（音楽、音楽をもちいたさまざまな遊戯）、ナルキッソス（化粧術）

太陽のプロメテウス——ヘラクレスによって殺されたゲリュオン（分、時間、年、時計）、ライオンをともなう鶏（君主による統治とそれに関連する事物）、三脚床几をともなう巫女（占術とそのさまざまな種類、預言）、ムーサたちに囲まれたアポロン（詩）、蛇（病気）によってもたらされる害毒を殺すアポロン（あらゆる医術）、牧童の姿のアポロン（牧羊術）、鷹狩で用いる呼び返し囮を手にもちながら馬に乗る男（鳥を用いた狩）

火星のプロメテウス——ウルカヌス（火によって何かを創造する技芸）、一頭のケンタウロス（馬を扱う技芸、馬から与えられる恩恵に関連する事物）、争う二匹の蛇（軍事術、陸戦と海戦）、二人の剣闘士（あらゆる武術）、霊魂を裁くラダマンテ

ユス（犯罪裁判所）、地獄の狂女（警察所、捕縛、牢獄、拷問、体刑）、アポロンによって皮膚を剝がれるマルシュアス（屠殺場）

「地獄の狂女」についてチェーザレ・リーパは次のように記している。「ダンテは「地獄篇」の中で狂気たちを描いている。それらはとても醜い相貌の女たちで、血が飛び散っている黒い服を身につけ、蛇の帯と蛇の髪をともない、片手には糸杉の枝を、もう片方の手には炎と黒い煙を噴出している喇叭をもつ。彼女たちは古代の詩人たちによって、悪人たちの霊魂を地獄で責め立てる役割をもつものとして語られている」（Cesare Ripa, *Iconologia*, a cura di Piero Buscaroli, Prefazione di Mario Praz, TEA, Milano, 1992, Parte Prima, p.152［ありな書房近刊］）。このようなグロテスクな記述を通じて、読者の頭のなかに構成されるイメージは際立って印象深いものとなるであろう。実際リーパはダンテが「描いている」と述べているのである。これは、『ヘレンニウスに捧げる修辞学書』が推奨する記憶術の実践例としても解釈されうるだろうし、ダンテのような人もまた、記憶術文化のなかで自己形成していったことを示してもいる。

木星のプロメテウス——吊るされたユノ（空気の恩恵を用いてなされる技芸、たとえば風車術）、雄牛の上のエウロペ（改宗、承認、聖性、霊魂の献身、信仰）、パリスの審判（政治裁判所）、惑星球（占星術）

カミッロは、フランチェスコ・プリマティッチョがフォンテーヌブロー宮殿のポルト・ドレに描いた《パリスの審判》のフレスコ画（一五二八年、現在は消失）を思いだしたのかもしれない。プリマティッチョとそのポルト・ドレでの仕事については以下。AA.VV., *Primaticcio. Un bolognese alla corte di Francia*, Catalogo della mostra, Palazzo di Re Enzo e del Podestà, 30 gennaio-10 aprile 2005, Continents, Milano 2005, pp.124-139.

土星のプロメテウス——キュベレは（幾何学、地理学、天文学、農業）、アルファベット板の上に立つ男の子（文法学）、マルシュアスの皮膚（革および皮膚に関連する技芸）、鞭（夜行性の鳥による狩り）、一頭の雄ロバ（馬車、荷物運搬、おそらく郵便配達、懲罰としてそれらに類した労働を課せられた罪人たち）

6　結　語

わたしたちはこれまで、残されたテクストに即しながら、カミッロの劇場をめぐるさまざまな問題を検討してきた。近代における忘却の闇の向こうから少しずつ浮かび上がってきたカミッロの劇場は、ルネサンス研究における「記憶の学」の系譜を象徴するモニュメントであると同時に、ルネサンスそのものの精神性、人間の可能性をめぐる夢の象徴物でもあった。ここで、これまでの考察から垣間見えたカミッロの劇場に、あらためて輪郭を与えよう。

カミッロの「記憶の劇場」は、旧約聖書に書かれた七日間の天地創造の過程を、古代記憶術におけるイメージとことばの循環的操作を応用することによって、再現するイメージ装置であった。その最大の目的は、現世での生を終えて霊魂の状態で最後の審判を永遠に待つという受動的な救済論から脱却し、人間の学問と技芸を駆使して積極的に救済に至ることであった。「記憶の劇場」の内部に縦七列×横七列の階層で配列された四九の「扉」（イメージ・ユニット）は、預言者や聖人のようなある種の超人にしか許されていなかった霊魂の上昇および神との一体化を、本質的にはあらゆる人間にとって可能なもの、そして容易なものとする（カミッロのことばによれば「人間の神化」）。そうした意味では、この装置は一種の故郷喪失者カミッロのユートピアである。このユートピアの中では、現実の血筋も階級も身分もまったく意味をなさない。観者に要求されるのは、ただ、ことばとイメージの循環的構造を操作する記憶術の論理をあますことなく使用できる能力である。

古代以来の記憶術の伝統において、半カミッロは、きわめて重要な方向転換、いやむしろ革命と呼ぶべき何かを実現した。その何かは、実は古代的伝統の継承であると同時に、まったく新しいものである。本来なら、記憶者の心の中に構築すべきエフィメラルなイメージとことばの連想体が、カミッロでは具体的なイメージとしてあらかじめ用意される。さらに重要なのは、この劇場は、隠喩的に古代劇場に比されたが、実際には巨大な劇場というよりも、人間の等身大に即した比較的小さな建造物ないし空間構造だったと考えられるということである。劇場の中心にはひとりの観者が立ち、その周囲にイメージ化された天地創造の過程を体験する。カミッロは、記憶術の方法と劇場の隠喩を同時に逆転したのである。

カミッロの新しい着想は、劇場の細部の機能にも反映している。四九の「扉」には、「カンノーネないしカプスリス（保管用の筒状容器）」がなんらかの方法で設置され、その中にはイメージの魔力を強化する一種の解説マニュアル「ヴォルーメ・オルディナート・ペル・タリ（紙葉ごとに秩序づけられた紙葉束ないし巻本）」が隠され、基本的には一人の観者の必要に応じてとりだされ、使用される。

そしてまた、劇場内部で起動することばとイメージの記憶回路もまたきわめて新しい発想でプログラムされていた。その回路は、二つの聖書、キケロとウェルギリウスのラテン語文体（カミッロはとりわけその応用力・包容力をエラスムスら「反キケロ派」に伝えようとしたのであり、劇場のサブモティーフとなっている）、一三〇〇年代からの新しい俗語文学（ペトラルカ、ダンテ、ボッカッチョ）、古代哲学とカバラ、錬金術や占星術、さらにはイスラム自然科学といった古今東西の言語によって綿密に記述されていた。

劇場の外観についてはほとんど何も実証しえないということはすでに語ったが、少なくともここで、かなり鮮明な構造が浮かんできたはずである。一人の観者が、自分の周囲に配されたさまざまな「扉」を通じてイメージを観察し、さらに用意された潤沢な解説マニュアルを駆使しながら、その場にいながらにして天地創造の秘密を解明し、理解し、その過程を追体験し、最終的に神と一体化する。ツィケムスに対してカミッロは、劇場を、「建築された霊魂」、「窓がとりつけられた霊魂」と語り聞かせていた。このようにして立ち上がる劇場の構造と機能は、まさしく現代のパーソナル・コンピュータと照応している。わたしたちもまた、コンピュータ画面の「窓＝扉」を通じて示されるイメージとことばを見ながら、その場にいながらにして、世界のあらゆる情報と原理にアクセスする。

たとえばローマのように古代の遺産が間近にある空間では、カミッロが（転倒させながら）用いた古代劇場の隠喩は、きわめて陳腐なものにみえたかもしれない。巨大な古代劇場の圧倒的な物理的感覚のまえには、心の機能によっていわばヴァーチュアル・リアリティとして成立するカミッロの劇場は弱さを呈したはずである。しかし、カミッロがそれを実現したのは一五三〇年代のヴェネツィアとパリであった。いずれの都市も、古代建築からの直接の影響が比較的希薄であり、ルネサンス的な新しい都市景観を実現していく、まさしく最中だったのである。そうした意味でカミッロの劇場の物理的実存と隠喩は、たとえ実際の姿は小規模なものだったと考えられるにせよ、たしかにそれらの都市の「ルネサンス（新しい古代）」の精神に根ざすとともに、それらを加速させたかもしれない。ヴェネツィア文化圏であるヴィチェンツァでは、一五三九年にはセルリオが木製の古代風劇場を制作し、一五七八年からはパッラーディオがウィトルウィウス的古代劇場を再現したテアトロ・オリンピコを建てる。先に触れたように、いずれの建築家も、これまでカミッロの劇場と関連付けて論じられることがあったが、ヴァーチュアル・リアリティの世界で戯れていたカミッロとは異なり機能的建築物と格闘していた二人の建築家が、実際にカミッロからどれほどの影響を受けたかはわからない。しかし、彼らが実際に建てた劇場は、古代の叡智を完全に支配して使用するという理想に基づいていたと考えられるのであり、少なくともその精神においてカミッロと共通しているように思われる。

カミッロが見た夢――自らが獲得した学問的知によって記憶の機能を極限まで最大化・最適化し、宇宙そのものと一体化する――は、アカデミックな領域ばかりではなく、現代のさまざまな想像力にも飛び火している。ウンベルト・エーコの奇想小説『フーコーの振り子』（上・下、藤村昌昭訳、文春文庫）に登場するひとりのディレッタントは、自らの屋敷の一室にカミッロの劇場を彼なりに再現していた。さまざまなイメージおよび標本資料が占星術的秩序のもとでくまなく配置され、その描写はさながら、ヴァールブルクの〈ムネモシュネ・アトラス〉そのものである。またアメリカの小説家マイケル・スワンウィックは、カミッロの劇場を霊感源として、宇宙の秘密を探求する人々の冒険を描いた『大潮の道』（小川隆訳、ハヤカワSF文庫）を書いた。彼はその序文で、カミッロ自身に謝意を捧げているほどである。現代の詩人カルロータ・コールフィールド——パルミジャニーノの《凸面鏡の自画像》に捧げた詩を書いてもいる——は、『ジュリオ・カミッロの書物』（Carlota Caulfield, *The Book of Giulio Camillo*, Eboli Poetry, 2003）という詩集を著している。自伝的なさまざまな記憶の集積体という体裁で歌われたこの詩集は、カミッロと彼が根ざした記憶術理論の始祖とされたシモニデスが詩人であったことを改めて想起させてくれる。詩作と記憶のあいだの本性の類似という古代的モティーフが、カミッロとその劇場を鍵として思いだされたという事実が興味深い。さらに、スワンウィックとコールフィールドは、いずれもイエイツの『記憶術』（前掲書）を参考文献として用いたようである。

本解題論文の冒頭で振り返った「記憶の学」の系譜が発見したカミッロとその劇場が、二一世紀のクリエイティヴな世界に継承されたということは、一見してきわめて相容れない、水と油のようにも思われる実証的学問と異世界構築としての文学的創造とのあいだに、ひとつの本質的共通点があることをあらためて知らせてくれる。いずれの営為においても、記憶という心の本質的機能が最大限に活かされなければならず、それによってことばとイメージの関係を解明し、操作し、それらを組織化する作業が要求される。ここで思いだされるのは、カミッロの『劇場のイデア』をイエイツに推薦したゴンブリッチが、イエイツの死にさいして語った追悼文である。それによれば、イエイツは、ジョルダーノ・ブルーノやシェイクスピア、そしてカミッロのような過去の幻視者たちの情熱、世界の秘密を自らのものとしたという情熱に異様なほど敏感に感応していたという。彼女の実証的研究には往々にして解釈の飛躍があり、それはおそらく、彼女が自らもっていた幻視者の素質ゆえであろう、しかし——とゴンブリッチはそう語る。イエイツが自ら魔術崇拝者になったこと、非合理主義者になったことは一度たりともなかった。彼女は、あくまで、まさにヴァールブルクがそうであったように、理性の力、実証的学問の手続きを通じて、幻視者たちの世界と戯れたのである。

本書における訳文と訳注、およびこの解題論文でめざしたのは、信頼にたるテクストに基づく実証主義的・文献学的解釈である。イエイツがたどりついた地点に踏みとどまり、しかし文学的創作とは別方向に向けて記憶の力を結集すること、ボルツォーニらが教えてくれた先鋭化した実証主義的・文献学的方法を用いてカミッロとその劇場に対峙すること。なぜならば、天地創造の追体験というきわめて非合理的な目的を、古今東西の学問的叡智という合理的言語を通じて実現しようとするカミッロの劇場、そしてそのテクストとしての『劇場のイデア』を解読する最良の道は、「記憶の学」の方法論だからである。

それゆえ、いくつかの（たとえば例の「カンノーネ」の具体的形状など）不明な点が残されている。それらについては、本文および解題論文の双方で明示し、読者諸賢の助言と批判を仰ぎたいと思う。現代カミッロ研究の第一人者ボルツォーニ博士は、このカミッロの劇場の曖昧な点がもどかしいと語るわたしに、「実際のところ、わたしもよくわからないし、むずかしいです。しかし、あれが宝物であるのはたしかです」と語られた。カミッロは劇場の観者を「学び手」と語っていた。これからも、その宝を学ぼうとする人たちが多く生まれることを願って本論を終えよう。

あとがき

わたしの記憶が正しければ、カミッロとの出会いは、今からおよそ一五年前に、ローマ大学「ラ・サピエンツァ」に留学していたころである。美術史と、錬金術や占星術などの諸学、さらに『ポリーフィロの愛の戦いの夢』とを統合しようとしていたマウリツィオ・カルヴェージが、その講義（ボマルツォの「怪物公園」ことサクロ・ボスコについてであった）で、ちらとカミッロについて触れていたのである。一六世紀前半の画家パルミジャニーノを研究し、その異様な様式の源泉を探していたわたしは、カミッロとのその劇場に、なんらかの鍵があるような気がした。そして事実、カミッロの劇場に結晶化したイメージ観がきわめてマニエリスム的であること、そしてカミッロとエラスムスのあいだの模倣をめぐる論争がまずまちがいなく同時代の美術と関連しているということがわかってきた。これらについては、わたしの力のかぎり、さらに研究を深めていこうと思う。

本書は、そのカミッロが著わした記憶劇場論『劇場のイデア』――*L'IDEA DEL THEATRO DELL'ECCELLEN. M. GIVLIO CAMILLO*, In Fiorenza, MDL. Stampato in Fiorenza appresso Lorenzo Torrentino impressore DVCALE del mese d'Aprile l'anno MDL. Con Priuilegi di Papa Giulio III. Carlo V. Imperad. Cosmo de Med. Duca di Fiorenza――の全訳（『ジュリオ・カミッロ氏の劇場のイデア』、一五五〇年四月、大公国公認印刷者であるロレンツォ・トレンティーノのもとで、フィレンツェにて印刷される。教皇ユリウス三世、皇帝カール五世、フィレンツェ大公コジモ・デ・メディチの認可による）である。

『劇場のイデア』のテクストの前半部分は、勤務先である弘前大学人文学部の紀要『人文社会論叢（人文科学篇）』（第七〜一一号、二〇〇二年〜二〇〇四年）に雛形として掲載された。これは研究者諸氏の批判を仰ぎ、カミッロについてのわが国での関心のあり方を知るためであった（なおその後の解釈の進展と訳文の進化のため、本書では原型をとどめていない）。それらの雛形にいちはやく関心を示していただいた諸氏、とくに森雅彦氏、京谷啓徳氏には本当に励まされた。またルネサンス神秘思想という巨大な相手に挑むことになってしまったわたしにとっては、伊藤博明氏から、リナ・ボルツォーニ『記憶の部屋』およびジョン・シアマン『オンリー・コネクト……』（ともにありな書房刊）の翻訳を通じて、さまざまなご教示をいただけたことは幸運であった。そのボルツォーニ教授は、ピサに出向いた『記憶の部屋』訳者一行を歓迎し、例の「ＣＴＩ」に案内してくださった。女史はわたしにとって貴重さわまりない相談相手であり、今もさまざまな示唆と批判をいただいている。加えて、勤務先の諸岡道比古氏（宗教学）との欧米学をめぐる対話、翻訳をめぐる対話もきわめて示唆的であった。わたしがカミッロを知るきっかけとなった留学のチャンスを与えてくれたイタリア政府、さらにカミッロ研究の財政上の支援をしていただいた文部科学省と学術振興会（平成一六〜一八年度科学研究費補助金若手研究B、同一九〜二一年度萌芽研究）にも感謝を捧げたい。本書でまとめた知見と解釈の一部は、二〇〇六年の第五九回美術史学会全国大会（名古屋大学）における「マニエリスム的イメージ装置としてのジュリオ・カミッロ『記憶の劇場』」、二〇〇七年のルネサンス研究会（学習院女子大学）における「ジュリオ・カミッロ『劇場のイデア』におけるマニエリスム」として、それぞれ口頭発表された。とくに前者では、先年急逝された若桑みどり先生から、「おもしろかった。フランチェスコ一世のストゥディオーロの秘密がわかった」と、声をかけていただいた。これが先生とわたしの最後の会話となった。ローマ留学時代、着いて早々、財布やパスポートを盗まれて凹んでいたところ叱咤激励をたまわったこと、先生の家でごちそうになりながらマニエリスムについて語りあったことなど、機会にすればわずかの交際であったが、思い出が尽きない。わたしとカミッロにとって、この「おもしろかった」ということばほど、うれしい励ましのことばはない。みなさまの暖かいご支援がなければ、そしてヴァールブルクの遺産を精力的に紹介してきたありな書房――いわばわが国での「記憶の学」のプロモーター――と編集の松村豊氏の尽力がなければ、本書は実現しえなかった。

解題でも書いたように、わたしの専門である美術史において「記憶の学」は巨大な可能性をもっている。「記憶の学」という宝を、わが国でも継承することはできるはずである(わが国には、あのホルヘ・ルイス・ボルヘスを上回る記憶の巨人、盲目にもかかわらず二〇〇〇点近い国史資料を暗記して『群書類従』を編纂した、塙保己一がいるではないか)。二〇〇九年四月からわたしは、勤務先の教養教育において「ルネサンスの神秘思想(ジュリオ・カミッロの劇場)」という講義を開き、本書の解題論文の内容をできるだけ易しく、できるだけ愉快に伝えようとしているのであるが、朝一時間目、八時四〇分からの授業にもかかわらず、六月現在二〇〇人前後の人たちが出席してくれている(今後、一人もいなくなるという可能性もなくはないが……)。古代からルネサンスにかけての記憶術それ自体のおもしろさは、わが国でも十分伝わるという、ひとつの証明である。本書によって、「記憶の学」の方法、そしてカミッロとその劇場のおもしろさが少しでも伝われればこのうえない幸せである。

足達　薫　識

二〇〇九年六月

劇場のイデア

二〇〇九年七月一日　発行
著　者――ジュリオ・カミッロ
訳　者――足達　薫（弘前大学人文学部准教授／芸術史）
装　幀――中本　光
発行者――松村　豊
発行所――株式会社　ありな書房
東京都文京区本郷一―五―一五
電話　〇三（三八一五）四六〇四
印　刷――株式会社　厚徳社
製　本――株式会社　小泉製本
ISBN 4-7566-0906-9 C0070